여행이좋아 미국 서부

2011년 7월 15일 초판 1쇄 발행
2012년 7월 10일 초판 2쇄 발행

지은이 | LA중앙일보
기획 및 편집 책임 | 이종호
편집 진행 | 정설아
디자인 | 남혜승
원고 정리 | 최주미
사진 | 백종춘, 곽태형, 나종성
자료 제공 | 미국 연방 국립공원관리국, 각 주 관광청 및 주요 도시 관광국

펴낸이 | 김우연, 계명훈
마케팅 | 함송이, 김미영
표지 디자인 | Design Group All
인쇄 | 미래프린팅
펴낸곳 | forbook
주소 | 서울시 마포구 공덕동 105-219 정화빌딩 3층
등록 | 2005년 8월 5일 제2-4209호
판매 문의 | 02-753-2700(에디터)

값 | 15,000원
ISBN | 978-89-93418-34-7 14980
(세트) 978-89-93418-35-4

본 저작물은 'forbook'에서 저작권자와의 계약에 따라 발행한 것이므로
본사의 허락 없이는 어떠한 형태나 수단으로도 이용하지 못합니다.
* 파본이나 잘못된 책은 교환해 드립니다.

LA중앙일보 지음

for book

일러두기

1 이 책은 미국 50개 주를 11개 지역으로 나누어 소개하였습니다. 상대적으로 한인들의 많이 찾지 않는 7개 주(미시시피, 네브래스카, 노스캐롤라이나, 사우스캐롤라이나, 델라웨어, 앨라배마, 오클라호마)는 생략하였습니다.

2 세부 목차는 각 주의 특성에 따라 대도시 중심으로, 또는 동서남북의 지역 구분을 병행하여 사용하였습니다. 따라서 책의 세부 목차가 해당 지역의 관광지로서의 비중과 동일한 것은 아닙니다.

3 주요 관광지의 주소, 전화번호, 입장 시간 및 입장료, 홈페이지 주소 등은 2010년 12월 기준으로 확인된 정보이며, 해당 기관의 사정에 따라 변경된 경우가 있을 수 있습니다.

4 관광지의 영문 표기는 외래어 표기법에 따르는 것으로 하였으나 현지 발음과 현저히 다른 경우나 미주 한인들에게 익숙해져 널리 통용되는 표기는 그대로 사용하였습니다.

5 이 책에 사용된 대부분의 사진은 LA중앙일보 지면에 게재된 사진이며, 직접 찾아가지 못한 일부 지역의 사진은 사진 전문 라이브러리에서 구입해 사용하였습니다.

6 일부 지도에는 국립공원(National Park)은 NP로, 준국립공원(National Momument)은 NM으로, 국유림(National Forest) 등은 NF로 표기했습니다.

7 이 책에 사용된 모든 기사와 사진의 저작권은 LA중앙일보에 있으며 무단 복사, 전재하거나 변형하여 사용할 수 없습니다.

목 차

1권 서부

미국은 어떤 나라인가? …**16**
캘리포니아 관광청에서 추천하는 멋진 여행 Best …**26**
미국 철도 여행 …**29**
미국 버스 여행 …**32**
캘리포니아 신대륙의 역사를 만나는 '왕의 고속도로' 따라가기 …**35**
누구나 꿈꾸는 여행, 미국 대륙횡단 …**38**
미국의 고난도 하이킹 코스 Best 5 …**40**
미국 국립공원 리스트 …**42**

캘리포니아

로스앤젤레스 …**48**
다운타운 **54** / 미드윌셔와 코리아타운 **62** / 할리우드 **68** / 웨스트사이드 **70** / 샌퍼낸도 밸리 **76** / 패서디나 **77** / 퍼시픽 코스트 하이웨이 **86** / 샌버나디노 & 리버사이드 카운티 **96** / 오렌지카운티 **100** / 오렌지카운티 인근 해변 **106**

샌디에이고 …**110**
다운타운 **111**

센트럴 코스트 …**118**
샌타바버러 **120** / 솔뱅 **123** / 샌루이스 오비스포 & 모로베이 **124** / 샌시미언에서 카멜까지 **128** / 몬테레이 **131** / ▲채널 아일랜드 국립공원 **132** / ▲피너클스 내셔널 모뉴먼트 **134**

샌프란시스코 …136
다운타운 140 / 노스 비치 143 / 피셔맨스 워프 144 / 골든게이트 브리지 148 / 소마 150 / ▲포인트레이즈 국립 해안 공원 152

북가주 …154
오클랜드 154 / 버클리 156 / 실리콘 밸리 158 / 나파 밸리 160 / ▲레드우드 국립공원 164

캘리포니아 사막 …166
팜 스프링스 & 데저트 핫 스프링스 166 / ▲조슈아 트리 국립공원 170 / ▲데스 밸리 국립공원 172 / ▲안자 보레고 주립공원 175 / ▲이스트 모하비 국립 풍치지구 176

시에라 네바다 …180
▲라바 베즈 내셔널 모뉴먼트 182 / ▲래슨 볼캐닉 국립공원 184 / ▲레이크 타호 186 / ▲요세미티 국립공원 190 / ▲인요 국립 삼림지 194 / ▲마운틴 휘트니 194 / ▲화이트 마운틴 195 / ▲데블스 포스트파일 내셔널 모뉴먼트 198 / ▲세쿼이아 & 킹스 캐년 국립공원 201 / ▲팰리세이드 글레이셔 204

태평양 북서부

워싱턴 …208
시애틀(다운타운, 노스 시애틀, 시애틀 인근 내륙) 210 / 워싱턴 주의 해안 222 / 워싱턴 주의 주요 도시(타코마, 올림피아) 224 / ▲올림픽 국립공원 226 / ▲노스 캐스케이드 국립공원 228 / ▲마운트 레이니어 국립공원 234 / ▲세인트 헬렌스 화산 준국립공원 236

오리건 …238
포틀랜드 240 / 오리건 중동부 246 / ▲존 데이 화석층 내셔널 모뉴먼트 247 / ▲마운트 후드 국유림 248 / 컬럼비아 강 협곡 249 / 오리건 해안 250 / 오리건 남부 251 / 윌래멋 밸리(유진, 세일럼) 252 / ▲크레이터 레이크 국립공원 254

목 차

남서부

네바다 …258
라스베이거스 260 / 라스베이거스 인근(라플린, 리노) 267 / 네바다 서부(카슨 시티, 버지니아시티) 270 / ▲그레이트 베이슨 국립공원 271 / ▲레이크 미드 국립 휴양지 & 후버댐 272

유타 …274
솔트레이크 시티 276 / 솔트레이크 시티 인근 278 / ▲자이언 국립공원 282 / ▲브라이스 캐년 국립공원 286 / ▲캐피털 리프 국립공원 288 / ▲캐년랜즈 국립공원 290 / ▲아치스 국립공원 292 / 다이노소어 내셔널 모뉴먼트 294

애리조나 …296
피닉스 298 / 세도나 301 / ▲코코니노 국유림 305 / 투산 306 / 레이크 하바수 시티 308 / ▲사구아로 국립공원 309 / ▲그랜드 캐년 국립공원 312 / ▲글랜 캐년 국립 휴양지 & 레이크 파웰 316 / ▲모뉴먼트 밸리 나바호 부족 공원 318 / ▲화석림 국립공원 322

뉴멕시코 …324
▲화이트 샌즈 내셔널 모뉴먼트 325 / 샌타페이 326 / ▲반델리어 내셔널 모뉴먼트 329 / ▲엘 모로 & 엘 맬피스 내셔널 모뉴먼트 330 / ▲칼스배드 캐번스 국립공원 332 / ▲보스케 델 아파치 국립 야생 보호 구역 334

텍사스

대초원과 호수(댈러스, 포트워스) 338 / 힐 컨트리 & 남부 평원(오스틴, 샌안토니오, 휴스턴) 346 / 빅 벤드 컨트리(엘파소) 362 / ▲과달루페 국립공원 366 / ▲빅 벤드 국립공원 368 / 팬핸들 평원 370

로키 마운틴

콜로라도 …374
덴버 **375** / 콜로라도 스프링스 **380** / ▲로키 마운틴 국립공원 **388** / ▲그레이트 샌듄 내셔널 모뉴먼트 **392** / ▲콜로라도 내셔널 모뉴먼트 **394** / ▲블랙 캐년 국립공원 **396** / ▲메사버디 국립공원 **398**

와이오밍 …402
샤이엔 **403** / 와이오밍 북부 & 서부 **404** / ▲화석 뷰트 내셔널 모뉴먼트 **407** / ▲옐로스톤 국립공원 **410** / ▲그랜드 티턴 국립공원 **415** / ▲데블스 타워 내셔널 모뉴먼트 **418**

아이다호 …420
보이시 **421** / ▲달 분화구 내셔널 모뉴먼트 **425** / ▲소투스 국립 휴양지 **426** / ▲헬스 캐년 국립 휴양지 **427**

몬태나 …428
헬레나 **429** / ▲글레이셔 국립공원 **432**

색인 …**436**

목 차

[별권 판매] 2권 **동부**

미국은 어떤 나라인가?
캘리포니아 관광청에서 추천하는 멋진 여행 Best
미국 철도 여행
미국 버스 여행
캘리포니아 신대륙의 역사를 만나는 '왕의 고속도로' 따라가기
누구나 꿈꾸는 여행, 미국 대륙횡단
미국의 고난도 하이킹 코스 Best 5
미국 국립공원 리스트

대평원 지역

사우스 다코타
수 폴스 / 피어 / 래피드시티 / 리드 & 데드우드 / ▲블랙힐스 국유림 / ▲마운트 러시모어 내셔널 메모리얼 / ▲커스터 주립공원 / 크레이지 호스 기념상 / ▲윈드 케이브 국립공원 / ▲주얼 동굴 내셔널 모뉴먼트 / ▲배드랜즈 국립공원

노스 다코타
비스마크&만단 / 워시번 / 파고 / ▲시어도어 루스벨트 국립공원 424

미주리 ?
세인트 루이스 / 캔자스시티 432

캔자스
위치토

5대호 연안

일리노이
시카고/ 스프링필드
오하이오
클리블랜드/ 신시내티/ 콜럼버스
인디애나
인디애나폴리스/ 인디애나 남북부/ 오하이오 강/ 아미시 공동체 466
미시간
디트로이트/ ▲아일 로열 국립공원 472
위스콘신
밀워키/ ▲아포슬 국립 호반공원 478
미네소타
미니애폴리스 & 세이트폴 / ▲그랜드포티지 내셔널 모뉴먼트 / ▲보이저 국립공원

뉴욕 & 뉴저지

뉴욕시티
로어 맨해튼 / 미드타운 / 어퍼 맨해튼 / 브루클린 / 퀸스 / 브롱스 / 스태튼 아일랜드
롱아일랜드
업스테이트 뉴욕
나이애가라 폭포 / 버펄로 / 캐츠킬 / 사우전드 아일랜드 / 사라토가 스프링스 / 올버니 / 아디 론댁 파크 / 허드슨 리버 밸리
뉴저지
아틀랜틱 시티 / 케이프 메이 550

목 차

워싱턴 D.C. & 미들 애틀랜틱

워싱턴 D.C.
내셔널 몰 / 캐피털 힐 / 백악관 / 페더럴 트라이앵글 / 알링턴
메릴랜드
볼티모어 / 애나폴리스
펜실베이니아
필라델피아 / 게티즈버그 / 더치카운티(랜캐스터) / 허시 / 피츠버그 / ▲프레스크 아일 주립공원
버지니아
리치몬드 / 히스토릭 트라이앵글 (콜로니얼 윌리엄스버그/ 제임스타운/ 요크타운)/ 쉐난도 국립공원
웨스트버지니아
▲버클리 스프링스 주립공원

뉴잉글랜드

매사추세츠
보스턴 / 케임브리지 / 세일럼 / 플리머스 / 케이프 코드 / 버크셔 구릉지대
코네티컷
하트포드 / 미스틱 / 뉴헤이븐
로드아일랜드
프로비던스 / 뉴포트
버몬트
몬필리어 / 벌링턴
뉴햄프셔
▲화이트마운틴 국립 삼림지
메인
오거스타 / 포틀랜드 / 아카디아 국립공원

남부 지역

조지아
애틀랜타 / 서배너

루이지애나
뉴올리언스

아칸소
▲핫 스프링스 국립공원

테네시
멤피스 / 내슈빌 / ▲그레이트 스모키 마운틴 국립공원

켄터키
루이스빌 / ▲매머드 케이브 국립공원

플로리다
탤라하시 / 마이애미 / 트 로더데일 / ▲에버글레이즈 국립공원 / ▲비스케인 국립공원 / 키 웨스트 / 올랜도 / 세인트 오거스틴 / 모스키토 라군

하와이

오아후
호놀룰루 / 와이키키 / 노스 쇼어 / 윈드와드 오아후 / 리와드 & 센트럴

하와이 섬
힐로 / 코나

마우이
할레아칼라 국립공원

몰로카이

카우아이

알래스카

앵커리지
▲케나이 피요르드 국립공원 / ▲레이크 클라크 국립공원 / ▲랭겔 세인트 엘리어스 국립공원 / 코디악 섬

주노
글레이셔 베이 국립공원

알래스카 내륙
페어뱅크스 / 타키트나 / 부시지대 / ▲드날리 국립공원

머리말

미국은 본토 48개 주와 하와이, 알래스카를 합쳐 모두 50개 주로 구성된 나라입니다. 인구는 약 3억 명이며, 러시아와 캐나다, 중국에 이어 세계에서 네 번째로 넓은 땅덩이를 가지고 있습니다.

또한 미국은 이민자의 나라입니다. 세계 각국의 이민자들이 만들어낸 역사와 문화, 풍속이 그만큼 다양하다는 말입니다. 뿐만 아니라 열대 사막에서부터 극한의 기후대에까지 펼쳐져 있는 광대한 자연은 미국에서만 볼 수 있는 다양한 볼거리로 전 세계 관광객들을 불러 모으고 있습니다.

미국에는 200만 명 이상의 한인 이민자들이 살고 있습니다. 로스앤젤레스를 중심으로 한 서부 캘리포니아와 동부 뉴욕, 뉴저지, 워싱턴 D.C. 일대, 그리고 시카고, 애틀랜타, 샌프란시스코 등은 한인들이 밀집해 살고 있는 지역들입니다.

요즘 한국 사람치고 가족이나 친척, 친구 중 한두 명쯤 이런 지역에 살고 있지 않은 사람이 없을 정도입니다. 때문에 이런저런 기회로 미국을 방문하는 기회도 갈수록 많아지고 있습니다.

이 책은 그런 분들을 위한 책입니다. 미국에서 생활하고 있는 한인들은 물론 친지, 친구, 가족 방문을 위해 미국을 찾아오시는 분들, 나아가 유학생으로, 주재원으로 미국에 오시는 분들에게 좀 더 미국을 느낄 수 있도록 실제로 미국에 사는 사람들은 어떤 곳을 찾아 여행하는지를 보여주고자 했습니다.

이 책은 오랫동안 미주 한인들의 사랑을 받아 온 LA중앙일보 발행 『미국 여행 가이드(USA Tour

Guide)』를 완전히 개정하여 다시 만들었습니다. 이를 위해 LA중앙일보 여행 가이드 TF팀을 중심으로 레저 전문기자, 사진작가 등이 참여한 가운데 1년 여의 수정 작업을 거쳤습니다. 각 여행지의 달라진 정보를 일일이 확인하여 수정하였고, 좀 더 읽기 쉽고 찾기 편하도록 사진과 편집 형식도 완전히 바꾸었습니다.

그 과정에서 LA중앙일보 각 지사의 방대한 취재망을 활용하였고, 미주 각 지역 중앙일보 레저 면에 게재된 색다른 여행 안내 기사도 적극 수록하였습니다. 따라서 이 책은 기존에 출간된 국내외 그 어떤 미국 여행 안내서보다 많은 정보가 수록되어 있으며, 정확도 면에서도 으뜸이라고 자부합니다.

이 책은 미국에 살고 있는 한인들뿐만 아니라 미국을 찾는 많은 방문자들에게도 미국의 과거와 현재를 그대로 보여주는 훌륭한 미국 여행 길라잡이가 되어 줄 것이라 확신합니다.

감사합니다.

LA중앙일보 미국 여행 가이드 편집팀

미국은 어떤 나라인가?

미국은 북미 대륙의 48개 주와 본토 밖의 알래스카 및 하와이를 합쳐 총 50개의 주로 구성된 연방공화국이다. 국가의 정식 명칭은 '미합중국(United States of America)'이며, 수도는 워싱턴 D.C.에 있다.
미국은 마치 한 주가 한 나라를 방불케 하는 광활한 대지, 다양한 지형과 기후, 다민족, 다문화의 결합 등으로 다양성과 특수성이 공존하는 가운데 융합과 조화를 추구하는 나라이다.
일찍이 종교적 박해를 피해서 또는 전쟁과 가난에서 벗어나기 위해 세계 도처에서 각기 다른 희망과 꿈을 품고 머나먼 대륙을 건너와 삶의 터전을 열었던 미국의 이민 역사를 반영하듯, 미국은 실로 다양한 민족이 한데 어울려 사는 '자유와 기회의 땅'이다.

간추린 미국 역사

서구의 관점에서 봤을 때 개척과 이민의 역사로 요약될 수 있는 미국의 형성 과정은 1492년에 이탈리아의 탐험가 크리스토퍼 콜럼버스(Christopher Columbus)가 스페인 서쪽으로 항해하던 중 신대륙을 처음 발견한 데서 출발한다.
그러나 북아메리카와 남아메리카 대륙에는 2만5천 년 전부터 1만 년 전, 아시아 대륙에서 베링 해협을 건너 온 아메리카 토착 원주민들이 있었다.
그들의 선조들은 미국 대륙 각지로 흩어졌다. 따뜻한 기후 아래서 여유 있고 단조로운 생활을 하던 원주민들, 또는 혹독한 자연 조건 아래서 살아야 하는 부족 등 다양한 문화를 이루며 살았다. 그들은 의식주를 손쉽게 해결할 수 있어서 사회도 단순했고 다툼을 모르는 평화주의자들이었다. 16세기에 유럽의 백인들이 상륙할 때까지 약 1만 년 동안 그러한 삶은 계속되었다.

13개 식민지의 독립선언

초기 정착 원주민에 이어 세계 각지에서 수세기에 걸쳐 많은 사람들이 이주하여 척박한 땅에 뿌리를 내렸다.
신대륙의 발견이 유럽에 알려지면서 1600년대 초반부터 영국의 식민 지배가 시작되었고, 1620년에는 청교도가 메이플라워(Mayflower) 호를 타고 대륙으로 건너와 13개 식민지를 건설했다.
영국에 의한 식민지 수탈이 심해짐에 따라 서서히 독립의 기운이 일기 시작하고, 마침내 1773년 보스턴 차사건(Boston Tea Party)을 계기로 독립전쟁이 발발, 1776년에 동부의 13개 식민지가 독립을 선언함에 따라 미합중국의 첫 13개 주가 탄생했다.
1787년에는 연방헌법이 제정되었고, 1788년에 조지 워싱턴(George Washington)이 초대 대통령으로 선출된다. 이후 1846년에서 1848년 사이에 일어난 멕시코와의 전쟁에서 승리하여 캘리포니아 주, 뉴멕시코 주, 애리조나 주 등이 미국 영토로 편입되었다.

또한 1867년에 러시아로부터 알래스카를 사들이고, 1898년에 하와이를 병합함으로써 미국은 현재의 50개 주를 형성하기에 이른다.

남북전쟁과 노예해방

지리적 특성상 무역 및 공업이 발달한 북부와 농업 위주의 산업이 발달한 남부 사이에 노예 문제로 인한 대립이 격렬해지면서 1861년 남북전쟁이 일어났다. 민주주의 원칙에 입각하여 자유와 평등의 수호를 주장한 에이브러햄 링컨(Abraham Lincoln) 대통령은 노예해방을 선언하게 되고, 남북전쟁은 북부의 승리로 종결된다. 그리하여 플랜테이션 경제를 기반으로 하는 남부의 대농원 제도가 붕괴된다.

한편 북부는 상공업이 비약적인 발전을 이루지만 이는 점차 극심한 빈부 차이를 초래하게 되고, 이후 인종 차별의 문제로 이어져 현재까지 미국의 커다란 사회 문제로 남아 있다.

팍스아메리카나 후유증

두 번에 걸친 세계대전 및 소련과의 오랜 냉전을 겪으면서 미국은 자본주의 체제의 부흥 및 재건에 힘을 썼다. 이후 1989년 베를린 장벽의 붕괴와 동구권의 몰락으로 탈냉전시대에 접어들면서 팍스 아메리카나를 이룬 미국은 짧은 역사에도 불구하고 국제 정치, 경제, 사회, 문화를 이끄는 강대국으로서 전 세계적으로 막강한 힘을 행사하고 있다.

하지만 이러한 미국의 일방적인 독주는 2001년에 '9.11 테러'라는 대참사를 낳고 말았다. 이에 맞서 미국은 2003년 U.N.의 승인 없이 '예방전쟁(Preventive War)'이라는 명분 아래 이라크에 선제공격을 가하게 되고, 1991년에 이어 제2 걸프전을 주도함으로써 힘의 논리가 지배하는 국제 사회의 현실을 다시금 증명해 보였다.

뉴욕 항구에 있는 '자유의 여신' 상. 미국은 '이민자의 나라'임을 상징한다.

그러나 이라크전의 정당성을 부여해 주었던 대량 살상 무기 (WMD : Weapons of Mass Destruction)의 정보 조작설 등을 비롯하여 전쟁의 장기화로 경제 불황 및 사회적 불안이 가중되면서 명분 없는 무리한 전쟁이었다는 비난을 받고 있다.

인구

미국 연방 인구조사국의 '2010년 센서스' 조사 결과에 따르면 2010년 4월 1일 현재 미국 인구는 308,745,538명으로 나타났다. 인구가 가장 많은 주는 캘리포니아 주(37,253,956명)이며, 이어 텍사스 주(25,145,561명)와 뉴욕 주(19,378,102명)가 뒤를 이었다. 반면에 인구가 가장 적은 주는 와이오밍 주로서 563,626명에 그쳤다.

1970년대를 기점으로 출산율이 감소하고 있음에도 1970~1980년대를 전후로 시작된 이민 물결로 인해 미국의 인구는 꾸준히 증가하고 있으며, 인구 구성은 전반적으로 노령화, 도시화, 다양화를 보여준다.

1924년까지 유럽으로부터 대량으로 이민이 이루어진 후 1965년에 개정된 이민법으로 아시아, 라틴 아메리카 등 전 세계 각지로부터 많은 이민자들이 몰려들었다. 이로부터 미국은 '인종의 도가니(Melting pot)'라 불릴 정도로 글로벌 문화를 창출하고 있다. 특히 캘리포니아 주, 애리조나 주, 네바다 주 지역은 아시아 및 라틴계 인구가 점차 백인 인구를 압도하면서 인구 역전이 가속화되고 있는 추세다. 예컨대, 캘리포니아 주의 경우 1980년대에는 10명 중 8명이 백인이었으나 2000년대 들어서는 백인이 더 이상 절대 우위를 차지하지 않게 되었다. 특히 소수 민족의 인구가 우세를 보이는 로스앤젤레스의 경우, 영어를 제외한 약 80여 개에 이르는 다양한 언어가 가정에서 쓰이고 있다.

미국 연방 인구조사국이 2010년의 센서스를 바탕으로 발표한 인종 및 인구 이동 관련 자료를 보면 미국 내의 히스패닉 인구수는 5천만 명이 넘는 것으로 나타났다. 대신 최대 인종인 비히스패닉 백인 인구수는 1억9천680만 명으로 미국 전체 인구에서 차지하는 비율은 지난 10년 동안 69%에서 64%로 떨어졌다. 한편 점진적인 인구 이동이 진행되면서 국가의 정치적, 경제적 중심이 북동쪽에서 점차 남서쪽으로 이동하는 현상을 보여주고 있다. 1940년부터 현재까지 네바다 주, 캘리포니아 주, 플로리다 주, 애리조나 주는 급속한 인구 증가를 보여주고 있다.

미주 한인 200만 명으로 추산

2010년 미국 센서스 결과에 따르면 미국 내의 한인 인구는 1,423,784명으로 미국 전체 인구 가운데 약 0.5%를 차지하는 것으로 나타났다. 하지만 신분상의 문제 등으로 센서스에 집계되지 않은 한인을 감안한다면, 미국 내의 전체 한인 인구는 약 250만 명에 이르는 것으로 추산된다.

각 주별 한인 인구를 보면 로스앤젤레스와 샌프란시스코가 있는 캘리포니아 주에 가장 많은 한인들이 살고 있다(451,892명). 이어 뉴욕(140,994명), 뉴저지(93,679명), 버지니아(70,577명), 텍사스(67,750명) 순으로 한인들이 많이 거주하고 있다. 또 애틀랜타가 있는 조지아 주의 한인 인구 성장이 두드러지는데, 2000년에 비해 한인 인구는 82.4%가 증가하여 5만 명을 넘어선 것으로 나타났다.

지형과 기후

긴 산맥과 산지, 사막, 고원, 평야 등 다양한 지형으로 이루어진 미국의 국토는 알래스카와 하와이를 합친 총면적이 3,790,180마일에 이를 정도로 넓다. 예컨대 서부 로스앤젤레스에서 동부 뉴욕까지 이동할 경우 차로는 53시간이 소요되며, 대륙횡단철도를 이용해도 45시간 이상이 소요된다.

이렇듯 방대한 땅을 차지하고 있는 미국은 지역적 특성과 기후의 차이가 상당히 심한 편이다. 서부 지역은 계절의 차이가 크지 않아 1년 내내 따뜻하고 건조하며, 겨울에는 비가 많이 내리지만 여름에는 비가 거의 내리지 않는다. 한편 남부 지역은 여름이 길고 더운 대신 겨울은 그렇게 춥지 않은 편이다. 이에 비해 뉴욕과 시카고 등 대도시가 몰려 있는 북동부 지역은 봄과 가을이 짧은 반면 여름에는 덥고 습도가 높으며, 겨울에는 날씨가 춥고 눈도 많이 내린다.

시차

넓은 국토만큼이나 미국은 지역에 따라 다른 시간대를 가진다. 동쪽에서 서쪽으로 갈수록 1시간씩 늦어져 동부가 서부보다 아침을 먼저 시작하게 된다. 예컨대, EST가 오전 9시면 CST는 8시, MST는 7시, PST는 6시가 된다. 미국 본토 밖에 있는 알래스카의 경우 PST에서 1시간을 뺀 시간이 현지 시간이 되고, 하와이는 PST에서 2시간을 빼면 된다.

- 동부 시간대 : EST(Eastern Standard Time)
- 중부 시간대 : CST(Central Standard Time)
- 산악 시간대 : MST(Mountain Standard Time)
- 태평양 시간대 : PST(Pacific Standard Time)
- 알래스카 시간대: Alaska Time Zone
- 하와이-알류산 시간대 : Hawaii-Aleutian Time Zone

해가 일찍 뜨는 여름철에는 시간을 효율적으로 쓰기 위해 서머타임(Daylight Saving Time)이 실시된다. 애리조나 주와 하와이 주 일부 지역을 제외하고는 4월 첫째 주 일요일에서 10월 마지막 주 일요일까지 서머타임이 적용되어 1시간씩 앞당겨진다.

화폐 단위

미국의 화폐는 미국 재무부(U.S. Dept of the Treasury) 산하 Bureau of Engraving and Printing와 The United States Mint에서 각각 발행한다.

지폐의 경우 $1는 George Washington, $2는 Thomas Jefferson, $5는 Abraham Lincoln, $10는 Alexander Hamilton, $20는 Andrew Jackson, $50는 Ulysses Grant, $100는 Benjamin Franklin 등 10달러와 100달러짜리 지폐를 제외하고는 역대 대통령의 얼굴이 앞면에 그려져 있다.

동전도 예외가 아니어서 1센트는 Abraham Lincoln, 5센트는 Thomas Jefferson, 10센트는 Franklin D.Roosevelt, 25센트는 George Washington, 50센트는 John F. Kennedy의 얼굴이 새겨져 있다. 흔히 1센트는 페니(penny), 5센트는 니켈(nickel), 10센트는

다임(dime), 25센트는 쿼러(quarter), 50센트는 하프 달러(half-dollar)로 불린다.

팁과 세금

미국에서는 식당, 호텔, 미용실, 택시 등을 이용할 때 팁을 내는 것이 관례처럼 되어 있다. 패스트푸드 점포 같은 셀프 서비스 업소를 제외하고는 기본적으로 15~20%의 팁을 지불해야 한다.

또한 몇몇 주를 제외하고는 모든 물건에 5~9% 안팎의 판매세가 부가된다. 흔히 가격표에는 세금이 포함되지 않은 금액이 명시되므로 물건을 구입할 때나 호텔을 예약할 때 세금 포함 유무를 확인해 보는 것이 좋다.

도량형과 온도

세계적으로 미터법(Metric System)이 보편화되고 있는 반면, 미국에서는 미터법을 사용하지 않는다. 각종 표지판 및 물건 등의 단위가 인치(inch), 피트(feet), 마일(mile), 갤런(gallon) 등으로 표기되어 있어 종종 불편하게 여겨질 수 있다. 길이, 무게 등 기본적으로 많이 쓰이는 단위는 알아두면 편리하다.

- 1인치 = 25.4센티미터
- 1피트 = 30.48센티미터
- 1마일 = 1.6킬로미터
- 1온스 = 28.3그램
- 1파운드 = 454그램
- 1갤런 = 3.785리터

온도의 경우도 섭씨(C) 대신 화씨(F)로 표시하여 빙점이 32도, 비등점은 212도가 된다. 예컨대 화씨 100도는 섭씨 38도, 화씨 70도는 섭씨 21도, 화씨 30도는 섭씨 0도가 된다.

- 섭씨(C) = (F−32)*5/9
- 화씨(F) = (C*9/5)+32

전화

미국의 국가번호는 1번이며, 전화번호는 3자리 수의 지역 번호와 7자리의 번호로 이루어져 있다. 지역 번호가 같을 경우에는 7자리로 된 전화번호를 누르면 통화가 가능하지만, 다른 지역에서 장거리 전화를 할 경우에는 지역 번호 앞에 1번을 눌러야 된다. 국제 전화를 걸 때는 번호 앞에 011을 누르고, 해당 국가의 국가번호 및 전화번호를 누르면 된다.

한편 미국에서는 숫자 대신 알파벳을 이용한 전화번호를 많이 쓴다. 이는 번호를 쉽게 기억할 수 있도록 하기 위함이며, 전화기 버튼 위에 표시된 해당 알파벳(2−ABC, 3−DEF, 4−GHI, 5−JKL, 6−MNO, 7−PQRS, 8−TUV, 9−WXYZ)을 누르면 숫자로 인식하여 전화가 걸린다.

지역 번호가 800, 888, 877로 시작되는 번호는 수신자 부담 전화로서 무료 통화가 가능한 번호이다.

주요 도시 국제공항

애틀란타
Hartsfield−JacksonAtlanta International Airport(ATL)
- Phone : (404)209−1700, (800)897−1910
  www.atlanta−airport.com

보스턴
Logan International Airport(BOS)
- Phone : (617)428−2800, (617)561−1800
  www.massport.com/logan

시카고 Chicago
Chicago O'Hare International Airport(ORD)
- Phone : (773)686−3700, (800)832−6352
  www.ohare.com

댈러스 Dallas

Dallas-Fort Worth International Airport(DFW)

- Phone : (972)574-8888

  www.dfwairport.com

호놀룰루 Honolulu

Honolulu International Airport(HNL)

- Phone : (972)574-8888

  www.honoluluairport.com

휴스턴 Houston

George Bush International Airport(IAH)

- Phone : (281)230-3100

  www.fly2houston.com

로스앤젤레스 Houston

Los Angeles International Airport(LAX)

- Phone : (310)646-5252

  www.lawa.org

마이애미 Miami

Miami International Airport(MIA)

- Phone : (305)876-7000

  www.miami-airport.com

뉴욕 New York

John F. Kennedy International Airport(JFK)

- Phone : (718)244-4444

  www.panynj.gov/airports

샌프란시스코 New York

San Francisco International Airport(SFO)

- Phone : (800)435-9736, (650)821-8211

  www.flysfo.com

시애틀 Seattle

Seattle-Tacoma International Airport(SEA)

- Phone : (800)544-1965, (206)787-5388

  www.portseattle.org

워싱턴 D.C. Seattle

Washington Dulles International Airport(IAD)

- Phone : (703)572-2700

  www.metwashairport.com

열차

알래스카 주, 하와이 주, 사우스다코타 주, 와이오밍 주를 제외한 46개 주에 걸쳐 미국 내 주요 도시를 연결하는 암트랙(Amtrak) 열차는 멋진 경관을 즐기면서 빠르고 편하게 이동할 수 있는 최상의 방법이 된다. 하지만 요금이 비싼 편이어서 멀리 장거리 여행을 떠날 경우에는 비행기를 이용하는 것이 더 저렴할 때가 많다.

버스

가장 저렴한 교통편을 제공하는 그레이하운드(Greyhound)는 캐나다 및 멕시코 일부 지역을 포함하여 미국 본토 48개 주 3,600개 지역을 연결한다. 2002년 그레이하운드에서 밝힌 통계 자료에 의하면, 가장 승객이 많은 터미널 1위는 뉴욕, 2위는 워싱턴 D.C., 3위 로스앤젤레스, 4위 필라텔피아, 5위 시카고, 6위 리치몬드, 7위 아틀랜타, 8위 댈러스, 9위 아틀랜틱 시티, 10위 샌 버나디노 순으로 나타났다.

- Phone : (800)229-9344
- 홈페이지 : www.greyhound.com

렌터카

끝없이 이어진 도로를 달리면서 광활한 대지를 느낄 수 있는 자동차 여행을 하지 않고서는 미국을 논할 수 없을 정도로 미국에서 자동차는 중요한 교통수단이자 생활의 일부분을 차지한다.

대도시 공항 및 호텔 주변으로 렌터카 회사를 쉽게 찾을 수 있는데, 차를 빌릴 때는 운전면허증과 신용카드가 필요하다.

빌린 차를 반납할 때는 빌린 장소에 관계없이 미국 전역에 소재해 있는 해당 렌터카 회사에 반납이 가능하지만, 다른 주에서 반납하게 될 경우에는 수수료를 내야 하므로 가급적 차를 빌렸던 주와 동일한 주에서 되돌려 주는 것이 비용을 줄이는 방법이다.

흔히 '트리플 A'로 불리는 미국 자동차협회(AAA)에 회원으로 가입하면 도로상 지원을 비롯하여 미국 어디에서나 비상시에 24시간 도움을 받을 수 있고, 여행 자료 및 지도를 얻을 수 있다. 또한 호텔이나 모텔

이용시 할인 혜택도 받을 수 있다.

Alamo
- Phone : (800)462-5266 / www.alamo.com

AVIS
- Phone : (800)331-1212 / www.avis.com

Budget
- Phone : (800)527-0700 / www.budget.com

Dollar
- Phone : (800)800-3665 / www.dollar.com

Enterprise
- Phone : (800)261-7331 / www.enterprise.com

Hertz
- Phone : (800)654-3131 / www.hertz.com

National
- Phone : (800)227-7368 / www.nationalcar.com

Thrifty
- Phone : (800)846-4389 / www.thrifty.com

고속도로 체계

미국의 도로는 번호로 구분되며 각각의 도로 번호는 일정한 규칙을 가지고 있다. 각 주를 이어 주는 고속도로의 경우 대개 두 자릿수로 되어 있는데, 홀수로 된 번호는 남북으로 연결하고, 짝수로 된 번호는 동서를 연결한다. 예컨대 10번, 80번, 90번 도로는 동서로 대륙을 횡단하고, 5번, 15번, 35번, 65번, 75번, 95번 도로는 남북을 종단한다.

또한 고속도로에서 갈라지는 간선도로가 시의 경계를 가를 경우 번호 앞에 한 자릿수의 짝수 번호가 추가되고, 시를 관통할 경우에는 홀수 번호가 앞에 붙는다. 예를 들어, 주와 주를 연결하는 80번 도로에 3개 도시가 걸쳐 있을 경우 도시 외곽도로는 각각 280번, 480번, 680번이 된다. 그리고 도시 내부의 도로는 각각 180번, 380번, 580번이 되는 것이다.

루트 66따라 시간 여행

1920년대 들어 도로에 번호 체계가 도입되면서 미국 최초의 대륙횡단 도로인 'National Old Trails Hwy.'도 'U.S. Route 66'으로 명명되었다. 존 스타인벡(John Steinbeck)이 자신의 책 『분노의 포도(The Grapes of Wrath)』에서 '마더로드(The Mother Road)'로 표현하면서 더욱 널리 알려진 루트 66은 시카고에서 로스앤젤레스를 잇는 2,448마일의 구간으로서 과거에 꿈을 찾아 서부로 향했던 이들의 옛 발자취가 남아 있는 미국의 역사적인 도로다.

1950년대 및 1960년대에 들어 새로이 도로가 확충되면서 루트 66은 지도상에서 자취를 감추었지만, 옛 기억을 찾아 시간 여행을 떠나는 이들의 발길이 현재까지도 이어지고 있다.

숙박

장소, 시기, 인원, 목적 등 여행의 내용에 따라 다양한 숙박 시설을 선택할 수 있는데, 무엇보다도 그에 따른 충분한 예산 및 사전 계획을 세우는 것이 가장 중요하다. 예컨대,
유스호스텔이나 캠핑장을 이용하면 여행 경비를 줄일 수 있고, 색다른 문화 체험을 기대할 수 있지만 장기간 여행할 경우에는 편안한 휴식을 취하지 못한 채 피로가 쌓여 힘든 일정이 될 수도 있기 때문이다.
자동차 여행의 본거지답게 사람 사는 곳이라면 어느 곳이든 도로가 이어지고, 마을 입구에는 어김없이 모텔이 늘어서 있을 정도로 미국에서 가장 흔한 숙박 시설은 모텔(Motel)이다.
모텔은 주로 도시 외곽 주변에 몰려 있는데, 호텔에 비해 가격도 저렴한데다 비교적 깨끗하고 편리한 숙박 시설을 제공한다.

주미 한국대사관 및 총영사관

- 주미 대한민국 대사관
  (Washington D.C) ☎(202)939-5600
- 주 뉴욕 대한민국 총영사관
  ☎(646)674-6000
- 주 로스앤젤레스 대한민국 총영사관
  ☎(213)385-9300
- 주 보스턴 대한민국 총영사관
  ☎(617)641-2830
- 주 샌프란시스코 대한민국 총영사관
  ☎(415)921-2251
- 주 시애틀 대한민국 총영사관
  ☎(206)441-1011
- 주 애틀란타 대한민국 총영사관
  ☎(404)522-1611
- 주 워싱턴 D.C 대한민국 총영사관
  ☎(202)939-5654
- 주 호놀룰루 대한민국 총영사관
  ☎(808)595-6109
- 주 휴스턴 대한민국 총영사관
  ☎(713)961-0186

캘리포니아 관광청에서 추천하는
멋진 여행 Best

캘리포니아 관광청 웹사이트에서 추천하는 테마 여행을 소개한다.

1 8일 간의 국립공원 및 세계 유산 만나기

1일 샌프란시스코 국제공항을 거쳐 맥나마라McNamara 공항에 도착하면 세계 유산으로 지정된 레드우드 국립공원의 신비로운 숲을 만난다. 레드우드 국립공원에 인접한 스미스 강에서 가을과 겨울에는 연어와 송어 낚시를 즐긴다.

2일 래슨볼캐닉 국립공원 관광의 날. 캐나다 국경에서 이어지는 케스케이즈 산맥 최남단에 위치한 활화산에서 눈을 이고 있는 산 정상과 호수, 아름다운 습원의 변화무쌍한 풍경을 즐길 수 있다.

3일 세계 문화유산 요세미티 국립공원 관광의 날. 시에라네바다 산맥 중심부를 이루는 요세미티 밸리, 세계 최대의 화강암 바위 엘 캐피탄, 미국 최대의 낙차를 자랑하는 요세미티 폭포 등 최고의 자연 속에서 황홀한 하루를 보낸다.

4일 요세미티의 절경을 관광하며 하이킹이나 사이클링 및 암벽 등반 등을 즐겨 보고, 세쿼이아 & 킹스 캐년 국립공원 관광에 나선다. 남쪽의 세쿼이아 국립공원은 미국에서 두 번째로 오래된 공원으로 '세계에서 가장 거대한 나무'로 알려진 샤먼 장군의 나무를 찾아보고,. 북쪽의 킹스 캐년 국립공원에서도 '미국의 크리스마스 트리'라고 불리는 80미터 높이의 그랜드 장군의 나무를 만나보자.

5일 세쿼이아와 킹스 캐년 국립공원에서 하이킹, 낚시 등 다양한 레저를 즐겨 보는 한낮의 시간을 만끽하고 오후 늦게 데스 밸리 국립공원으로 향한다.

6일 오전 시간에 거대한 사구가 줄이어 있는 '죽음의 계곡' 데스 밸리를 찾아보고, 오후에는 모하비 국립 풍지지구를 찾아가자. 풍부한 자연이 그대로 보존되어 있을 뿐만 아니라 진귀한 야생 동물을 직접 볼 수 있다.

7일 모하비의 하이킹과 승마를 즐기고, 오후에는 사막 특유의 동식물을 관찰할 수 있는 조슈아 트리 국립공원에서 또 다른 자연의 절경을 만나 본다.

8일 마지막 날은 바다와의 조우로 마감하자. 채널아일랜즈 국립공원은 샌타바버러와 로스앤젤레스 앞바다의 섬으로 이루어진 국립공원으로 진귀한 동식물들과 너른 바다, 섬마다 색다른 볼거리들로 하루 해가 짧다.

2 예술과 문화에 흠뻑 젖는 5일 간의 여행

1일 로스앤젤레스 미술관LACMA에서 예술 감상부터 시작한다. 이곳은 미 서부 지역 최대 규모를 자랑하는 종합 미술관으로 이집트 유적지에서 발굴된 고대 미술에서부터 현대 작품까지를 소장하고 있는 곳이다. 오후에는 현대 미술관 모카MOCA에서 서부 최고 현대미술 컬렉션을 즐겨 보고, 저녁 시간에는 다운타운 디즈니 콘서트홀Disney Concert Hall에서 음악 감상으로 하루를 마감한다. 2003년에 개장한 콘서트 홀은 프랭크 게리Frank Owen Gehry가 설계한 독특한 건물 외관으로 주목받는 곳이며, 로스앤젤레스 필하모닉을 비롯한 유명한 세계적 예술가들이 공연하는 로스앤젤레스의 대표 콘서트 홀이다.

2일 오전에는 게티 센터The Getty Center를 찾아보자. 1997년에 개장하였으며, 석유왕 폴 게티의 컬렉션에서부터 고흐의 '아이리스'까지 귀중한 미술 작품들을 감상할 수 있다. 리차드 마이어Richard Meier가 건축한 건물 디자인과 계절마다 꽃들이 만발하는 센트럴 가든도 볼거리다. 오후에는 고대 그리스, 로마 및 에트루리아Etruria의 고대 미술품을 전시한 미술관 게티 빌라

The Getty Villa에서 예술 감상과 함께 기원전 1세기 로마 건축 양식의 건물과 아름다운 정원을 즐겨 보자. 저녁 시간에는 1930년에 지어진 호화스러운 뮤지컬 극장 팬테이지 씨어터Pantages Theatre에서 뮤지컬 관람으로 마무리.

3일 오전에는 헌팅턴 라이브러리를 찾는다. 철도왕 헨리 헌팅턴의 저택으로 미술관, 희귀 서적들이 소장된 도서관과 식물원이 있으며 미술관에서는 게인스보로Gainsborough의 '블루 보이blue boy', 로렌스Lawrence의 '핑키pinky'와 같은 명화를 감상해 보자. 오후는 미국 최대 규모의 유럽 회화 컬렉션을 자랑하는 노튼 사이먼 미술관을 찾아 고흐, 세잔느, 르누아르, 모네 등의 명작들을 만나보고, 저녁 시간은 도로시 챈들러 파빌리온Dorothy Chandler Pavilion에서 오페라 관람으로 마감한다.

4일 샌프란시스코로 이동하여 현대 미술관에서 예술 감상을 하고, 오후에는 아시아 미술관을 찾아본다. 아시아 미술 콜렉션은 미국에서 그리 흔하지 않은 것으로 아시아 전역에서 수집한 귀중한 미술 작품들을 감상할 수 있다. 저녁 시간에는 전쟁기념 오페라하우스에서 발레 관람을 즐겨 보자. 샌프란시스코 발레단은 뉴욕 아메리칸 발레단, 뉴욕 시립 발레와 쌍벽을 이루고 있는 미국 3대 발레단 중 하나로 고전 발레와 현대 발레 두 분야에서 최고의 기술력과 연기력으로 평가 받는 최고 수준을 자랑한다.

5일 샌프란시스코에서 가장 아름다운 미술관으로 알려진 명예의 전당 미술관에서 하루를 시작한다. 기원전 2500년부터 현대에 이르는 회화 3천 점, 장서 2천 권을 소장하고 있는 미술관이다. 오후에는 드 영 미술관을 찾아 조지아 오키프Georgia O'Keeffe, 에드워드 호퍼Edward Hopper 같은 거장들의 미국 회화 작품을 감상한다. 오세아니아와 아프리카의 미술 작품을 소장한 미술관으로도 유명하다. 저녁 시간에는 1911년에 설립된 미국 최고 수준의 오케스트라샌프란시스코 교향악단의 연주를 찾아본다.

미국 철도 여행

1 앰트랙 패스

미국의 철도는 'National Rail Passenger Corperation'(통칭 Amtrak)과 7백여 개의 철도 회사들로 이뤄지는데, 대부분의 여객과 화물 운송을 맡는 것은 앰트랙이다. 철도 여행자들을 위한 여행권인 앰트랙 패스(USA Rail Pass= Amtrack Pass)를 준비하면 미국 내 400여 개의 도시를 연결하는 앰트랙 전 노선을 정해진 기간 동안 이용할 수 있다. 앰트랙 패스는 외국인 여행자 전용권이다.

앰트랙의 노선도와 시간표
철도 운행 시간표Time Table는 현지 철도 회사의 안내소나 역에서 무료로 구할 수 있다. 한국에서는 앰트랙 패스를 판매하는 대리점에서 구입자들에게 지역별 시간표를 제공한다. 앰트랙의 홈페이지에서 출발·도착 도시와 날짜를 입력하면 열차 편명과 스케줄에 대한 상세한 정보를 볼 수 있으므로 여행 일정을 잡는데 편리하게 이용할 수 있다.

운행 스케줄과 계획
앰트랙은 노선이 연결되지 않는 곳도 많고, 운행 편수도 지역 편차가 커 운행 스케줄을 확실히 알고 있어야 한다. 연착되는 경우도 많으므로 다음 스케줄까지 시간 여유를 충분히 두어야 한다. 장거리 열차라면 최소 3시간 여유는 필수다.

예약과 승차
클럽차와 침대차는 예약이 필요하다. 취소는 발차 30분 전까지이며, 역이나 여행사 대리점으로 가거나 앰트랙 무료 전화를 이용한다.

요금 시스템
왕복권을 사면 돌아올 때의 요금이 30~50% 할인된다. 또 가족 요금Family Plan이 있어 가족 전체가 표를 사면 부부 중 한쪽의 티켓이 50% 할인되고, 어린이는 20%의 요금만 내면 된다. 단, 가족 요금은 메트로라이너를 이용할 수 없으며, 침대차를 사용하려면 추가 요금을 내야 한다.

승차권 구입과 개찰
역 티켓 카운터에서 구입하면 된다. 열차 내에서 살 때는 벌금을 물어야 한다. 개찰은 열차에 탈 때 개찰구 또는 차량 입구에서 한다. 도중 하차는 승차권의 범위 내이면 몇 번이고 가능하다. 미국 내의 주요 철도역에서도 동일한 가격으로 구입할 수 있으며 여권을 제시해야 한다.

승차
2등석인 코치Coach는 자유석이므로 좋은 자리를 확보하려면 빨리 도착해야 한다. 승차 시에는 같은 열차라도 차량에 따라 목적지가 다르므로 열차 안내 방송을 잘 들어야 한다. 자리에 앉으면 승무원이 승차권을 확인하고 행선지 표시를 적어서 좌석 위에 꽂아 놓는다.

종류와 요금
앰트랙 패스는 지역과 구간별로 나누어져 있어 선택의 폭이 넓은 편이다. 특히 서부 레일 패스는 시애틀, 포틀랜드, 라스베이거스, 로스앤젤레스, 샌프란시스코, 리노 등의 태평양 연안 도시를 기간 내에 여러 번 이용할 수 있으므로 이 지역 여행자라면 활용하는 것도 좋다. 요금은 성수기와 비수기에 따라 달라지며 유효 기간은 발행일로부터 1년이다.

주의 사항
앰트랙 패스는 2등석인 코치Coach를 자유 이용하는 것이므로 침대차나 1등석, 메트로라이너를 탈 때는 추가 요금이 부과된다. 1회 이상 구간 열차를 탑승한 경우에는 환불이 되지 않으며, 분실과 도난시에도 재발급되지 않으므로 조심해야 한다.

패스 이용법
도시 사이를 연결하는 장거리 승차의 경우라면 사전에 반드시 예약해야 하며, 작은 역일 경우는 정차하지 않을 수도 있으니 구간구간을 미리 예약해 두는 것이 좋다. 패스를 역이나 여행사 대리점의 창구에 제시하고 사용 시작일과 종료일, 희망 구역을 예약하고 승차권을 받으면 된다. 휴가철이나 인기 노선의 경우는 되도록 하루라도 빨리 예약하는 것이 좋으며, 반드시 승차권 판매대에서 패스를 보이고 따로 승차권을 발부 받아 열차를 타야 한다. 열차에 오르고 나서는 패스를 제시해도 승차권이 없을 경우 정규 운임을 내야 한다.

2 열차의 시설과 이용

노선에 따라 시설과 좌석이 다른데 장거리 열차에는 보통 좌석차와 침대차, 뒷부분 식당차 등으로 나누어져 있다. 대부분 시설이 잘 되어 있어 사용하기 편하다.

코치|Coach Car
2등석으로, 장거리를 제외하고는 예약이 필요 없다. 티켓에 좌석이 지정되어 있지 않으며 좌석 자체는 1등석과 큰 차이가 없는 안락의자로 앞뒤로 넓은 여유 공간이 있고 뒤로 젖힐 수도 있으며, 발판도 있어 침대처럼 사용할 만하다. 좌석은 양쪽에 두 줄씩으로 뒤편에는 전용 세면실과 화장실이 있다.

클럽Club Car
1등석으로 예약을 해야 한다. 접는 테이블이 좌석 옆에 붙어 있고 자리에서 식사나 음료 서비스를 받을 수 있다.

침대차
1~2박 이상 필요한 장거리용 열차에 설치되며 좌석 외에 침대권을 따로 사서 이용한다. 휴가철이나 연휴 때 숙박 시설을 찾기 힘들 경우라면 추가 요금을 내고 침대차로 숙박을 해결하는 것도 비용 절감의 방법이 된다. 시설은 보통에서 고급까지 다양한데 1인용 소형실(Slumber Coach Rooms)은 낮에는 1인용 좌석이지만 밤에는 벽에서 침대를 끌어내어 사용할 수 있다. 차마다 세면실이 있고, 조명과 에어컨을 조절할 수 있어 좋다. 조금 더 넓은 1인용(Roomette)과 2단(Double Slumber) 침대 칸, 어른 2인용(Average Bedroom)과 가족용도 있다.

미국 버스 여행

미국 내 장거리 버스 여행은 다른 교통 수단에 비해 미국을 가깝게 느낄 수 있는 장점이 있다. 미국은 도로망이 잘 정비되어 있어 어느 곳으로나 버스 여행이 가능하다. 여러 버스 회사의 패스를 이용하면 편리하고 저렴하게 여행할 수 있다.

1 북미 대륙 패스

미국의 각 도시를 운행하는 장거리 버스 회사는 여러 개가 있지만 최대의 노선망을 지닌 버스 회사는 그레이하운드Greyhound's Lines로, 알래스카를 포함한 미국 전역과 캐나다의 주요 도시까지 커버한다. 그레이하운드 장거리 버스를 탈 수 있는 승차권이 북미대륙패스North American Discovery Pass이며, 현지에서 보통 승차권을 구입하여 승차할 수도 있다.
북미대륙패스로는 그레이하운드와 제휴 회사들의 버스를 정해진 기간 내에서 자유롭게 탑승할 수 있는데, 일부 노선은 앰트랙과 연계 운행도 되고 있어 버스와 철도를 묶어서 여행 계획을 세울 수도 있다. 4일에서 연속 60일짜리까지 다양하며 처음 이용하는 날 도장을 찍으면서 날짜가 계산된다.

북미대륙패스 이용법
맨 처음 사용 시 시작일과 종료일의 해당 구간에 표시를 해주므로 표시된 날까지 자유롭게 사용할 수 있다. 버스에 탈 때는 여권과 패스를 운전기사에게 보여주기만 하면 되는데, 일부 버스 디포에서는 승차권이 필요한 경우도 있으므로 티켓 카운터에서 패스를 제시하고 승차권을 받아 탑승하면 된다.
북미대륙패스는 사용 기간 중 횟수에 제한 없이 자유롭게 사용할 수 있으나 동일한 두 도시를 3회 이상 왕복할 수는 없다. 사용 전에는 20달러의 서비스료를 내면 환불이 가능하지만 한 번이라도 사용했을 경우에는 환불되지 않는다. 또 분실과 사고 등에도 재발행은 전혀 되지 않는다.

버스 운행 시간표
버스 여행에서 빼놓을 수 없는 것이 시간표Time Table. 현지에 가면 어느 버스 디포나 터미널에서도 이용하려는 버스 노선의 시간표를 받아 볼 수 있다. 상세한 루트와 시간을 알고 싶다면 직원에게 버스 시간표The official bus guide를 요청한다. 패스 구입처에도 시간표가 구비되어 있으며, 그레이하운드 홈페이지에서는 출발·도착 도시와 날짜를 입력하면 버스 스케줄과 요금에 대한 상세한 정보를 볼 수 있다.

도시간 운행 스케줄

운행 횟수는 노선에 따라 다른데, 로스앤젤레스–샌프란시스코의 경우는 하루 20회 이상 있으며, 야간 버스도 있다. 로스앤젤레스–샌디에이고는 시간마다, 뉴욕–워싱턴은 30분 간격으로 출발하며, 대륙 횡단 노선은 1일 2~5회 있다. 작은 도시에서는 하루에 한 번만 장거리 버스가 출발하는 경우도 있으므로, 여행 일정을 잡을 때는 운행 횟수를 고려해 이동 시간에 여유를 두도록 한다.

2 버스 이용법

버스 터미널과 디포는 어느 도시든 도심의 번화가에 있다. 대도시의 버스 터미널은 우리 나라의 큰 철도역 정도이고, 그 안에 대합실은 물론 약국, 카페테리아, 세탁소, 선물가게 등이 있다. 버스 디포에도 대합실 외에 가게와 포스트하우스라 불리는 카페테리아, 매점 등이 있다.

예약과 승차

버스를 이용할 때는 장거리라도 예약은 필요 없다. 단, 각 도시마다 운영되는 그레이하운드 투어 버스를 이용할 때는 예외다. 성수기에는 1주일 전에 신청하지 않으면 정원 초과로 탈 수 없는 경우가 많으므로 미리 예약을 해두는 것이 좋다. 그 이외에는 타고 싶은 버스의 출발 시간 30분 전까지 버스 디포에 도착해 승차권을 구입하면 이용할 수 있다. 일반 승차권은 발매일로부터 편도는 1년간, 왕복은 2년간의 유효 기간이 있다. 또 2주일~1개월 전에 승차권을 구입할 때는 요금이 할인된다. 좌석은 정해져 있지 않으며 유리창은 앞 유리를 제외하고는 모두 색유리이므로 전망 좋은 좌석은 맨 앞줄의 오른쪽이다.

운행 스케줄과 휴식

장거리 버스는 2~3시간마다 휴식 시간과 아침, 점심, 저녁의 식사 시간이 스케줄에 포함되어 있고, 차내에 화장실과 공중전화가 있다. 주행 3시간마다 버스 디포나 터미널에서 15~20분간 휴식하며, 식사 시간에는 적당한 도시의 카페테리아 앞에 차를 세우고 1시간 정도의 시간을 준다. 휴식과 식사 시간이 끝나고 출발할 때는 운전기사가 일일이 승객 수를 확인한 후 출발한다. 승차권을 점검하는 경우도 있으므로 내릴 때는 패스나 승차권 등을 반드시 가지고 내린다.

야간 버스 이용

야간 버스를 이용할 때 주의할 점은 두 가지다. 하나는 냉방으로 인한 극심한 추위와 안전 문제. 버스에 오르기 전에는 반드시 긴 소매 셔츠와 재킷을 준비하고 운전사의 눈이 미치는 앞쪽 좌석에 타 위험을 미리 예방한다. 특히 야간에는 승객들의 화장실 이용 때문에 뒷좌석의 경우 잠을 못 잘 때가 많다.

리보딩 티켓

큰 도시에 도착하면 휴식 시간이 30분 이상일 경우가 있다. 이때는 버스에 따라서 운전기사가 재탑승 승차권Reboarding Ticket을 나눠 주기도 하는데 다시 버스에 탈 때 필요하다. 내렸던 승차 게이트로 돌아오면 같은 번호의 게이트가 두 개 있는 경우가 있다. 하나는 내렸다가 다시 타는 승객을 위한 것Reboarding Gate이고, 다른 하나는 거기서 처음 타는 승객을 위한 것Originated Gate. 재승차권이 있는, 먼저 타고 온 사람이 새로 승차하려는 사람보다 좌석 우선권이 있다.

차량 번호

휴식 시간이 끝나고 버스에 다시 탈 때 가장 중요한 것은 차량 번호. 앞 유리와 문, 차내 정면의 오른쪽 위에 적힌 네 자리 숫자가 차량 번호다. 휴식과 식사 등으로 밖으로 나갈 때는 차량 번호를 기억해 두어야 똑같은 모양의 버스가 나란히 있을 때도 당황하지 않게 된다.

짐을 맡길 때 주의할 점

버스에 넣을 수 있는 수화물은 2개, 무개로는 100파운드(45kg)까지가 무료. 현금과 귀중품의 분실은 책임지지 않으므로, 분실이 염려될 때는 가지고 타는 것이 최고다. 그레이하운드 버스는 차내의 선반이 꽤 넓으므로 웬만한 크기의 짐은 가지고 들어갈 수 있다. 특히 카메라나 식품 등 부서지기 쉬운 물건은 맡기는 짐 속에 넣지 말자.

캘리포니아 신대륙의 역사를 만나는
왕의 고속도로 따라가기

'왕의 고속도로'로 일컬어지는 엘 카미노 레알티 Camino Real은 캘리포니아에 남아 있는 최대의 유산이다. LA 의 101번 프리웨이를 비롯한 해안도로 곳곳에서 'El Camino Real'이라는 팻말을 붙이고 서 있는 녹슨 종을 본 적이 있는가. 이 녹슨 종들은 1683년부터 1834년까지 당시 멕시코와 캘리포니아 일대를 다스렸던 스페인의 종교적 전초기지로 세웠던 미션Mission과 요새 Presidios, 원주민 부락들Pueblos을 연결하였던 '왕의 고속도로'를 지키고 있는 것이다. 101번 프리웨이는 원래의 엘 카미노 레알을 좇아서 건설된 것으로 1906 카미노 레알 협회가 설립되어 프란시스코의 지팡이로 명명된 양치기용 지팡이에 1마일마다 종을 달았다고 한다.

샌디에이고부터 샌프란시스코까지 즐비한 21개의 미션들은 당연히 원주민들을 종교적으로 교화시켜 '신 스페인'의 시민으로 만드는 것이었는데, 이 와중에 피할 수 없었던 양측의 충돌로 학살과 약탈의 역사가 빚어지게 된다. 이 흔적들은 복구와 보존 덕분에 지금은 미국 내에서 가장 오래된 건축물이자 사적지로 변모했다. 표식을 위해 겨자씨를 뿌려 온통 노란 꽃들로 만발했던 이 길을 따라 1906년 450개의 종들이 들어섰다. 샌디에이고에서 샌프란시스코까지의 21개 미션들은 전체 600마일의 거리에 대략 30마일의 거리를 두고 세워졌는데, 이는 말을 타고 하루를 달릴 수 있는 거리를 계산한 것이었다. 이후 101번, 5번, 72번 등 현대적인 프리웨이가 그 위를 덮었고 어떤 구간은 비포장인 채로 남겨졌다.

1 샌 게이브리얼 미션 Mission San Gabriel Arcangel
428 South Mission Drive San Gabriel, CA 91776

LA에서 가까운 미션 중의 하나로 주니페로 세라Junipero Serra 신부에 의해 1771년에 세워졌다. 원래는 LA 다운타운에서 동쪽으로 9마일정도 떨어진 곳에 세워졌으나 이후 군대 주둔지와의 마찰로 5년 뒤 현재의 장소로 이전하였다. 멕시코와 북쪽의 미션으로의 교통 요지에 위치했기 때문에 초창기에는 주로 군대의 원정 출발지로서의 역할을 하여 미션들 중에서 가장 바쁜 미션이기도 했다. 당연히 미션 구석구석이 문화유산들로 가득차 있는데, 건물만 보더라도 고대 무어인 양식으로 초창기의 역할에 걸맞게 요새처럼 지어졌다. 건물들이 사각형으로 안 뜰을 둘

러싸 외침을 막는데 유리하도록 한 것이며, 벽과 벽 사이의 모자를 씌운 듯한 기둥은 스페인의 코르도바 대성당의 건축 양식과 비슷하다.

당시 미션들은 목축과 농업에 종사했던 농장Ranch의 역할을 겸해 영적이면서 경제적인 구심체 역할을 하기도 했다. 정면의 종루를 겸한 벽에는 모두 6개의 종이 걸려 있는데, 큰 종은 무려 1톤에 달하여 주조된 1830년 당시 최대의 종으로, LA의 원주민 부락 어디에서도 종소리를 들을 수 있었다고 한다.

박물관에는 그 당시의 유물들이 많으니 꼭 들러볼 곳이다. 교회와 박물관, 정원, 기념품점은 새해 첫날, 부활절, 독립기념일, 추수감사절과 크리스마스를 제외하고 오전 9시부터 오후 4시 30분까지 연중 무휴로 개방한다. 월요일부터 금요일까지 20명 이상일 경우 예약에 의해 가이드 투어를 할 수 있다.

LA에서 10번 프리웨이를 타고 5번을 지나 6마일쯤 가다가 뉴애비뉴New Avenue에서 내려 좌회전한다. 여기서 북쪽으로 가면 사우스라모나 스트릿S. Ramona St.으로 바뀌고 웨스트 미션 드라이브W. Mission Dr.를 지나면 정면에 미션 건물들이 보인다.

2 샌퍼낸도 미션 Mission San Fernando Rey de Espana
15151 San Fernando Mission Blvd L.A., CA 91345

LA북쪽 샌퍼낸도 밸리에 있는 이 미션은 엘 카미노 레알의 21개 미션 중에서 17번째로 1797년에 세워졌는데, 세인트 페르디난드 스페인 왕의 이름을 따서 명명되었다. 그로 인해 지명도 샌퍼낸도 밸리로 정해졌다. 1812년에는 지진 피해를 겪었고 이후 교회 건물의 세속화로 인해 지붕의 타일이 벗겨지기도 하고 건물은 방치됐다.

이 일대에서 금이 발견되어 금광 채굴자들이 교회 바닥을 파헤쳐 미션의 상당 부분이 수리 불가의 상태에 빠지기도 하는 등의 수난을 겪기도 했지만 할리우드가 가까워 수많은 영화의 촬영장으로 각광받고 있다.

한 때 이 미션은 교회와 막사, 집들이 들어서 인구가 1,000명에 이르기도 했다. 이후 교회가 건물에서 분리되어 20개의 아치와 기둥들을 가진 캘리포니아 최대의 어도비(adobe, 황토 벽돌로 짓는 건축 양식) 건축물로 자리잡았다. 미션에 딸린 과수원에는 3만 그루의 포도나무가 있었고 와인 양조장에서 생산된 와인은 짐승 가죽과 기름을 바꾸는데 이용했다. 당시 개종한 원주민들은 가죽으로 신발이나 옷, 안장 등을 만들었는데 건물을 둘러보다 보면 당시에 사용했던 기구들과 안장 등이 전시되어 있는 것을 볼 수 있다.

기념품점을 둘러보고 여기서 입장권을 사서 안으로 들어가면 사각형 건물들로 둘러싸인 거대한 정원에 들어서게 된다. 당시의 모든 미션들의 역할이 선교와 요새의 역할을 겸했으니 외침을 막기 위한 구조로 보인다. 그래서 대부분의 미션들이 거의 동일한 구조로 짜여 있다. 안마당의 분수까지도 거의 같은 위치. 예배를 보지 않는 시간에는 교회도 둘러 볼 수 있는데, 일요일 오후면 아이 세례를 위해 가족들이 줄을 서 있는다.

LA에서 5번 프리웨이를 타고 샌 퍼낸도 밸리쪽으로 가다가 118번을 지나서 샌퍼낸도미션 불러바드San Fernando Mission Bl.에서 내려 서쪽으로 가다 5분도 채 지나지 않아서 오른쪽에 나타난다.

누구나 꿈꾸는 여행, 미국 대륙 횡단

자동차를 달려 광활한 미국 대륙을 가로지르는 여행 – 누구나 평생 한번쯤 도전해 보고 싶은 꿈의 여행이다. 유럽 국가 전체를 합친 것보다도 넓은 미국 대륙의 서부 해안에서 동부까지는 자동차로 쉬지 않고 운전해도 꼬박 4일, 비행기로는 5시간이 넘게 걸리는 거리다. 이 루트 안에서 여행자들은 4계절을 모두 만날 수 있고 온갖 다채로운 자연과 풍습을 경험할 수 있다. 대륙 횡단을 안전하고 효과적으로 하면서 그 맛과 멋을 제대로 즐기기 위해서는 계절과 기후에 따른 알맞은 루트 선택과 여행의 목적에 맞는 계획, 응급 장비 등 치밀한 사전 준비 작업이 필요하다. 미국대륙 횡단 코스는 출발 시점과 기후 상황, 여행의 목적에 따라 대개 4개의 루트로 나눌 수 있다. 텍사스 주 남부 지역을 지나 플로리다 주를 거쳐 동부 해안선을 타고 올라가는 루트 1과 오클라호마 시티 등 중부 지역을 관통해 최단 거리로 횡단하게 되는 루트 2, 콜로라도 주 로키 산맥을 넘어 시카고로 입성하게 되는 루트 3, 서해안을 올라 옐로스톤 국립공원을 거쳐 시카고로 들어가는 루트 4 등 네 가지 루트를 소개한다.

◆**루트 1** 남부 지역 순환 코스는 젊은층이 가장 선호하는 루트로 4개 루트 중 유일하게 플로리다 주를 경유한다. 남부 지역에 펼쳐지는 광활한 벌판을 만나고 싶다면 6월과 8월 사이에 출발하는 것이 가장 바람직하다. 플로리다 주 최남단에 위치한 키 웨스트 섬은 이 루트의 백미다. 루트 1은 국립공원 3개를 지나므로 자연 경관을 살피기에는 다소 아쉬운 코스다.

◆**루트 2** 중부 지역을 관통해서 일명 '미국의 젖줄 코스'라고 불리는 미국 최대 상업용 코스. 4개의 루트 중 최단 거리라는 점 때문에 시간이 부족하지만 전체를 횡단하는 체험을 맛보고 싶은 여행객들에게 적당한 코스다. 통과하게 되는 국립공원은 6개로 짧은 코스에 비해서는 다양한 자연 경관을 즐길 수 있다.

◆**루트 3** 로키 산맥을 관통하게 되므로 4개의 루트 중 가장 빼어난 자연 경관을 자랑한다. 로키 산맥이 단풍으로 물드는 9~10월이 여행의 최적기. 눈이 쌓이는 겨울철은 대단한 장관을 볼 수 있지만 다소 위험한 것이 흠이다. 10개의 국립공원을 경유하게 된다.

◆**루트 4** 서부 지역을 순환하여 시애틀에서 보스턴, 뉴욕으로 향하는 I-90 루트다. 옐로스톤 국립공원을 비롯해 가장 많은 국립공원을 돌아볼 수 있지만 4개 루트 중 거리가 가장 길다. 퍼시픽 코스트 하이웨이를 거쳐 대륙을 횡단하는 이 코스는 미국 최대의 절경을 즐길 수 있는 매력이 있다. 봄과 가을이 루트 4 이용의 최적기다.

대륙 횡단을 위한 4개 루트

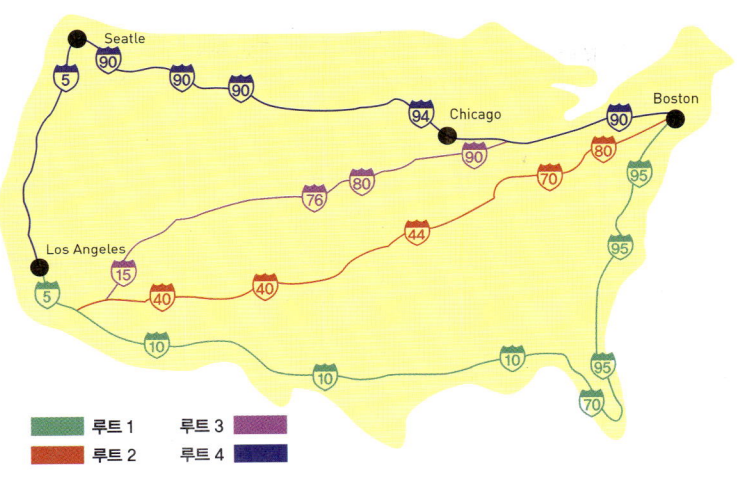

▶루트 1 남부 지역 순환, 총거리 4,527마일 15일 소요	LA 출발→(393M.) Phoeinix→(404M.) El Paso→(352M.) Ozna→(200M.) San Antonio→(201M.) Houston→(363M.) NewOrleans→(406M.) Tallahassee→(25M.) Tampa→(266M.) Miami→(156M.) Keywest(156M.) Miami→(369M.) jacksonville→(400M.) Florence→(374M.) Washington D.C→(235M.) NewYork
▶루트 2 중부 지역 관통, 총거리 2,873마일 8일 소요	LA 출발→(486M.) Flagstaff→(325M.) Alburquerque→(296M.) Amarillo→(260M.) Oklahoma City→(283M.) Springfiled→(468M.) Indianapolis→(363M.) Pittsburgh→(392M.) NewYork
▶루트 3 로키 산맥 경유 총거리 3,293마일 11일 소요	LA 출발→(293M.) LasVegas→(244M.) Salina→(197M.) Fruita→(220M.) Denver→(380M.) Kearney→(303M.) Des Moines→(362M.) Chicago→(345M.) Cleveland→(196M.) Buffalo→(480M.) Boston→(219M.) NewYork
▶루트 4 북부 지역 순환 총거리 4,772마일 15일 소요	LA 출발→(384M.) SanFrancisco→(381M.) Medford→(346M.) Portland→(175M.) Seattle→(276M.) Spokane→(384M.) Manhattan→(210M.) Cody→(350M.) Rapid City→(350M.) sioux Fall→(247M.) Minneapolis→(429M.) Chicago→(345M.) Cleveland→(196M.) Buffalo→(480M.) Boston→(219M.) NewYork

미국의 고난이도 하이킹 코스
Best 5

미국에는 국립공원이 62개에 국유림이 152개나 지정되어 있다. 1872년에 옐로스톤이 사실상 세계 최초의 국립공원으로 지정된 이후로 미국에는 연방 소유의 임야를 중심으로 국립공원이 연이어 탄생되었다. 더불어 준국립공원인 내셔널 모뉴먼트National Monument와 국유림National Forest이 있어 아웃도어 활동을 즐기는 사람들의 천국이다. 광활한 대륙을 지니고 있어 각기 전혀 다른 지형과 자연 환경을 골고루 만날 수 있는 미국에서는 하이킹 명소도 난이도에 따라 수많은 리스트가 만들어진다. 하이킹 전문 잡지 「백패커Backpacker」가 꼽은 미국 내 가장 위험한 하이킹 코스를 소개한다. 위험한 만큼 도전의 매력이 넘친다.

◆ 미스트 트레일 Mist Trail – 요세미티

웅장한 요세미티 국립공원의 상징인 해프 돔은 누구나 오르기를 열망하는 곳이다. 성수기인 여름 주말에는 매일 2,500~3,000명 정도가 해프 돔 정상으로 이르는 7마일의 미스트 트레일에 몰린다. 8,836피트의 해프 돔 정상에 오르기 위해 사람들은 피로와 고소증, 탈수 증세와 싸우며 정상에 올라 긍지와 자부심을 느낀다. 그러나 이 트레일은 알고 보면 위험 천만한 곳, 비라도 내리면 순식간에 아수라장으로 변한다. 정상을 400피트 남겨 둔 곳부터는 철제 케이블에 의지해야 되는데, 요세미티 구조대에 따르면 매년 이곳에서 300건의 추락 사고가 빈발한다. 1995년에는 6명이 사망하기도 했다.

◆ 브라이트 앤젤 트레일 Bright Angel Trail – 그랜드 캐년

그랜드 캐년의 가장자리 South North Rim에서 내려다 보는 장관만으로 성이 차지 않는 사람들은 꼬불꼬불한 트레일을 따라 절벽 아래 콜로라도 강으로 내려가곤 한다. 9.5마일의 수직 고도 4,380피트를 견뎌 내야 하는데 문제는 다른 곳에 있다. 여름이면 110도를 예사로 오르내리는 폭염이다. 해마다 200건의 폭염과 관련한 사고가 일어나는 곳이 바로 이곳 브라이트 앤젤 트레일이다.

◆ 더 메이즈 The Maze – 캐년 랜즈

유타 주의 캐년 랜즈Canyonlands 국립공원에 있는 이 트레일은 그리스 신화의 크레타 왕 미노스가 반인반우(半人半牛) 미노타우로스를 가두느라 만든 미궁에 비유되곤 한다. 이 트레일은 붉은 사암 절벽이 정글을 이루고 있어서 한 번 들어갔다가 길을 잃으면 심한 경우 레인저가 찾아 내는데 사흘이 걸릴 수도 있다. 오프 로드 자동차를 이용하거나 GPS와 지도를 같이 이용해야 되는 곳이다.

◆ 뮤어 스노필드 Muir Snowfield - 마운트 레이니어

시애틀 어디에서나 올려다 보이는 마운트 레이니어Mt. Rainier의 해질녘 풍경은 황홀하기까지 하다. 그래서 해마다 수천 명이 다녀가는 명산이다. 그러나 14,410피트의 정상은 고난이도의 알파인 등반을 필요로 하는 곳. 본격적인 등반이 시작되면 만나게 되는 뮤어 설원은 말 그대로 눈 천지다. 날씨 변화가 밥 먹듯 이루어지는 이곳이 종종 클라이머들의 무덤이 되곤 한다. 안개와 눈보라 때문에 사방을 분간할 수 없는 '화이트 아웃White Out'에 포위될 수 있다.

◆ 칼라라우 트레일 - Kalalau Trail - 하와이

하와이의 나팔리 해안 주립공원은 말 그대로 태평양 바다를 끼고 있는 아름다운 해안 공원이다. 깎아지른 절벽 아래 부서지는 하얀 포말은 누구나 한번쯤은 가보고 싶은 곳이다. 그래서 이 해안 절벽 위로 난 칼라라우 트레일은 인기 등산로가 됐다. 하지만 좁고 부서지기 쉬운 화산석으로 된 트레일은 위험하기 짝이 없다. 해안 절벽의 특성상 트레일은 젖어 있기 쉽고 그래서 미끄럽다. 300피트 아래 해안 절벽은 날카로운 갯바위로 이루어져 대형 사고의 위험이 높다.

이밖에 평균 고도가 가장 높은 콜로라도 주의 파이크스 피크Pikes Peak(6,800피트)의 바 트레일Barr Trail은 번개에 노출될 위험이 큰 곳으로 악명이 높다. 뉴햄프셔 주의 마운트 워싱턴Mt. Washington은 무서운 기록을 갖고 있다. 1934년 4월에는 시속 231마일의 풍속을 기록했다. 1849년 이래 137명의 인명을 앗아갔다. 바람에 날려간 것이 아니라 저체온증으로 사망했다. 겨울에만 국한된 기록이 아니다. 몬태나 주의 허클베리 마운틴Huckleberry Mountain은 그리즐리 곰에게 공격받을 가능성이 높기로 유명하다. 563마리가 서식하는 것으로 보고됐다.
유타 주의 벅스킨 걸치Buckskin Gulch는 약간의 소나기에도 물이 불어나 좁은 계곡의 모든 것을 쓸어가 버린다. 테네시 주의 에이브럼스 폭포Abrams Falls는 더운 여름날, 하이커들을 끌어 들인다. 그러나 1971년에 29명이 이 폭포에서 익사했다.

미국 국립공원 리스트

	이름	해당주	웹사이트	대표전화
1	Acadia NP	Maine	www.nps.gov/acad/	207-288-3338
2	NP of American Samoa	American Samoa	www.nps.gov/npsa/	684-633-7082
3	Arches NP	Utah	www.nps.gov/arch/	435-719-2299
4	Badlands NP	South Dakota	www.nps.gov/badl/	605-433-5361
5	Big Bend NP	Texas	www.nps.gov/bibe/	432-477-2251
6	Biscayne NP	Florida	www.nps.gov/bisc/	305-230-7275
7	Black Canyon of the Gunnison NP	Colorado	www.nps.gov/blca/	970-641-2337
8	Bryce Canyon NP	Utah	www.nps.gov/brca/	435-834-5322
9	Canyonlands NP	Utah	www.nps.gov/cany/	435-719-2313
10	Capitol Reef NP	Utah	www.nps.gov/care/	435-425-3791
11	Carlsbad Caverns NP	New Mexico	www.nps.gov/cave/	575-785-2232
12	Channel Islands NP	California	www.nps.gov/chis/	805-658-5730
13	Congaree NP	South Carolina	www.nps.gov/cosw/	803-776-4396
14	Crater Lake NP	Oregon	www.nps.gov/crla/	541-594-3000
15	Cuyahoga Valley NP	Ohio	www.nps.gov/cuva/	330-657-2752
16	Death Valley NP	California, Nevada	www.nps.gov/deva/	760-786-3200
17	Denali NP	Alaska	www.nps.gov/dena/	907-683-2294
18	Dry Tortugas NP	Florida	www.nps.gov/drto/	305-242-7700
19	Everglades NP	Florida	www.nps.gov/ever/	305-242-7700
20	Gates of the Arctic NP	Alaska	www.nps.gov/gaar/	907-692-5494
21	Glacier NP	Montana	www.nps.gov/glac/	406-888-7800
22	Glacier Bay NP	Alaska	www.nps.gov/glba/	907-697-2230
23	Grand Canyon NP	Arizona	www.nps.gov/grca/	928-638-7888
24	Grand Teton NP	Wyoming	www.nps.gov/grte/	307-739-3300
25	Great Basin NP	Nevada	www.nps.gov/grba/	775-234-7331
26	Great Sand Dunes NP	Colorado	www.nps.gov/grsa/	719-378-6399
27	Great Smoky Mountains NP	North Carolina, Tennessee	www.nps.gov/grsm/	865-436-1200
28	Guadalupe Mountains NP	Texas	www.nps.gov/gumo/	915-828-3251
29	Haleakala NP	Hawaii	www.nps.gov/hale/	808-572-4400

30	Hawaii Volcanoes NP	Hawaii	www.nps.gov/havo/	808–985–6000
31	Hot Springs NP	Arkansas	www.nps.gov/hosp/	501–624–2701
32	Isle Royale NP	Michigan	www.nps.gov/isro/	906–482–0984
33	Joshua Tree NP	California	www.nps.gov/jotr/	760–367–5500
34	Katmai NP	Alaska	www.nps.gov/katm/	907–246–3305
35	Kenai Fjords NP	Alaska	www.nps.gov/kefj/	907–422–0500
36	Kings Canyon NP	California	www.nps.gov/seki/	559–565–3341
37	Kobuk Valley NP	Alaska	www.nps.gov/kova/	907–442–3890
38	Lake Clark NP	Alaska	www.nps.gov/lacl/	907–644–3626
39	Lassen Volcanic NP	California	www.nps.gov/lavo/	530–595–4480
40	Mammoth Cave NP	Kentucky	www.nps.gov/maca/	270–758–2180
41	Mesa Verde NP	Colorado	www.nps.gov/meve/	970–529–4465
42	Mount Rainier NP	Washington	www.nps.gov/mora/	360–569–2211
43	North Cascades NP	Washington	www.nps.gov/noca/	360–854–7200
44	Olympic NP	Washington	www.nps.gov/olym/	360–565–3130
45	Petrified Forest NP	Arizona	www.nps.gov/pefo/	928–524–6228
46	Redwood NP	California	www.nps.gov/redw/	707–464–6101
47	Rocky Mountain NP	Colorado	www.nps.gov/romo/	970–586–1206
48	Saguaro NP	Arizona	www.nps.gov/sagu/	520–733–5153
49	Sequoia NP	California	www.nps.gov/seki	559–565–3341
50	Shenandoah NP	Virginia	www.nps.gov/shen/	540–999–3500
51	Theodore Roosevelt NP	North Dakota	www.nps.gov/thro/	701–623–4730
52	Virgin Islands NP	U.S. Virgin Islands	www.nps.gov/viis/	340–776–6201
53	Voyageurs NP	Minnesota	www.nps.gov/voya/	218–283–6600
54	Wind Cave NP	South Dakota	www.nps.gov/wica/	605–745–4600
55	Wrangell–St. Elias NP	Alaska	www.nps.gov/wrst/	907–822–5234
56	Yellowstone NP	Idaho, Montana, Wyoming	www.nps.gov/yell/	307–344–7381
57	Yosemite NP	California	www.nps.gov/yose/	209–372–0200
58	Zion NP	Utah	www.nps.gov/zion/	435–772–3256

캘리포니아
CALIFORNIA

미국에서 가장 크고 인구가 많으며, 가장 많은 이민자가 사는 곳. 캘리포니아는 골드러시로 대표되는 기회의 땅이며, '캘리포니아 드림'을 꿈꾸는 사람들이 모여 변화무쌍한 모자이크를 만들어내는 서부 미국의 얼굴이다.

전 세계 엔터테인먼트의 원산지 할리우드, 살아있는 동화의 나라 디즈니랜드, 낙원을 향한 희망 골든게이트 브리지, 글로벌 IT 산업의 허브 실리콘밸리와 풍요로운 황금빛 와인 컨트리, 캘리포니아의 역사를 간직한 아름다운 미션과 다채로운 태평양 연안의 비치 파라다이스가 줄지어 여행객을 부른다. 여기에 태고의 진실을 고스란히 간직한 숲과 기암괴석으로 치솟은 산, 처절한 고독과 조우하는 거대한 사막 저편으로 탱탱하게 살아있는 너른 바다의 조화로움까지 – 들여다보고 알아갈수록 무궁무진한 매력이 넘쳐 나는 곳. 낯선 이방인들조차 함께 어울려 내일을 꿈꾸게 만드는 곳. 바로 드리밍 캘리포니아다.

주도 새크라멘토 Sacramento
별칭 골든 스테이트 Golden State
명물 패스트푸드, 할리우드, 디즈니랜드, 네이블 오렌지, 세쿼이아나무, 서핑, 실리콘밸리, 히피문화
캘리포니아 주 관광청 916-444-4429, www.visitcalifornia.com

Inside California

로스앤젤레스 다운타운 / 미드윌셔와 코리아타운 / 할리우드 / 웨스트사이드 / 샌퍼낸도 밸리 / 패서디나 / 퍼시픽 코스트 하이웨이 / 샌버나디노 & 리버사이드 카운티 / 오렌지카운티 / 오렌지카운티 인근 해변 **샌디에이고 센트럴 코스트** 샌타바버러 / 솔뱅 / 샌루이스 & 모로베이 / 샌시미언에서 카멜까지 / 몬테레이 / ▲채널 아일랜드 국립공원 / ▲피너클스 내셔널 모뉴먼트 **샌프란시스코** 다운타운 / 노스 비치 / 피셔맨스 워프 / 골든게이트 브리지 / 소마 / ▲포인트레이즈 국립 해안 공원 **북가주** 오클랜드 / 버클리 / 실리콘 밸리 / 나파 밸리 / ▲레드우드 국립공원 **캘리포니아 사막** 팜 스프링스 & 데저트 핫 스프링스 / ▲조슈아 트리 국립공원 / ▲데스 밸리 국립공원 / ▲안자 보레고 주립공원 / ▲이스트 모하비 국립풍치지구 **시에라네바다** ▲라바 베즈 내셔널 모뉴먼트 / ▲래슨 볼캐닉 국립공원 / ▲레이크 타호 / ▲요세미티 국립공원 / ▲인요 국립삼림지 / ▲마운틴 휘트니 / ▲화이트 마운틴 / ▲데블스 포스트파일 내셔널 모뉴먼트 / ▲세쿼이아 & 킹스 캐년 국립공원 / ▲팰리세이드 글레이셔

천사의 도시 Los Angeles
로스앤젤레스

1 로스앤젤레스
살아 숨 쉬는 아메리칸 드림의 심장부 Los angeles

무엇이든 시작할 수 있는 곳, 로스앤젤레스

천사들의 도시 로스앤젤레스는 불가능을 모르는 도시다. 누구나 언제든지 새롭게 시작할 수 있는 전 세계 이민자들의 도시, 인종·언어·소득·종교·과거의 경력 등이 모두 다른 수많은 이민자들이 다같이 '앤젤리노'라는 이름으로 어울려 살아가는 꿈의 도시다.

220여년 전인 1781년, 스페인 사람 44명이 다운타운 지역에 처음 이주하면서 도시가 태어났고, 당시 한 선교사가 '로스앤젤레스'라는 이름을 지었다. 초기의 LA는 백인 이민자들과 부유한 멕시코 농장주들 간의 이중 문화를 공유했으나 1846년에 미국과 멕시코 간의 전쟁으로 캘리포니아가 미국에 편입되자 골드러시와 함께 새크라멘토에서 동부까지를 연결하는 대륙횡단철도가 완공되었고, 이후 빠른 속도로 발전했다.

생명력이 넘치는 서부 미국의 센터피스

로스앤젤레스는 1932년의 올림픽 개최와 1, 2차 세계대전을 통해 항공 산업을 일으키며 경제적으로 성장했고, 1908년부터 시작된 영화 산업도 여기에 큰 몫을 담당했다.

베트남전과 인종차별 반대 운동이 활발하던 1960년대에는 사회 운동의 핵심이 되기도 했으며, 1971년 대지진의 아픔을 겪었지만 1984년 제23회 올림픽을 다시 열만큼 꾸준히 발전을 거듭해 왔다.

문화적으로도 충실한 면모를 보여 LA 뮤직 센터, LA 카운티 박물관, 다운타운의 디즈니홀 등은 수준 높은 문화공간으로 유명하다. 1997년 게티 센터가 웨스트 LA에, 1999년에는 종합 스포츠 시설인 스테이플 센터가 다운타운에 문을 여는 등 불과 20년 사이에 극장식 건물이 수십 개나 생겨 문화의 불모지라는 과거의 이미지에서 완전히 탈피하여 새로운 문화도시가 되었다. 그 밖에 다저스 야구단, 레이커스 농구단, 애너하임 엔젤스(야구)와 킹스(아이스하키) 등의 프로 스포츠팀을 보유하고 있다.

거침없이 새로 태어나는 문화의 용광로

LA는 전 세계로부터 쏟아져 들어오는 이민자들을 통해 유입된 문화와 문명이 어우러져 LA만의 독특한 문화를 형성한다. 쾌적한 기후, 태평양 경제권을 형성하는 지리적 환경, 진취적이고 자유분방한 도시 분위기로 이민자들을 맞이한다. 하지만 대도시답게 단위 면적당 인구비율이 미국 내 2위일 만큼 인구가 밀집된 환경으로 도시범죄, 공해, 인종간 마찰 등의 문제도 안고 있다. LA의 인종 비율은 라틴아메리카 41%, 백인 36.9%, 아시아인 11.5%, 흑인 10.3%로 나뉜다.(2000년 통계)

관광 정보

LA 관광청 213-689-8822, www.discoverlosangeles.com
LA 관광청 제공 한국어 웹사이트 www.lax.or.kr
Downtown 685 Figueroa St.(Wilshire Blvd. and 7th St.) 213-689-8822
Hollywood Hollywood & Highland shopping complex 323-467-6412
Beverly Hills 310-248-1015, www.beverlyhillsbehere.com
Santa Monica 1920 Main Street, Suite B, Santa Monica, 310-393-7593, www.santamonica.com
Long Beach 800-452-7829, www.visitlongbeach.com
Anaheim 640 W. Katella Ave, Anaheim 714-239-1340, www.anaheim411.com

교통 정보

로스앤젤레스 국제공항 LAX, Los Angeles International Airport
1 World Way, LA 310-646-5252, www.lawa.org
서부 최대의 관문으로 흔히 LAX로 불린다. 한국 등 외국 국제선 항공기가 도착하는 톰 브래들리 국제선 터미널Tom Bradley International Terminal(TBIT)을 중심으로 미국 국적기가 이용하는 1~8번 터미널을 합쳐 9개의 터미널이 있다. 각 터미널은 'LAX셔틀LAX Shuttle'이라는 순환 무료 버스가 운행되고 있다.

공항에서 시내가기

에어포트 버스 Airport Bus
편도 $19, 왕복 $28, 714-978-8855, www.airportbus.com
공항과 애너하임의 주요 호텔을 정기적으로 운행하는 대형 버스로서 '디즈니랜드 익스프레스 Disneyland Express'라 불린다.

메트로 레일&메트로버스 Metro Rail& Metro Bus
800-266-6883, www.mta.net
5개의 지하철 노선 중 그린라인과 블루라인을 이용하면 공항에서 다운타운이나 롱비치 방면으로 갈 수 있다. LAX셔틀을 타고 에이비에이션역까지 가서 이용한다. 메트로버스는 요금($1.25)이 저렴하지만 다운타운 이외의 호텔이 있는 지역으로 가는 직통 버스가 없어 환승을 해야 하고, 시간이 많이 걸리는 단점이 있다.

셔틀밴
셔틀밴Shuttle Van은 공항에서 시내 호텔이나 각 지역까지 효율적으로 연결시켜 준다. 모두 30여 개 회사가 운행하는데 터미널 앞 'Van Stop' 사인 앞에서 기다린다. 요금은 지역마다 다르며, 보통 1인당 20달러 안팎이다.
- Super Shuttle 800-258-3826
- Prime Time Shuttle 800-733-8267

렌터카 & 택시
렌터카 회사는 공항의 모든 터미널에 오피스가 있으며 셔틀버스로 연결시켜 준다. 택시는 다운타운까지 40분 정도 걸리며 40달러 안팎, 10%의 팁을 더 주어야 한다.
- Independent 213-385-8294
- Yellow Cab 323-222-1234

순환버스 DASH 213-808-2273
다운타운을 순회하는 버스로 A~E의 5개 노선이 있다. 주요 명소, 쇼핑센터, 박물관 등을 지나간다. 할리우드와 웨스트우드에도 있다. 정류장에 DASH 표지가 있다.

기타 정보

주 LA 총영사관 213-385-9300, usa-losangeles.mofat.go.kr
한국관광공사 LA 지사 323-634-0280, www.tour2korea.com
LA 중앙일보 213-368-2500, www.koreadaily.com

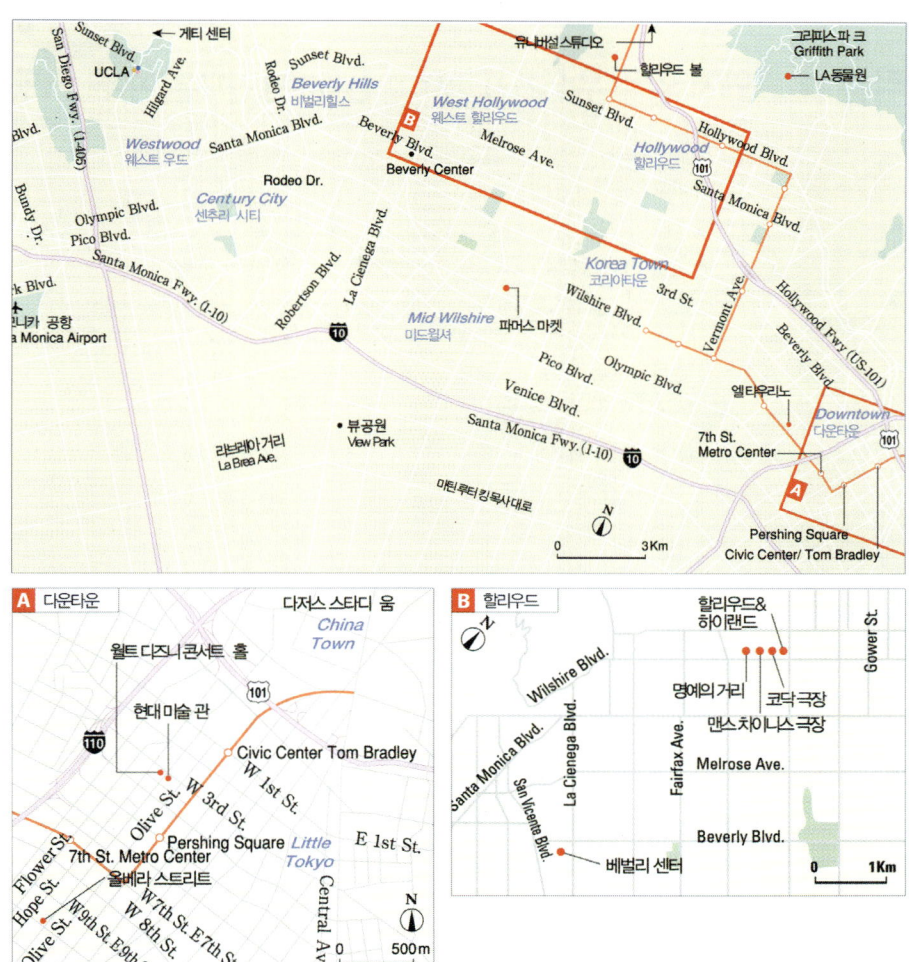

놓칠 수 없다!

리틀 도쿄에서 할리우드까지, 메트로 5달러면 신나는 하루 여행

LA 에서 자동차 없이 돌아다니는 것은 몹시 불편한 일이다. 하지만 메트로 열차가 다운타운을 중심으로 사방 5개 노선이 뻗어 있고, 지상 구간에는 이와 연결되는 메트로 버스도 있다. 메트로 열차를 잘 활용하면 저렴한 비용에 즐겁고 홀가분한 기분으로 LA를 둘러볼 수 있다.

파크앤라이드 Park & Ride	메트로 버스와 열차를 갈아 탈 수 있는 역에 마련된 주차장이다. LA 카운티에만 100여 곳이 넘으며 몇몇 도심을 제외하고는 대부분 무료다.
유니온 역 Union Station	메트로 레일 노선과 앰트랙 메트로 링크 등 14개 열차 노선의 출발점이자 종착역이다. 주당 대략 400여 대의 열차가 이곳에서 기적을 울린다.
레드라인 노스 할리우드~유니온	유니온 역에서 노스 할리우드까지 14개의 역을 통과하는 메트로 라인의 꽃이다. 이 라인만 섭렵해도 LA 구경은 다한 셈이 될 정도. · 시청역: 천사의 모후 대성당, MOCA, 월트디즈니 콘서트홀 · 퍼싱 스퀘어 역: 다운타운, 퍼싱 스퀘어, 중앙도서관 · 버몬트&선셋 역: 그리피스 공원 · 할리우드&하일랜드 역: 할리우드 중심가, 코닥극장, 명성의 거리, 왁스 뮤지엄, 차이니즈극장.
블루라인 다운타운 메트로센터~ 롱비치	다운타운 외에는 지상 구간이다. 다운타운에서 롱비치까지 약 1시간이 걸린다. · 피코 역: 스테이플스센터, LA 컨벤션센터. · 103번가 역: 와츠 타워 · 트랜짓 몰 역: 태평양 수족관, 퀸 메리호, 쇼어라인 빌리지.
그린라인 레돈도비치~노워크	LA 공항과 연결
골드라인 유니온~시에라마드레빌라	· 차이나타운 역: 차이나타운 · 사우스 뮤지엄 역: 카사데어도비, 사우스웨스트 뮤지엄, 시커모어그로브 공원. · 메모리얼 파크 역: 올드패서디나 시가지, 노턴사이먼 뮤지엄, 퍼시픽아시아 뮤지엄.
퍼플라인 윌셔 & 웨스턴~유니온	LA 한인타운을 동서로 횡단하는 가장 짧은 노선
오렌지라인 샌퍼낸도밸리 워너센터~ 노스할리우드	노스 할리우드의 레드라인을 갈아 탈 수 있는 버스 노선 · 우들리 역: 일본 정원. · 발보아 역: 발보아 호수 공원.
실버 라인 사우스베이 아테시아 트랜짓 센터~다운타운~엘몬티	현재 오렌지 라인 확장 구간과 다운타운에서 컬버시티까지 운행 중인 버스 노선

Metro 이용법

5개 노선의 메트로 기차와 2개 노선의 메트로 버스 라인(오렌지&실버) 그리고 메트로 로컬버스의 이용 요금은 동일하다.(2010년 현재)

》 현금

1회 탑승 기본 요금은 1달러 25센트로 동일. 하루 네 번 이상 타면 데이 패스 Day Pass(5달러)가 유리. 거의 모든 버스와 기차를 하루종일 무제한 탈 수 있다. 정거장의 자동판매기에서 구입하며, 1회 탑승권은 출발역이 명시돼 있고 2시간 동안 유효하다. 현금을 낼 때는 정액을 맞춰 내야 된다.

65세 이상 노인과 장애인은 1회 탑승권 55센트, 데이 패

스는 1달러 80센트다. 러시아워를 피한 오전 9시부터 오후 3시까지는 25센트만 내면 된다. 5세 미만 어린이는 어른과 동행시 2명까지 무료.

>> 선불 패스 Prepaid Pass
슈퍼마켓이나 체크 캐싱 업소 등지에서 구입하며, 1주일 패스는 17달러이고 1개월 패스는 62달러.

>> 토큰 Token
10개 단위로 판매하는데 12달러 50센트.

>> TAP카드
한국 스마트카드 시스템과 동일한 것으로 체크 캐싱 업소와 서점에서 구입하거나 웹사이트(www.taptogo.net)에서의 구매도 편리하다. 인터넷이나 전화로도 충전 가능. 62세 이상의 노인은 1개월에 14달러, 대학생이나 직업학교 학생은 1개월에 36달러, 8~12학년 까지는 24달러다.

>> 운행 시간
오전 4시부터 자정까지 5분에서 10분 간격으로 운행되나 늦은 저녁이나 주말에는 간격이 길어진다.
대부분의 역에는 표를 검사하는 장치가 없다. 부정기적으로 승차권 검사를 하는데, 적발되면 250달러 벌금에 48시간의 사회봉사가 부과된다.

다운타운 Downtown

LA 도심으로 여러 볼거리가 집약되어 있다. 세계적인 건축물과 다채로운 문화 행사가 가득하며 코리아타운, 차이나타운이 인접해 있다. LA의 발상지이자 행정, 상업의 중심지인 다운타운은 초창기에는 원주민인 통바 부족이 LA강을 끼고 자리를 잡았다가 유럽의 정착민들에게 내주었고, 1781년에 비로소 올베라 스트리트La Placita Olvera에서 오늘날의 LA가 태동했다. LA에서 가장 오래된 구역인 LA 다운타운은 230년의 역사를 자랑하는 만큼 유서 깊은 사적지에서부터 최신식의 현대적인 문화 공간까지 의미 깊은 이정표들로 가득 차 있다.

LA 카운티 뮤직 센터 Music Center of LA County

135 North Grand Ave. LA
213-972-7211, www.musiccenter.org

LA 필하모닉의 본거지인 월트 디즈니 홀Walt Disney Hall은 거대한 배를 형상화한 스테인레스 금속벽의 조형미를 자랑한다. LA필의 이전 활동지였던 도로시 챈들러 파빌리온Dorothy Chandler Pavilion, 연극 무대인 마크 테이퍼 포럼Mark Taper Forum, 뮤지컬 극장인 아만슨 극장Ahmanson Theater까지 대형 극장 4개를 총칭하는 복합 문화단지다.

시빅 센터와 시청 Civic Center & City Hall

시청과 연방, 주, 카운티 정부 기관의 집합소다. 법원, 도서관, 뮤직 센터, LAPD 등이 모여 있는 캘리포니아의 심장부. 1928년 32층 454피트 높이의 건물로 완공된 흰색의 시청City Hall(200 N. Spring St, 213-485-2121, www.lacity.org) 타워는 고대 바빌로니아와 앗시리아의 피라미드형 사원 유적인 지구라트를 형상화한 것으로 진도 8.2의 강진에도 견디도록 설계되었다. 타워에 쓰인 모래는 캘리포니아의 58개 카운티에서, 물은 샌디에이고에서부터 샌프란시스코까지 자리한 21개의 역사적인 미션에서 골고루 가져왔다. 월요일부터 금요일 오전 10시부터 11시까지는 무료 가이드 투어가 실시되며, 27층의 전망대가 공개되기도 한다.

현대 미술관 MOCA, Museum of Contemporary Art

250 S Grand Ave. LA
월 11~17, 화·수 휴무, 목 11~20, 금 11~17, 토일 11~18, 성인 $10, 학생 $5, 12세 미만 무료
213-626-6222, www.moca.org

1940년대 이후 현대 미술의 컬렉션을 자랑하는 세계적인 명소. 1979년에 개관하여 현재 5천여 점의 작품을 소장, 전 미국에서 가장 유명한 박물관 중의 하나로 자리 잡았다. 박물관 앞 뜰에 설치된 '고철 덩어리' 조각품은 UCLA 교수 낸시 루빈의 작품으로 1천 파운드의 비행기 부품을 이용해 날개 길이 54피트의 새를 형상화했다. 가끔 한국 관련 전시회가 열리기도 한다.

중앙 도서관 Central Library

630 W. 5th St. LA
213-228-7168, www.lapl.org/central

LA의 핵심 랜드마크 중 하나로 1926년 개관했다. 웅장한 도서관의 정면 계단에는 한국인에게 친숙한 용비어천가 제2장 첫 구절이 새겨져 있어 더욱 의미가 깊다. 연간 방문객이 2백만 명에 이르며, 도서와 예술 작품 등 소장품은 250만 점으로 미 서부 최대 규모다. 고대 이집트와 지중해풍으로 지어진 건축물의 외관과 내부 장식도 볼만하다.

천사들의 모후 대성당
Cathedral of Our Lady of the Angels

555 West Temple St. LA
월~금 6:30~18, 토 9~18, 일 7~18
213-690-5200, www.olacathedral.org

11층 높이의 현대식 건물로 다운타운 한복판에 있다. 웅장하고 엄숙한 분위기가 특징. 공연장과 전시장 등 문화시설도 갖추고 있으며, 대성전 양 벽면에 걸려 있는 135명의 성인 융단화에는 흰색 도포에 갓을 쓴 김대건 신부와 정하상 바오로 성인이 함께 기도하는 모습도 나와 있다.

차이나타운 Chinatown

다운타운 북쪽 끝 브로드웨이와 칼리지 부근에 있다. 즐비한 한자 간판에 화려한 광동, 사천 요리점의 네온사인이 흡사 중국에 온 듯한 풍경을 연출한다. **중미박물관** Chinese American Museum(425 N Los Angeles St, 월 휴무, 화~일 10~15, 성인 $3, 학생 $2, 213-485-8567, www.camla.org) 은 중국인들의 이민 역사와 문화 풍습이 전시된 대형 문화원이다.

스테이플스 센터
Staples Center
1111 S.Figueroa St, LA
213-742-7100,
www.staplescenter.com
1999년에 완공된 다목적 실내체육관으로 NBA LA 레이커스와 클리퍼스의 홈경기가 열리는 명소. 월드컵 때마다 한국응원전이 열리는 장소이기도 하다.

다저 스타디움 Dodger Stadium
1000 Elysian Park Ave, LA
323-224-1507, www.dodgers.com
LA의 대표적인 스포츠 명소로서 LA다저스의 홈구장이다. 미국에서 가장 크고 아름다운 야구장으로 5만6천명을 수용한다.

리틀 도쿄 Little Tokyo
미국 최대의 일본인 거리. 하지만 규모는 생각보다 크지 않다. 시빅 센터 옆의 호텔 뉴 오타니를 입구로 일본 식당·은행·영사관·비즈니스 사무실, 쇼핑센터 등이 모여 있고, '리틀도쿄플라자'라는 한국 마켓도 가까이에 있다. **일미박물관**Japanese American National Museum (369 East First St, 월 휴무, 화·수·금·토 11~17, 목 12~20, 매주 목 5~20 무료, 성인 $9, 학생 $5, 5세 미만 무료, 213-625-0414, www.janm.org)에서는 2차대전 당시의 수용소 풍경 등 일본계 이민자들의 삶을 살펴볼 수 있다.

LA 컨벤션 센터 LA Convention Center
1201 South Figueroa St. LA
213-741-1151, www.lacclink.com
세계적으로 손꼽히는 전시회장. LA 모터쇼, 도서박람회 등 대규모 행사가 연중 열린다. 주차료는 12달러.

엑스포지션 파크(왼쪽), 유니온역(오른쪽)

엑스포지션 파크 Exposition Park
700 Exposition Park Dr, LA
213-744-7458, www.expositionpark.org
LA 다운타운의 복합 도시공원. 1923년 개장했으며 1932년과 1984년 두 번의 하계올림픽을 치렀다. 수용 인원 10만 명을 자랑하는 **로스앤젤레스 메모리얼 경기장** Los Angeles Memorial Coliseum(3911 South Figueroa St, 213-747-7111, www.lacoliseum.com) 과 1만6천그루의 장미정원 Rose Garden, 테크놀러지 홀, 에어로 스페이스 홀, 킨제이 홀, IMAX 영화관, 이코노믹 홀 등이 가득한 **캘리포니아 사이언스 센터** California Science Center(700 Exposition Park Dr, 매일 10~17, 무료 입장, 323-724-3623, www.casciencectr.org), 고대 화석부터 각종 동식물과 광물들을 보여주는 **LA 자연사 박물관** Natural History Museum of LA County(900 Expositon Blvd, 매일 9:30~17, 성인 $9, 5~12세 $2, 4세 이하 무료, 213-763-3466, www.nhm.org)을 비롯, **캘리포니아 아프로-아메리칸 박물관** California Afro-American Museum(600 State Dr, 월~금 8:30~17, 무료 입장, 주차비 $8, 213-744-7432, www.caamuseum.org) 등 볼거리가 많다.

웰스파고 역사 박물관
Well Fargo History Museum
333 South Grand Ave, LA
월~금 9~17, 무료 입장
213-253-7166, www.wellsfargohistory.com
캘리포니아에서 가장 오래된 웰스파고 은행이 골드러시 시절 은행 업무와 서부 지역의 익스프레스 우편 업무를 위해 사용했던 역마차가 그대로 보존되어 있다.

엘 푸에블로 역사 공원
El Pueblo de Los Angeles State Historic Park
200 N.Main St, LA, 213-628-1274,
www.elpueblo.lacity.org
LA의 초창기 역사가 집결된 1953년 주정부 지정 역

사 유적 공원이다. 스페인어로 '천사들의 여왕 마을티 Pueblo De La Reina de Los Angeles'이란 긴 이름을 가졌다. 1781년 44인의 초기 거주자들의 생활 터전과 당시 LA 소방서, 극장, 교회, 관공서 등을 볼 수 있다.

>> 아빌라 어도비 Avila Adobe
매일 9시부터 오픈, 무료 입장
초기 거주자이며 거대 무역상이었던 아빌라 가족의 스페인풍 집으로 1818년에 지어졌다.

>> 올베라 길 Olvera Street
213-625-7074, www.olvera-street.com
LA에서 가장 오래된 길로 멕시코풍의 야외 시장이 열리는 이색지대.

>> 올드 플라자 파이어 하우스
Old Plaza Firehouse
매일 10~3, 무료 입장, 213-485-8437

LA 최초의 소방서 건물. 1884년에 지어졌으며, 추운 일리노이 주 출신의 건축가가 설계한 덕에 LA에서는 드문 벽돌 2층 건물.

>> 유니온 역 Union Station
800 N. Alameda St, LA, 800-872-7245
미국 대륙횡단 대철도역 중 가장 마지막에 완성됐다. 앰트랙 열차의 출발·종착역으로 네덜란드풍의 아름다운 흰색 건물이다. 뉴욕, 솔트레이크 시티, 시애틀, 샌디에이고 등으로 떠나는 서부의 관문. 1950년 윌리엄 홀든과 낸시 올슨이 주연한 「유니온 스테이션」을 비롯해서 「블레이드 러너」「스피드」「스타 트렉」「진주만」「드래그 미 투 헬」 등 수많은 영화에 얼굴을 내밀었던 국가 사적지다. 대합실 한켠에는 근사한 레스토랑 '트랙스 Traxx'와 베이글 가게가 손님을 맞고 있다.

LA 구석구석 돌아보기

LA 다운타운의 부활, LA Live

'LA 다운타운의 부활'을 기치로 등장한 다운타운의 초대형 엔터테인먼트 단지다. 스테이플스 센터 앞의 주차장 부지에 들어선 LA 라이브는 극장, 연회장, 콘서트홀, 레스토랑, 아파트와 콘도미니엄 호텔 등을 아우르고 있다. 2005년 27에이커의 부지에 노키아 플라자 극장, 그래미 뮤지엄, ESPN 방송 스튜디오, 54층 규모의 리츠 칼튼과 메리어트 호텔 등이 들어섰다. 전체 공사 비용만 25억 달러. 주중 저녁이나 주말 노키아 극장앞 광장은 나들이객으로 항상 활기가 넘친다. 2008년 12월에 오픈한 그래미 뮤지엄은 밥 딜런, 마돈나, 엘라 피츠제럴드, 보노, 닥터 드레 등 유명 아티스트들의 과거와 현재를 최첨단 멀티미디어를 통해 보여주는 새로운 명소다.

세계에서 가장 짧은 철도, Angels Flight
351 South Hill St, LA , www.angelsflight.com

1901년 첫 개통. 1969년 지역 개발로 인해 철거. 1996년 현재의 자리로 옮겨 운행 재개. 2001년 사고로 다시 운행 중지. 이후 설계 변경과 시스템 보수를 거쳐 다시 운행되고 있다. 앤젤스 플라이트는 다운타운의 3가와 4가 사이의 힐 스트리트Hill St에서 올리브 스트리트 Olive St 구간 91미터를 오르내린다. 33도의 가파른 경사로 인해 레일을 따라 놓여진 밧줄로 작동한다. 잠깐의 탑승으로도 큰 기쁨을 맛볼 수 있다. 벙커 힐로 불리는 언덕에서 내려다보는 다운타운의 경관도 놓칠 수 없다. 2000년 국가 사적지로 지정됐다. 운임은 편도 25센트. 주차는 힐 스트리트의 3가와 4가 근처에 있는 유료 주차장을 이용하는 것이 좋다.

가장 크고 오래된 마켓, Grand Central Market
317 S. Broadway, LA / 주차 308 South Hill St, LA

1917년 첫 손님을 맞았다. LA에서 제일 오래된 마켓이지만 규모 면에서 지금도 가장 크다. 신선한 과일과 채소, 고기, 해산물 등 세계 각국의 다양한 식재료를 이곳에서 만날 수 있다. 유명 건축가 프랭크 로이드 라이트의 손을 거쳐 완성된 건물은 내부는 세월을 거치면서 조금씩 변모했지만 외부는 완공 초기의 모습을 그대로 보여준다. 주 7일 오전 9시부터 오후 6시까지 개장. 앤젤스 플라이트를 마주 보고 있다. 10달러 이상 구입하면 1시간 무료 주차할 수 있다.

미드윌셔와 코리아타운 Mid Wilshire & Koreantown

LA 다운타운에서 할리우드, 웨스트 사이드의 세 지역에 길게 걸쳐 있는 윌셔 블러바드 중 다운타운 쪽 중심부가 미드윌셔Mid Wilshire다. 윌셔와 웨스턴 길 코너에 있는 윌턴극장Wilton Theater처럼 1920년대 아르데코 양식의 장중한 건물이 일부 남아 있으며, 코리아타운이 속해 있다.

코리아타운 야경

그로브몰 The Grove

189 The Grove Dr, LA
월~목 10~21, 금·토 10~22, 일 11~20
323-900-8080, www.thegrovela.com
대형 쇼핑몰로 각종 의류에서 음식점, 액세서리, 서점, 극장 등이 즐비한 운치 있는 야외 쇼핑센터. 한가운데 자리한 오리지널 파머스마켓Original Farmers Market(6333 W.3rd St, 월~금 9~21, 토 9~20, 일 10~19, 323-933-9211, www.farmers-marketla.com)은 1930년 초에 개장한 유서 깊은 농산물 직판 장터로서 200여 개 점포의 신선한 과일, 생선, 고기류를 구입할 수 있고, 중국·멕시코·이탈리아 등 세계 각국의 고유 음식을 맛볼 수 있는 식당도 가득하다.

코리아타운 KoreaTown

미드윌셔를 중심으로 동서를 가로지르는 올림픽과 베벌리 블라바드, 남북으로 후버와 크렌셔 길 일대를 포괄하는 넓은 지역이다. 한국의 여느 거리와 다름 없을 정도로 다양한 상가와 건물들이 한글 간판을 달고 있는 미국 최대의 한인 상권 중심지다.

》》 대한인국민회 기념관
Korean National Association Memorial Hall
1368 W. Jefferson Blvd, LA
323-733-7350, www.knahall.org
2003년 12월 문을 연 미주 한인 이민과 독립운동 역사관으로 1938년 설립한 국민회관 자리에 세워졌다. 1991년 LA시 유적지로 지정된 미주 한인 문화유적지 제1호다. 도산 안창호 선생의 유품을 비롯해서 수많은 사진과 귀한 기록물, 한인 이민 영상물들이 전시되어 있다.

》》 도산 안창호 우체국
Dosan Ahn Chang Ho Post Office
3751 W. 6th St, LA. 6가와 하버드 교차로에 있다. 2004년 9월 18일 연방 건물에 최초로 한인 이름이 명명된 곳이다.

》》 LA 한국 총영사관
3243 Wilshire Blvd, 213-385-9300
www.usa-losangeles.mofat.go.kr
재외 한인 보호와 영사 업무를 담당하는 곳. 여행자들이라면 상식적으로 알아두는 것이 좋다.

》》 LA 한국 문화원 Korean Cultural Center LA
5505 Wilshire Blvd, 323-936-7141, www.kccla.org
한국 전통물 전시와 공연 전시장이 마련되어 있다. 한국 영화도 수시로 상영된다.

》》 LA 중앙일보 The Korea Daily
690 Wilshire Place, 213-368-2500,
www.koreadaily.com
미주 최대의 한국 신문이 만들어지는 곳으로 미주 한인 사회의 구심점이 되고 있다. 다양한 문화 강좌도 열린다. 건너편의 사우스웨스트 법대는 유명한 사적지로 관광객들이 즐겨 찾는 명소다.

》 LA 카운티 미술관
LACMA, Los Angeles County Museum of Art
5905 Wilshire Blvd, LA
월·화·목 12~20, 수 휴무, 금 12~21, 토·일 11~20 성인 $12, 학생 $8, 17세 이하 무료, 매일 17시 이후 무료. 323-857-6000, www.lacma.org
총 5개의 전시 빌딩으로 구성된 종합 뮤지엄으로 1999년 10월 2천 스퀘어피트 규모의 한국관을 개관. 국보급 예술품 250여 점을 상설 전시하고 있다.

코리아타운 인근 명소
핸콕 파크Hankok Park 근처에 위치한 **페이지 뮤지엄** Page Museum at the La Brea Tar Pits(5801 Wilshire Blvd, 성인 $7, 학생 $4.5, 5~12세 $2, 5세 이하 무료, 매일 9:30~17:00, 323-934-7243, www.tarpits.org) 은 세계에서 가장 많은 화석이 묻혀 있는 곳 중의 하나로서 점도가 강한 타르 연못에 묻혀 죽은 선사시대 이전 동물의 진기한 화석을 볼 수 있다. 건너편 세계 각국의 토속 공예품 전시장인 **수공예품 박물관**Craft and Folk Art Museum(5814 Wilshire Blvd, 월 휴무, 화~금 11~17, 토·일 12~18, 성인 $5, 학생 $3, 12세 이하 무료, 323-937-4230, www.cafam.org)도 좋은 볼거리. 윌셔와 페어팩스 길 코너 30만 스퀘어피트 규모의 **피터슨 자동차 박물관**Petersen Automotive Museum(6060 Wilshire Blvd, 월 휴무, 화~일 10~18, 성인 $10, 학생 $5, 5~12세 $3, 5세 이하 무료, 323-930-2277, www.petersen.org) 은 자동차의 모든 궁금증을 풀어 주는 곳으로 1800년대부터 최신형 스포츠카까지 총 200여 대의 자동차와 생활상이 소개된다. 코리아타운에서 20분 거리의 **주라기테크놀러지 뮤지엄**The Museum of Jurassic Technology(9341 Venice Blvd, Culver City, 화 14~20, 금·토·일 12~18, 성인 $5, 12세 이하 무료, 310-836-6131, www.mjt.org)은 박물관의 역사를 시대별 소장품을 통해 살펴보는 '박물관의 박물관' 이다.

그리피스 파크 산책로

페이지 뮤지엄

그리피스 천문대와 LA 다운타운 야경, 오트리 센터(위), LA 동물원(아래)

그리피스 파크 Griffith Park
4730 crystal Springs Dr, LA
323-913-4688, www.griffithobs.org
코리아타운에서 10여 분 거리. 샌타모니카 산맥 동쪽 구릉을 그대로 살려 조성한 4천 에이커의 자연공원으로 뉴욕 센트럴 파크의 다섯배 규모다. 야외극장, 시립동물원, 전망대, 골프장과 하이킹 코스, 미술관, 테니스 코트, 승마장 등 흥미로운 볼거리와 즐길거리가 널렸다.

>> 그리피스 천문대 Griffith Observatory & Planetarium
2800 East Observatory Rord, LA, 무료 입장
213-473-0800, www.griffithobs.org
LA 야경의 명소로 우주와 관련된 다양한 전시물과 체험관이 가득하다.

>> LA 동물원 Los Angeles Zoo
5333 Zoo Dr, LA, 매일 10~17, 주차 무료, 성인 $13, 어린이 $8, 2세 미만 무료 323-644-6400, www.lazoo.org
1,200여 마리의 동물들이 있다. 침팬지, 코알라관과 동물쇼가 인기.

>> 오트리 센터 Autry National Center
4700 Western Heritage way, LA, 월 휴무, 화~금 10~17, 토·일 11~17
성인 $9, 학생 $5, 3세 이하 무료, 323-667-2000, www.theautry.org
'Museum of The American West'라고 불리기도 한다. 미국 서부 개척사를 한눈에 볼 수 있도록 각 시대를 상징하는 10개의 전시관이 마련되어 있다.

>> 트래블 타운 뮤지엄 Travel Town Museum
5200 Zoo Dr, LA, 월~금 10~16, 토·일 10~18, 무료 입장, 323-662-5874, www.traveltown.org
1880년부터 1930년대까지 광활한 대륙을 누빈 객차·화물열차·대륙횡단열차 등 각종 증기 기관차가 전시되어 있다.

StarLine Tours OF HOLLYWOOD

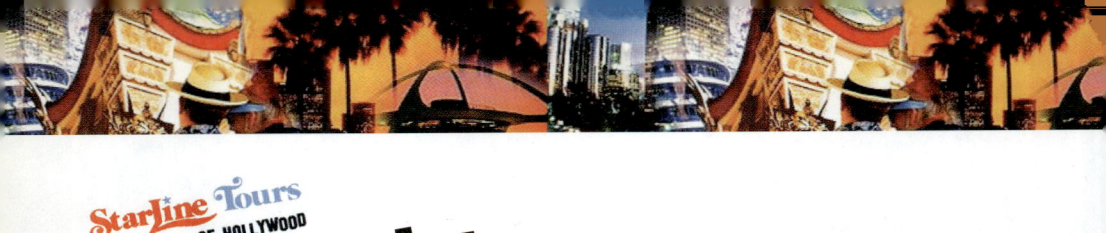

2층버스 타고 LA 둘러볼까

영국 런던의 상징인 빨간색 2층버스Double Decker가 LA에도 있다. 할리우드와 다운타운 일대를 운행하는 이 버스는 캘리포니아의 햇빛을 즐기기 위해 지붕을 없앤 'Topless' 로 4개의 코스(레드, 블루, 퍼플, 옐로)로 운행된다.

할리우드 일대를 도는 레드 코스는 매일 오전 9시 30분 할리우드의 차이니즈 극장 앞에서 30분 간격으로 출발해 베벌리힐스의 로데오 거리 LACMA 파라마운트 스튜디오 등지를 거쳐 할리우드의 유명한 사인판과 왁스박물관까지 2시간 동안 15곳에 정차한다.

같은 곳에서 출발하는 블루코스는 유니버설 스튜디오 할리우드보울 등을 돌아서 오는 1시간 코스.

퍼플 코스는 매일 아침 10시에 유니온 역 앞에서 출발해 올베라 스트리트 컨벤션 센터와 스테이플스 센터, 디즈니 콘서트 홀, 시청, 차이나타운 등 2시간 동안 13곳을 들른다.

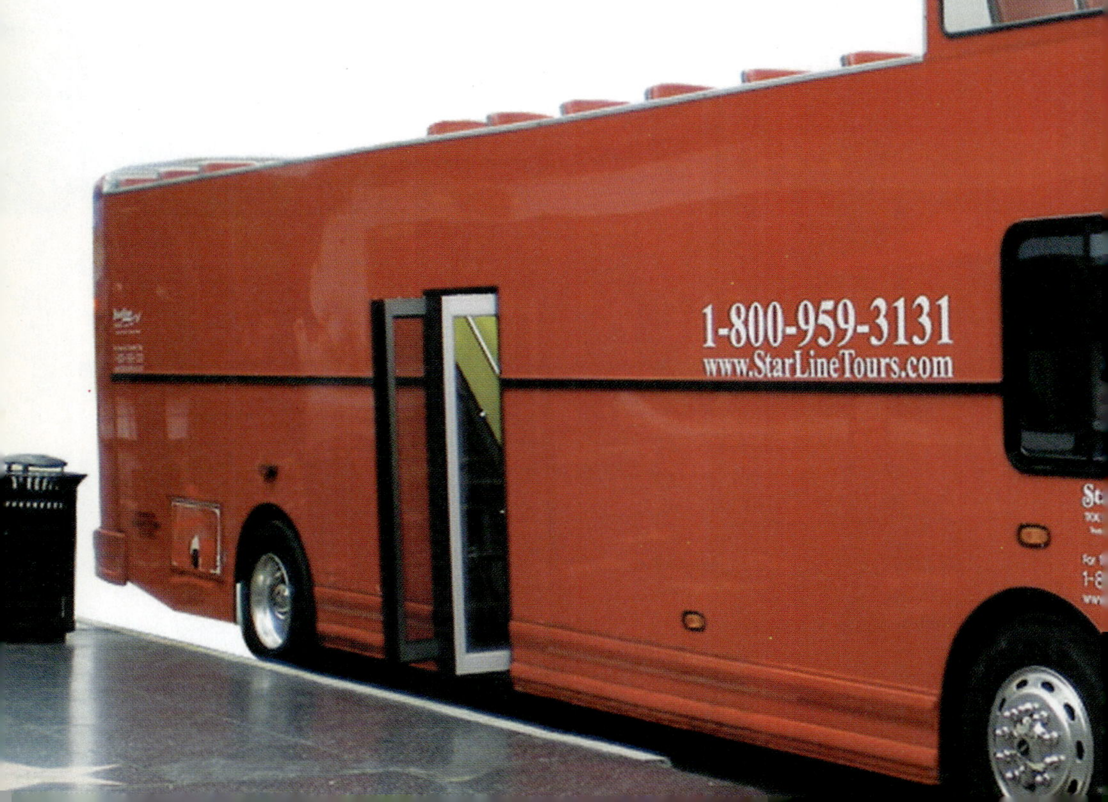

역시 유니온 역에서 출발하는 옐로 코스는 올베라 스트리트, 디즈니홀, 밀레니엄, 보나벤처 호텔, 윌셔 그랜드 호텔을 지나 윌셔 불러바드를 따라 코리아타운을 지나서 LACMA 그로브 몰과 파머스 마켓까지 2시간 동안 10곳을 들른다.

첫 탑승시부터 24시간이나 48시간 유효한 티켓이 있는데 24시간용이 좋다. 원하는 곳에 내려 시간에 구애받지 않고 관광이나 쇼핑을 할 수 있다. 30~40분 간격으로 다음 차가 오니 걱정할 일이 없다. 티켓 가격은 12세 이상 성인은 30달러, 3~11세까지는 20달러. 자세한 정보는 800-959-3131, www.starlinetours.com 에서 알아볼 수 있다.

할리우드 Hollywood

할리우드 사인

할리우드 명예의 거리

세계적인 영화의 도시 할리우드Hollywood는 LA 코리아타운 북서쪽에 있다. 전설의 센트럴 할리우드 지역은 재개발이 거듭되면서 옛 정취를 되찾고 있다. 지하철 레드라인을 통해 역사적인 영화 명소들을 찾아갈 수 있다. 할리우드와 인근 버뱅크, 유니버설 시티에 있는 ABC, CBS, NBC, FOX 방송국에서는 일반 관광객을 위한 스튜디오 투어를 제공한다. 이 일대는 도보 투어의 적격지다. **할리우드 사인** Hooly wood sign도 놓치기 아까운 명소다.

할리우드&하이랜드 Hollywood & Highland
6801 Hollywood Blvd, Hollywood
월~토 10~22, 일 10~19
323-817-0200, www.hollywoodandhighland.com
할리우드를 대표하는 거대 엔터테인먼트 빌딩으로 6개 개봉관의 5층짜리 멀티플렉스 영화관, 호텔, 유명 업소 등이 모인 복합 공간이다.

》 그라우만스 차이니즈 시어터
Grauman's Chinese Theater
323-464-8111, www.manntheatres.com
1927년 극장왕 시드 그라우만Sid Grauman에 의해 창설된 영화관으로 중국 사원식의 호화로운 건물이다. 극장 앞 **명예의 거리**The Walk of Fame에는 존 웨인 · 마이클 잭슨 · 앨튼 존 · 미키마우스 · 그레타 가르보 등 2천여 스타들의 손모양과 발모양이 대리석 바닥에 각인되어 있다.

》 코닥극장 Kodak Theater
매일 10:30~16, 성인 $15, 3~17세 $10, 3세 이하 무료
323-308-6300, www.kodaktheatre.com
아카데미 시상식장으로 유명하다.

선셋 스트립 Sunset Strip
웨스트 할리우드의 중심인 선셋대로 서쪽 27킬로미터 정도 되는 길로 하우스 오브 블루스House of Blues를 비롯, 도어스가 연주했던 '**위스키 어 고고**Whisky-a-Gogo', 리버 피닉스가 세상을 등진 장소이며 현재 배우 조니 뎁이 운영하는 **바이퍼룸**Viper Room 등 색다른 장소들이 즐비한 밤의 환락가다.

코닥극장

그라우만스 차이니즈 시어터

할리우드 보울 Hollywood Bowl
2301 North Highland Ave, Hollywood
323-850-2000
www.hollywoodbowl.com
콘서트 전용의 반원형 야외극장으로 매년 7월 4일에 열리는 불꽃놀이와 부활절 예배 콘서트도 유명하다. 6~9월에 집중적으로 콘서트가 열리며, LA 필하모닉을 중심으로 클래식, 재즈 등의 연주가 펼쳐진다.

할리우드 왁스 뮤지엄 Hollywood Wax Museum
6767 Hollywood Blvd, LA
성인 $16, 5~12세 $9, 5세 이하 무료, 매일 10~자정
323-462-5991, www.hollywoodwaxmuseum.com
존 웨인, 마릴린 먼로 등 밀랍인형으로 재생된 200여 명의 유명인을 만날 수 있다.

리플리의 믿거나 말거나 박물관 Ripley's Believe It or Not! Museum
6780 Hollywood Blvd, Hollywood
매일 10~자정, 성인 $15, 5~12세 $9, 4세 이하 무료
323-466-6335, www.hollywood.ripleys.com
세상에 이런 것도 있나 싶은 기묘한 물건들로 가득 차 있다.

프레드릭스 할리우드 Frederick's of Hollywood
6608 Hollywook Blvd, Hollywood
323-466-8506, www.fredericks.com
마돈나의 블랙 올인원을 비롯한 1940년대 이후 스타들의 속옷이 전시된 속옷 박물관.

펜테이지 시어터 Pantages Theater
6233 Hollywood Blvd, LA
888-349-4253, www.pantagestheatertickets.com
브로드웨이 블록버스터를 상영하는 아르데코풍의 극장.

캐피털 레코드 타워 Capital Record Tower
1750 Vine St, Hollywood, 323-462-6252
레코드를 쌓아 놓은 모양의 원형 오피스 건물.

웨스트사이드 West Side

로데오 거리의 고급 상가

웨스트사이드 지역은 LA 다운타운과는 또 다른 LA의 중심지다. 부촌의 대명사인 **베벌리힐스**Beverly Hills와 **로데오 드라이브**Rodeo Drive의 고급 상가, 선셋 불러바드 북쪽 언덕의 최고급 주택들이 자리한 곳이다. **벨에어**Bel-Air, **브렌트우드**Brentwood, **베네딕트 캐년**Benedict Canyon 등지는 할리우드 스타들을 비롯 의사, 변호사, 기업가와 금융인 등 LA의 많은 전문인들이 몰려 사는 부촌이다.

UCLA, University of California at Los Angeles
405 Hilgard Ave, Westwood
310-825-4321, www.ucla.edu

1919년 개교한 세계적인 명문대학. UCLA 안에서 가장 오래된 **로이스 홀**과 근처의 **UCLA 문화사 박물관** Fowler Museum of Cultural History(수~일 12~17, 목 12~20, 무료 입장, 310-825-4361, www.fowler.ucla.edu), 스타디움, 테니스 코트, 조각 정원과 회화 갤러리가 좋은 볼거리다. UCLA 협동조합 애커먼 유니온은 정문에서 똑바로 15분 정도 걸어가면 우측에 있는 대규모의 상점으로 UCLA 로고가 담긴 상품이 많아 선물을 사기에 좋다. 근처의 웨스트우드 기념 공원Westwood Memorial Park(1218 Glendora Ave, Westwood)은 마릴린 먼로나 나탈리 우드 같은 스타들이 잠들어 있는 곳.

웨스트우드 Westwood
할리우드와 샌타모니카 중간의 UCLA를 중심으로 한 대학가를 일컫는 말로 고급 카페나 부티크, 스포츠용품점, 영화관과 라이브 하우스 등이 즐비하다. 젊은이들이 많이 모여드는 곳.

센추리 시티 Century City
베벌리힐스와 이웃해 있는 30년에 걸쳐 만들어진 인공 도시. **명성의 거리**Avenue of the Stars와 함께 20세기폭스 영화사의 촬영지였으나 초현대적인 빌딩을 앞혀 완벽한 도시 기능을 갖췄다. 초호화 맨션, 오피스 빌딩, 호텔, 극장, 은행, 병원과 백화점, 마켓, 부티크, 레스토랑 등 모든 편의 시설이 갖춰진 이름 그대로 미래형 도시다.

베벌리힐스 Beverly Hills
239 South Beverly Dr, Beverly Hills
800-345-2210, www.beverlyhills.org

윌셔, 샌타모니카, 캐년 드라이브 길의 골든 트라이앵글 한복판으로 세계에서 상점 임대료가 가장 비싼 곳이다. 값비싼 명품점들이 밀집해 있으며, 특히 고급 패션숍이 즐비한 로데오 드라이브가 유명하다. 젊은층에게 인기있는 캐주얼숍은 Brighton Way나 Beverly Dr에 많고 윌셔 길에는 유명 백화점 3곳이 있다. 나무가 우거진 **스톤 캐년 로드**Stone Canyon Road와 문이 열려 있는 홈비힐스 지역은 플레이보이 저택 등 호화 주택이 눈길을 모으는 곳이다.

게티 센터 Getty Center

1200 Getty Center Dr, LA
월 휴무, 화~금 10~17:30, 토 10~21, 일 10~17:30
무료 입장, 주차비 $15 310-440-7300,
www.getty.edu

게티 석유회사의 창립자로 1957년 「포천」지가 미국 내 최고 부자로 선정했던 장 폴 게티에 의해 설립됐다. J. 폴 게티재단에서 운영하고 있으며, 문화·역사·교육 부문 박물관으로 1997년 12월에 개관했다. 초대형 전시실과 70만 권 장서의 도서관 등 기능별 6개 건물에는 그리스·로마시대에서 20세기에 이르는 미술 컬렉션이 가득하다. 교과서에서나 봤음직한 고흐, 피카소, 마티스, 모네 등의 원화가 전시실을 메우고 있으며, 루벤스의 드로잉 「조선남자」가 소장돼 있는 곳으로도 유명하다. 안내 데스크에는 한글로 된 팜플렛도 비치되어 있다. 세계적인 건축가 리처드 마이어에 의해 탄생한 이 건물은 그 자체가 작품이며 아름다운 정원도 명소다. 일년 내내 입장료가 무료이며 예약도 필요없다. 주차비만 내면 트램카를 타고 산등성이를 구비구비 돌아 올라가는 재미도 있다.

놓칠 수 없다!

앤젤리노들도 몰랐던 LA의 숨은 보석

1 불락스 윌셔
Bullocks Wilshire, 코리아타운

현재 '사우스 웨스턴 법대'로 사용되고 있는 이 건물은 영화배우 존 웨인, 그레타 가르보, 클라크 게이블과 감독 알프레드 히치코크 등 유명 인사들을 단골로 두었던 백화점이었다. 전체를 값비싼 대리석과 동으로 마감해서 중세의 고성을 연상시킨다. 1983년 이곳에 사진 스튜디오를 열었던 닐 기팅스는 이 스튜디오에서 빌 클린턴, 앨 고어, 조지 W. 부시 등 유명 인사의 포트레이트를 촬영하기도 했다. 창업주 존 불락의 이름을 딴 이 건물은 1929년에 문을 열었고, 1992년 4.29 폭동을 겪은 이듬해 1993년 문을 닫았다. 1995년 사우스 웨스턴 법대로 바뀌면서 준공 당시의 모습으로 복구됐다. LA 중앙일보 본사와 LA 교육원 맞은편에 자리한다. (3050 Wilshire Blvd, LA)

2 캄포 데 코행가
Campo de Cahuenga, 유니버설 시티

1847년 미 육군 존 프레몬트 중령과 멕시코의 안드레 피코 장군이 코행가 조약을 맺은 역사적인 장소다. 이 조약에 이어 다음 해 미국과 멕시코 간의 전쟁을 종식시키는 과달루페 히달고 조약이 체결되었다. 원래 버두고Verdugo 농장의 농가였는데 1900년에 철거되었고, 1923년에 LA시가 이 부지를 매입하여 복원했다. 유니버설 스튜디오행 트램카를 탑승하는 곳 건너에 있으며, 메트로 레드라인 유니버설 시티 역이 바로 옆에 있다. 아이들과 꼭 한번 들러봐야 할 곳. (3919 Lankershim Blvd, LA)

3 윌셔 불러바드 템플
Wilshire Boulevard Temple, 코리아타운

LA 코리아타운의 윌셔와 호바트가 만나는 곳에는 비잔틴 양식의 독특한 유대 교회당이 있다. 100피트 규모의 웅장한 돔과 성서를 주제로 한 벽화 등 독특한 건축 양식을 자랑하는 아름다운 이 건물은 그동안 국가 유명 지도자와 명사, 가수들의 집회장으로 사용되었다. 1999년에는 티베트의 망명 지도자인 달라이 라마가 연설을 하기도 했다. (3663 Wilshire Blvd, LA)

4 포인트 퍼민 등대
Point Fermin Light, 샌페드로

샌페드로 우정의 종각에서 내려다보면 공원 끝에서 바다로 쏙 튀어나온 곳에 조그만 등대가 하나 있다. 얼핏 보기에는 민가로 보이는 이 건물은 1874년에 지어진 등대로, 1972년에 국가 유적으로 등재됐다. 항구를 드나드는 선박들에게 하루도 빠짐없이 길 안내를 하곤 했던 이곳도 일본의 진주만 공격 이후 전시에는 불을 껐다. 캘리포니아 레드우드로 지어진 이 등대는 여러차례 복원을 거쳐 지금은 박물관으로 변신했다. 관람 시간은 오후 1시부터 4시까지이며, 월요일은 문을 닫는다. 입장료는 무료이며, 도네이션을 받는다. (807 W. Paseo Del Mar, San Pedro)

5 LA 메모리얼 콜로세움
LA Memorial Coliseum, 유니버시티 파크

1932년, 1984년 두 차례 모두 올림픽 주 경기장이었던 곳으로 2008년 LA 다저스 50주년 기념으로 보스턴 레드삭스와의 경기가 열렸을 때 115,300명이 운집, 메이저리그 야구 최다 관중 동원을 기록했다. 지금은 USC 트로전스의 수퍼볼 홈구장으로 쓰이는데, 축구나 뮤직 콘서트장으로도 쓰인다. (3911 South Figueroa St, LA)

6 항공인의 묘지 정문
Portal of the Folded Wings Shrine to Aviation, 버뱅크

버뱅크 밥 호프Bob Hope 공항 건너편의 발할라Valhala 묘지 정문 건물이 1998년에 국가유적으로 지정된 '항공인의 묘지 정문'이다. 항공 역사상 공이 큰 조종사와 정비사 13명이 묻혀 있는데, 이들을 기념하여 미국 항공 역사 50주년이 되던 해인 1953년에 이 정문을 세웠다. 75피트 높이의 이 구조물은 대리석과 모자이크 조각상들로 장엄미를 더하고 있다. (10621 Victory Blvd, North Hollywood)

7 맥아더 요새
Fort MacArthur, 샌페드로

맥아더 장군의 이름을 딴 이 요새는 샌페드로 우정의 종각 옆 언덕에 자리하고 있다. 항구를 방어하기 위해 1916년 세워진 이 요새는 1차대전 당시에는 훈련기지였다가 2차대전 말기에 이르러 대포가 제거됨으로써 1948년에 요새로서의 임무를 다했다. 옆에 있는 군사 박물관도 해안 방어진지의 역사를 가장 잘 보존하고 있는 사적지. 월요일과 수요일을 제외하고 오픈한다. (3601 S. Gaffey St, San Pedro, 무료 입장, 주차 무료)

8 와츠 타워
Watts Towers, 사우스게이트

17개의 독립적인 구조물이 유기적으로 연결된 30미터 규모의 철제탑으로 이탈리아계 건축 노동자인 사바토가 틈틈이 제작하여 30년이 걸렸다. 철제 파이프를 이용해 깨진 병 조각과 도자기 파편 등으로 만든 입구가 특이하다. 메트로 블루라인의 103가 케네스 한 역 옆에 있다. (1765 East 107th St, LA)

샌퍼낸도 밸리 San Fernando Valley

통상 '밸리'라고 부르는 곳으로 영화사와 TV 스튜디오들이 몰려 있다. 북쪽과 남쪽이 산으로 둘러싸인 밸리 지역은 405번, 101번, 5번 프리웨이로 LA와 이어진다. 이 지역에 있는 버뱅크Burbank는 '아름다운 다운타운' 을 의미. NBC 스튜디오, 버뱅크 스튜디오, 워너브라더스, 더래드 컴퍼니, 컬럼비아 스튜디오, 디즈니랜드 본사 등 할리우드에서 이사한 수많은 방송사와 영화사들이 모여 있다.

유니버설 스튜디오
Universal Studios Hollywood
100 Universal City Plaza, Universal City
1일권 가격 신장 48인치 이상 $59,
48인치 이하 $49, 3세 이하 무료, 주차비 $14
800-864-8377
www.universalstudioshollywood.com

세계 최대 규모의 테마 파크로 「주라기 공원」, 「킹콩」과 같은 유명 영화 제작 현장을 둘러볼 수 있다. 다양한 탑승 놀이기구가 있고, 45분간 영화의 특수 효과를 체험할 수 있는 트램투어Tram Tour는 절대 놓쳐서는 안 될 코스다. 케빈 코스트너 주연의 영화 「워터월드Water World」를 재구성한 워터쇼와 영화 「백 투더 퓨처」의 최첨단 차량에 탑승, 추격전을 체험하는 **백 투더 퓨처** Back to the Future, 영화 「백 드래프트」의 스릴을 맛보는 **백 드래프트** Back Draft 등이 색다른 즐길거리. 엔터테인먼트 센터Entertainment Center 에서는 스타트렉, 코난, 마이애미 바이스, 스턴트쇼, 애니멀 액터스 스테이지 등 5개의 라이브쇼가 펼쳐진다.

NBC 스튜디오 투어 NBC Studio Tours
3000 West Alameda Ave, Burbank
월~금 9~15, 토 · 일 휴무
성인 $7, 6~12세 $3.75, 5세 이하 무료
818-840-3537, www.nbc.com
방송 세트, 뉴스 스튜디오, 의상실, 분장실을 70분간 둘러볼 수 있는 방송 맛보기 프로그램.

워너브라더스 스튜디오 VIP 투어
The Warner Bros. Studios V.I.P. Tour
3400 Riverside Dr, Burbank
월~금 8:20~16, 1인 $48, 8세 이상 가능, 예약 필수
818-972-8687, www2.warnerbros.com

1918년 무성영화 시절부터 이어져 온 영화 제작의 기술을 배우고, 제작 현장을 견학하는 것으로 카사블랑카의 프렌티 스트리트, 웨스턴 스트리트 같은 명소를 만날 수 있다.

유니버설 시티워크 Universal City Walk
818-622-4455, www.citywalkhollywood.com
유니버설 스튜디오로 들어가는 길로 극장, 식당, 카페, 기념품점 등 40여 개의 업소가 모여 있는 하나의 대형 쇼핑몰이며, 이 자체가 하나의 엔터테인먼트가 되는 할리우드의 결정판. 식사와 쇼핑을 겸한 산책로로도 좋다.

패서디나 Pasadena
www.ci.pasadena.ca.us

LA 북동쪽 10마일, 샌 게이브리얼 산맥 기슭의 도시. 멋진 저택과 뛰어난 건축물, 미술관이 가득하다. 새해 첫날 열리는 로즈 퍼레이드와 로즈보울Rose Bowl에서 열리는 미식축구 경기도 유명하다. 서부의 MIT라 불리는 캘리포니아 공과대학(캘텍)도 이곳에 있고, 한인 목회자들에게 유명한 풀러신학교도 이 지역에 있다. 예쁜 가게와 식당도 많아 항상 젊은이들로 북적인다.

로즈 퍼레이드 Rose Parade
www.tournamentofroses.com/roseparade
매년 1월 1일에 정기적으로 열리는 대학 풋볼 결승전에 앞서 펼쳐지는 가장행렬 축제. 전 세계에 중계되는 이 축제를 보기 위해 수많은 사람들이 하루 전부터 노숙하며 자리를 잡는 것으로도 유명하다.

일본 정원 Japanese Garden

6100 Woodley Ave, Van Nuys
월~목 12~16, 일 10~16
1인 $3, 10세 이하 $2
818-756-8166, www.thejapanesegarden.com

밸리 지역 밴나이스의 폐수처리장에 일본 정원을 고증 재현했다는 점에서 특색 있는 볼거리. 단아하고 깔끔한 일본식 정원의 분위기를 그대로 느껴볼 수 있다.

노턴사이먼 미술관 Norton Simon Museum of Art

411 W. Colorado Blvd, Pasadena
월 12~18, 화 휴무, 수~일 12~18
성인 $8, 18세 이하 무료, 학생증 소지자 무료
626-449-6840, www.nortonsimon.org

게티 뮤지엄과 쌍벽을 이루는 미술관으로 올드 패서디나 서쪽에 있다. 미술 애호가이자 기업가인 노턴 사이먼이 폐관 직전의 미술관을 재건하여 자신이 30년 이상 수집한 미술품을 전시했다. 2층으로 된 박물관은 19세기를 대표하는 고흐를 비롯해서 쿠르베, 루벤스, 보티첼리, 고야, 세잔느에서부터 르누아르, 모네, 마티스까지 미술 사조를 풍미한 화가들의 작품이 상설 전시된다. 인도, 캄보디아, 타이, 네팔 등지에서 수집한 불상과 각종 조각품도 볼만하다.

로즈 보울 Rose Bowl

1001 Rose Bowl Dr, Pasadena
월~금 8:30~17:30
626-577-3101, www.rosebowlstadium.com

10만 명 수용 규모의 UCLA 풋볼팀의 본거지. 장미로 장식된 스타디움 입구 디자인이 독특하다. 매월 둘째 일요일에 열리는 **벼룩시장**Flea Market(주로 둘째 주 일요일 9~15, 성인 $8, 12세 미만 무료, 323-560-7469, www.rgcshows.com)이 유명하며, 수많은 노점에 등장하는 골동품과 색다른 컬렉션이 인기다.

퍼시픽 아시아 박물관 Pacific Asia Museum

46 North Los Robles Ave, Pasadena
수~일 10~18, 성인 $9, 학생 $7, 11세 이하 무료
626-449-2742, www.pacificasiamuseum.org

아시아 각국의 예술품 17,000여 점을 보유하고 있는 곳으로 건물 내부의 중국식 정원이 유명하다.

캘리포니아 공과대학 California Institute of Technology

1200 E. California Blvd, Pasadena
626-395-6811, www.caltech.edu

캘텍CalTech은 보스턴의 MIT(매사추세츠 공과대학)와 쌍벽을 이루는 명문대학으로 노벨상 수상자가 많이 배출된 곳이다. 캘텍지진연구소는 지진 연구의 본산으로 명성이 높다.

데스칸소 가든 Descanso Gardendns
1418 Descanso Dr, La Canada
매일 9~17, 성인 $8, 5~12세 $3,
5세 이하 무료, Tram $4
818-949-4200
www.descansogardens.org

패서디나 서쪽 라카냐다에 위치한 정원으로 세계 최대의 동백꽃 단지를 경험할 수 있는 아름다운 곳이다. 트램열차, 새 관찰소, 아름다운 연못 등이 있어 자녀들과 함께 자연 학습과 평화로운 휴일 시간을 즐기기에 좋다.

JPL 제트추진연구소 Jet Propulsion Laboratory
4800 Oak Grove Dr, Pasadena
예약 필수, 신분증 지참
818-354-9314, www.jpl.nasa.gov

우주의 신비와 실체를 연구 조사하는 연구단체. 인공위성의 제작을 비롯, 로켓 엔진을 디자인하고 만들어 내는 미국 항공우주국, 즉 나사NASA의 가장 중요한 연구기관의 하나로 2시간 투어가 마련되어 있다. 4~6주 전에 신청 필수.

헌팅턴 라이브러리 Huntington Library Art Collections and Botanical Gardens
1151 Oxford Rd, San Marino
성인 $15~20, 12~18세 $12~15,
5~11세 $6, 5세 이하 무료
626-405-2100, www.huntington.org

1455년 구텐베르크 성경을 비롯한 희귀 서적과 국보급 유물을 보유하고 있는 종합박물관 겸 식물원이다. LA 한인타운에서 차로 30분 정도 거리. 에드가 앨런 포, 벤자민 프랭클린, 셰익스피어 등 영미 대표 문학가들의 작품이 15~16세기 때의 악보들과 함께 전시되어 있고, 16세기~18세기 유럽의 회화와 초상화들이 가득하다. 세계 각국의 희귀 선인장을 수집, 재배하는 **데저트 가든** Desert Garden, 일본의 전통가옥과 붉은 목조 다리, 연못의 운치를 느낄 수 있는 **일본 정원** Japanese Garden, 2천년 이상의 역사를 지닌 다양한 장미가 흐드러지는 장미 정원Rose Gardenxl은 꼭 들러봐야 할 장소다.

패서디나 앤틱 센터 Pasadena Antique Center
480 South Fair Oaks Ave, Pasadena
626-449-7706, www.pasadenaantiquecenter.com

60여 곳의 골동품 취급 업소가 모인 곳으로 1905년에 만들어진 케이크믹서, 19세기 후반 유럽 스타일의 가구, 1920년에 만든 코닥의 수동식 카메라, 1930년대의 타이프라이터, 구식 의료기구, 축음기, 회중시계, 여자 속옷, 주방기구, 중국의 고서화와 자기류까지 망라되어 있다.

LA 카운티 식물원 LA County Arboretum
301 North Baldwin Ave, Arcadia
매일 9~16:30, 성인 $8, 학생 $6,
5~12세 $3, 5세 미만 무료
626-821-3222, www.arboretum.org

패서디나 동쪽 아케디아에 위치하며, 8천여 종의 식물로 가득한 원추형의 정원과 유적지를 중심으로 아시아, 북미식물관, 남미식물관, 호주식물관, 아프리카 식물관 등을 둘러볼 수 있다. 인근에는 경마장과 대형 쇼핑몰이 있다.

헌팅턴 라이브러리(왼쪽), 식스 플래그 매직 마운틴(오른쪽)

오컷 랜치 Orcutt Ranch Horticulture Center
23600 Roscoe Blvd, Canoga Park, 818-883-6641
오렌지, 자몽, 떡갈나무가 어우러져 한 폭의 그림을 이루는 밸리 주민들의 휴식처다. 샌퍼낸도 밸리의 우거진 떡갈나무 숲속에 숨겨진 오렌지 농원으로 입장료는 없지만 쇼핑백으로 한 봉지를 딸 경우 2~5달러 안팎을 내야 한다.

식스 플래그 매직 마운틴
Six Flags Magic Mountain
26101 Magic Mountain Parkway, Valencia
1일권 성인 $59.99, 신장 48인치 이하 어린이 $32.99, 2세 이하 무료, 온라인 구매시 할인 가능, 주차비 $15
661-255-4103, www.sixflags.com
디즈니랜드나 너츠베리팜보다 강력한 스릴을 느낄 수 있는 놀이공원. 낙차와 스피드가 긴 제트 코스터, 공중돌기를 반복하는 롤러코스터, 30미터 높이의 수직 하강이나 격류 속의 보트타기 등 스릴 넘치는 놀이기구가 무궁무진하다. 목조 롤러코스터 **콜로서스**Colosus, 세계 최초의 88미터 루프를 통과하는 360도 회전 롤러 코스터 **레볼루션**Revolution, 격류타기 뗏목 **로어링 래피드**Roaring Rapids 등이 인기 종목이다. 영화「배트맨」을 주제로 세워진 **고담 시티**Gotham City는 배트맨의 모든 것을 체험할 수 있는 어린이 인기 폭발 지역. 15에이커 규모의 물놀이 공원으로 22가지 슬라이더를 자랑하는 **허리케인 하버**Hurricane Harbor(1일권 성인 $29.99, 신장 48인치 이하 어린이 $19.99, 2세 미만 무료, 매직마운티콤보 $69.99, www.sixflags.com/hurricaneharborla)는 여름철 최고의 놀이터로 각광받고 있다.

레오나 밸리 Leona Valley
661-266-7116 www.cherriesupic.com
30여 개의 체리 전문 과수원이 있는 체리의 고향. 9,000여 그루에서 재배되는 신선하고 달콤한 체리를 실컷 즐길 수 있다. 6월이면 과수원 내에서 무료로 체리를 먹을 수 있고, 파운드당 3달러 안팎을 지불하면 집으로 가져갈 수 있다. 5번 프리웨이 북쪽으로 가다가 14번 N로 갈아탄 후 팜데일 블러바드에서 내려 서쪽으로 향하면 엘리자베스 레이크 로드가 나온다. 여기서 10마일 정도 들어가면 과수원 팻말이 많이 보인다.
브라이트 과수원 Bright Ranch(10600-A Leona Ave, Leona Valley, 661-270-0905, www.brightcherries.com) 은 9월 초순 배(Asian Pears) 따기로 유명한 곳. 한인들이 많이 찾는 당도 높은 3가지 품종의 배를 딸 수 있다.

레이건 대통령 기념관
Ronald Reagan Presidential Library and Museum
40 Presidential dr, Simi Valley
매일 10-17, 18~61세 $12, 11~17세 $9
11세 미만 무료 805-577-4000,
www.reaganlibrary.com
LA 북쪽 시미밸리에 있는 제40대 미국 대통령 로널드 레이건(1981~1989년 재임)을 기념해서 만든 도서관 겸 박물관. 국립 기록보관국에서 운영하는 9개 역대 대통령 라이브러리 가운데 하나다. 대통령과 주·연방정부의 역할, 근세 미국의 역사를 쉽게 이해할 수 있는 자료들이 많다.

키즈스페이스 어린이 뮤지엄
Kidspace Children's Museum

480 N. Arroyo Blvd, Pasadena
화~ 금 9:30~17:00,
토~일 10:00~17:00
1인 $10, 1세 이하 무료
626-449-9144,
www.kidspacemuseum.org

패서디나에 자리한 어린이 박물관으로 20가지 이상의 인터랙티브 프로그램을 통해서 화석, 곤충, 자연현상 등을 아이들이 스스로 배울수 있도록 했다. 상상력과 모험심을 키우는데 그만. 2에이커에 달하는 정원과 조그만 개울, 화석을 채취해 볼 수 있는 화석 채굴장도 있어 가족 나들이로도 좋다.

미션 샌 게이브리얼 Mission San Gabriel

428 South Mission Dr. San Gabriel
성인 $5, 학생 $3, 5세 이하 무료
626-457-3035, www.sangabrielmission.org

17~18세기 초 스페인 관할 당시 세워진 21개 수도원 중 하나로 역사적인 쉼터로 유명. 미션 제단에는 300여 년 된 슬픔의 여인상 '라돌라로사 La Dolarosa'가 소장되어 있다.

놓칠 수 없다!

로스앤젤레스 인근엔 벼룩시장도 많아요!

1 로즈보울 벼룩시장

패서디나 로즈보울 경기장 앞 드넓은 주차장은 매달 둘째 일요일이면 어김없이 벼룩시장으로 변신한다. 2,500여 개 부스에 하루 방문객이 최대 2만여 명에 이르는 초대형 벼룩시장이다. 개장 40년이 넘었으며, 가장 큰 구획을 차지하는 골동품 섹션은 「월 스트리트 저널」이 북미주 톱5에 꼽은 명물이다. 아트&크래프트 섹션, 앤틱 가구와 장식품, 의류와 주얼리 골동품, 아프리카 민속공예품, LP레코드 등 품목도 다양하다. 출출하면 푸드코트에서 배도 채우고 로즈 보울 스타디움에 들어가 유서 깊은 경기장도 둘러볼 수 있다. 전체를 둘러보기에는 하루 해가 짧다.
1001 Rose Bowl Dr, Pasadena www.rosebowlstadium.com

3 토런스 앤틱 시장

매월 넷째 일요일 오전 8시부터 오후 3시까지 골동품 가게들이 모여 있는 사토리 애비뉴에서 열린다. 1998년에 시작해서 180여 골동품상들이 제각기 독특한 물건을 준비하고 있다. 입장료와 주차 무료. 1317 Sartori Ave, torrance

2 샌타모니카 공항 골동품 시장

샌타모니카 공항 주차장에서 매달 첫째, 넷째 일요일 오전 8시~오후 3시까지 열린다. 주 취급 품목은 빅토리아 시대부터 중세에 이르기까지의 가구, 카펫, 회화, 보석 등 고급 골동품들로 특화돼 있다. 입장료는 첫째 일요일은 4달러, 넷째 일요일은 오전 8시부터는 5달러이나 오전 6시 조기 입장은 7달러다. 16세 이하는 무료, 주차도 무료. 3090 Airport Ave, Santa Monica
323-933-2511, www.santamonicaairportantiquemarket.com

4 오렌지 카운티 마켓플레이스

코스타 메사의 OC 마켓플레이스에서 매주 토·일요일 오전 7시~오후 4시까지 열린다. 4마일 구간에 생필품을 비롯해서 의류, 보석, 골동품, 가구 등을 취급하는 1,100개 부스가 늘어서 있다. 오렌지 카운티 지역 최고의 주말 장터로 싱싱한 야채와 과일을 싸게 파는 파머스 마켓도 들어서고 다양한 거리 공연도 풍성하다. 입장료는 2달러, 12세 미만은 무료. 주차도 무료다.

88 Fair Dr, Costa Mesa
949-723-6616, www.ocmarketplace.com

5 다저스 구장 벼룩시장

다저스 구장에서도 부정기적으로 벼룩시장이 열린다. 빈티지 골동품 수집품, 신상품 등이 소개되며 오전 9시부터 오후 4시까지. 입장료는 5달러. 12세 이하는 무료.

1000 Elysian Park Ave, LA

LA 중앙일보가 추천하는
LA 레저 캘린더

1 January
- 1일 새해맞이, 셋째 주 월요일 마틴 루터 킹 주니어데이
- 마운틴 볼디, 남가주의 명산 정상에서 신년 설계
- 다운타운의 랜턴 페스티벌(Lantern Festival)
- 차이나타운의 드래곤 퍼레이드(Golden Dragon Parade)
- 다운타운 FIDM의 영화 의상 전시회

2 February
- 14일 밸런타인스데이, 셋째 주 월요일
- 프레지던트 데이
- 프레지던트 데이에 찾는 명소들(레이건 도서관, 닉슨 도서관, 링컨 기념관)
- 동백 축제(Camellia Festival), 라 카냐다 데스칸소 가든
- 고래 구경, 남가주 해변 일대

5 May
- 마지막 주 월요일 메모리얼 데이
- 로즈 가든
- 싱코 데 마요(멕시코 전승 기념일)
- 메모리얼 데이 축제(밸리 그리스축제, 라 카냐다 피에스타, 맥아더 공원 거리 축제)
- 딸기축제(옥스나드, 가든그로브)

6 June
- 열기구 풍선 와인축제(태미큘라)
- 체리 따기(필랜 등지의 한인 농장과 레오나 밸리의 네사 랜치)
- 블루베리 따기(무어파크의 언더우드 농장)

9 September
- 첫 번째 월요일 노동절
- LA 카운티 페어(포모나 페어플렉스)
- 랍스터 축제(롱비치, 샌 페드로, 레돈도 비치)
- 롱비치의 브라질 거리 카니발
- 노동절 연휴 축제
- 대추 따기(필랜의 대관령 대추농장, 벤엘농장, 손스농장, 천스농장 등)

10 October
- 둘째 주 월요일 컬럼버스 데이, 31일 할로윈데이
- 옥토버 페스트(헌팅턴 비치, LA 다운타운, 빅 베어)
- 할로윈 농장 축제(LA 인근의 피어스 칼리지, 다나카 농장, 포크너 농장 등)
- 단풍(비숍, 잭슨 레이크)
- 보석 캐기(Gem-O-rama, 모하비)

3 March
- 17일 St. Patrick's Day
- 솔뱅 와인축제
- 앰트랙타고 샌타 바바라 등 태평양 연안 일대
- 샌 하신토 주립공원(케이블카)

4 April
- 부활절 에그 헌트
- 르네상스 페어(샌타페 댐, 캐시타스 레이크)
- 봄꽃 구경(앤틸롭 밸리 파피 보호지구, 발보아 호수 벚꽃, 앤자 보레고 사막, 칼스배드 꽃 재배단지 등)
- 휘트니 등정

7 July
- 4일 독립기념일 불꽃놀이
  (로즈 보울, 할리우드 보울, 마리나 델 레이, 샌 페드로 등)
- 헌팅턴 비치의 US 오픈 서핑대회
- 이스턴 시에라 어니언밸리 캠핑

8 August
- 방학 · 휴가여행
  (미국에서 가장 깊은 호수인 오리건 주 크레이터 레이크 콜로라도 고원; 자이언, 브라이스 캐년~그랜드 티턴, 옐로스톤 국립공원)

11 November
- 마지막 주 목요일 추수감사절
- 온천장 나들이(미라클 스프링스 등 팜 스프링스 일대)
- 사막 나들이(데스 밸리, 모하비 사막)
- 남가주 와이너리 여행(샌 안토니오 와이너리, 아구아 둘스 포도원 등)

12 December
- 25일 성탄절
- 스키, 눈썰매(빅 베어, 마운틴 하이, 맘모스 등)
- 윈터 원더랜드(디즈니랜드, 나츠 베리 팜)
- 크리스마스 장식 거리 순례
- 해넘이 · 해맞이(레돈도 비치, 샌타 모니카 비치, 할리우드 마운틴, 케네스 한 주립공원 등)

퍼시픽 코스트 하이웨이 Pacific Coast Hwy.

LA에서 한두 시간 거리, 말리부에서 남쪽 롱비치까지 LA 카운티에만 40여 개가 넘는 특색 있는 아름다운 비치들이 태평양 연안을 따라 줄지어 있다.

샌타모니카 비치
Santa Monica Beach
310-319-6263
www.santamonica.com

로스앤젤레스에서 가장 잘 알려진 해변 휴양지. 써드 스트리트 프로미나드 Third Street Promenade(1351 Third Street Promenade, Santa Monica, 310-393-8355, www.thirdstreet-promenade.org)는 최고의 쇼핑 거리로 명성이 높고 할리우드 영화의 단골 배경인 샌타모니카 피어에서는 낚시꾼을 위한 난간, 오락 시설, 식당 등과 함께 영화 「스팅Sting」으로 유명한 1920년대 회전목마를 만날 수 있다. 피어에서 북쪽으로 해안을 따라 절벽 위에 자리한 **팰리새이드 파크**Palisades Park (Ocean Ave, Santa Monica, 310-458-8644)는 탁 트인 샌타모니카 해변과 조깅이나 롤러스케이트 등을 즐기는 사람들로 붐빈다. 피어에서 콜로라도 애비뉴 위쪽 **천사의 다락방**Angels Attic(516 Colorado Ave, Santa Monica, 목~토 12~16, 성인 $8, 12세까지 $5, 310-394-8331, www.angelsattic.com)은 빅토리아 양식 건축물과 함께 수많은 앤틱 인형과 장난감들을 만날 수 있는 이색지대다.

주마 비치 Zuma Beach

30000 Pacific Coast Highway, Malibu
LA 카운티에서 가장 크고 인기 있는 해변 중의 하나로 말리부 북쪽에 위치하고 있다. 연을 이용하는 카이트 서퍼들과 남쪽 절벽의 암벽 등반 코스가 유명한데, 주말이면 클라이머들이 즐겨 찾는다. 한여름에도 화씨 68도 전후로 물이 차갑다. 겨울에는 운이 좋으면 이동하는 고래 떼를 관찰할 수도 있다.

샌타모니카 비치 Santa Monica Beach

>> 샌타모니카 비행기 박물관
Museum of Flying

3100 Airport Ave, Santa Monica
310-398-2500, www.museumofflying.com
2005년 재개장했다. 1, 2차 세계대전의 명성을 지닌 프로펠러 전투기들과 더글러스 A-3 스카이호크, 더글러스 DC-3 수송기, 첩보 제트여객기 등 40여 종의 구·현대식 항공기들을 만날 수 있다.

말리부 비치 Malibu Beach

대저택의 전시장 지역이라 할 수 있는 말리부는 퍼시픽 코스트 하이웨이 1번 도로를 따라 샌타모니카 마운틴과 태평양 사이에 위치해 있다. **말리부 서프라이더**Malibu Surfrider(23050 Pacific Coast Highway, Malibu) 해변이 명물. 수마일에 펼쳐져 있으며 예술가, 작가 및 유명 연예인들이 많이 거주한다. 일반인들이 들어갈 수 없는 개인 비치도 많다. **말리부 피어**Malibu Pier(23000 Pacific Coast Highway, Malibu, 310-456-8031, www.malibupiersportfishing.com)는 낚시 명소로 인기. 서퍼와 수영객이 즐겨 찾는 **토팽가 비치**Topanga State Beach(18700 Pacific Coast Highway, Malibu, 310-451-2906)도 가까이에 있다. (사진 위)

엘 마타도어 비치 El Matador Beach

32215 Pacific Coast Highway, Malibu

말리부에서 북서쪽 10마일 거리에 있는 이 해변은 한 가운데의 커다란 바위와 절벽 아래의 해식동굴, 그리고 잘 발달된 갯바위들이 아름다운 풍광을 연출한다. 사진 작가들의 발길이 끊이지 않는 곳이며, 특히 일몰 경치는 환상 그 자체다. (사진 아래)

>> 레이크 쉬라인 Lake Shrine; Self Realization Fellowship Lake Shrine

17190 Sunset Blvd, Pacific Palisades
화~토 9~16, 일 12~16, 월 휴무
310-454-4114, www.yogananda-srf.org

샌타모니카 인근 퍼시픽 코스트 하이웨이 옆에 있는 독특한 명상의 장소이다. 인도의 요가 지도자인 요기 파라마한사 요가난다의 업적을 기리기 위해 1950년에 지어진 기념관으로 10에이커의 언덕에 황금연꽃 아치, 선큰 가든, 고풍스런 16세기 네덜란드 풍차 등 명상을 위한 8곳의 장소가 마련되어 있다. 마하트마 간디의 재도 봉헌되어 있다.

>> 윌 로저스 파크 Will Rogers State Historic Park

1501 Will Rogers Park Road, Pacific Palisades
310-454-8212, www.parks.ca.gov/willrogers

20세기 초 미국 상류층의 전원생활을 한눈에 엿볼 수 있는 곳. 백만장자 애덤슨이 살았던 스페인풍의 저택 **애덤슨 하우스& 말리부 라군 뮤지엄**Adamson House & Malibu Lagoon Museum(23200 Pacific Coast Highway, Malibu, 목ㆍ금 10:30~15:30, 토 10:30~15, 17세 이상 $5, 6~16세 $2, 5세 이하 무료, 310-456-8432, www.adamsonhouse.org)도 색다른 나들이 명소다.

베니스 비치 Venice Beach

N Venice Blvd & Pacific Ave, Venice
www.venicebeach.com

샌타모니카 남쪽 10분 거리의 다양하고 독특한 인간 군상을 한꺼번에 만날 수 있는 특별한 장소다. 샌타모니카에서 2.5마일 남쪽의 베니스 비치에서는 롤러스케이트, 사이클링, 비치발레, 스트리트 퍼포먼스 등 웨스트 코스트를 나타내는 모든 것들과 함께 보헤미안과 괴짜, 환경 운동가와 반문화 주동자들의 이색 문화들이 어우러진 모습을 발견하게 된다. **오션 프론트 워크**Ocean Front Walk는 해안에 뻗어 있는 보행자 전용도로로, 샌타모니카 남쪽의 습지에 운하를 만들어 미국의 베니스 건설을 꿈꾸었으나 지금은 3마일 구간만 복원되어 꽃으로 장식

된 주택들이 들어선 곳이다. 석양을 바라보며 연인과 즐기는 곤돌라 크루즈가 색다른 낭만을 선사한다.

맨해튼 비치 Manhattan State Beach
310-379-8117, www.beachcalifornia.com
수영, 서핑, 900피트의 피어와 낚시로 유명한 곳. 길이가 2마일에 이르는 모래 해변 언덕을 따라 늘어선 지중해풍의 주택들과 공원들, 언덕 아래로 탁 트인 바다 풍경이 그림 같아서 영화나 TV 시리즈의 촬영지가 되므로 운좋으면 유명 스타들을 만날 수도 있다. 27가와 하일랜드 애비뉴의 공원은 피크닉 장소로 그만이다. 왼쪽으로 팔로스 버디스 반도가 한눈에 들어온다.
맨해튼 비치와 리돈도 비치 사이의 허모사 비치Hermosa Beach(www.beachcalifornia.com)는 아름다운 주택과 멋진 레스토랑, 나이트 클럽을 찾을 수 있는 낭만적인 장소다.

리돈도 비치 Redondo Beach
www.redondopier.com
낚시와 시푸드 레스토랑의 별미를 즐기기에 제격인 명소로 토런스 서쪽 끝에 위치한다. 한인이 운영하는 시푸드 전문 레스토랑과 기념품점이 많고, 여름 주말에는 바다여행 유람선, 겨울에는 고래 관측 유람선이 출발한다. 킹하버King Harbor(208 Yacht Club Way, Redondo Beach, 310-376-6926, www.kingharborboater.com)는 카탈리나 섬으로 향하는 유람선 출발지. 8월 초에는 국제 서핑 축제가 열리는 곳이다.

》 카브리요 해양 수족관
Cabrillo Marine Aquarium
3720 Stephen M. White Dr, San Pedro
월 휴무, 화~금 12~17, 토·일 10~17
성인 $5, 어린이 $1
310-548-7562, www.cabrillomarineaquarium.org
샌페드로 남단, '우정의 종각' 근처에 있다. '바위와 해안', '모래와 진흙세계', '바다 세계' 등으로 구분된 전시관에서는 38개 대·소형 유리 수조에 1만5천 갤런의 바닷물을 담아 갖가지 해양 동식물을 기른다.

》 LA 해양 박물관 LA Maritime Museum
Berth 84, Foot of 6th St, San Pedro
일·월 휴무, 화~목 10~17, 금 12~17, 토 10~17
성인 $3, 학생 $1, 어린이 무료
310-548-7618, www.lamaritimemuseum.org
샌페드로 항구에 자리한 박물관으로, 19~20세기 초에 만든 700여 종류의 선박 모형을 비롯, 아메리칸 인디언들이 타던 카누와 범선, 상선, 군함, 고래잡이 어선들과 각종 해양 공예품들이 전시되어 있다. 1972년 발표된 영화 「포세이돈 어드벤처」의 배 모형이나 허먼 멜빌의 소설 「백경」의 모델이 된 포경선 모형, 퀸 메리호와 타이태닉호 모형도 눈길을 끈다. 미국 해군의 파워

리돈도 비치

마리나 델 레이 Marina Del Rey

4701 Admiralty Way, Marina del Rey 310-305-9545, www.visitmarinadelrey.com

베니스 비치와 LA 국제공항 사이에 자리한 '왕의 바다' 마리나 델 레이Marina Del Rey 는 1만여 척에 이르는 아름다운 요트들이 정박한 독신 귀족들의 본거지이며, 요트의 천국으로 남가주 대표 해양 휴양도시다. 수상버스Waterbus를 타고 한가로운 바다 소풍을 즐기며 편안하게 해안 풍경을 감상하는 투어가 단돈 1달러. 일곱 군데의 선착장을 무제한 오갈 수 있는 당일 이용 패스가 5달러다. 버튼 체이스 파크에서는 목요일마다 클래식 음악이, 토요일에는 팝음악이 무료 공연된다. 남쪽의 하얀 해변인 플라야 델 레이 Playa Del Rey(www.playadelrey.com)에는 아름다운 호수와 피크닉 장소가 있다. 요트 정박장 옆의 어부 마을Fisherman's Village(13755 Fiji Way, Marina Del Rey/ 310-823-5411)은 뉴잉글랜드의 어촌을 모방한 작은 집들이 색다른 구경거리다.

수상버스 타는 곳

Fisherman'Village 13755 Fiji Way / Burton Chase park 13650 Mindanao way
Waterfront Fire Station #110 4433 Admiralty Way / Mother's Beach 4101 Admiralty Way
Dock Gate #C-200 13900 Marquesas Way / Dolphin Marina 13900 Panay Way

를 상징하던 전함 '그레이트 화이트 플릿Great White Fleet' 모형과 1911년부터 1987년까지 샌페드로 항구를 비췄던 등대도 꼭 보자.

롱비치 Long Beach

562-436-3645, www.visitlongbeach.com

롱비치 항구 근처에는 30곳 이상의 레스토랑, 상점이 모여 있고, 수족관을 비롯한 볼거리도 풍부하다.

>> 포트 오콜 빌리지 Ports O' Call Village

Berth 76 - Nagoya Way, San Pedro
310-548-8076, www.sanpedro.net

110번 하버프리웨이가 남쪽 끝에 있는 샌페드로의 명물이다. 샌페드로 항구 75번에서 82번 부두 사이에 75곳의 쇼핑몰과 대형 레스토랑, 유람선 부두 등이 모여 있는데, 신선한 새우와 야채 철판구이로 소문이 자자한 레스토랑들이 명소다. 아이들이 좋아하는 겨울철 고래 구경, 20달러 안팎의 1시간 크루즈 투어 등은 놓치면 아까운 즐길거리들이다. 2차 세계대전의 퇴역 전함 S.S. 레인 빅토리호The S.S. Lane Victory(Berth 94, San Pedro, 매

일 9~15, 성인 $3, 어린이 $1, 310-519-9545, www.lanevictory.org)는 샌페드로 항구 제94부두에 있는데, 카탈리나 섬을 오가는 크루즈 관광 중에 매년 수차례 공격과 함포 발사 같은 전투 상황 재현 프로그램을 마련해 인기를 모은다.

›› 시포트 빌리지 Sea Port Village

캘리포니아 해변 마을을 연상케 하는 이색적인 타운으로 롱비치 마리나에 있다. 다양한 수상 스포츠와 오붓한 레스토랑으로 인기. 롱비치 해안을 돌아보며 퀸메리호까지 일주하는 **유람선 관광**(100 Aquarium Way, Dock #2, Long Beach, 월~금 11:30~18, 토·일 11:30~19, 성인 $12, 12세 이하 $6, 5세 미만 무료, 562- 983-6883, www.harbor-cruises.com)을 즐길 수도 있다. 근처의 여러 레스토랑들은 가격도 적당하고 마리나의 전경과 함께 낭만의 밤을 즐길 수 있는 명소들이다.

›› 쇼어라인 빌리지 Shoreline Village

429-P Shoreline Village Dr, Long Beach
562-435-2668, www.shorelinevillage.com
롱비치의 진주 같은 곳으로 19세기 후반 캘리포니아의 해변 마을을 재현했다. 서부 개척시대의 빅토리안 양식 건축물, 회전목마, 스코틀랜드 풍의 수공예품과 골동품 상점들이 즐비해 디즈니랜드의 메인 스트리트를 연상케 한다. 바닷가 바로 앞에 위치한 **파커스 라이트 하우스 식당**Parkers Lighthouse Restaurant은 식도락가와 아베크족의 별천지로 쇼어라인 빌리지의 자랑이다. 미식축구 경기장의 3배 면적을 자랑하는 **롱비치 수족관**Aquarium of the Pacific(100 Aquarium Way, Long Beach, 매일 9~18, 성인 $23.95, 3~11세 $11.95, 562-590-3100, www.aquariumofpacific.org)도 빠뜨릴 수 없는 관광지.

›› 카탈리나 섬 Santa Catalina Island

www.catalinachamber.com
롱비치 남쪽 22마일 해상에 떠 있는 아름다운 섬으로 지중해의 낭만을 지닌 별천지다. 유일하게 시가지가 형성된 아발론Avalon은 1스퀘어 마일에 불과해 걸어서 구경한다. 샌페드로와 롱비치에서 **카탈리나 익스프레스**Catalina Express(800-481-3470/ www.catalinaexpress.com)에서 운항하는 페리를 타고 갈 수 있으며, 그린 플레저 피어Green Pleasure Pier에서 각종 보

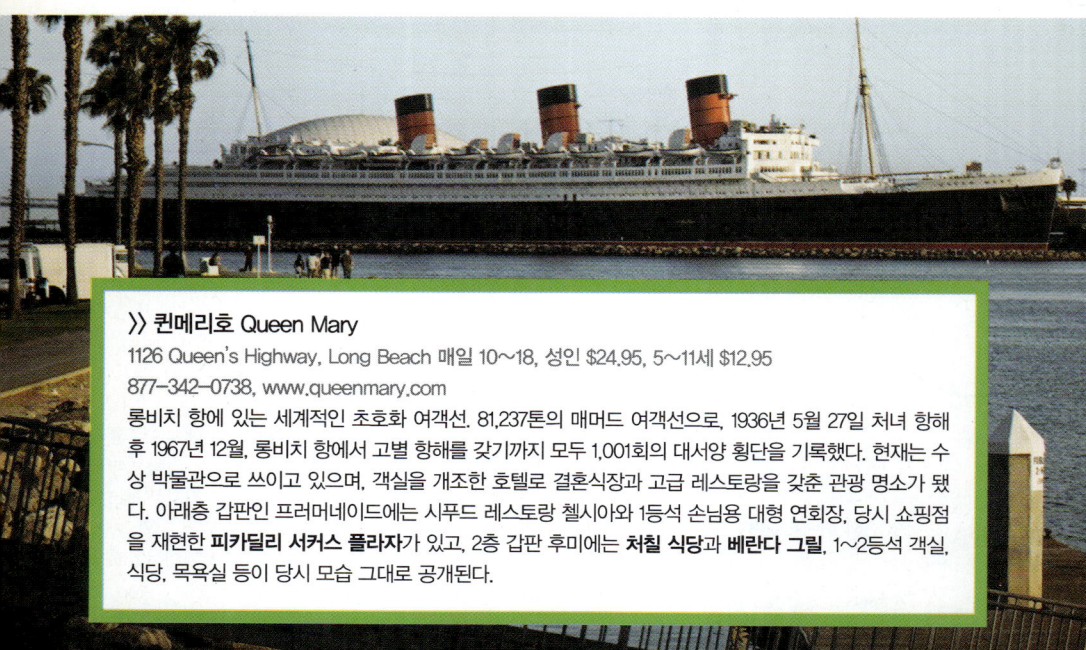

›› 퀸메리호 Queen Mary

1126 Queen's Highway, Long Beach 매일 10~18, 성인 $24.95, 5~11세 $12.95
877-342-0738, www.queenmary.com
롱비치 항에 있는 세계적인 초호화 여객선. 81,237톤의 매머드 여객선으로, 1936년 5월 27일 처녀 항해 후 1967년 12월, 롱비치 항에서 고별 항해를 갖기까지 모두 1,001회의 대서양 횡단을 기록했다. 현재는 수상 박물관으로 쓰이고 있으며, 객실을 개조한 호텔로 결혼식장과 고급 레스토랑을 갖춘 관광 명소가 됐다. 아래층 갑판인 프러머네이드에는 시푸드 레스토랑 첼시아와 1등석 손님용 대형 연회장, 당시 쇼핑점을 재현한 **피카딜리 서커스 플라자**가 있고, 2층 갑판 후미에는 **처칠 식당**과 **베란다 그릴**, 1~2등석 객실, 식당, 목욕실 등이 당시 모습 그대로 공개된다.

트 투어와 렌털 등의 요금이나 스케줄을 알아볼 수 있다. 아발론 안쪽에는 카탈리나 섬의 독특한 식물을 모아놓은 식물원이 있고, 플레저 피어에서 10분 거리에 박물관으로 사용되는 카지노가 있다.

토런스 알파인 빌리지 Alpine Village

833 W.Torrance Blvd, Torrance
310-327-4384, www.alpinevillagecenter.com
맥주 애호가라면 반드시 들러봐야 할 토런스의 명물로 독일 프랑크푸르트의 '맥주 축제'를 맛볼 수 있다. 각종 소시지와 직접 만드는 라거, 필스너, 다크 생맥주에 분위기 있는 음악으로 낭만에 흠뻑 취하는 곳이다. 계절별로 오스트리안 축제, 독일인의 날, 헝가리언 프레스 데이, 이탈리안 페스티벌, 10월 축제, 폴란드 폴카 페스티벌이 야외 무대에서 펼쳐진다.

메모리 레인즈 앤틱몰

Memory Lanes Antique Mall
20740 S. Figueroa St, Carson
310-538-4130
http://memorylanes.antiquelandusa.com

토런스 인근 카슨시에 자리한 일종의 골동품 슈퍼마켓. 색 바랜 진공관식 라디오에서 유리에 금이 간 자명종, 구식 재봉틀, 중국식 반짇고리, 구식 일본 권총, 1923년도에 제작된 보이스카우트 수첩 등 고색이 물씬한 25만여 점의 각종 골동품이 가득 차 있다.

홈디포 센터 Home Depot Center

18400 Avalon Blvd, Carson
310-630-2055, www.homedepotcenter.com
프로축구 LA 갤럭시 Galaxy 팀의 홈구장. 패서디나 로즈보울에서 2003년 시즌부터 카슨 시로 옮겨 와 있다.

사우스 코스트 식물원

South Coast Botanic Garden
26300 Crenshaw Blvd, Palos Verdes Peninsula
매일 9~17, 성인 $8, 5~12세 $6, 5세 미만 무료
310-544-1948, www.southcoastbotanicgarden.org
태평양을 내려다보며 화려한 장미의 가든과 원색의 팬지, 튤립, 들국화, 루핀 등 현란한 꽃의 천국을 즐기는 것도 멋진 경험. 팔로스 버디스에 있다.

롱비치 쇼어라인 빌리지

놓칠 수 없다!

LA 인근 낭만 체험

LA판 나폴리를 유영하는 로맨틱 곤돌라

5437 E. Ocean Blvd., Long Beach
562-433-9595, www.gondolagetawayinc.com

롱비치의 남동쪽 해안에 자리한 나폴리는 이탈리아의 나폴리 섬을 따온 이름에서 알 수 있듯이 수로가 많은 베니스처럼 해질녘 한적한 수로를 따라 곤돌리어의 멋진 노래가락을 들으며 나폴리 운하와 리보 알토 운하를 돌아보게 된다. 시간은 오전 11시부터 오후 11시까지. 두 사람당 1시간에 75달러. 최고 세 쌍까지 승선할 수 있는데, 1인당 20달러씩만 더 내면 된다. 분위기를 깨뜨리지 않기 위해 일행이 아니면 함께 승선시키지 않는다. 곤돌라에는 아이스버킷과 잔, 치즈와 빵, 샐라미 등 간단한 안주를 준비해 주는데, 승객은 와인만 준비하면 된다. 내릴 때 곤돌리어 팁은 20% 정도.

낭만과 스릴 가득한 고공 허니문카

380 Santa Monica Blvd, Pier Pl, Santa Monica

샌타모니카 피어 위로 우뚝 솟아 남가주 해변의 랜드마크 역할을 하는 이 놀이기구는 최고 높이가 9층 건물 높이와 맞먹고 아래 바다와는 2층 높이가 차이나는 고공 회전카다. 더구나 지붕도 없이 사방이 탁 트인 접시형이라 말그대로 '허니문카'답게 연인과의 밀착도는 만점. 1996년에 개장해서 2006년 「리더스 다이제스트」지에 의해 '베스트 인 아메리카'로 꼽히기도 했다. 16만 개의 LED 전구와 컴퓨터를 이용해 펼치는 다양하고 화려한 라이트 쇼도 빠뜨릴 수 없는 볼거리다. 주중에는 밤 11시까지, 주말에는 밤 12시 30분까지. 페리스 휠 요금 1인당 4달러 50센트.

풍선이 되어버린 예쁜 비행기, 체펠린 Zeppelin
650-969-8100, www.airshipventures.com

발명가의 이름을 딴 체펠린 비행선은 1937년 대서양을 횡단한 '힌덴부르크'호가 뉴저지주 레이크허스트 공항에 착륙하던 중 화재로 폭발하자 점차 역사의 뒤안길로 사라졌다. 하지만 수소 가스 대신 헬륨 가스로 폭발 위험을 없앤 새로운 비행선이 개발되어 샌프란시스코를 중심으로 운행되어 왔는데, 이 색다른 비행선이 남가주 롱비치에도 등장했다. 광고용 소형 비행선과 달리 길이도 246피트로 보잉 747 점보기보다 크다. 이 비행선에 조종사 2명을 포함, 15명이 탈 수 있고, 1,200피트 높이에서 35마일의 느긋한 속도로 운항하며 롱비치 일대를 둘러본다. 2인 패키지 30분짜리가 400달러, 1시간짜리가 750달러다.

영화처럼 날다, 샌타모니카의 클래식 비행기 선셋 플라이트
310-237-3393, www.blackandwhitebiplane.com

LA 근처의 비행장에는 1930년대의 복고풍 복엽기(쌍날개 비행기)를 태워 주는 항공사들이 있는데, 샌타모니카 공항에도 있다. 흰색과 검정색 외양 때문에 '블랙 앤드 화이트 복엽기'라 명명된 이 비행기는 2차 세계대전 당시 낙하용 대형 비행기 제조사로 유명한 와코WACO 사의 'YMF-5'라는 30년대 모델로, 지금도 미시건 주 배틀 크릭에 있는 공장에서 만들어지고 있다.

예약을 거쳐 공항에 도착하면 간단한 안전 교육을 받은 뒤 바로 비행기 앞좌석에 오르는데, 조종석은 뒷자리다. 탑승자는 가죽과 천으로 된 구식 헬멧을 쓰는 것으로 이륙 준비 끝. 옆자리 연인과는 헤드셋을 통해서 대화할 수 있지만, 말이 필요 없는 황홀경이다. 해질녘 마지막 비행인 '선셋 플라이트 Sunset Flight'는 특히 인기.

275마력의 힘으로 금세 떠오른 비행기는 LAX를 내려다보며 남하하다가 롱비치에 이르러 퀸메리호를 돌아보고, LA 다운타운과 할리우드 쪽을 선회한다. 이어 선셋 스트립과 할리우드 사인판을 내려다보고, 말리부 해안선을 따라갔다가 돌아온다.

2인 요금에 30분은 349달러, 45분은 449달러. 선셋 플라이트는 100달러가 추가된다. 1시간도 안 되는 비행치고는 꽤 비싸지만 평생 딱 한 번 소중한 사람과 특별한 추억을 만든다는 것을 감안하면 투자할 만한 금액이다.

놓칠 수 없다!

남가주의 에메랄드
카탈리나 섬 제대로 즐기기

롱비치 항에서 서남쪽 해상 22마일 거리에 떠 있는 카탈리나 섬은 아름다운 해변과 승마, 골프, 하이킹, 낚시, 스노클링 등 마치 '일당백'이라도 하려는 듯 온갖 종류의 레저가 가능한 천혜의 관광지다.
7000년 전부터 사람이 살아 온 이 섬은 길이 22마일, 폭 8마일에 상주 인구는 3,700여 명. 인구의 85%가 아발론 Avalon에 거주한다. 1542년 로드리게스 카브리요가 발견했으며, 추잉검 회사를 경영했던 윌리엄 리글리 주니어가 이 섬을 리조트로 개발했다. 빼어난 경치와 400여 마리가 넘는 들소(bison), 산양, 흰머리 독수리를 비롯해 진기한 종류의 동·식물들을 구경할 수 있다. 무엇보다 해양 스포츠를 즐기기에 최적의 장소이며, 아름다운 해변과 테니스 코트, 승마 코스, 골프 코스, 심해 낚시와 부두 낚시를 즐길 수 있는 시설이 많다.
800-618-5533, www.catalinaexpress.com

카트 투어

아발론을 중심으로 이 일대를 둘러보는데 1시간 정도 걸린다. 이 섬에는 허가된 차량 외에는 차량 운행이 엄격히 금지되는 탓에 자동차를 보기가 어렵다. 선착장과 아발론 중심 두 곳에서 출발할 수 있는데 선착장 출발 코스가 편하다. 선착장 근처 클래리사Clarissa 길에서 출발해 서쪽으로 가다가 아발론 시내를 오른쪽으로 내려다 보며 뒷산 능선을 한 바퀴 돌아 내려와 해변도로를 따라 출발지로 돌아오게 된다. 4인승과 6인승이 있는데 4인승은 첫 1시간에 40달러, 두시간은 70달러. 6인승은 1시간에 55달러. 크레디트 카드는 받지 않으니 유의할 것.

잠수함 관광

카탈리나는 바위섬이라 해안선의 발달이 잘 돼 있고 수심이 깊다. 게다가 물이 맑으니 각종 수중 생물이 풍성해 용궁이 따로 없다. 육지를 돌아봤으면 당연히 물속 구경도 해야할 터. 남가주에서 흔치 않은 잠수함이 이곳에는 많다. 반 잠수정인 '노틸러스'를 비롯해서 바닥이 유리로 된 보트도 있어 본인의 컨디션이나 기호에 따라 골라 탈 수 있다. 45분 걸리는 잠수함 관광은 어른 47.95달러, 55세 이상은 37.95달러, 3살부터 11살까지는 30.95달러다.

버스 투어

카탈리나 애비뉴 선상 아일랜드 플라자에서 출발하는 카탈리나 내륙 관광은 아름다운 해변과 부둣가를 둘러보고 400여 마리가 넘는 버팔로와 산양들이 풀을 뜯는 산과 들을 여유로이 돌아본다. 운이 좋으면 희귀종 흰머리 독수리가 파란 하늘로 비상하는 모습을 볼 수도 있다.

아일랜드 플라자에서 출발하는 버스를 타고 40여 분 산길을 올라가면 만나는 카탈리나 식물원도 불만한 곳. 이 섬에서만 자라는 야생 식물을 모아 놓은 곳으로 인근 바다의 경치가 너무나 아름다워 관광객들의 발길이 끊이지 않는다.

4시간 걸리는 코스(성인 $79.50, 어린이 $59.75)부터 아발론 시내를 중심으로 돌아보는 50분짜리 코스(성인 $17.50, 어린이 $13.25)까지 다양하다.

낚시

보트를 빌리거나 낚시선을 이용해도 좋지만 갯바위 낚시도 손맛을 즐기기에는 그만이다. 아발론의 선착장에서 해도 좋고 처음부터 낚시가 목적이라면 북쪽의 '투 하버Two Harbors'로 행선지를 잡는다. 갯바위용 '흘림찌 낚시'도 좋고 바닥층을 공략하는 '바텀 피싱'도 좋다.

가는 길

샌 페드로나 롱비치, 다나 포인트 등지에서 출발하는 쾌속선이 많다. 1시간~1시간30분 정도 걸리는데, 주말 나들이라면 아발론으로, 낚시와 캠핑, 하이킹이라면 투 하버로 간다. 샌 페드로와 롱비치에서 아발론이나 투 하버까지 성인 요금은 왕복 66.50달러, 55세 이상은 60달러, 2~11세까지는 51달러다.

샌버나디노 & 리버사이드 카운티 San Bernadino & Riverside County

레이징 워터스

밴 네스 워터가든 Van Ness Water Garden
2460 North Euclid Ave, Upland
화~토 9~16:30, 일 · 월 휴무
800-205-2425, www.vnwg.com

로스앤젤레스에서 북동쪽으로 60마일 거리, 샌버나디노 카운티 업랜드에 있는 대형 조경 가든이다. 1.25에이커의 대지에 총 112개의 아름다운 연못, 환상적인 연꽃과 수련이 어우러져 있는 도심의 파라다이스. 1930년대 창업주인 로버트 밴 네스가 작은 연못을 하나 만들어 금붕어를 키우면서 시작, 최고의 기술과 품질을 자랑하는 전문 정원 조경업소로 발전했다.

빅 베어 레이크 Big Bear Lake
800-424-4232, www.bigbearinfo.com

LA 동쪽으로 130마일 거리의 샌버나디노 마운틴에 있는 명소. 호수의 경관도 아름답지만 야생 동물 서식지 및 환경보호구역으로도 유명하다. 주변의 볼만한 명소와 함께 여름철 보트타기, 알파인 슬라이드 등 위락 시설이 아주 잘 되어 있는 4계절 휴양지로 이름 높다. 주변에는 모텔, 캐빈 등이 많지만 예약이 필수다. 라지Lodge는 부엌 설비가 갖춰진 시골 산장 풍의 숙소로 인기가 높다.

레이징 워터스 Raging Waters
111 Raging Waters Dr, San Dimas
1일권 성인 $36.99, 신장 48인치 이하 $22.99
2세 이하 무료, 시즌 패스 $69.99, 주차비 $15
909-802-2200, www.ragingwaters.com

LA 동쪽 35마일 거리, 샌 디마스에 있는 50에이커의 거대한 물놀이 동산. 1983년에 개장하였으며 어린 자녀들과 함께 즐길 수 있는 24개의 물놀이 코스가 있다. 시속 20마일로 원형 보트를 타고 내려가는 스릴 만점의 썬더 래피드Thunder Rapids, 파도를 즐기는 웨이브 코브Wave Cove, 7층 높이에서 급강하하는 드롭 아웃슬라이드Drop Out Slides, 인공 강줄기 위에서 튜브를 타고 내려오는 아마존 어드벤처Amazon Adventure 등이 인기. 최신 워터 슬라이드로 선보인 닥터 폰 다크의 공포의 터널 Dr. Von Dark's Tunnel of Terror는 슬라이드 내내 물 커튼에 화염, 상어, 공룡, 번개 등이 비쳐지면서 공포감을 조성한다. 북가주 샌호세에도 있다.

로스앤젤레스 Los Angeles

놓칠 수 없다!

빅 베어 레이크 제대로 즐기기

보트타기와 낚시

빅 베어 레이크의 보트 시즌은 3월부터 11월. 호수가 얼면 문을 닫는다. 80분간 레이크 주변 명소를 도는 45인승 유람선이 있고, 겨울에는 송어잡이, 여름에는 잉어잡이 낚시터로 유명.

환경보호 구역

호수 오른쪽 볼드윈 레이크의 북쪽 습지대로 천연기념물인 대머리 독수리가 이곳에서 겨울을 난다. 봄 야생화를 비롯한 갖가지 희귀 식물의 서식지.

스키타기

6,600~8,800피트 고봉에서의 스키 투어는 빅 베어

최대의 하일라이트. 남가주 스키어들의 메카다. 해마다 11월 중순부터 4월까지 오픈한다.
계절과 날씨에 따라 썰매타기 · 물 미끄럼타기 · 눈위에서 고무튜브타기 등을 즐길 수 있는 플라스틱 오픈 수로도. 연중무휴.
빅 베어 마운틴 스키리조트 909-866-5766
알파인 슬라이드 909-866-4626

고사리 채취

Arrowhead Ranger Station
28104 Highway 18, Skyforest, 909-382-2782
샌버나디노 고산지대에서 이슬을 먹고 자라는 무공해 고사리 채취는 한인들에게 특별한 경험을 선사한다. 4~5월에 고사리를 캐려면 관할 레인저 스테이션에

서 이틀간 유효한 허가서Permit를 발급 받아야 한다. 허가서 1장으로 함께 간 가족 모두가 유효하며(허가서에 인원 수를 정확히 기재해야 함) 채취량에 따라 20불 정도의 비용을 내야 한다.
퍼밋 없이 고사리를 채취하다 적발되면 최소 1인당 100달러 이상의 벌금을 물어야 한다. 방울뱀을 조심할 것.

빅 베어 인근

>> 레이크 애로우헤드 Lake Arrowhead
909-337-3715, www.lakearrowhead.net
샌버나디노 내셔널 포레스트San Bernardino National Forest에 있는 자연 호수로 빽빽하게 들어찬 고목들과 야생 동물들이 많다. 각종 쇼핑센터와 식당, 숙박 시설이 즐비한 애로우헤드 빌리지Arrowhead Village(Mountains at 28200 Hwy 189, Lake Arrowhead, 909-337-2533)가 있어 가족 여행지로도 적격이다.

>> 레이크 그레고리 Lake Gregory
909-338-2233, www.county-parks.com
샌버나디노 산맥 줄기의 또 다른 유명 호수로 첩첩산중에 자리잡고 있다. 주변의 많은 고급 별장들은 예약만 하면 저렴하게 이용할 수 있다. 한여름 송어낚시에 안성맞춤. 캠핑장, 피크닉 그라운드, 수영장 시설이 훌륭하다.

오렌지 카운티 Orange County

로스앤젤레스 북쪽과 샌디에이고 카운티 접경 사이의 '제2의 코리아타운' 으로 불리는 아름다운 도시다. 세계에서 가장 유명한 놀이공원 디즈니랜드가 있는 애너하임과 아름다운 해변 뉴포트 비치를 비롯한 멋진 해안선으로 잘 알려져 있다. 베트남계 이민자들이 많이 거주하고 있고 히스패닉, 아랍인, 인도인 등 다양한 이민자들이 어울려 있어 인종별 마켓과 레스토랑을 통해 특별한 미식을 즐길 수 있다. 내륙 쪽의 가든 그로브Garden Grove와 풀러턴Fullerton, 어바인Irvine 등지에 많은 한인 업소들이 밀집해 로스앤젤레스 못지않은 규모의 한인 상권이 형성되어 있다. 샌타애나와 코스타 메사도 이 지역에 포함된다.

디즈니랜드 리조트 Disneyland Resort
1313 S.Disneyland Dr. Anaheim
파크 1일권 3~9세 $62, 10세 이상 $72,
파크&어드벤처 1일권 3~9세 $87, 10세 이상 $97
714-781-4565, www.disneyland.com
디즈니랜드 파크와 디즈니 캘리포니아 어드벤처, 개성 있는 숍과 레스토랑을 갖춘 다운타운 디즈니와 3개의 디즈니랜드 호텔을 포함하여 통칭 '디즈니랜드 리조트'라 부른다.

〉〉 디즈니랜드 파크 Disneyland Park

2010년 개장 55주년을 맞은 세계적인 꿈의 동산이자 최초의 테마공원이다. 주제별로 7개의 랜드로 구성되어 있으며, 정글 크루즈가 유명한 **어드벤처 랜드**와 잠자는 숲속의 공주 성과 유명 디즈니 캐릭터들이 망라된 **판타지 랜드**, 고속 로켓과 노란 잠수함으로 우주와 바다를 탐험하는 **투마로 랜드** 등이 인기다.

증기 기관차로 디즈니랜드를 일주하면서 그랜드 캐년이나 원시의 세계로 시간 여행을 할 수 있는 **메인 스트리트**Main Stree, 해적들이 우글대는 바다나 도깨비집, 통나무 배로 떠나는 삼림 여행 등을 즐기는 **뉴올리언즈 스퀘어**New Orleans Square, 인디애나 존스의 정글을 체험하는 인디애나 존스 어드벤처 등이 즐거운 시간을 만들어 준다.

어린이들의 폭발적인 인기를 끌고 있는 디즈니랜드의 8번째 테마파크 **툰타운**Toon Town은 디즈니 만화에 등장하는 주인공과 배경을 그대로 재현해 놓은 '아이들의 천국'이다.

〉〉 캘리포니아 어드벤처 California Adventure

14억 달러를 들여 2001년 2월에 문을 연 테마공원으로, 캘리포니아의 모든 것을 한곳에 모아 놓았다. 대형 금문교를 지나 들어선 공원에서 환상의 래프팅을 즐기고, IMAX 스크린을 바라보며 캘리포니아의 유명 관광지를 하늘에서 실제 비행하는 느낌을 주는 골든 스테이트는 주목할 프로그램. 1930~1950년대 할리우드 거리를 재현하여 유명 배우와 똑같은 모습의 대역들과 클래식 영화 세트, 만화 영화 제작 기술을 영상을 통해 즐길 수 있는 할리우드 픽처스 백랏과 시속 55마일 360도 회전하는 세계 최대의 롤러코스터를 비롯, 선휠과 말리부머 등 놀이기구가 가득한 파라다이스 피어 등이 반드시 가볼 곳이다.

〉〉 다운타운 디즈니 Downtown Disney

디즈니랜드와 캘리포니아 어드벤처를 연결하는 호텔, 레스토랑 및 쇼핑센터. 12개의 스크린을 갖춘 디즈니 극장은 독특한 좌석 배치의 고급 부대 시설로 인기가 높다. 공원의 모든 놀이기구를 다 타는 데는 적어도 이틀이 걸리고, 줄을 길게 서기 때문에 사전 준비가 필수. 웹사이트 등을 이용해 티켓이나 패스를 준비하는 것이 좋다.

노츠 베리 팜 Knott's Berry Farm
8039 Beach Blvd, Buena Park 매일 10시 개장
1일권 성인 $53.99, 3~11세 $23.99
714-220-5200, www.knotts.com

디즈니랜드와 비슷하지만 과거 서부시대를 주제로 한 첨단 놀이공원으로 전혀 다른 얼굴을 지녔다. 딸기밭에서 출발해 유원지가 된 독특한 역사가 있어 주요 놀이 공간도 색다른 주제를 갖고 있다.

》고스트 타운 Ghost Town
1880년대 캘리포니아의 광산촌을 재현하여 사금 채취나 통나무타기, 카우보이, 와일드 웨스턴 쇼 등으로 서부 분위기를 체험할 수 있는 곳.

》피에스타 빌리지 Fiesta Village
캘리포니아에 첫 진출한 스페인 마을과 사람들을, 미스테리 로지Mistery Lodge에서는 인디언의 생활상을 만나볼 수 있다.

》고스트 라이더
괴물 롤러코스터로 유명하며, 총 길이 2,700피트로 노츠 베리 팜 전체의 6분의 1에 달한다. 3분이라는 긴 시간 동안 짜릿함을 선사한다.

》노츠 소크 시티 Knott's Soak City U.S.A.
3~11세 $19.99 / 12세 이상 $25.99
노츠 베리 팜 옆에 위치한 물놀이 공원으로 파도타기, 급류타기 등을 즐길 수 있다.

와일드 빌스 디너쇼 레스토랑
Wild Bills Restaurant
7600 Beach Boulevard, Buena Park
800-883-1546
저녁식사와 멋진 웨스턴스타일 쇼를 구경하는 색다른 명소다. 2시간의 서부 개척시대를 재현한 쇼와 인디언 전통무용, 가슴 졸이는 도끼 던지기, 로데오 묘기 등을 구경할 수 있다. 식사 또한 돼지갈비 바비큐와 옥수수, 감자 등 개척자 메뉴들. 한편 중세 유럽 식당 **미디벌 타임스**Medieval Times는 11세기 스페인을 무대로 펼쳐지는 기사들의 투창과 창 겨루기, 칼싸움과 격투 등을 볼 수 있다.

와일드 리버스 물놀이 공원
Wild Rivers
8770 Irvine Center Dr, Irvine
매일 10~23 (수시 변동)
신장 48인치 이상 $32.98, 48인치 이하 $19.98
16시 이후 입장 할인
949-788-0890, www.wildrivers.com
어바인에 있는 스릴 넘치는 물놀이 공원. 파도 풀장과 엣지The Edge LA라는 급강하 360도 회전 물터널이 유명하다.

사우스 코스트 플라자 South Coast Plaza
3333 Bristol St, Costa Mesa
714-435-2000, www.southcoastplaza.com
세계적인 디자이너의 상품들과 명품 브랜드 패션이 선보이는 곳. 심포니, 발레, 오페라 같은 다양한 문화 공연이 펼쳐지는 오렌지 카운티 예술공연 센터도 함께 자리한다. 나이트클럽, 레스토랑, 카페, 서점, 각종 패션 부티끄 등의 소매 복합체인 **더블락 앳 오렌지**The Block at Orange도 즐길 거리다.

닉슨 기념관 Nixon Library
18001 Yorba Linda Blvd, Yorba Linda
월~토 10~17, 일 11~17
성인 $9.95, 7~11세 $3.75, 6세 이하 무료
714-983-9120, www.nixonlibrary.gov
LA 동남쪽 소도시 요바린다에 자리한 닉슨 대통령 기념관으로 닉슨 생가, 주전시관, 293석의 영화관, 퍼스트 레이디 가든 등으로 구성되어 있다. 워터게이트 사건으로 불명예 퇴진했지만 전임 대통령에 대한 예우는 최대한 갖추는 미국인들의 특성을 느낄 수 있다.

오렌지카운티의
자연 환경 보존 지역

놓칠 수 없다!

펠리컨과 물새들을 관찰할 수 있는 Bolsa Chica Ecological Reserve
볼사 치카 환경 보존 지역
3842 Warner Ave, Huntington Beach, 714-846-1114, www.bolsachica.org

이국적인 정취와 물새의 장관을 함께 볼 수 있는 Upper Newport Bay Ecological Reserve
뉴포트 베이 환경 보존 지역
600 Shellmaker Road, Newport Beach, 949-640-6746, www.newportbay.org

희귀 새와 관엽수림의 천국 Santiago Oaks Regional Park
샌티아고 옥스 리저널 파크
2145 Windes Dri, Orange, 714-973-6620, www.ocparks.com/santiagooaks

산새와 야생화, 활엽수림이 가득한 Laguna Niguel Regional Park
라구나 니구엘 리저널 파크
28241 La Paz Road, Laguna Niguel, 949-923-2240, www.ocparks.com/lagunaniguelpark

야생 동물의 생태계를 볼 수 있는 Whiting Ranch Wilderness Park
와이팅랜치 야생 공원
PO Box 156, Trabuco Canyon, 949-923-2245, www.ocparks.com/whitingranch

사슴, 여우, 코요테와 야생 식물의 생태계를 볼 수 있는 Caspers Wilderness Park
캐스퍼스 야생 공원
33401 Ortega Hwy, San Juan Capistrano, 949-923-2210, www.ocparks.com/caspers

오렌지 카운티 인근 해변

실 비치 Seal Beach
오렌지 카운티 최초의 항구도시로 원래 명칭은 베이시티Bay City였지만, 물개가 많이 서식하여 실 비치Seal Beach로 바뀐 곳이다. 로크웰을 인수한 보잉 사의 우주항공 관련 생산 기지로 유명하며, 1969년 미국에서 처음으로 발사된 유인 달 탐사 우주선 아폴로호의 새턴 로켓도 여기에서 만들어졌다.

헌팅턴 비치 Huntington Beach
714-969-3492, www.surfcityusa.com
차창 너머로 시원한 바다와 백색 요트들이 그림 같은 풍경을 연출한다.

볼사치카 비치 공원 Bolsa Chica Beach State Park
3842 Warner Ave, Huntington Beach
714-846-3460
오렌지 카운티의 서핑 일번지라 할 수 있는 일급 해수욕장.

뉴포트 비치 Newport Beach
949-719-6100, www.visitnewportbeach.com
깔끔하고 세련된 주변 경관과 함께 태평양 연안에서 각종 유람선과 요트들이 8천여 척 가량 정박하는 뉴포트 항구로 유명하다. 1천여 척의 각종 유람선이 정박하고 있으며, 45분 소요되는 뉴포트 하버 유람선Newport Harbor Showboat Cruises(949- 673-0240)으로 항구 안팎을 돌아볼 수 있다.

샌클레멘테 비치 San Clemente State Beach
225 Avenida Califia, San Clemente
949-492-3156
157곳의 캠핑장과 피크닉 장소, 조경 시설이 있는 유서 깊은 해변이다. 오래된 관광 휴양지로 노년층이 많이 살며, 골동품 등 독특한 물건을 파는 상가들이 많다. 푸른 바다와 쾌적한 기후, 말쑥하고 세련된 인상의 도시 샌디에이고의 진짜 얼굴은 잘 알려진 관광 명소 씨월드나 발보아 파크, 라호야나 코로나도 만으로는 다 알 수 없다. 아메리카 원주민들이 살아왔던 미션 트레일 파크를 비롯하여 240여년 전 캘리포니아 최초의 교회와 최초의 주거지가 탄생한 역사적인 프레시디오 힐즈를 만나면 젊고 활력 넘치는 도시의 심장 속에 진지한 역사의 기억이 살아 숨쉬고 있음을 발견하게 된다. 샌디에이고는 그렇게 캘리포니아를 낳았고 캘리포니아다운 활력으로 눈부시게 성장하는 미국에서 가장 아름다운 도시다. 미국 서부 최남단 캘리포니아의 발상지인 샌디에이고는 아름다운 풍광과 기후로 미국에서 가장 멋진 도시로 손꼽는 곳이다. 1542년 스페인의 J.R. 카브리요의 최초 상륙 이후 스페인과 멕시코의 지배와 문화적 영향을 받아오다가 1848년부터 미국에 흡수되었다. 미국 해군의 주요 기지 역할을 하는 천연 항구로서 해양 산업과 항공 산업이 활발히 발전되어 왔다.

쇼핑과 음식, 재미와 낭만이 넘치는 유서 깊은 가스램프 쿼터를 비롯해 부촌인 코로나도 섬과 샌디에이고 동물원이 있는 발보아 파크가 유명한 볼거리다. 서쪽의 올드타운과 해양 유원지인 미션 베이, 해안선 위의 아름다운 비치들과 세련된 라호야 지역 등으로 구분할 수 있다.

다운타운 북동쪽 6마일 거리 콘보이 스트리트Convoy St.를 중심으로는 한인타운이 형성되어 있다. 1980년대부터 스왑밋과 국경 비즈니스가 붐을 이루며 크게 성장한 한인 커뮤니티는 멕시코 티화나를 중심으로 한 자유무역 지대에 삼성, LG 등 대기업들이 공장을 설립한 이후 많은 기업과 미주 한인업체들이 샌디에이고를 중심으로 시장 개척에 나서는 등 더욱 빠르게 성장하고 있다.

실 비치

라구나 비치 Laguna Beach

949-715-4405, www.lagunabeachinfo.com

오랫동안 예술가들이 모여 사는 지중해풍의 해변 휴양지로 한인들도 즐겨 찾는다. 매년 7월 초부터 8월 말까지 지역 예술가들의 예술품과 공예품을 전시하는 **소더스트 페스티벌**Sawdust Festival(935 Laguna Canyon Rd, Laguna Beach, 매일 10~22, 성인 $7.75, 6~12세 $3.25, 5세 이하 무료, 949-494-3030, www.sawdustartfestival.org)이 열린다. **라구나 아트 뮤지엄**Laguna Art Museum(307 Cliff Dr, Laguna Beach, 매일 11~17, 성인 $15, 학생 $12, 12세 이하 무료, 949-494-8971, www.lagunaartmuseum.org)은 현대작가 작품들의 순회 전시회가 열리는 장소. 라구나 비치 10마일 거리에는 세계에서 가장 아름다운 수도원인 **샌후안 카피스트라노 미션**Mission San Juan Capistrano(26801 Ortega Hwy, San Juan Capistrano, 매일 8:30~17, 성인 $9, 4~11세 $5, 3세 이하 무료, 949-234-1300, www.missionsjc.com)이 있다. 이곳에서는 매년 3월 19일 세인트 조셉스 데이St. Joseph's Day 에는 캘리포니아에 봄의 전령사 제비가 돌아오는 날을 즐기는 **제비 축제**가 열린다. 제비 축제는 꽃차 행렬과 로데오 경기, 카니발로 이어져 도시 전체가 봄 축제를 즐긴다.

다나 포인트 Dana Point

949-496-5794, www.danawharf.com

19세기 초까지 샌타바버러와 샌디에이고 사이의 유일한 항구 역할을 해왔다. 12월 말부터 3월까지 고래관광 유람선을 탈 수 있고, 매년 2월 말부터 3월 초 사이에 Harbor Whale Festival이라는 연례 축제를 연다. 근처의 **오렌지 카운티 해양 교육원** Orange County Marine Institute(24200 Dana Point Harbor Dr, Dana Point, 토일 10~15, 13세 이상 $6.50, 3~12세 $4.50, 2세 이하 무료, 949-496-2274, www.ocean-institute.org)에서는 바다 생물을 관람할 수 있고 원형 그대로 재현한 선박 필그림 Pilgrim 호를 볼 수 있다.

캘리포니아의 발상지 San Diego
샌디에이고

푸른 바다와 쾌적한 기후, 말쑥하고 세련된 인상의 도시 샌디에이고의 진짜 얼굴은 잘 알려진 관광 명소 씨월드나 발보아 파크, 라호야나 코로나도 만으로는 다 알 수 없다. 아메리카 원주민들이 살아왔던 미션 트레일 파크를 비롯하여 240여년 전 캘리포니아 최초의 교회와 최초의 주거지가 탄생한 역사적인 프레시디오 힐즈를 만나면 젊고 활력 넘치는 도시의 심장 속에 진지한 역사의 기억이 살아 숨쉬고 있음을 발견하게 된다. 샌디에이고는 그렇게 캘리포니아를 낳았고 캘리포니아다운 활력으로 눈부시게 성장하는 미국에서 가장 아름다운 도시이다.

2 미국에서 가장 멋진 도시 San Diego
샌디에이고

미국 서부 최남단 캘리포니아의 발상지인 샌디에이고는 아름다운 풍광과 기후로 미국에서 가장 멋진 도시로 손꼽히는 곳이다. 1542년 스페인의 J.R. 카브리요의 최초 상륙 이후 스페인과 멕시코의 지배와 문화적 영향을 받아 오다가 1848년부터 미국에 흡수되었다. 미국 해군의 주요 기지 역할을 하는 천연 항으로서 해양 산업과 항공 산업이 활발히 발전되어 왔다.

쇼핑과 음식, 재미와 낭만이 넘치는 유서 깊은 가스램프 쿼터를 비롯, 부촌인 코로나도 섬과 샌디에이고 동물원이 있는 발보아 파크가 유명한 볼거리다. 서쪽의 올드타운과 해양 유원지인 미션 베이, 해안선 위의 아름다운 비치들과 세련된 라호야 지역 등으로 구분할 수 있다.

다운타운 북동쪽 6마일 거리 콘보이 스트리트Convoy St.를 중심으로는 한인타운이 형성되어 있다. 1980년대부터 스왑밋과 국경 비즈니스가 붐을 이루며 크게 성장한 한인 커뮤니티는 멕시코 티화나를 중심으로 한 자유 무역지대에 삼성, LG 등 대기업들이 공장을 설립한 이후 많은 기업과 미주 한인업체들이 샌디에이고를 중심으로 시장 개척에 나서는 등 더욱 빠르게 성장하고 있다.

관광 정보
샌디에이고 관광국 619-232-3101, www.sandiego.org
International Visitor Information Center 1040 1/3 West Broadway, 619-236-1212
La Jolla Visitor Center 7966 Herschel Ave, La Jolla, 619-236-1212
California Welcome Center (Alpine) 5005 Willows Road, Suite H110, 619-445-0180

다운타운 Downtown

가스램프 쿼터 지역
Gaslamp Quarter
619-233-5227, www.gaslamp.org
오래전 가스램프로 가로등을 밝혔다고 해서 붙여진 이름이다. 다운타운의 중심지로 극장과 갤러리, 선술집, 상점, 레스토랑 등이 가득한 거리다. 19세기 빅토리아 건물 양식이 고스란히 보존되어 유럽풍의 분위기를 물씬 풍긴다. 북쪽의 리틀 이탈리아는 고급 식당과 최신 호텔 등이 늘어서 인기를 모으는 지역. **윌리엄 하스 데이비즈 저택**William Heath Davis House(410 Island Avenue, San Diego, 619-233-4692)은 샌디에이고에서 가장 오래된 건물로 **가스램프 쿼터 보존 재단** Gaslamp Quarter Historical Foundation이 사용하고 있다.

호턴 플라자 Horton Plaza
324 Horton Plaza, San Diego
619-239-8180, www.westfield.com/hortonplaza
거대한 쇼핑몰로 이루어진 작은 도시로서 백화점, 레스토랑, 영화관, 호텔, 파머스 마켓 등 150여 개의 상점이 즐비하다. 길 건너 **팔라디온**The Paladion과 함께 고급스러운 상품들을 쇼핑할 수 있는 관광 명소.

엠바카데로 해양 박물관
Embarcadero Maritime Museum
1838년에 건조된 범선 Star of India 호를 비롯 역사적인 선박 3척을 전시하고 있는 곳으로 부둣가를 산책하며 구경하기 좋다. 브로드웨이의 끝 부두에서 출발하는 1~2시간짜리 유람선(1066 North Harbor Dr, San Diego, 1시간 투어 성인 $20, 4~12세 $10, 4세 미만 무료, 619-686-8700, www.hornblower.com)도 있다. 투어를 이용하면 인공 리조트 섬인 **하버 아일랜드** Harbor Island와 **셸터 아일랜드**Shelter Island 주위의 멋진 요트들도 만날 수 있다.

샌디에이고 항공모함 박물관
San Diego Aircraft Carrier Museum
910 North Harbor Dr, San Diego
매일 10~17, 성인 $18, 6~17세 $10
619-544-9600, www.midway.org
다운타운 B 스트리트 인근 해군 부두에 있다. 1945년 진수, 베트남전 등에서 활약하다 1992년 퇴역한 항공모함 미드웨이호U.S.S. Midway를 박물관으로 개조한 곳.

펫코 파크 Petco Park
Cecilianismo, 344 7th Ave, San Diego
619-795-5000, www.petcoparkevents.com
샌디에이고 파드레스Pardres 야구팀의 홈구장으로 다운 타운의 최신 건물이다.

프레시디오 힐 & 올드 타운
Presidio Hill & Old Town
www.oldtownsandiegoguide.com
샌디에이고의 발상지이자 1796년에 처음으로 스페인 사람들이 정착한 곳으로, 캘리포니아에서 가장 오래된 타운이다. 발보아 파크 북쪽으로 1820년대에 광장이 설계되어 주변 주택들이 세워지고 지금까지도 역사적 가치가 있는 건물들이 남아 있다. 샌디에이고에서 가장 오래된 집인 까사 드 카리요Casa de Carrillo가 현재 프레디시오 힐스 골프 코스를 위한 프로샵으로 사용된다. 중앙 광장의 델 문도Bazzar del Mundo는 아름다운 레스토랑과 멕시코 공예품점 등이 있어 관광객들이 많이 찾는다. 올드 타운 극장 근처의 방문자 센터에서는 무료로 매일 오전 10시 30분과 오후 2시에 가이드 투어를 실시한다.

시포트 빌리지 Seaport Village
619-235-4014, www.seaportvillage.com
바다와 도시가 절묘한 조화를 이루는 낭만의 거리. 산뜻하고 청결한 환경을 자랑하는 타운으로 14에이커 규모에 65개의 크고 작은 상점들이 몰려 있다. 바다를 바라보며 식사할 수 있는 시푸드 전문 식당 포함, 16개의 레스토랑이 빌리지를 감싸고 있다. 다운타운 남쪽 하버사이드에 위치.

미션베이 파크 Mission Bay Park
2688 East Mission Bay Dr, San Diego
619-221-8900
아름다운 풍경과 백사장으로 뒤덮인 4,600에이커의 공원으로 수상스키와 윈드서핑객들로 언제나 붐빈다.

사과 마을 줄리안 Julian
619-889-6222, www.julianappledays.com
20여 곳의 사과 농장이 밀집된 곳으로 매년 10월~11월, 매주 주말에 사과 페스티벌이 열린다. 농장에서 갓 따온 싱싱한 사과로 만든 애플파이가 식당과 빵집에서 손님을 맞으며 컨트리풍의 수공예품, 역마차 투어 프로그램도 인기가 있다. 샌디에이고 북쪽 78번 하이웨이 선상에 있다.

카브리요 내셔널 모뉴먼트
1800 Cabrillo Memorial Dr, San Diego
매일 9~17, 차량 통행료 $5
619-557-5450, www.nps.gov/cabr

포인트 로마 등대와 물개, 펠리컨들을 보면서 전함들이 즐비한 노스아일랜드의 해군기지를 지나 샌디에이고의 명물 **코로나도 브리지**Coronado Bridge를 둘러본다.

〉〉 포인트 로마 Point Loma
1542년 포르투갈의 탐험가인 후안 로드리게스 카브리요가 백인으로서는 처음 상륙한 역사적인 장소이다. 샌디에이고 만을 감싸고 있는 반도 지역으로 카브리요 국립 기념지가 남쪽 끝에 자리하고 **올드 포인트 로마 등대**Old Point Loma Lighthouse가 유명하다.

〉〉 고래 관광 Whale Watching
12월에서 3월 사이에는 추운 베링 해의 겨울을 피해 따뜻한 캘리포니아를 찾아오는 13,000여 마리 고래들의 대이동을 볼 수 있다. 명물 투어 중의 하나로 손꼽히는 이 고래 관광은 고래의 이동 경로가 샌디에이고 해안에서 멕시코를 향해 남쪽으로 이동했다가 북쪽으로 되돌아오기 때문에 이 기간에 많은 관광객들이 몰려든다. 고래 이동 시즌에는 브로드웨이 피어 북쪽 샌디에이고 항에서 유람선이 출발하며 약 2시간 30분 정도가 소요된다.

발보아 파크 Balboa Park
1549 El Prado, San Diego
619-239-0512, www.balboapark.org

1868년에 개장한 1,400에이커 면적의 대규모 종합 문화 공원. 태평양을 처음 발견한 스페인 탐험가의 이름을 따왔다. 1935년 태평양 국제박람회가 열렸던 곳으로 미국 역사를 한눈에 볼 수 있는 역사박물관에서 항공·우주박물관, 자동차박물관, 철도박물관 등과 루벤플릿과학센터, 인류박물관, 천체 영화관, 음악관, 자연사박물관 등 15개의 박물관이 몰려 있다. 잘 꾸며진 정원도 7개나 된다. 그중 2천 종이 넘는 장미로 가득한 로즈가든과 다양한 선인장이 있는 데저트가든이 유명하다. 미니 파빌리언에서 각 나라 고유의 음식과 커피 등을 맛볼 수 있는 점도 매력. 샌디에이고 미술관Museum of Art은 발보아 공원 동쪽 파나마 광장에 있는 미술관으로 유럽의 대가들과 미국, 아시아 컬렉션을 자랑한다.

샌디에이고 동물원 San Diego Zoo
2929 Zoo Dr, San Diego
매일 9~18, 폐장 시간 수시 변동
1일권 12세 이상 $37, 3~11세 $27
619-231-1515, www.sandiegozoo.org

발보아 공원 바로 옆의 샌디에이고 동물원은 800여 종 5천 마리 이상의 동물이 살고 있는 세계적인 명소다. 일주 트램을 타고 아프리카 밀림과 열대 기념지, 아시아 마을 등 공원 전역을 구경할 수 있다. 에스콘디도에 있는 **야생 동물 공원**Wild Animal Park(15500 San Pasqual Valley Rd, Escondido, 매일 9시 오픈, 폐장 시간 수시 변동, 1일권 12세 이상 $37, 3~11세 $27, 주차비 $6, 760-747-8702, www.sandiegozoo.org)에서는 코끼리, 사자, 호랑이, 기린, 곰, 원숭이, 각종 새 등 3,500여 마리 동물이 야생 상태로 방사되어 있다.

레고랜드 Legoland
1 Legoland Dr, Carlsbad
매일 10시 오픈, 폐장 시간 수시 변동
13세 이상 $67, 3~12세 $57, 2세 이하 무료
760-918-5346, www.california.legoland.com

샌디에이고 북쪽 칼스배드에 있다. 세계에서 가장 많이 팔리는 장난감 '레고(잘 논다는 뜻)'를 사용하여 만든 어린이 테마공원이다. 128에이커의 면적에 3천만 개의 레고 블록을 이용해 만든 형형색색의 5천여 모형들이 공원 곳곳을 유쾌하게 장식한다. 실제 크기의 기린, 얼룩말, 코끼리, 사자들이 아프리카의 사파리처럼 만들어진 사파리 트랙Safari Trek과 음악에 맞춰 물을 뿜어내는 분수대는 어린 아이들에게 특히 인기가 높다. 온 가족이 함께 탈 수 있는 코스트 크루즈Coast Cruise는 물살을 가르며 손님들을 실어 나른다. 어린이들이 직접 레고를 가지고 노는 듀플로 플레이 타운Duplo Play Town과 원형극장인 펀 타운 스테이지Fun Town Stage, 공원 중앙 미국 5개 도시가 재현된 레고 작품 등 볼거리가 많다. 10살 미만 아이를 둔 부모들이 특히 많이 찾는다.

코로나도 섬 Coronado Island
619-437-8788,
www.coronadovisitorcenter.com

샌디에이고 다운타운을 지나는 5번 프리웨이에서 코로나도 아일랜드Coronado Island 사인판을 따라가면 나온다. 웅장한 코로나도 베이 브리지Coronado Bay Bridge를 건너면 바로 유럽풍의 분위기가 물씬한 리조트 도시 코로나도 섬. 역대 대통령들이 샌디에이고를 방문하면 숙소로 이용한다는 **델코로나도 호텔**Del Coronado Hotel(1500 Orange Ave, Coronado, 800-468-3533, www.hoteldel.com)은 1888년에 지어진 나무 호텔로 지금까지 그대로 보존되고 있다. 섬 안에 있는 **코로나도 뮤니시펄 골프코스**(619-435-3121, www.golfcoronado.com)도 유명하다. 3개의 퍼블릭 비치와 각종 레스토랑, 매시간마다 샌디에이고와 코로나도를 잇는 페리 등이 섬의 명소다.

야생 동물 공원(왼쪽 위), 레고랜드(왼쪽 아래), 시월드(오른쪽)

시월드 Sea World

500 SeaWorld Dr, San Diego 매일 10시 오픈, 10세 이상 $69, 3~9세 $59, 2세 이하 무료, 주차비 $12
800-257-4268, www.seaworld.com/sandiego
미션베이 공원의 대표적인 명소. 고래쇼와 다양한 해양 생물들로 유명하다. 각종 쇼의 시작 시간을 중심으로 하루 일정을 잡는 것이 좋다.
수천 가지 바다 동물들과 해초로 가득한 초대형 수족관이 흥미롭다. 캘리포니아 어린이들의 필수 코스.

〉〉 돌핀 스타디움 Dolphin Stadium
다양한 종류의 돌고래와 아기 고래가 펼치는 쇼 무대로 피날레에서 출연 고래들이 총출동하여 보여주는 점프 묘기와 작별 인사가 인상적이다.

〉〉 스카이 타워 Sky Tower
씨월드의 중앙 탑으로, 유리 엘리베이터를 타고 전망대에 오르면 태평양과 다운타운이 한눈에 들어온다.

〉〉 전시관
수상스키 쇼, 롤러브레이드 쇼, 아이스 스케이트 쇼, 불꽃놀이와 레이저 쇼 등 다채로운 쇼와 함께 3백 마리 이상의 펭귄이 등장하는 펭귄 인카운터Penguin Encounter, 상어들과 함께 유영하는 아슬아슬한 샤크 익지비트Shark Exhibit, 해달과 바다 거북 수영장, 4개의 수족관과 극장 등이 즐거움을 더해 준다.

라호야 비치

라호야 La Jolla

619-236-1212, www.lajolla.com

스패니시 고어로 '보석'을 뜻하는 라호야는 샌디에이고의 베벌리힐스로 불리는 고급 주택들이 즐비한 해안가의 예술인 마을이다. 패션의 거리 프로스펙트 스트리트Prospect Street와 지라드 애비뉴Girard Avenue의 유명 의류 상점, 늘어선 갤러리들로 거리를 걷는 것만으로도 행복해지는 곳이다. 라호야 코브La Jolla Cove는 다이빙의 명소로 알려져 있으며 물개들을 볼 수 있다.

UC샌디에이고, **UCSD**(9500 Gilman Dr, La Jolla, 858-534-2230, www.ucsd.edu)와 천혜의 골프장으로 불리는 **토리파인스 골프코스**(11480 North Torrey Pines Rd, La Jolla, 858-452-3226, www.torreypinesgolfcourse.com)가 있는 곳으로도 유명하다. 라호야 빌리지 광장에는 아트 스튜디오와 소형 비행기 전시장을 포함하는 **어린이 박물관**Children's Museum과 해양 동물이 다양한 **버치 아쿠아리움**Birch Aquarium at Scripps(2300 Expedition Way, La Jolla, 매일 9~17, 18세 이상 $12, 3~17세 $8.50, 858-534-3474, www.aquarium.ucsd.edu)이 유명하다.

샌디에이고 국경 검문소에서 10분 거리에 있는 오션사이드Oceanside는 세계에서 가장 큰 해병대 훈련소인 **캠프 팬들턴**Camp Pendleton(www.pendleton.usmc.mil)이 있다. 18세기 기숙사인 **랜초 라플로레스**Rancho Las Flores(8000 Balcom Canyon Rd, Somis, 805-529-6534, www.ranchodelasflores.com)도 볼거리.

라호야 북쪽의 **델마**Del Mar(www.delmar.ca.us)는 매년 6월 중순 샌디에이고 카운티 페어가, 10월에는 유남가주 카멜 그랑프리 승마 경주가 열리는 고급 주거지다.

하버 남쪽의 오션사이드 **뮤니서플 피어**Oceanside Municipal Pier(1 Oceanside Pier, Oceanside)에는 다양한 시푸드 레스토랑, 스낵숍, 낚시점들이 있는데 1,942피트의 피어는 남가주에서 가장 길다.

샌디에이고 San Diego

3 보석 같은 낭만의 명소 Central Coast
센트럴 코스트

샌타바버러 전경

벤투라 카운티에서 몬테레이 북부에 이르는 지역으로 샌 루이스 오비스포와 몬테레이를 잇는 퍼시픽 코스트 하이웨이(PCH 1)의 경치는 유명하다. 센트럴 코스트는 해안선을 따라 북쪽으로 벤투라, 채널아일랜드, 샌타바버러, 솔뱅, 피스모 비치, 샌루이스 오비스포, 모로베이, 빅서, 카멜과 몬테레이 베이로 이어지는 보석 같은 낭만의 명소를 담고 있다.

샌타바버러 Santa Barbara

LA에서 북서쪽으로 101번 프리웨이를 타고 100마일 거리에 있는 손꼽히는 관광지다. 아름다운 해안 풍경과 온화한 기후가 연출하는 풍경이 남부 프랑스와 이탈리아 연안의 리비에라와 닮아 있어 '미국의 리비에라'로 불린다. 더불어 '중세의 왕국'이라고 할만큼 역사적인 기념물들이 많아 볼거리와 즐길 거리가 다양한 센트럴 코스트 최고의 명소로 꼽히며, 수준 높은 교육, 예술, 문화의 도시로도 알려져 있다. 아름다운 캠퍼스로 유명한 **UC샌타바버러**U.C. Santa Barbara(UC Santa Barbara, Santa Barbara, 805-893-8000, www.ucsb.edu)도 가 볼만한 곳이다.

샌타바버러 비치

샌타바버러 미션 Santa Barbara Mission
2201 Laguna St, Santa Barbara
매일 9:00~16:30
성인$5, 6~15세 $1, 6세 미만 무료
805-682-4713, www.sbmission.org

'미션의 여왕'으로 불리는 샌타바버러의 명물. 1787년 스페인의 프란체스코회 수사들에 의해 건축이 시작되어 1820년에 완공된 로마와 스페인 양식의 아름다운 건물이다. 다양한 유물들이 전시되어 있고, 근처에는 스페인령 당시의 묘지와 도자기 가마, 급수 시설 등의 유적이 있다.

카운티 법원 전망대
1100 Anacapa St, Santa Barbara
805-962-6464

1929년에 완공된 스페인 무어 양식의 건물로, 건물 자체도 볼거리가 충분하지만 85피트 높이의 시계탑에 오르면 샌타바버러의 전망은 물론 채널 아일랜드 국립공원까지 이어지는 탁 트인 전망을 즐길 수 있다.

레드타일 투어 Red Tile Tour
붉은 타일이 덮여 있는 곳을 따라 주요 관광 명소를 둘러보는 다운타운 투어 프로그램이다. 열두 개 블록의 거리를 타일을 따라 다니게 되면 샌타바버러 카운티 법원에서 시작해 역사 박물관 등의 명소들을 돌아보게 된다.

UCSB 스트로크 타워

샌타바버러 식물원
Santa Barbara Botanic Garden
1212 Mission Canyon Rd, Santa Barbara
3~10월 9~22, 11~2월 9~17
성인 $8, 13~17세 $6, 2~12세 $4
805-682-4726, www.sbbg.org
지역 토종 식물들이 자연환경에서 자라고 있는 65에이커의 식물원. 야생화 지역과 시냇물 계곡, 울창한 숲 등으로 다채롭게 조성되어 있다.

엘파세오 El Paseo
812 State St, Santa Barbara
스테이트 스트릿State Street 양쪽의 대규모 상가로 19세기 초 양식의 아름다운 건물 안에 있어서 옛 스페인의 정취를 풍긴다. 매주 일요일에는 근처에서 대규모 공예 미술품 시장이 열린다. 1966년 시작된 이 시장에는 조각, 도자기, 그림, 사진 등의 각종 예술품들이 전시, 판매된다.

샌타바버러 와이너리 Santa Barbara Winery
202 Anacapa St, Santa Barbara
매일 10~17 805-963-3633, www.sbwinery.com
1962년에 설립된 가장 오래된 와이너리로 중급 이상의 각종 와인을 생산하며, 각종 와인을 무료로 시음할 수 있고 시설 내부를 살펴볼 수 있다.

미술관 및 박물관

》》 역사 박물관
Santa Barbara Historical Society Museum
136 East De La Guerra St, Santa Barbara
화~토 10~17, 일 12~17, 월 휴무, 무료 입장
805-966-1601, www.santabarbaramuseum.com

》》 샌타바버러 미술관
Santa Barbara Museum of Art
1130 State St, Santa Barbara 화~일 11~17, 월 휴무
성인 $9, 6~17세 $6, 6세 미만 무료
805-963-4364, www.sbmuseart.org
1941년에 설립되어 미국 10대 미술관에 들 정도로 명성이 높다. 모네, 샤갈, 피카소 등 거장들의 작품을 한자리에서 감상할 수 있다. 다운타운에 위치.

>> **자연사 박물관**
Santa Barbara Museum of Natural History
2559 Puesta Del Sol, Santa Barbara
매일 10~17, 성인 $10, 13~17세 $7,
3~12세 $6, 3세 미만 무료
805-682-4711, www.sbnature.org

>> **사진과 카메라 박물관**
27 E. Cota St, Santa Barbara
888-276-4999, www.brooks.edu
미국 최대, 브룩스Brooks Institute 캠퍼스에 있다.

>> **철도박물관 Goleta Depot Railroad Museum**
300 North Los Carneros Rd, Goleta
수~일 13~16
805-964-3540, www.goletadepot.org

모턴베이 나무 Moreton Bay Fig Tree
호주 동부의 모턴베이에서 실려 왔다고 알려진 이 나무는 동종으로는 미국 최고의 거목이다. 열대 고무나무의 일종으로 둘레가 12.5피트 그늘의 넓이가 21,000평방피트에 달하는 규모를 자랑한다. 샌타바버러 비치에서 채팔라 스트리트를 따라 시내로 네 블록 정도 걸어가 몬테시토 스트리트와 만나는 모퉁이에 있다.

스턴 스워프 Stearns Wharf
132-A Harbor Way, Santa Barbara
805-564-5530, www.stearnswharf.org
1872년에 나무로 지어진 부두. 샌타바버러 시가와 뒤에 솟은 샌타이네즈 산의 위용을 볼 수 있다. 한때는 화물선과 정기 연락선들의 발착지였으며, 2차 세계대전 당시 해군기지였던 장소. 피어 왼쪽 무료 주차장에 주차하고 피어까지 무료 셔틀 버스를 타면 편하다.

솔뱅 Solvang

1639 Copenhagen Dr,Solvang 800-486-6765, www.solvangusa.com

샌타바버러에서 Fwy. 101 N.로 45마일 지점에 있는 솔뱅은 1911년 덴마크계 미국인들이 모여 생긴 마을이다. 서해안의 덴마크계 사람들이 행사가 있을 때마다 모이는 '미국 속의 덴마크'로 데니쉬 빵과 과자, 도자기류, 목공예품과 보석 장신구 등 매력 있는 상품들이 유명하다. 특별히 다양한 퍼레이드와 무용 등의 행사와 북구의 독특한 음식들을 맛볼 수 있는 9월 셋째 주말의 **데니쉬 데이**Danish Days 때 방문하면 더욱 즐겁다.

노호키 폭포 Nojoqui Falls

Old Coast Highway off Highway 101, Solvang
805-934-6211

솔뱅 서남쪽 약 7마일 지점에 있는 독특하고 아름다운 폭포. '노호키'라는 인디언 소녀가 이루어지지 않은 사랑의 한을 품고 스스로 몸을 던졌다는 슬픈 이야기를 담고 있다. 숲 사이의 평탄한 길을 따라 산책하듯 찾아가면 164피트 높이의 이끼 긴 절벽을 쳐 내리는 운치 있는 폭포를 만나게 된다.

레이크 카추마 Lake Cachuma

2225 Highway 154, Santa Barbara
805-686-5055, www.sbpark.org

캠핑으로 인기 높은 곳이며, 낚시 명소이기도 하다. 공원 낚시점에서 필요한 라이선스와 낚시 장비 일체를 빌릴 수 있다. 농어, 메기, 송어, 개복치 등이 잡힌다.

샌루이스 오비스포 & 모로베이 San Luis Obispo & Morro Bay

샌루이스 오비스포는 흔히 'SLO'로 부른다. 샌프란시스코와 샌디에이고의 정중간에 위치한 도시로 지중해 연안의 도시 모습을 지니고 있다. 다른 캘리포니아 도시들처럼 선교회를 중심으로 성장한 도시로서 13세기 프랑스 툴루즈 지방의 주교였던 세인트 루이스의 이름을 따왔다. **캘리포니아 폴리테크닉 주립대학**California Polytechnic State University(725 1/2 Grand Ave, San Luis Obispo, 805-756-2131,www.calpoly.edu)이 있으며, 다운타운의 미션 플라자Mission Plaza 주변에 볼거리가 많다.

엘 카미노 레알 El Camino Real
'왕의 고속도로'로 일컬어지는 도로인 엘 카미노 레알은 1683년부터 1834년까지 당시 멕시코와 캘리포니아 일대를 장악했다. 스페인의 종교적 전초기지로 세워진 미션과 요새Presidios, 원주민 부락들Pueblos을 연결하였던 도로다.

샌루이스 오비스포 카운티 역사 박물관
San Luis Obispo County Historical Museum
696 Monterey St, San Luis Obispo
화 휴무, 수~일 10~16
805-543-0638, www.slochs.org
카네기 도서관에 위치.

미션 샌루이스 오비스포 데 톨로사
Misson San Luis Obispo De Tolosa
751 Palm St, San Luis Obispo 매일 9~17
805-781-8220, www.missionsanluisobispo.org
미션 플라자 광장 한가운데 위치한 선교회 시대 박물관. 재미있는 볼거리로는 **버블껌 앨리**Bubblegum Alley가 있는데, 버려진 껌을 이용해 만든 길로 히구에라 길Higuera St. 733번지에서 737번지까지 이어진다.

샌루이스 오비스포 미션 Mission San Luis Obispo de Tolosa
751 Palm St, San Luis Obispo
스페인의 화려한 유산이 살아 숨쉬는 샌루이스 오비스포에는 프란체스코 수도사들이 **엘카미노 레알**El Camono Real을 따라 세운 21개 미션 중 2개가 있다. 21개의 미션 중 1772년 다섯 번째로 지어졌으나 현재의 건물은 1794년에 중건한 것이다. 지금도 미사가 이뤄지는 아름다운 본당과 부속 건물은 당시의 건축미를 한눈에 보여준다. 포도 넝쿨로 덮인 정원은 캘리포니아의 와이너리가 미션에서 시작되었다는 사실을 보여준다. 실제로 첫 와이너리는 샌미구엘 미션이었다.

모로 록 Morro Rock

달리데 어도비 Dallidet Adobe

1185 Pacific St. San Luis Obispo

초기 프랑스 정착민 중의 한 사람이자 와인 양조업자였던 피에르 달리데의 저택으로 1830년대의 건물. 중가주 최초의 상업적 와이너리로 주립 역사 유적지로 지정돼 있다. 1886년 당시 7,200그루의 포도나무로부터 3,300갤런의 포도주를 생산해냈다는 곳이다. 지중해식 정원에는 125피트에 이르는 레드우드와 장미 등 아름다운 식물들이 있다.

모로베이 Morro Bay

샌루이스 오비스포 북쪽, 일명 모로바위Morro Rock 라고 하는 바다 밑에서 솟아오른 화산 봉우리로 잘 알려진 항구도시다. 모로바위는 샌루이스 오비스포의 상징으로 화산 폭발로 만들어진 578피트 높이의 대형 바위다.

》 모로베이 주립공원 Morro Bay State Park

Morro Bay State Park Rd, Morro Bay
805-772-2560, www.slostateparks.com

모로베이 항구 남쪽 3마일 거리에 있으며, 자연사 박물관Museum of Natural History(성인 $2, 16세 이하 무료, 매일 10~17, 805-772-2694)과 백로 서식지가 있어 아름다운 자연 경관을 자랑하는 명소다. 남서쪽으로 117곳의 캠핑장이 있다.

》 몬타냐데오로 주립공원
Montana de Oro State Park

3550 Pecho Valley Rd, Los Osos
805-528-0513, www.slostateparks.com

해안 절벽과 모래언덕, 긴 모래톱을 감상할 수 있다. 해변가 거리인 엠바카데로Embarcadero에서 보트 투어(805-772-2257)를 즐길수 있다.

놓칠 수 없다!

조개잡이와 온천의 명소

피스모 비치 Pismo Beach
581 Dolliver St, Pismo Beach
805-773-4382, www.classiccalifornia.com

대합처럼 생긴 조개Pismo Clam잡이와 가족 캠핑에 좋아 한인들에게 잘 알려진 곳이다. 한때는 하루 45,000여 개의 조개를 잡았으나 수십 년간의 무절제한 채취로 지금은 5인치(12.7센티미터) 이하 및 산란기 채취 금지 등 엄격한 규제를 통해 보호받고 있다.

조개를 캐려면 바다낚시 라이선스와 크기를 잴 수 있는 도구를 지참해야 한다. 일출 30분 전부터 일몰 30분 후까지만 캘 수 있고, 1인당 하루 4.5인치 이상 10개까지 잡을 수 있다. 조개가 가장 잘 잡히는 곳은 남쪽 그랜드애비뉴(Grand Ave.) 부근으로 동트기 30분 전이나 일몰 직후가 가장 좋다.

11월 말부터 3월에 걸쳐 소나무와 유칼립투스가 가득한 피스모 비치의 **나비숲**Butterfly Trees에 내려앉는 무수한 나비 떼도 볼거리다. 낚시, 스쿠버 다이빙, 자전거타기 등을 할 수 있으며, 캘리포니아에서 가장 넓게 펼쳐져 있는 **피스모 모래언덕 보존구역**Pismo Dunes Preserve도 볼만하다. 차량 통행은 금지다.

아빌라 비치 Avila Beach
805-773-7924, www.visitavilabeach.com

피스모 비치에서 10여 마일 북쪽에 있으며, 미네랄 온천장으로 유명한 온천 리조트가 있다. 올림픽 규격의 풀장이 온천수로 가득 채워져 있고, 75곳의 캠핑장이 있다. 아빌라 부둣가에는 고깃배들이 많이 들어오고 대형 활어 가게가 여럿 있다. 가까이에 시커모어 온천도 있다.

샌시미언에서 카멜까지 San Simeon & Camel

모로베이 북쪽으로 퍼시픽 코스트 하이웨이 1번Pacific Coast Highway One을 타고 오르면 유명한 허스트 캐슬이 있는 바닷가 마을 샌시미언San Simeon이 있다. 북쪽으로 더 달리면 빅서Big Sur, 카멜Carmel, 몬테레이Monterey, 샌터크루즈Santa Cruz 등의 명소가 줄이어 있다.

허스트 캐슬 Hearst Castle

750 Hearst Castle Rd, San Simeon
예약 필수, 성인 $24, 6~17세 $12
800-444-4445, www.hearstcastle.com

샌시미언 동쪽 샌터루시아Santa Lucia 산맥 중턱에 스페인의 중세 성곽을 연상시키는 백색의 거대한 저택이 바로 **허스트 캐슬**Hearst Castle'로 불리는 역사적인 명소다. 정식 명칭은 'Hearst San Simeon State Historical Monument'. 1900년대 초기의 출판왕 윌리엄 랜돌프 허스트William Randolph Hearst가 127에이커의 땅에 146개의 방, 정원과 수영장, 조각품들로 장식한 대저택이다.

윌리엄 허스트가 이 언덕에 별장을 짓기 시작한 것은 1919년. 이후로 1951년 그가 사망할 때까지 32년간 건축과 실내외 장식 작업이 계속되었으나 완성하지는 못했다. 허스트 캐슬의 중심이라고 할 수 있는 대형 건물 카사그란데Casa Grande와 고대 로마식 수영장인 넵튠풀Neptune Pool 등 감탄을 불러일으키는 수많은 장식과 조각품들이 가득하다.

윌리엄 허스트가 살아 있을 당시 비행기 활주로였던 곳은 현재 입장권 판매소와 일반 관광객용 주차장. 여기서부터 관광객을 태우고 허스트 캐슬까지 5마일의 언덕길을 올라가는 버스가 있다. 2시간 소요되는 저택 투어가 5가지 있다. 첫 방문자에게는 투어 1이 적당하다. LA 한인 여행사들의 패키지 상품을 이용할 수 있다.

카멜 Camel

몬테레이 반도 남쪽의 소나무 숲과 백사장 사이에 형성된 아름다운 자연도시. 1906년 샌프란시스코 대지진 이후 예술가들이 창작 활동을 하기 위해 하나 둘 모여들기 시작, 세련되고 고급스러운 도시 미관을 갖춘 색다른 커뮤니티를 형성했다. 초창기의 정신을 유지하기 위해 현재도 고층 건물이나 큰 간판은 일체 금지되어 있다. 중심가인 오션애비뷰Ocean Ave. 양쪽에 올망졸망한 500여 개의 점포들이 동화 속 풍경을 만들어낸다. 고급스러운 미술품, 공예품, 장식품, 의상 등이 즐비하며, 돌로레 스트리트Dolores Street의 6가와 5가 사이에는 카멜 예술가협회에서 경영하는 작품 전시 판매장이 있다.

캘리포니아에서 가장 완벽한 건물 중 하나로 손꼽히는 **샌카를로스 보레메오 델 리오카멜로 미션**San Carlos Borromeo del Rio Carmelo Mission(3080 Rio Rd, Carmel, 월~토 9:30~17:00, 일 10:30~17:00, 성인 $6.50, 7세 이상 $2, 831-624-1271, www.carmelmission.org)과 카멜 문화 창시자인 로빈슨 제퍼스가 지은 화강암 집 **토 하우스**Tor House(26304 Ocean View Ave, Carmel, 성인 $7, 12세 이상 $2, 12세 미만 입장 불가, 831-624-1813, www.torhouse.org)가 유명하며, 1시간 투어 프로그램으로만 둘러볼 수 있으므로 예약은 필수다.

빅서 해안 절경

17마일 드라이브
Seventeen Miles Drive

캘리포니아 서해안 일대는 모두 나무랄 데 없는 멋진 경치를 지녔지만, 특히 몬테레이와 카멜 사이를 잇는, 소위 '세븐틴 마일스 드라이브'는 누구나 꼭 한 번 그 환상의 드라이브를 경험해 봐야 할 곳이다. 이 지역 일대는 부자들의 주거지면서 페블 비치 등 세계적으로 유명한 골프코스가 여럿 있어 더욱 유명하다.

몬테레이 Monterey

미국 최대의 해양 보호지인 몬테레이 반도Monterey Peninsula는 다양한 생물과 18세기 유산, 스페인풍의 건물들과 세계적인 수족관으로 온화한 기후와 아름다운 경관을 즐기려는 관광객들이 늘 찾아드는 곳이다.

캘리포니아가 미국령이 된 후 몬테레이는 한때 캘리포니아의 주도로서 네바다, 애리조나, 유타, 와이오밍, 콜로라도, 뉴멕시코를 포함한 미국 서부 지역의 행정 및 경제 요충지로서 역할을 담당했다.

매년 400만 명의 관광객이 찾는 서해안에서 손꼽히는 관광지로 유명한 몬테레이에는 페블 비치가 있고 세계적인 골프코스가 많아 매년 토너먼트가 열린다. 9월에는 몬테레이 재즈 페스티벌이 열리는 등 화려한 행사가 끊이지 않는다.

몬테레이 베이 수족관
Monterey Bay Aquarium
886 Cannery Row, Monterey
매일 10~18, 성인 $29.95, 3~12세 $17.95
831-648-4800, www.montereybayaquarium.org
반드시 들러야 할 세계적인 명성의 수족관. 375종의 어류를 포함해 해달Sea Otter, 물새, 해초 등 무려 5,500종의 해양 생물이 살고 있다. 전시장이 23개, 크고 작은 물탱크가 83개나 있는데, 2층짜리 캘프포레스트Kelp Forest관, 바다거북이 사는 100만 갤런짜리 아우터베이 Outer Bay관 등이 유명하며, 각종 해초류가 바다와 똑같은 상태로 울창하게 심어져 있고, 항상 물을 움직이게 하여 물고기들이 유유히 해초 사이를 헤엄쳐 다니는 상태를 자세히 관찰할 수 있다.

주립 역사 공원 State Historic Park
20 Custom House Plaza, Monterey
831-649-7118, www.parks.ca.gov/mshp
몬테레이의 역사적 건물들이 모여 있는 곳으로 다운타운에 있다. 내부의 **퍼시픽 하우스 박물관**Pacific House Museum(성인 $5, 6세 이상 $2, 831-649-7172)에서 공원 무료 가이드 투어를 운영하며, **알렌 나이트 마리타임 박물관**Allen Knight Maritime Museum(성인 $3, 12세 이상 $2, 12세 미만 무료, 831-375-2553)에는 태평양에 얽힌 역사를 소개하고 있다.

모나크 그로브 보호지
monarch Grove Sanctuary
165 Forest Ave, Pacific Grove
831-648-5716, www.pgmuseum.org
몬테레이 반도 서쪽 **퍼시픽 그로브**Pacific Grove에는 매년 10월 말 북쪽 내륙 지역으로부터 많은 나비떼가 날아와 파이애비뉴 옆 **조지 워싱턴 공원**의 나무 가지에 붙어 겨울잠을 자고는 다음 해 3월경 다시 북쪽으로 떠난다. '모나키Monarch'라는 이름의 이 나비들이 왜 굳이 여기에서 겨울을 나는지, 또 한 번 방문했던 나비는 수명이 다해 돌아올 수 없으므로 매년 새로운 나비들이 이곳을 찾게 되는데, 어떻게 이곳을 알고 찾아오는지는 미스터리로 남아 있다. 매년 10월 말경 화려한 퍼레이드와 축제가 열린다.

국립 스타인벡 센터 National Steinbeck Center
1 Main St, Salinas
매일 10~17, 성인 $10.95,
13~17세 $7.95, 6~12세 $5.95
831-796-3822, www.steinbeck.org
미국의 농부, 노동자 계급의 문제점을 고발한 소설 『분노의 포도』로 유명한 작가 존 스타인벡의 고향, 살리나스에 마련된 박물관이다. 퓰리처상과 노벨상을 수상한 스타인벡의 삶을 조명할 수 있다.

채널 아일랜드 국립공원
Channel Islands National Park

로스앤젤레스에서 프리웨이 101 N.를 타고 북쪽으로 향하면 농업도시인 벤투라와 채널 아일랜드 국립공원을 만난다. 자연보호와 생태 연구를 위해 해상국립공원으로 지정된 채널 아일랜드는 독특한 동식물대를 보여주는 '캘리포니아의 갈라파고스 섬'이다. 8개의 섬 중에 5개가 서로 연결되어 있으며, 벤투라 하버 Ventura Harbor에 국립공원관리국이 운영하는 방문자 센터가 있고, 여기에서 섬으로 가는 배가 출발한다.

샌미구엘 San Miguel
서쪽 끝에 있는 섬으로 바다사자 Sea Lion와 각종 물개류의 서식처로 유명하다. 6월이 되면 출산을 위해 1만 마리 이상의 물개들이 모여 떠들썩한 풍경을 연출한다.

샌타로사 Santa Rosa
서쪽에서 두번째 섬인 샌타로사는 개인 소유로 관광객 상륙이 허용된 것은 1987년부터다. 서쪽에 아름다운 해변과 산쪽으로는 350여 종의 초목과 야생화들이 곱다. 장기 투숙에 가장 좋은 섬.

샌타크루즈 Santa Cruz
65,000 에이커로 가장 큰 섬. 개인 소유이므로 사전에 허가를 얻어야 상륙할 수 있다. 높은 산 사이 계곡에 야생 화초와 동물들이 많이 산다.

애나카파 Anacapa
세 개의 작은 섬이 모여서 이루어진 애나카파(인디언말로 '신기루'를 의미)는 작은 섬이지만 육지에서 가장 가깝고 등대가 있어 많은 사람들이 찾는다. 멸종 직전의 펠리컨 새 보호 지역이다.

샌타바버러 Santa Barbara
남동쪽으로 가장 멀리 떨어진 작은 섬으로 다양한 하이킹 코스가 있고, 각종 물새들의 생태를 관찰하기에 좋은 바다 코끼리의 왕국.

관광 정보 1901 Spinnaker Dr, Ventura, 805-658-5730, www.channel.islands.national-park.com

피너클스 내셔널 모뉴먼트 Pinnacles National Monument

2억 년 전 지구는 한 덩어리 땅이었다. 계속된 지각 이동으로 오늘의 5대양 6대주가 갈라진 것인데, 바다와 산맥 형성의 천지 조화는 크고 작은 지각 이동 때문에 생긴 현상들이다. 몬테레이 동남쪽 약 30마일 지점에 있는 피너클스 내셔널 모뉴먼트Pinnacles National Monument는 바로 그런 신비한 땅의 역사를 눈으로 확인할 수 있는 곳이다. 불과 20여 스퀘어마일 밖에 안 되지만 오랜 세월에 걸쳐서 침식된 3천 피트 내외의 용암 봉우리와 흩어져 있는 바위, 무성한 떡갈나무 덤불이 아주 독특한 풍경을 만든다. 이 용암 봉우리들은 약 2300만 년 전에 분출된 것인데, 분출 당시의 위치가 현재의 로스앤젤레스에서 60여 마일 북쪽 지점이었다고 조사되었다. 말하자면 본래 위치에서 195마일이나 북쪽으로 이동한 셈인데 어떤 방법으로 이동해 갔는지는 불가사의로 남아 있다.

스카우트 피크 Scout Peak

1,400피트 높이에 있어 공원 전체를 내려다볼 수 있다. 내려오는 길에는 계류를 막아 만든 아담한 호숫가에서 휴식을 취하고 용암 봉우리가 무너져 생긴 동굴들을 구경하면 최고다.

관광 정보

5000 Highway 146, Paicines, 831-389-4485, www.nps.gov/pinn

파소 로블스 와이너리 Paso Robles Winery

805-239-8463, www.pasowine.com

피너클스 공원 북쪽의 살리나스Salinas에서 남쪽 파소 로블스Paso Robles까지 약 100마일에 달하는 101번 프리웨이 주변은 온통 포도밭이다. 몬테레이 카운티는 북가주 나파Napa와 소노마Sonoma 다음으로 많은 와인을 생산하는 지역이다.

〉〉 몬테레이 포도밭, 곤잘레스
Monterey Vineyard, Gonzales

800 S.Alta St, Gpnzales, 408-675-2316
살리나스에서 남쪽으로 약 20분 거리의 곤잘레스에 있는 1974년에 설립된 대규모 와이너리.

〉〉 스미스 & 후크 와이너리, 솔대드
Smith & Hook Winery, Soledad

37700 Foothill Rd, Soledad ,831-678-2132
솔대드에 있는 붉은 와인 메이커로Arroyo Seco Rd.에서 내려 얼마 안 가서 있지만, 길이 복잡하니 주유소 등에서 위치를 확인하고 찾아가야 한다. 아로요 세코 길가에는 시음을 제공하는 Mirassou, Ventana 등의 이름난 와이너리들이 많다.

〉〉 에벌 와이너리, 파소 로블스
Eberle Winery, Paso Robles

3810 East Highway 46, Paso Robles, 805-238-9607
파소 로블스에서 동쪽으로 46 하이웨이를 따라 약 3.8마일을 가면 있는데, 규모는 크지 않으나 비교적 우수한 품질의 와인을 생산한다.

〉〉 메리디안 셀라, 파소 로블스
Meridian Cellars, Paso Robles

7000 E Highway 46, Paso Robles, 805-226-7133
이 지역 최대의 와이너리로서 본래 '에스트렐라 리버 와이너리Estrella River Winery'라는 이름으로 정평이 있었다. 에벌 와이너리에서 동쪽으로 약 3마일 더 가면 왼쪽으로 입구가 보인다.

〉〉 아르시에로 와이너리, 파소 로블스
Arciero Winery, Paso Robles

5011 E Highway 46, Paso Robles, 805-238-3094
메리디안 와이너리에서 46 하이웨이를 서쪽으로 약간 뒤돌아오면 왼쪽에 독특한 형태의 시음장을 가진 와이너리의 모습이 나타난다.

4 자유와 저항, 문화 운동의 맨 앞줄 San Francisco
샌프란시스코

도시 곳곳을 놓칠 수 없는 아름다운 풍경, 온화한 기후, 독특한 역사와 문화를 간직한 샌프란시스코는 세계 관광객들이 손꼽는 명소이자 미국인들에게도 가장 인기 높은 도시. 활기 넘치는 다민족 커뮤니티이며 다양성을 흔쾌히 포용하는 도시, 동성애자들에게 천국과도 같은 자유를 선사하는 도시, 누구라도 머리에 꽃을 꽂고 구불대는 언덕길을 한없이 오르내리고 싶은 보헤미안의 도시. 샌프란시스코는 한 번 만남으로 평생의 여운을 남겨 주는 신비로운 매력의 도시다.

황금을 찾아 들어선 문, 그들의 골든게이트

샌프란시스코라는 도시 이름은 1846~1847년 멕시코와 미국의 전쟁에서 캘리포니아, 뉴멕시코, 텍사스가 미국 영토로 편입되면서부터 사용되었다. 1848년 시에라 네바다 산맥 북쪽에서 금광이 발견되면서 골드러시로 수많은 사람들이 이곳으로 몰려들었고, 1860년대 이후 이곳은 서부의 경제, 문화적 중심지로 발돋움했다. 1906년 대지진으로 도시 대부분이 파괴됐지만 이후 1930년대 대공황 시절, 대형 공공건설 프로젝트가 진행되면서 도시 전체가 새롭게 건설되었다.

보헤미안의 도시다운 자유 영혼의 역사

2차대전 중에는 태평양 군사작전의 전초기지로서 군대가 지역 경제를 주도했었다. 하지만 전후 1950년대에는 문학운동을 주도한 비트족, 1960년대 반전운동의 기치를 내건 히피족 등의 저항 문화가 싹튼 곳으로 유명하며, 이어 1970년대를 기점으로 동성애자들의 메카로 자리매김할 만큼 샌프란시스코는 자유와 젊음을 사랑하는 도시다.

1990년대 후반 닷컴 혁명을 주도하며 새로운 시대의 변화를 이끌게 된 활기도 보헤미안적인 도시 기질에서 비롯된 셈이다.

다민족 커뮤니티가 어우러진 다채로운 풍경

샌프란시스코는 크게 세 구역으로 나누어 볼 수 있다. 북동쪽 다운타운 지역은 유니언 스퀘어, 파이낸셜 지구, 차이나타운, 노브 힐, 러시안 힐, 피셔맨스 워프 등 다양한 색채의 명소들이 밀집되어 있고, 소마로 불리우는 사우스 오브 마켓 지역은 다양한 도매 상점들이 모여 있는 곳이다. 서쪽은 주거 지역으로 마리나 하이츠, 퍼시픽 하이츠, 재팬타운, 리치몬드, 선셋, 골든게이트 파크 등이 포함된다. 공공 교통기관이 발달되어 케이블카, 버스, 지하철 등이 시 당국에 의해 운영되고 있다. 또한 바트와 칼트레인을 이용해 오클랜드, 버클리, 실리콘밸리 등 근교 도시를 쉽게 오갈 수 있다.

관광 정보
샌프란시스코 관광국 900 Market St, San Francisco 415-391-2000, www.sfvisitor.org

교통 정보
샌프란시스코 국제공항 SFO; San fracisco International Airport
650-821-8211, www.flysfo.com
오클랜드 국제공항 OAK; Oakland International Airport 국내선 탑승이 편리하다.
510-563-3300, www.oaklandairport.com
SFO Airporter
650-246-2775, www.sfoaritporter.com
주요 관광지와 호텔을 경유하는 에어버스. 샌프란시스코 국제공항에서 매 30분마다 출발한다.
요금은 $15이며 40분 정도 소요.
택시 다운타운까지는 보통 45분 걸리며, 요금은 $35 정도로 20~30분이 걸린다.
도어 투 도어 셔틀밴 Door To Door Shuttle Van
바로 집 앞까지 간다. 다운타운까지 15달러.
- Super Shuttle 415-558-8500, www.supershuttle.com
- Lorrie's 415-334-9000

기타 정보
뮤니 Muni; Municipal Railway
성인 $2, 4세 미만 무료, 415-701-3000, www.sfmuni.com
샌프란시스코 대중교통을 통칭하는 말로 뮤니 버스, 뮤니 메트로, 전차를 말한다. 뮤니는 모두 5개 노선(J,K,L,M,N)인데, 모두 한 방향으로 달리다가 시빅 센터를 지나면서 각 방면으로 나뉜다. 티켓은 자동판매기에서 구입하거나 탑승 후 운전기사에게 동전을 내면 받을 수 있다. 샌프란시스코 비지터 센터에서 뮤니 지도를 구할 수 있다. 뮤니 패스포트Muni Passport를 가지고 있으면 뮤니 버스, 케이블카, 뮤니 메트로를 기간 중 몇 번이고 타고 내릴 수 있다. (1일권 $13, 3일권 $20, 7일권 $26) 미술관이나 베이크루즈도 무료로 이용할 수 있으며, 일주일 동안 케이블카와 뮤니를 무제한 이용할 수 있는 시티 패스City Pass (성인 $64, 5~12세 $39)도 있다.

케이블카 Cable Car
샌프란시스코 관광의 명물이자 상징인 케이블카 이용 티켓은 출발(Market & Powell St.)과 종착역에 있는 자동 판매기나 승차 후 운전자에게 구입한다. 6:00am~12:30pm까지 15~20분 간격 운행. 파월메이슨 노선Powell-Mason Line(유니언 스퀘어, 차이나타운, 피셔맨스 워프의 베이 스트리트), 파월하이드 노선Powell-Hyde Line(파월과 마켓 스트리트에서 출발하여 노브 힐, 러시안 힐, 피셔맨스 워프의 빅토리아 파크까지), 캘리포니아 노선California Line(하얏트 리젠시 앞에서 출발해 노브 힐까지)이 있다. 뮤니 패스포트를 사용할 수 있다.

바트 BART; Bay Area Rapid Transit
415-989-2278, www.bart.gov
샌프란시스코 시내에서 오클랜드, 버클리 등 이스트베이를 연결하는 고속철도 통근기차. SFO에서 다운타운까지 다리 역할을 하며 바다 밑의 터널을 지나가기도 한다. 비교적 안전하고 시간을 절약할 수 있다. 요금은 구간별로 다르며, 자동 판매기에서 티켓을 구입하는데 거스름돈이 안 나오므로 동전은 필수.

다운타운 Downtown

유니언 스퀘어 & 시빅 센터
Union Square & Civic Center

유니언 스퀘어는 도보 거리에 대부분의 명소들이 있고 대중교통의 출발지이기 때문에 여행자들의 베이스캠프 역할을 하는 광장이다. 백화점, 고급 상점과 호텔들이 자리하고 있으며, **듀위 기념비**Dewey Monument와 **포크아트 인터내셔널 빌딩**Fork Art International Building이 상징적인 건물들이다. 광장 옆 **파월스트리트**Powell St.는 다양한 사람들로 항상 붐비는 거리.

시청City Hall(400 Van Ness Ave, San Francisco/ 415-554-4000)의 시빅 센터에는 1915년 보자르 스타일로 지어진 시청 건물이 있는데, 워싱턴 D. C.의 시청 돔보다 16피트나 높은 지붕에 1999년 40만 달러에 달하는 금을 덮어 황금빛으로 둘러쌌다. 반네스Van Ness 에비뉴는 시빅 센터를 가로지른다. 반네스에비뉴를 중심으로 **루이스 M. 데이비스 심포니 홀과 전쟁 기념 오페라 하우스, 빌그레이엄 시빅오디토리엄** 등 각종 음악 콘서트와 예술 공연들이 연중 펼쳐지는 문화공간이 들어서 있다.

전쟁 기념 오페라 하우스
War Memorial Opera House

401 Van Ness Ave, San Francisco
415-621-6600, www.sfwmpac.org
샌프란시스코 오페라단과 발레단이 공연하는 장소

데이비스 심포니 홀
Davies Symphony Hall

201 Van Ness Ave, San Francisco
415-621-6600, www.sfwmpac.org
1980년에 설립된 피아노 모형의 건물. 세계적인 바이올리니스트 정경화의 독주회가 가끔 열려 매진 사례를 이루는 곳이기도 하다.

중앙 도서관 Main Library

100 Larkin St, San Francisco
415-557-4400, www.sfpl.org
개관 131년 된 역사적인 건물로 꼭대기층의 역사 센터가 유명하다.

파이낸셜 지구 Financial District

유니언 스퀘어에서 베이까지 아우르는 다운타운의 비즈니스 거리. 은행, 증권, 보험회사 등이 밀집한 고층 건물의 숲이다.

트랜스아메리카 피라미드
Transamerica Pyramid

600 montgomery St, San Francisco
현대 샌프란시스코를 상징하는 최고층 빌딩으로 금융가 중심에 자리잡고 있다. 1972년에 완성된 이 빌딩은 태양열을 고려한 건축물로 낮에는 알루미늄 커버가 햇빛을 반사하여 반짝이고, 밤에는 6천 개의 유리창에 불이 들어와 아름다운 야경을 연출하는 피라미드 모양의 건물이다.

뱅크 오브 아메리카 Bank of America(555 California St, San Francisco)는 761피트 높이의 대표적인 고층 건물로 꼭대기층의 **카르넬리안룸**Carnelian Room(2010.1부터 폐쇄)의 전망이 유명하다.

차이나타운 Chinatown

www.sanfranciscochinatown.com
다운타운 파이낸셜 지구 인근에 넓직하게 자리잡은 서부 최대 규모의 차이나타운은 1969년 중국 정부의 주도 하에 재개발되었다. 샌프란시스코의 가장 오래된 거리인 **그랜드애비뉴**Grand Ave.를 따라 8블록에 들어서 있는 화려한 음식점과 상점의 중국어 간판과 붉은색 장식들 속에서는 흡사 중국 한복판에 와 있는 착각을 일으킬 정도. 그랜드애비뉴와 부시스트리트 사이의 **차이나타운 게이트**Chinatown Gate는 차이나타운의 공식 관문. 서쪽 스탁튼 스트리트는 중국인 서민들의 생활을 느낄 수 있는 곳이다.

〉〉 중국 문화센터 Chinese Culture Center

750 Kearny St, San Francisco,
415-986-1822, www.c-c-c.org
차이나타운의 앞마당이라 할 수 있는 **포츠마우스 스퀘어**Portsmouth Sq에서 돌로 만든 육교를 건너 **홀리데이 인 파이낸셜 디스트릭트**Holiday Inn Financial District의 3층에 있다. 1965년 중국과 차이니즈 아메리칸의 예술과 역사, 문화를 널리 알리기 위해 설립되었다.

샌프란시스코 시내 전경

차이나타운

트랜스아메리카 피라미드

캘리포니아 141

〉〉태평양 문화유산 박물관
The Pacific Heritage Museum
608 Commercial St, San Francisco
화~토 10~16, 415-399-1124
환태평양 제국의 미술 작품을 정기적으로 전시하고 있다. 건물 자체가 전시품이라고 할 만큼 우아한 이 박물관은 원래 샌프란시스코 최초의 조폐국으로 사용됐으며, 당시의 벽돌 구조 건물을 아직도 사용하고 있다.

코리아타운 Koreatown
재팬 센터 중심의 니혼마치 몰 맞은편에 작은 한인타운이 자리한다. 한미백화점, 노래방, 한정식 전문 고려정 등 맛있는 한국 음식과 문화를 맛볼 수 있는 상점들이 즐비하다.

미션 The Mission
라틴계 이주자들의 중심 지역으로 저녁 모임을 즐길 만 한 곳이 많은 반면 가장 유명한 장소는 **미션 돌로레스**Mission Dolores(3321, 16th St, San Francisco, 415-621-8203, www.missiondolores.org) 선교원이다. 'Mission San Francisco De Asis'로도 불리는 샌프란시스코에서 가장 오랜 된 건물로 프란체스코 수도회에 의해 1791년 설립된 이후 아직까지도 그대로 보존되어 오면서 샌프란시스코의 초창기를 증명해 준다. 아메리칸 인디언들의 그림으로 가득 차 있고, 부속 건물인 바실리카 성당은 스테인드글래스와 타일 장식이 아름다운 명소다. 초창기의 샌프란시스코 개척자들의 공동 묘지가 있다. 미션 디스트릭트의 거리는 200여 개의 화려한 벽화들로 장식되어 있으며, 히스패닉 커뮤니티의 후원으로 이루어진다.

카스트로 & 하이트 The Castro & The Haight
밤 문화가 화려한 샌프란시스코 게이 컬처의 중심지가 카스트로다. **카스트로 극장**Castro Theater(429 Castro St, San Francisco, 415-621-6120, www.castrotheatre.com)은 예술, 독립영화가 주로 상영되는 대형 극장으로 샌프란시스코 영화제가 열리는 곳.
샌프란시스코의 사이키 델릭 뮤직이 탄생한 이 지역은 어퍼하이트Upper Haight와 로어하이트Lower Haight로 나뉘는데, 골든게이트 공원에서 부에나비스타 공원까지의 어퍼하이트에는 펑키한 패션숍과 카페 등이 즐비하고, 로어하이트 쪽으로는 뮤직 클럽이나 바 등이 여러 블록에 걸쳐 자리하고 있다.

샌프란시스코 시청

노스 비치 North Beach

다운타운에 차이나타운이 있다면, 노스 비치는 이탈리안인 거주 지역이다. 1950년대 비트 운동이 태동한 진보 성향의 정치, 문학 중심지.

코이트 타워 Coit Tower
1 Telegraph Hill Blvd,San Francisco
매일 10~17, 성인 $4.50, 6~12세 $2, 6세 미만 무료
415-362-0808

샌프란시스코 7개의 힐 중 하나인 텔레그래프 힐에 서 있는 샌프란시스코의 상징물. 1933년 개척자 릴리 히치 콕 코이트Lillie Hitchcock Coit가 유산으로 시에 기부한 10만 달러를 기념하기 위해 세운 210피트 높이의 타워다. 특히 1906년 지진과 대화재 당시 순직한 소방관들을 기리기 위해 소방 호스의 노즐 모양을 본떠 만들었다. 1층 선물 가게에서 표를 구입한 후 엘리베이터를 타고 정상의 전망대까지 올라간다. 창밖으로 골든 게이트 브리지, 베이 브리지, 피셔맨스 워프, 다운타운의 스카이라인 등이 훤히 보인다.

러시안 힐 & 노브 힐 Russian Hill & Nob Hill

노스 비치 서쪽에 자리하고 있는 러시안 힐은 가파른 언덕길로 유명하다. 세계에서 최고의 S자 코스를 자랑하는 롬바르드 스트리트Lombard Street는 그림이나 엽서, 사진 등에서 너무 익숙한 아름다운 꽃길이기도 하다. 급경사에 구불구불한 길이므로 구경하며 운전할 때는 극히 조심.

부자를 의미하는 노브Nob 힐은 '캘리포니아 힐'로도 불리며, 19세기부터 예술가들의 본거지면서 부자들의 저택이 있는 곳이다. 벼락부자들이 언덕 높은 곳에 있는 그들의 저택으로 안전하게 가기 위해 세웠다는 케이블카를 이용해 오르는 것이 좋다. 케이블카 박물관Cable Car Museum(1201 Mason St,San Francisco, 4~9월 10~18, 10~3월 10~17, 무료 입장, 415-474-1887)에서 케이블카의 역사를 알아볼 수도 있다.

피셔맨스 워프
Fisherman's Wharf

415-674-7503, www.fishermanswharf.org

한때 가장 유명했던 부두. 관광 도시 샌프란시스코의 최대 명소이며 필수 코스다. 하이드Hyde 스트리트에서 케이블카를 타고 한 때 초콜릿 공장이었던 **기라델리 스퀘어**Ghirardelli Sq와 통조림 공장이었던 캐너리Cannery 중간에 내리면 유명한 **피어**Pier 39를 만나게 된다. 피셔맨스 워프의 상징인 '게 마크Crab Mark'를 중심으로 싱싱한 게와 새우 등 해물 요리 전문 레스토랑들이 즐비하다. 둥근 사워브레드 속에 담긴 크램차우더(게 수프), 덩치 큰 신선한 게를 바로 삶아 먹는 것이 이곳의 특미다. 아무 레스토랑에 들어가도 게 맛은 비슷하지만, 관광객뿐만 아니라 현지인도 즐겨 찾는 유명 식당은 **맥코믹&쿨레토스**McCormick & Kuleto's(900 North Point St, San Francisco, 415-929-1730, www.mccormickandschmicks.com). 식당 주변으로 기념품 가게들이 즐비하고 거리의 악사들과 예술인들의 쇼가 쉴새 없이 이어진다. 마차나 인력거를 타고 피셔맨스 워프를 한 바퀴 돌아볼 수도 있다.

피어 Pier 39
Beach St. & The Embarcadero
415-705-5500, www.pier39.com

샌프란시스코 만의 번호 붙은 선착장Pier은 1부터 45까지 있는데, 이 중 '피어 39'가 유명하다.

블루 앤 골드 페리 Blue & Gold Ferry
415-705-8200, www.blueandgoldfleet.com

이곳을 기점으로 항해하고 2층 건물의 선착장에는 수십 개의 상점과 식당들이 들어서 있다. 어린이들을 위한 작은 놀이터에는 회전목마가 돌며 마술사들의 흥미로운 쇼가 펼쳐진다. 몇 년 전부터 바다사자들이 몰려들어 관광객들의 눈을 즐겁게 해준다.

해양 박물관 maritime Museum
900 Beach Street, San Francisco
415-561-7100, www.maritime.org

피셔맨스 워프의 끝, 새파란 태평양 위에 떠 있는 배가 국립 해양 박물관이다. 배의 이름은 발클루타. 1800년대 영국에서부터 샌프란시스코까지 석탄과 위스키를 운송했다. 2층으로 된 본관에는 배 모형과 유서 깊은 항해 기구, 지역 해상의 역사를 보여주는 그림과 사진들이 전시되어 있다.

기라델리 스퀘어 Ghirardelli Spuare
900 North Point St, San Francisco
415-775-5500, www.ghirardellisq.com

해양 박물관 맞은편에 위치한 기라델리는 1852년 도메니코 기라델리가 처음 만들어 세계적으로 유명해진 초콜릿으로 1960년 이전까지 대형 초콜릿 제조 공장이었으나 지금은 의류 상점과 레스토랑 센터로 바뀌었다.

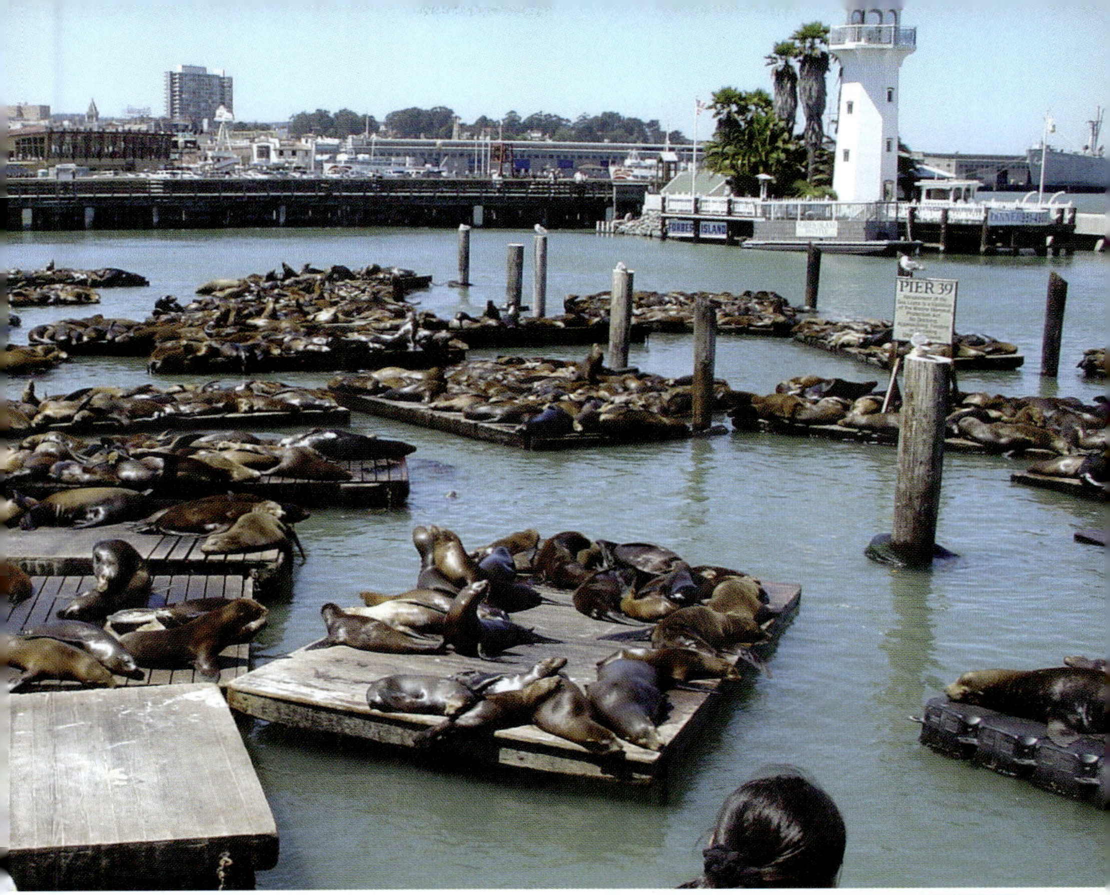
PIER 39

PIER 39
Hard Rock

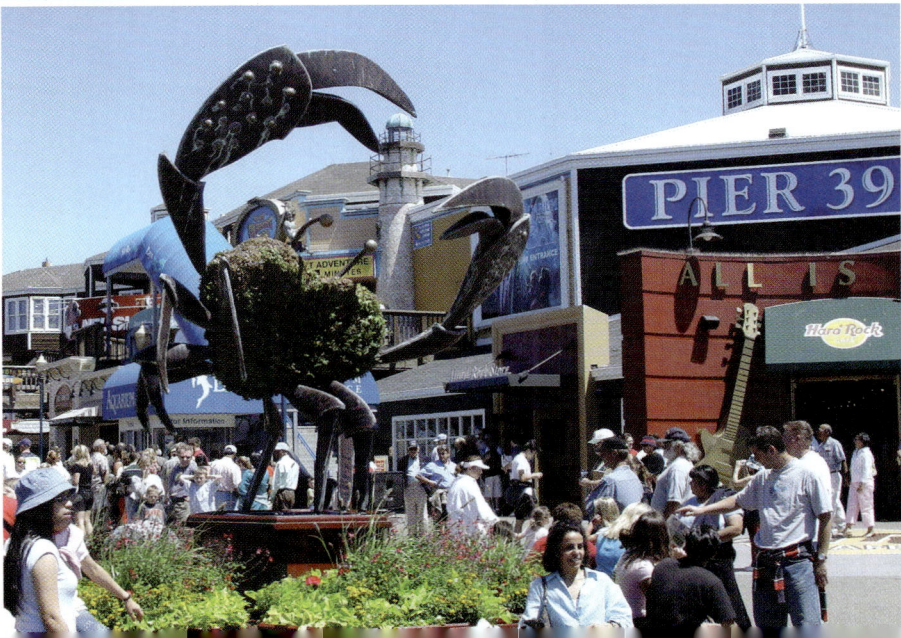

알카트래즈 섬 Alcatraz

피어 39의 쇼핑센터 끝에 서면 코앞에 선명한 알카트래즈 섬이 보인다. '죽음의 감옥'으로 불리는 악명높은 교도소가 있는 곳으로 피셔맨스 워프에서 불과 1.5마일 거리지만 탈출에 성공한 죄수는 단 한 명도 없다. 시카고 마피아의 대부 알 카포네가 수감됐던 독방 시설이 그대로 남아 있으며, 버드맨 로버트 스트라우 등 악명 높은 범죄자들이 한 번씩 머물렀던 곳이다.

스페인어로 '펠리칸'이라는 의미의 알카트래즈는 1933년부터 연방 형무소로 지정되었고, 숀 코넬리와 니콜라스 케이지 주연의 영화 「더 록The Rock」의 배경으로 유명하다. 피어 39의 블루앤골드 페리나 피어 41의 **레드앤화이트**Red & White **페리**(성인 $24, 5~17세 $16, 415-673-2900, www.redandwhite.com)로 15분 정도 걸린다.

골든게이트 브리지 Golden Gate Bridge　　www.goldengatebridge.org

샌프란시스코 시와 북쪽 마린 카운티를 연결하는 세계에서 가장 아름다운 다리로 샌프란시스코의 상징이다. 금광을 찾던 초기 개척자들의 첫 관문인 '금문교'이다. 1937년 완공 당시 지주 사이가 1.7마일로 전 세계에서 가장 긴 현수교였다. 붉은색의 다리는 늦은 밤 더욱 아름다운 다리로 변신한다. 일년 내내 50여 명의 페인터들이 다리를 색칠하며 연 2만 리터 이상의 페인트가 사용된다. 남쪽 방향의 통행료는 차 1대에 현금 $6. 보행자와 자전거는 무료로 건넌다. 다리 남쪽 끝 **포트포인트 전망대**Fort Point Lookout에서 거친 바다와 금문교, 다운타운과 베이 인근 도시들을 한눈에 볼 수 있다.

팰리스 오브 파인 아츠 시어터
Palace of Fine Arts Theatre
3301 Lyon St, San Francisco
415-563-6504, www.palaceoffinearts.org

샌프란시스코 시내에서 골든 게이트 브리지를 탈 때 만나는 아름다운 궁전과 같은 건물. 1915년 파나마- 태평양 국제박람회PPIE를 위해 조성되어 남아 있는 건물이다. 베나드맥벡이 디자인했으며, PPIE는 25개 국가가 참가한 대규모 행사로 1906년 대지진으로 주저앉았던 샌프란시스코에 적지 않은 영향을 미쳤다. 건물 안에는 과학, 예술, 인간 지식을 총망라한 익스플로토리Exploratorium(화~일 10~17, 월 휴무, 성인 $15, 13~17세 $12, 4~12세 $10, 415-561-0360, www.exploratorium.edu) 뮤지엄이 있는데, 1969년에 물리학자 프랭크 오펜하이머가 설립했다. 예술 전시회와 생리학 관련 자료 등 약 650여 개의 다양한 볼거리들과 멀티미디어, 도서관, 생물관, 극장, 카페 등을 마련해 두고 있다.

골든 게이트 공원 Golden Gate Park
415-751-2766

세계 최대 규모의 인공 공원이며 도심 공원 중 하나이다. 뉴욕의 센트럴파크에서 영감을 얻어 설계됐으며, 1,017에이커의 모래언덕을 개발해 조성되었다. 각종 스포츠를 즐길 수 있는 공간과 박물관, 식물원, 9개의 호수, 일본 차 정원과 셰익스피어 정원 등이 있어 관광객들은 물론 샌프란시스코 주민들의 휴식 공간으로 유명하다

놓칠 수 없다!

골든 게이트 공원의 이모저모

화원 Conservatory of Flowers
100 John F. Kennedy Dr, San Francisco
화~일 10:00~16:30, 월 휴무 성인 $7, ₩12~17
세 $5, 5~11세 $2 415-831-2090,
www.conservatoryofflowers.org
공원에서 가장 오래된 건물이다.

캘리포니아 과학 아카데미
California Academy of Science
55 Music Concourse Dr, San Francisco
성인 $24.95, 4~11세 $14.95
월~토 9:30~17:00, 일 11~17
415-379-8000, www.calacademy.org
어린이를 위한 대형 자연사 박물관, 수족관, 천문관이다. 비틀즈에서 나인인치네일스까지 록뮤직 배경 음악으로 유명한 천문관의 레이저리움Laserium이 인기 쇼이며 스테인하트 수족관Steinhart Aquarium에서는 14,000종의 해양 동식물이 전시된다.

일본 차 정원 Japanese Tea Garden
415-752-4227
작은 일본을 경험할 수 있는 명소. 다양한 일본 차와 스낵을 맛볼 수 있는 카페도 있다.

클리프 하우스 Cliff House
1090 Point Lobos, San Francisco
415-386-3330, www.cliffhouse.com
1896년 화려한 궁전으로 꾸며졌다가 화재로 소실된 이후 보수 공사를 거쳐 다시 오픈했다. 황혼의 전망이 매혹적인 식당이 있다.

레종도뇌르 캘리포니아 전당
California Palace of the Legion of Honor
100 34th Ave, San Fransisco
월 휴무, 화~일 9:30~17:15
성인 $10, 13~17세 $6, 12세 이하 무료
415-750-3600, www.legionofhonor.famsf.org
공원 북쪽, 링컨 공원 안에 있는 샌프란시스코 제일의 미술관.

드영 뮤지엄
M.H. de Young Museum
50 Hagiwara Tea Garden Dr, San Francisco
화~일 9:30~17:15, 금 9:30~20:45, 월 휴무
성인 $10, 13~17세 $6, 12세 이하 무료
415-750-3600, http://deyoung.famsf.org

소마 SoMa, The South of Market District

샌프란시스코 예술의 중심지. 박물관과 갤러리, 식당, 카페, 나이트 클럽이 한곳에 모여 있다. Mission과 Howard 3가 사이에 있다.

예르바 부에나 가든 Yerba Buena Gardens
750 Mission St, San Francisco
매일 6~22, 무료 입장
415-820-3550, www.yerbabuenagardens.com
정원과 극장, 쇼핑센터, 아이스 스케이팅장, 볼링장, 회전목마, 야외 공연장들이 들어선 문화 시설 공간이다.

샌프란시스코 현대 미술관
SFMOMA, San Francisco Museum of Modern Art
1995년 스위스의 유명한 디자이너 마리오 보타에 의해 세워진 빨간 벽돌 건물로 15,000여 점의 미국 현대 미술품과 사진 작품들을 소장한 미주에서 두 번째로 큰 현대 미술관이다.

아시안 아트뮤지엄 Asian Art Museum
200 Larkin St, San Francisco
화수 10~17, 목(10~1월)10~17, 목(2~9월) 10~21,
금~일 10~17, 월 휴무
성인 $12, 13~17세 $7, 12세 이하 무료
415-581-3500, www.asianart.org
전 미주 최대의 아시안 아트 뮤지엄이다. 8년간 약 1억6천만 달러를 투자해 새 모습을 드러냈다. 1천500만 달러를 기부한 앰벡스 사 이종문 회장의 이름을 붙여 '종문리 아트 앤 컬쳐센터'로 불리고 있어 한인들에게는 특별한 의미가 있다. 또한 뮤지엄의 중앙 홀은 삼성재단의 기부로 세워져 '삼성 홀'로 불린다. 총 면적 18만5천 스퀘어피트에 이탈리아 건축 양식에 현대 감각을 가미한 5층 건물로 2층에 한국관을 비롯 중국관, 일본관이 자리잡고 있다. 총 13,000여 점의 한국 유물을 소장하고 있으며, 한국관에는 고려청자, 조선백자, 신라 불상 등 750점이 전시되어 있다.

예르바 부에나 아트 센터
Yerba Buena Center for the Arts
701 Mission St, San Francisco
목·금 14~20, 토 12~20, 일 12~18
415-978-2787, www.ybca.org
시각 디자인 아트 갤러리와 함께 행위 예술 등이 펼쳐지는 극장이 함께 있다.

포인트 레이즈 국립 해안 공원
Point Reyes National Seashore

샌프란시스코 북쪽 해변 삼각형의 반도를 찾아가면 110평방마일에 걸친 절벽의 장관을 만난다. 쉼 없이 밀려오는 파도와 바람, 무성한 나무들이 자연 그대로의 모습을 드러내는 곳.

이곳은 특이한 풍치와 지질학적 위치 때문에 더욱 유명하다. 캘리포니아 서안의 최대 단층인 샌 안드레아스 단층San Andreas Fault이 멕시코 바하 반도에서 시작하여 북쪽으로 샐턴 호수와 팜데일을 지나고 샌호세와 샌프란시스코를 거쳐 바로 이곳 포인트 레이즈 반도에서 끝나기 때문이다.

14,000에이커의 공원은 초원과 잡목으로 덮인 완만한 언덕과 풍파가 심한 북쪽 해변, 그리고 비교적 조용한 남쪽 해변으로 나눠진 특이한 풍치지구를 형성한다. **베어밸리 비지터 센터**Bear Valley Visitor Center가 공원 본부로 안내 정보를 구할 수 있다.

포인트 레이즈 등대 Point Reyes Lighthouse
목~월 10~16:30, 415-669-1534

고래 떼의 이동을 관측할 수 있어 유명한 장소. 등대 근처에는 안개가 잦은 여름철 외에는 항상 세찬 바람이 불어서 시속 60마일 정도는 보통이고, 시속 133마일 강풍 기록이 있을 정도다. 등대는 암벽 밑으로 내려다보이는데 300개의 급경사 계단을 내려가야 구경할 수 있다. 1870년에 건립되어 105년간 바다의 길잡이로 활약하다 1975년에 문을 닫았다. 등대 완공 후 해난 사고는 줄었으나 그동안 많은 선박들이 난파, 일명 '바다의 공동묘지'라는 악명까지 얻었다.

무어우드 국립 기념지
Muir Woods National Monument
Mill Valley, CA
16세 이상 $5, 15세 이하 무료
415-388-2595, www.nps.gov/muwo

Hwy 101을 지나 골든 게이트 브리지의 북쪽 12마일 지점에 위치하는 무성한 삼나무(레드우드)의 숲이다. 가장 좋은 코스는 천년이 지난 나무 숲의 장관을 볼 수 있는 카데드랄그로브Cathedral Grove 숲과 보헤미안 그로브Bohemian Grove 숲을 돌아보는 것이다. 250피트가 넘는 키의 나무들이 하늘을 찌를 듯 울창한 모습을 보여준다. 면적이 550에이커 밖에 안 되지만 연중 많은 사람들이 모여들어 항상 붐비는 곳이며, 캠핑이나 피크닉은 금지되어 있다.

리만투어 비치 Limantour Beach
안내소 남쪽 5마일 지점에 있는 조용한 바닷가로 바닷새와 산새들의 생태를 관찰하는 애조가들이 많이 찾는다.

토메일즈 포인트 Tomales Point
반도 북단에 위치한 바닷가. 안내소에서 10마일 정도는 차로 갈 수 있으나 마지막 몇 마일은 걸어서 가야 한다. 거센 파도가 치는 곳으로 어린이들은 조심해야 한다.

마운트비전 전망대 Mount Vision Overlook
약 1,200피트 높이의 정상에 올라서면 반도의 남쪽 해변 전체를 볼 수 있다.

관광 정보
1 Bear Valley Rd, Point Reyes Sta
월~금 9~17, 토 · 일 8~17
415-464-5100, www.nps.gov/pore
Bear Valley Visitor Center 415-464-5100
Kenneth C. Patrick Visitor Center 415-669-1250
The Lighthouse Visitor Center 415-669-1534

5 북가주 Northern California

오클랜드 Oakland

미국에서 다섯 번째로 큰 항구인 오클랜드는 기원전 1200년대부터 아메리카 원주민인 올론 인디언들이 살았던 곳이다. 230여년 전 스페인 정복자들이 오클랜드를 찾아와 백인 마을을 형성했고, 캘리포니아 골드러시 시대에 베이와 시에라 풋 힐을 오가는 여행객과 마차들이 머무는 주요 장소로 인구가 늘었다. 미국에서 살기 좋은 도시, 학업 성취도 높은 도시로 10위 안에 드는 곳.

오클랜드 관광국
463 11th St, Oakland
510-839-9000, www.oaklandcvb.com

시빅 센터 Civic Center

다운타운 중심부는 지속적인 도시 발전에 따라 깨끗하고 정돈된 도시 이미지를 갖추고 있다.
특히 한인 상가 밀집 지역에서 UC버클리 정문까지 이어지는 텔레그래프 애비뉴 선상은 비교적 안전한 지역이며, 곳곳에 오클랜드의 역사를 알 수 있는 건물들이 그대로 보존되고 있다.
오클랜드 시청 광장은 오클랜드 주민들의 오픈된 공간으로 수많은 모임과 집회가 수시로 열린다. 시청과 주정부 건물들이 모여 있는 시빅 센터는 샌프란시스코시의 그 어떤 건물과 비교할 수 없을 정도로 아름답고, 시빅 센터의 분수대를 중심으로 볼거리와 먹거리들이 가득하다.

코리아타운 KoreaTown

오클랜드 텔레그래프 애비뉴를 중심으로 소위 '한인타운'이라 불릴 수 있을 정도의 한인 상점들이 즐비하게 늘어서 있다. 오클랜드 거주 한인 인구는 적은 편이나 비즈니스를 운영하는 한인들은 점점 늘어나는 추세다. 빠르게 치솟는 샌프란시스코의 물가 상승으로 한인들이 점차 외곽 지역으로 벗어나 자리를 잡은 곳이 바로 오클랜드.
한인 상가들로 조그만 마을을 이룬 고려촌은 텔레그래프와 44가에 위치, 이스트베이 지역 한인들의 역사를 보여주고 있다.

프리저베이션 파크 Preservation Park

1233 Preservation Park Way, Oakland
510-874-7580 www.preservationpark.com

16세기 빅토리안 스타일의 건물들이 잘 보존되어 있다. 시 정부는 프리저베이션 파크 내 건물들을 보수하고 새로운 도심 명소로 활용하고 있으며, 주택과 상업용 건물, 비영리단체 사무실과 일반 대중들을 위한 컨퍼런스 용품 등이 갖춰져 있다.

잭 런던 스퀘어 Jack London Square

70 Washington St, Oakland
510-645-9292,
www.jacklondonsquare.com

샌프란시스코에서 태어나고 오클랜드에서 자란 소설가 잭 런던의 이름을 붙인 잭 런던 스퀘어는 오클랜드의 단골 관광지. 복잡한 샌프란시스코와는 비교될 수 없을 만큼 한가한 이곳에는 서점과 쇼핑몰, 극장 등이 몰려 있어 다양한 엔터테인먼트를 즐길 수 있다. 알라메다와 오클랜드에서 샌프란시스코로 배를 타고 움직일 수 있는 페리도 운항된다.

버클리 Berkeley

서부의 명문, UC버클리를 중심으로 도시 전체가 학교 캠퍼스와 같은 분위기인 버클리시는 샌프란시스코에서 베이브리지를 건너 한인 상가 밀집 지역인 오클랜드에서 불과 몇 마일 떨어진 소규모 도시다. 버클리는 1960년대 말부터 1970년대에 걸쳐 일어난 반문화운동의 일환인 히피문화의 메카였다. 마약, 베트남전쟁 반대, 록음악, 성해방, 환경 운동에 앞장선 히피문화는 아직까지도 버클리 캠퍼스 주변에 살아남아 캠퍼스 주변을 걷다 보면 옛 자취를 쉽게 읽을 수 있다.

버클리 관광국 www.visitberkeley.com

UC버클리 University of California at Berkeley
1 Cyclotron Rd, Berkeley
510-642-5215, www.berkeley.edu

1868년에 설립된 세계적인 상아탑으로 15명의 노벨상 수상자를 배출한 대학. 또한 아시안계 유학생 수가 39%나 되며 한인 2세들도 각 분야에서 두각을 나타낸다. UC버클리의 상징이며 종탑으로 불리는 세더 타워 Sather Tower(월~금 10~16, 토 10~17, 일 10~13:30 & 15~17, 성인 $2, 18세 이하 무료)를 중심으로 도서관과 강의실, 넓은 잔디밭 등 구경할 만한 건물들이 있지만 한국 사람이라면 **동아시아 도서관**을 찾아가 볼 필요가 있다. 한국 신문은 물론 최신 소설까지 수없이 많은 한국 관련 도서들이 구비되어 있고, 특히 북한에서 출판된 서적들도 접할 수 있다.

UC버클리 북문에는 곰나루와 서라벌이 있고 정문에는 샌드위치 전문점인 안스 키친, 보글보글, 고려 분식, 라면하우스 등 한국 음식점이 제법 가까운 곳에 위치해 있다. 정문과 연결된 **텔레그래프 에비뉴**는 한인 상가가 밀집한 오클랜드까지 일직선을 이루고 있어 초행길이라고 해도 텔레그래프 에비뉴에만 있으면 길을 잃지 않고 한인 상권을 찾아다닐 수 있다.

>> 버클리 미술관 & 퍼시픽 필름 아카이브 Berkeley Art Museum & Pacific Film Archive
510-642-0808, www.bampfa.berkeley.edu

미술과 영화를 통한 비판적 대화와 인간의 상상을 고무시키는 데 설립 목적이 있다. 아시아와 현대 미술 전시장이 마련되어 있고, 전 세계 독립 영화는 물론 예술성 있는 영화들을 상영하고 있다.

버클리 다운타운 아트 디스트릭트
510-549-2230, www.downtownberkeley.org

버클리 다운타운은 다양한 문화예술과 엔터테인먼트가 집결된 곳이다. 애디슨Addison 스트리트를 따라 순수 예술 클래스룸과 워크숍, 극장들이 빽빽이 들어서 있고 사이사이마다 한국, 일본, 중국, 이탈리아, 태국 등 세계 각국의 전통 음식점들이 자리를 메우고 있다. 클래식 극장인 **버클리레퍼토리 시어터, 오로라 시어터**와 라이브 재즈 콘서트가 열리는 **재즈 스쿨**, 생음악이 연주되는 분위기 있는 식당 쥬피터, 베켓티스, 쉐턱 다운 로우 등은 버클리 다운타운에 생기를 더하고 있다. 다운타운 버클리협회는 여름철이면 다운타운 바트 역 광장에서 **서머눈**Summer Noon 콘서트를 개최한다.

로렌스 과학관 Lawrence Hall of Science
매일 10~17, 19세 이상 $12, 7~18세 $9, 3~6세 $6
510-642-5132, www.lawrencehallofscience.org
UC버클리의 로렌스 과학관은 취학전 아동부터 고등학생들을 위한 과학과 수학 교육 연구 센터이며, 모든 연령의 어린이나 청소년들이 직접 과학을 체험할 수 있는 공개된 현장 교육 공간. 1968년 과학과 수학을 효과적으로 가르치고 배울 수 있는 방법을 모색하기 위해 설립됐다. 어린이뿐만 아니라 부모와 교사, 교육자나 교육 정책 결정 관계자들도 이곳을 방문해 과학과 수학의 묘미를 즐기고 있다.

버클리 식물원
매일 9~17, 성인 $7, 13~17세 $5, 5~12세 $2
510-643-2755, www.botanicalgarden.berkeley.edu
UC버클리 캠퍼스의 센티니얼 드라이브웨이와 로렌스 과학관 사이에 있는 식물원은 1890년에 설립됐으며, 총 면적은 32에이커이다. 식물의 종류는 2만 종 이상. 선인장, 선 플라워, 난 과에 속하는 식물들이 주를 이룬다.

실리콘밸리 Silicon Valley

스탠포드 대학

샌프란시스코 남동쪽 25마일 지점에 있는 실리콘밸리는 **샌호세**San Jose를 중심으로 스탠포드 대학이 위치한 팔로알토와 한인타운이 중심이 된 샌타클라라 등 21개 도시로 이뤄져 있다. 실리콘밸리 지역 인구는 샌호세 90만을 포함 230만 명 정도이며, 샌프란시스코 만 남동부를 차지하는 전원 지역으로 세계 하이테크 메카로 불리기도 한다.

인텔과 휴렛팩커드, 시스코 등 세계 최대의 컴퓨터 및 정보통신 회사들이 즐비해 첨단 정보화 산업을 리드하는 곳인 만큼 회사 주변 환경 또한 쾌적하다.

실리콘밸리의 중심 도시인 샌호세는 캘리포니아의 수호 성인 요세프(에스파냐명 호세)에서 비롯됐다. 100여년 전 이 지역은 과수원이 대부분이었으며, 오랫동안 건과와 통조림 공업의 중심지였다.

실리콘밸리 한인타운

실리콘밸리 한인타운은 교통 요충지인 엘카미노 리얼을 따라 형성됐다. 1970년대 초 미국 이민이 본격화되면서 한인타운이 조성되었고, 지금은 수백 개의 한인 업소들이 엘카미노를 중심으로 밀집되어 있다. 실리콘밸리 지역 한인은 7만 명을 상회하고 있는데 하이테크 단지 답게 대부분의 한인들은 엔지니어와 기업인, 그리고 회사원과 자영업에 종사하고 있다.

첨단기술 박물관 The Tech Museum of Innovatio

201 South Market St, San Jose
매일 10~17, 3세 이상 $10
408-294-8324, www.thetech.org

첨단 과학기술을 4개 테마로 조성한 박물관이다. 13만 2천 스퀘어피트 면적에 거대한 컴퓨터 칩의 모형부터 우주선을 제작하는 기술까지 최첨단 실리콘밸리의 기술들을 체험해 볼 수 있으며, 또한 원형 IMAX 극장도 있다. 1998년 샌호세 다운타운에 문을 열고 어린 학생들을 위한 미래 기술 교육 장소로 명성을 쌓아 가고 있다.

윈체스터 미스터리 하우스
Winchester Mystery House

525 S Winchester Blvd, San Jose
408-247-2101, www.winchestermysteryhouse.com

윈체스터 총으로 거대한 부를 이룬 윈체스터가의 상속인이자 미망인인 사라 버디 윈체스터가 1884년에 지은 집으로 윈체스터 총에 의해 죽은 영혼들을 달래기 위해 증축하면서 지금은 방이 160개에 달한다.

버클리 텔레그래프 에비뉴

샌호세 장미 정원 Municipal Rose Gardens
Naglee Avenue and Dana Avenue, San Jose
408-277-2735

200여 종 3,500그루에 달하는 장미가 계절에 관계없이 일년 내내 피어나는 곳. 가장 좋은 시기는 5월 초이다.

파라마운트 그레이트 아메리카
Paramount's Great America

4701 Great America Pkwy, Santa Clara
신장 48" 이상 $54.99, 48" 미만 $24.99, 2세 이하 무료
408-988-1776, www.cagreatamerica.com

파라마운트 그레이트 아메리카는 베이 지역에서 가장 규모가 큰 놀이동산. 100에이커 면적에 각종 볼거리와 놀이기구가 가득하다. 롤러코스터를 비롯한 30여 개의 놀이기구가 있고 크로커다일 던디 부메랑 베이와 여름에는 수중 공원이 오픈된다. IMAX 영화관, 기념품점, 스테이지 쇼, 각종 레스토랑과 함께 먹거리, 볼거리, 놀거리가 풍부한 곳이다.

로시크 루시안 이집트 박물관
Rosicrucian Egyptian Museum

1660 Park Ave, San Jose
월~목 9~17, 금 9~20, 토·일 11~18
성인 $9, 학생 $7, 5~10세 $5
408-947-3635, www.egyptianmuseum.org

장미 정원 인근에 위치한 이집트 박물관은 'AMORC'라는 신비주의 단체가 운영한다. 미국에서 가장 많은 이집트, 바빌로니아, 앗시리아 유물이 전시되어 있는 박물관으로 실제 크기로 재현한 피라미드 내부 모습이 재현되고 3000년 된 미이라가 있다.

나파 밸리 Napa Valley

캘리포니아 와인 생산지는 300여 개의 양조장이 나파와 소노마 밸리를 따라 조성되어 캘리포니아 와인 판매량의 10%를 차지하는 지역이다.

전원도시 나파 밸리Napa Valley에는 크고 작은 130여 와이너리들이 포도밭 사이에 널려 있다. 근처에는 자연온천·화산재를 이용한 **머드 배스**Mud Bath가 있어서 도시 생활의 스트레스를 벗겨 준다. 여름 휴가철이면 남쪽 입구 나파Napa에서 계곡 북쪽 끝 **칼리스토가**Calistoga까지 30마일에 걸쳐 자동차의 긴 행렬이 이어진다.

나파 밸리 관광국 www.napavalley.com

포도주와 관광 마을

나파 밸리에 포도나무가 심어진 것은 1850년대. 그때까지 이 계곡은 야생 나무와 잡초로 뒤덮여 인디언들의 사냥터로 이용됐을 뿐이었다. 서쪽에 있는 소노마Sonoma 지역은 나파보다 10년 먼저 포도가 재배됐고, 로스앤젤레스 지방은 소노마보다 25년 먼저 포도를 재배했다.

가장 먼저 상업용 와인을 만들기 시작한 와이너리는 **찰스 크럭**Charles Krug. 1861년에 시작한 후 주인은 바뀌었으나 오늘날 이곳의 터줏대감으로 군림하고 있다. 1960년대 이후 와인에 대한 인식이 높아지면서 와인의 질이 개선되고 생산량도 늘어났다.

자연 온천과 풍선 여행

나파 밸리에는 화랑과 골동품 가게들이 많다. 또한 칼리스토가에는 자연 온천과 화산재를 이용한 헬스 센터 이용객이 많으며 간헐천 등의 자연 경관도 훌륭하다. 관광용 **핫 에어벌룬**Hot Air Balloon을 타는 것도 인기. 계곡을 한 바퀴 도는데 약 1시간 정도 소요된다.(1인 $200 정도, 800-464-6824, www.balloonrides.com)

머드 배스 Mud Bath

360-426-8483, www.calistogaspas.com

칼리스토가에는 광물질을 다량으로 함유한 온천과 검은 화산재 속에 묻혀서 온몸을 치료하는 소위 **머드 배스**Mud Bath가 유명하다. 매 40분마다 높이 60피트 정도로 물이 솟아오르는 간헐천이 있으며, 서쪽으로 5마일 지점에 화석이 된 나무 숲이 있다.

박물관과 주립공원

세인트헬레나St. Helena에는 1800년대 밀가루를 빻는 데 사용한 바퀴 직경이 36피트나 되는 거대한 물레방아가 있다. 1880년 이곳에 신혼여행을 와서 얼마 동안 살다 간 유명한 소설가 **루이스 스티븐슨**R Louis Stevenson('Treasure Island' 작가)을 기념하는 **세인트헬레나 박물관**St. Helena(1492 Library Lane, St Helena, 목·금 10~16, 토 10~13, 무료 입장, 707-967-5502, museumofsainthelena.org)과 기념 주립공원이 있다. 소노마에도 역시 유명한 작가로 이곳에서 평생을 보낸 **잭 런던**Jack London(「Call of the Wild」 작가)을 기념하는 주립공원과 그가 살던 집이 일반에게 공개되고 있다.

나파 밸리 와인 열차
Napa Valley Wine Train

$50~150까지 다양한 코스 제공
800-427-4124, www.winetrain.com
36마일을 3시간 동안 간단한 식사와 함께 포도주 시음. 1275 Mckinstry St.에서 출발.

북가주 베스트 와이너리

나파 지역

Domaine Chandon
1973년 프랑스의 유명한 샴페인 메이커인 Moet 회사가 설립한 것으로 양질의 미제 샴페인(Sparkling Wine)을 생산하고 있다. 고급 식당도 겸하고 있어서 유명하다. One California Dr, Yountville, 707-944-8844, www.chandon.com

Robert Mondavi
1966년에 문을 연 젊은 와이너리지만 최신 설비와 기술로 우수한 품질의 와인을 만들어 세계적으로 알려져 있다. 시음도 할 수 있고 안내자의 설명을 들어 가면서 포도밭과 와인 제조 과정을 두루 돌아볼 수 있는 곳이다. 7801 Street Helena Hwy, Napa, 888-766-6328

V. Sattui Berlinger
1876년 F. Berlinger에 의해 설립됐으며 후손이 운영한다. 1883년에 건립된 Rhine House는 독일 참나무와 벨기에의 스테인드 글라스를 사용한 내부 장치로 유명하다. 1111 White Lane, St. Helena, 707-963-7774, www.vsattui.com

Charles Krug
1871년에 설립된 가장 오래된 와이너리. 1940년대에 주인이 바뀌어 R. Mondavi의 친형이 경영하는 양질의 대중 와인 메이커이다. 2800 Main St, St. Helena, 707-967-2200

Sterling
1976년도에 설립됐고 양질의 와인을 생산하고 있으며, 주차장에서 양조장까지 케이블카를 이용하는 특색있는 시설이 이색적이다.
1111 Dunaweal Lane, Calistoga, 707-942-3344, www.sterlingvineyards.com

소노마 지역

Kenwood
1906년 대중 와인 메이커로 시작했는데, 1970년부터 우수한 품질의 와인 메이커로 탈바꿈했다. 카버네 소비뇽과 소비뇽 블랑으로 유명하다.
9592 Sonoma Highway, Kenwood
707-833-5891 www.sonoma.com

Sebastiani
소노마 시내에 위치해 있으며, 대중적인 와인 메이커인데 그 규모가 크기로 유명하다.
389 East Fourth St, Sonoma, 707-933-3230

Buena Vista
유명한 와인 메이커 Agoston Hara에서 가장 오래된 와이너리이며, 독일 와인 메이커에 의해 인수된 후 더욱 질적인 향상을 이루고 있다. 18000 Old Winery Rd, Sonoma 707-252-7117

레드우드 국립공원
Redwood National Park

하늘로 오르는 신비의 나무 사다리

레드우드 국립공원Redwood National Park은 캘리포니아 북부 해안 지대, 300피트가 넘는 거대한 레드우드(미국 삼나무)들이 살고 있는 곳이다. 나무들의 키가 하도 높아서 꼭대기는 보이지 않고 감도는 안개와 틈새로 보이는 파란 하늘 사이에 꿈결 같은 고요한 세계가 시간이 멈춘 듯 펼쳐진다. 샌프란시스코 북쪽으로 300여 마일, 유레카Eureka 북단에서 크레센트Crescent까지 50여 마일에 걸쳐 해변을 따라 놓여 있다.

무분별한 벌목과 보호의 역사

19세기 초 서부에 진출한 백인들이 찾아왔을 무렵에는 200만 에이커의 광대한 지역에 레드우드가 무성했다. 레드우드는 목질이 단단하고 결이 고르며 열이나 해충에 강해서 최고의 건축 자재로서 호평 받았지만 톱이나 도끼로는 이 거대한 나무들을 자를 수 없어서 다른 나무들에 비해 벌목 피해를 덜 입었다.

하지만 1930년대 들어 기계가 발명되며 대대적인 벌목이 시작되었고, 불과 20년 사이에 200만 에이커가 25만 에이커로 무려 1/10 규모로 줄어들었다. 결국 귀중한 삼림을 보호하고자 하는 끈질긴 노력 끝에 1960년 'National Geographic Society'에서 6만4천 달러를 들여 레드우드 보호를 위한 조사에 착수했고 존슨 대통령에 의해 1968년 국립공원으로 선포됐다.

세계에서 가장 큰 나무

캘리포니아 주는 세계에서 가장 키가 큰 나무, 부피가 가장 큰 나무와 가장 나이 많은 나무 등 나무에 관한 세계 제일의 타이틀을 모두 갖고 있다. 레드우드 공원 안에는 1963년 조사 결과 367피트가 넘는 나무가 있어 미국뿐만 아니라 세계에서 가장 키가 큰 나무로 인정받았다.

레이디버드 존슨 그로브
Lady Bird Johnson Grove

공원 본부가 있는 **크레센트 시티**Crescent City 동북쪽에서부터 해안선을 따라 장장 50마일에 걸쳐 뻗은 레드우드 국립공원을 남에서 북쪽으로 구경할 때 반드시 들러야 하는 장소이다. 오리건 주 경계 남쪽 도시 **오릭**Orick을 통과하여 볼드 힐 로드를 타고 2마일쯤 산길을 오르면 만나는 레드우드가 밀집한 숲이다. 존슨 전대통령 부인이 국립공원 지정 당시 찾아왔기 때문에 그 이름을 따서 '레이디 버드 존슨 그로브'라고 명명되었다. 1마일 정도의 산책 도로가 삼림 속에 만들어져 있어 신비로운 분위기 속에서 시간을 보낼 수 있다.

톨 트리스 그로브 Tall Trees Grove

세계에서 가장 키가 큰 나무가 있는 거목 숲(Tall Trees Grove)으로 가는 길은 일반 차량으로는 갈 수 없는 거친 길이므로 5월 말부터 9월 초 사이에 관광용 특수 버스가 운행된다. Thomas H. Kuchel Visitor Center, Crescent City Information Center, Prairie Creek Visitor Center에서 허가를 받고 미리 버스 티켓을 구입해야 한다.

빅트리 Big Tree

101번 하이웨이로 나가서 약 5마일 정도 북쪽으로 올라가면 '빅트리Big Tree'라는 표지가 보인다. 304피트 높이로 세계에서 가장 큰 나무보다는 작으나 나무줄기의 둘레가 68피트이며 나이도 1500년이나 되었다.

클라매스 전망대 Klamath

다시 101번을 따라 10여 마일 올라가면 클라매스 전망대에 도달한다. 길게 뻗은 해변 경치가 너무나 아름답고, 바닷가의 모래길을 따라 가며 즐기는 풍광 또한 비할 수 없이 멋지다.

관광 정보

1440 US Highway 199, Crescent City
입장료 무료
707-464-9150, www.nps.gov/redw
Hiouchi Information Center 710-458-3294
Jedediah Smith Visitor Center 707-458-3496
Crescent City Information Center 707-465-7335
Prairie Creek Visitor Center 707-465-7354
Thomas H. Kuchel Visitor Center 707-465-7765

6 Deserts Of California
캘리포니아 사막

팜 스프링스 & 데저트 핫 스프링스 Palm Springs & Desert Hot Springs

팜 스프링스Palm Springs는 은퇴한 부호나 유명인들이 사는 것으로 유명한 겨울 휴양지다. 유명 골프코스, 테니스, 사이클링, 승마, 수영, 크로스 컨트리, 스키 등을 즐길 수 있는 대형 규모의 완벽한 시설을 가진 세련된 리조트들이 고유의 멋을 자랑한다. 특히 샌 하신토San Jacinto 산의 타퀴즈 캐년Tahquitz Canyon은 영화「잃어버린 지평선」에서 이상향으로 각광받은 곳으로 유명하다.

데저트 뮤지엄 Desert Museum
101 Museum Dr, Palm Springs
화~수, 금~일 10~17, 목 12~20, 목 4~20 무료 입장
성인 $12.5, 12세 이하 무료
760-322-4800, www.psmuseum.org
'옛 서부의 예술과 보물'이라는 취지로 소장된 예술품을 다양하게 볼 수 있는 곳이며, 무어튼 보태니컬 가든 Moorten Botanical Garden(1701 South Palm Canyon Dr, Palm Springs, 월~토 10~16:30, 일 10~16, 수 휴무, 성인 $3, 어린이 $1.50, 760-327-6555, www.moortengarden.com)에서는 2,000여 종 이상의 식물을 자연 상태로 만난다. 옛 인디언 유적들과 함께 계곡의 풍광조차도 옛날로 거슬러 오르는 기분을 느끼게 한다.

데저트 패션 플라자 Desert Fashion Plaza
팜 캐년 드라이브와 타퀴즈 웨이에 있는 최고급 브랜드 쇼핑몰. 주변을 둘러싼 대규모 풍력발전 설비가 장관을 이룬다.

인디언 캐년
매일 8~17, 7~9월 금~일 8~17
성인 $8, 6~12세 $4
760-323-6018, www.theindiancanyons.com
수세기 동안 카후일라족의 거주지였던 곳으로 세계 최대의 야자나무 원시림을 볼 수 있는 미국의 자연 사적지. 물과 나무가 있고 또 풍광이 빼어나 캘리포니아·애리조나·네바다·뉴멕시코 주의 150여 개 오아시스 중 으뜸으로 불린다. 하이킹을 즐기기에 제격인 장소.

샌 하신토 트램웨이 San Jacinto Tramway
One Tram Way, Palm Springs
일~목 10~20, 금·토 8~21
성인 $22.95, 3~12세 $15.95
760-325-1449, www.pstramway.com

유명한 대형 케이블카Aerial Tramway로 샌 하신토 산에 올라가 보는 것도 좋다. 케이블카는 해발 8,516피트의 높은 산봉우리까지 오르는데 한국의 백두산 높이와 비슷. 산 위에는 아름다운 경치를 감상하며 식사할 수 있는 레스토랑이 있고, 전망대에서는 팜 스프링스 시를 비롯한 지상의 절경을 즐길 수 있다. 뒤편으로는 피크닉 지역이 있고, 정상에서는 6마일 거리의 샌 하신토 산봉우리까지 올라가는 하이킹 코스도 좋다.

놓칠 수 없다!

한인이 운영하는 온천장

팜 스프링스 북쪽 데저트 핫 스프링스Desert Hot Spring는 한적한 들판에 옹기종기 모여 있는 온천 마을로 유명하다

미라클 스프링스 호텔
Miracle Springs Hotel
10625 Palm Dr, Desert Hot Springs
760-251-3399
110개의 객실과 천연 미네랄 온천수가 넘치는 7개의 자쿠지, 24시간 오픈 식당, 스낵바가 갖춰져 있다.

샌드 파이퍼 온천장
The Sandpiper Spa
12800 Foxdale Dr, Desert Hot Springs
760-329-6455
26개의 방마다 취사도구를 갖춘 부엌이 꾸며져 있다. 대형 야외 수영장과 실내외 스파도 4개가 있다.

사하라 스파 모텔 Sahara Spa Motel
66700 E. 5 Th St, Desert Hot Springs
760-329-6666
부엌 시설을 갖춘 30개 룸 등 모두 40여 개의 객실과 150명 수용 연회장, 3곳의 실내외 수영장 시설과 함께 폭포 온천과 야외 온천이 유명하다.

데이비드 스파 David's Spa
11220 Palm Dr, Desert Hot Springs
760-329-1333
방마다 부엌 시설이 갖춰진 22개 객실과 공동 바비큐 시설, 천연 온천수로 채워진 대형 수영장과 자쿠지가 마련된 가족 휴양 시설이다.

파피꽃 보호 구역

661-724-1180, www.parks.ca.gov

남가주 사막의 유명한 야생화 주립공원 가운데 로스앤젤레스 북쪽 랭카스터Lancaster 서부는 오렌지색 양귀비꽃으로 유명하다. 이 꽃은 캘리포니아 주의 주화로, 1,630에이커에 달하는 지역이 앤틸롭밸리 캘리포니아 파피 보호 구역으로 지정되어 주 정부의 보호를 받고 있다. 주로 4월경 개화한다.

새들백 버트 주립공원

Saddleback Butte State Park
661-727-9899, www.parks.ca.gov

봄철이면 노란꽃을 피우는 야생화가 공원을 뒤덮어 황홀한 풍경을 연출하며 레드락 캐년Red Rock Canyon(661-231-4389, www.parks.ca.gov) 주립공원에서는 태고 때 형성된 붉은색의 사암층을 볼 수 있다.

조슈아 트리 국립공원
Joshua Tree National Park

천년을 사는 거대 선인장과 황금빛 기암괴석의 장관

로스앤젤레스에서 동쪽으로 140마일 떨어진 곳에 있는 조슈아 트리 국립공원Joshua Tree National Park은 870스퀘어마일에 달하는 광대한 지역으로 선인장에 속하는 조슈아 트리와 수많은 바위산으로 유명해 암벽 등반가들이 즐겨 찾는 곳이다. 1936년에 준국립공원National Monument으로 지정되었고, 1994년에 국립공원으로 승격됐다. 넓은 지역에 걸쳐 있어 저지대의 여름은 꽤 더우며 지대가 높을수록 서늘해지고 봄과 가을철은 하이킹을 하기에 가장 좋다.

아침에 LA를 출발해 그날 저녁에 돌아올 수 있는 하루 여정 거리다. 공원을 두루 돌아보고 팜 스프링스 인근의 유명한 트램웨이Tramway를 이용해 샌 하신토San Jacinto 산을 오르면 알찬 하루 여행이 된다.

변화무쌍한 바위산

바위산들은 바라보는 각도와 빛의 밝고 어두운 조화에 따라 그 모습이 변화무쌍하게 바뀐다. 이른 아침 해가 뜰 무렵과 오후 늦게 해질 무렵에 바위산들이 드러내는 모습은 환상적이다. 공원 동쪽에는 석기시대의 도구들이 발견된 적이 있고, 19세기 말까지는 소수의 인디언들이 이곳에 흩어져 살았다고 한다.

바위산들은 암벽 등반 훈련장으로 많이 이용된다.

촐라 선인장 정원 Cholla Cactus Garden
이곳에서만 볼 수 있는 다양하고 특이한 선인장 종류의 식물을 볼 수 있다.

인디언 동굴 Indian Cove
공원 북쪽에는 동과 서로 각기 두 개의 동굴 입구가 있는데, 인디언 동굴의 입구는 그 중간 지점이다. 동굴의 길이는 대략 반 마일 정도.

키스뷰 Keys View
해발 5,185피트의 산봉우리에 있는 전망대. 남쪽으로 솔튼 호수Salton Sea와 코첼라Coachella 계곡을 한눈에 볼 수 있다. 또 서쪽에 이 지역의 최고봉인 샌 고르고니오San Gorgonio(11,499피트)와 왼편에 샌 하신토San Jacinto(10,804피트) 등 높은 산봉우리를 볼 수 있다. 서남쪽으로는 팜 스프링스가 훤히 보인다.

코튼우드 스프링스 Cottonwood Spring
각종 야자수에 많은 새들이 모여든다. 많은 종류의 새들을 한곳에서 관찰할 수 있는 더없이 좋은 곳.

관광 정보
입장료 차 1대 $15, www.nps.gov/jotr
Oasis Visitor Center 760-367-5500
74485 National Park Dr, Twentynine Palms, 공원 북쪽 Twenty Nine Palms에 박물관과 함께 위치
Joshua Tree Visitor Center 760-366-1855
Cottonwood Visitor Center 760-367-3001

거대한 조슈아 트리 꽃과 야생화의 군무
야생화로 뒤덮이는 봄철이 이곳의 성수기로 특이한 모양의 바위산과 조슈아 트리가 함께 어우러져 황홀경을 이룬다. 사막성 식물은 간간이 쏟아지는 빗물을 빨아들이기 위해 되도록 넓고 깊게 뿌리를 뻗고 있는데, 3천 피트의 고지에서 서식하는 조슈아 트리는 키가 40피트까지 자라는 거대한 나무로, 봄이면 가시 돋힌 나뭇가지에 10인치 안팎의 꽃송이 군단이 아름답게 피어나는 장관을 볼 수 있다. 1851년 이곳을 여행하던 모르몬 교도가 처음 이 나무를 발견하고는 성서에 나오는 여호수아의 이름을 붙여서 조슈아 트리가 되었다고 한다.

사막성 동물들이 다양하게 서식
공원에는 특이한 사막 동물들이 많이 사는데, 주로 밤에 활동하기 때문에 사람들의 눈에 잘 띄지 않는다. 그러나 흰색 꼬리를 등에 바싹 붙이고 힘차게 뛰노는 안델로프 다람쥐와 가끔 캠핑장 근처에까지 나와 어슬렁거리는 늑대 종류는 볼 수 있다. 또한 물 한 방울 마시지 않아도 식물의 씨앗이나 열매 등을 통해 필요한 수분을 섭취하는 캥거루쥐와 도마뱀 종류도 다양하게 서식하며, 20여 가지 다른 종류의 뱀들도 사는데 독성이 강한 방울뱀 Rattle Snake도 서식한다. 새의 종류는 대략 260여 종,

데스 밸리 국립공원
Death Valley National Park

한번 들어오면 빠져나갈 수 없는 '죽음의 계곡'

미국 대부분의 서부 지역처럼 이곳도 약 2억년 전까지는 바다 밑에 있었으나 여러 차례의 지각 변동으로 현재의 형태를 갖추게 된 것은 약 3500만 년 전에서 500만 년 전으로 추정된다.

계곡의 내부는 물이 고인 호수였는데 지금은 메마른 땅으로 변해 버렸다. 현재 해수면보다 282피트나 낮은 이곳 밑바닥은 약 1,000피트 정도의 두터운 소금층으로 덮여 있다.

인간이 처음으로 이곳에 발을 디딘 것은 약 9천년 전, 이 지역은 호수로 덮여있었고, 기후도 온화하여 짐승 사냥을 주로 하는 인디언들이 오랫동안 살았다. 그 후 캘리포니아의 골드러시로 황금을 찾아 서부로 향하던 사람들이 지름길을 찾는다고 들어선 길이 잘못되어 이곳에서 죽을 고생을 하고 겨우 빠져나가면서 '죽음의 계곡'이라는 이름이 붙었다.

가장 건조하고, 가장 덥고, 가장 낮은 땅

험한 계곡, 모래언덕, 오아시스와 유령의 도시가 공존하는 죽음의 계곡 데스 밸리Death Valley는 캘리포니아 주 중남부와 네바다 주가 인접한 곳에 있다. 계곡의 대부분이 해수면보다 282피트나 낮은, 북미대륙의 최저 지점에 있는가 하면 바로 그 옆에는 해발 11,049피트의 높은 산봉우리가 솟아 장관을 이룬다. 여름철에는 화씨 134도까지 올라가는 혹서 지대로 무시무시한 '죽음의 계곡'이라는 이름이 잘 어울린다.

11월에서 4월 사이가 최적의 여행 시기

관광객들이 찾기 시작한 것은 1920년대 초기. 1927년 봉사광산의 기숙사로 사용했던 건물을 대대적으로 수리하여 현재의 퍼너스 크리크 인Furnace Creek Inn의 전신인 숙소 건물이 들어서게 되었고, 그때부터 본격적인 관광지로 알려지기 시작했다. 900여 종에 달하는 식물 중에는 지구상 어느 곳에서도 볼 수 없는 희귀종이 20여 가지나 되며, 초봄에는 야생화가 만발하여 화려한 경치를 보여준다.

로스앤젤레스에서 약 300마일, 자동차로 6시간이면 도착할 수 있다. 화씨 120도가 평균 기온인 여름철의 무더위는 말할 것도 없고 봄과 가을에도 기온이 보통 화씨 90도를 쉽게 넘어가기 때문인데, 더위 때문에 차량 고장도 자주 일어난다. 적당한 방문 시기는 11월에서 4월 사이, 주말이나 휴일은 반드시 호텔 예약을 해두어야 한다.

비지터 센터 뮤지엄 Visitor Center Museum

먼저 퍼너스 크리크 숙소 근처, 관광객을 위한 안내소와 박물관에 들러 지도와 정보를 얻는다. 그리고 바로 옆에 있는 봉사 박물관Borax Museum을 찾아 봉사 채광과 운반에 관한 흥미 있는 전시물을 돌아보는 것도 좋다. 약 30마일 남쪽 방향의 높은 산 위에 위치한 단테스 뷰Dante's View로 발길을 돌려보자.

단테스 뷰 Dante's View

단테스 뷰는 5,475피트의 높은 산봉우리. 이곳에 올라서면 계곡의 중요한 부분들을 모두 볼 수 있으며, 마치 눈에 덮인 들판처럼 보이는 광활한 소금밭과 아름다운 모습의 연못 배드워터Bad Water도 눈에 띈다.

모자이크 캐년 Mosaic Canyon

옛날 수동식 펌프로 물을 퍼 올렸다는 우물이 있는 곳. 스토브파이프 우물Stovepipe Well은 관광객을 위한 숙박 시설이 있는 데스 밸리의 교통 요지다. 여기서 남쪽으로 2.4마일 가량 자갈길을 따라 들어가면 옛날 홍수로 인해 깎인 계곡 입구가 나타난다. 주차장에 차를 세우고 한참 계곡 사이를 올라가면 거센 물결에 깎여 내린 매끄럽고 아름다운 절벽이 양쪽으로 웅장한 모습을 드러내는데, 마치 그 모습이 모자이크 그림을 보는 것과 같다.

거대한 모래언덕으로 일출과 일몰의 아름다운 광경을 잡기 위해 많은 사진 작가들이 몰려든다. 모래언덕 주변을 돌아다니며 바람 때문에 시시각각으로 변하는 모래 무늬와 능선을 관찰해도 좋다.

차콜 킬른 Charcoal Kiln

근처에 있었던 광산 제련소에서 사용할 숯을 굽기 위해서 만들어진 10개의 숯가마가 그대로 남아 있다. 1877년에 세워졌지만 사람 그림자 하나 없는 산중턱에 서 있는 모습이 마치 고대의 유적을 연상시킨다.

텔레스코프 피크 Telescope Peak
마호가니 플랫Mahogany Flat 캠핑장에서 하이킹으로 약 7마일 정도 더 올라가면 만나는 최고봉이다. 알래스카를 제외한 북미대륙의 최고봉인 마운트 휘트니Mt. Whitney(14,494피트)가 서쪽으로 보이고 미국의 최저지점(-282피트)이 바로 동쪽으로 보인다. 올라가는 산길은 그리 험하지 않으나 겨울철에는 눈이 깊다.

스키두 고스트 타운 Skidoo Ghost Town
데스 밸리 주변에는 유령의 마을이 많은데 그중 가장 유명한 곳이다. 한때는 이곳 금광에 종사하는 사람들로 인구가 600명이 넘었으나 1917년 금광이 문을 닫게 되어 현재와 같은 폐허가 됐다.

스코티스 캐슬 Scotty's Castle
1924년 시카고에 사는 백만장자가 250만 달러를 들여 친구 스코티에게 데스 밸리 북쪽에 별장을 짓게 했는데, 사막성 황무지의 나쁜 기후 조건 때문에 완성하지 못했다.

테코파 온천장
County of Inyo Tecopa Hot Springs
원래 인디언 소유의 노천 온천으로 관절염과 신경통, 피부 질환에 효과가 커 백인들이 함께 이용했다고 한다. 그 후 온천장 건물을 짓고 관리비를 받으려 했지만 소유주인 인디언이 '하늘이 준 은혜를 모든 사람들이 골고루 이용하도록 돈을 받을 수 없다'고 주장, 지금까지 무료로 열어 왔으나 최근 7달러의 입장료를 받기 시작했다. 목욕탕처럼 발가벗고 들어가는 온천장이며, 남녀 온천탕 입구가 따로 있다. 낡은 단층 건물에 겉보기엔 허름하지만 입장료 없이 들어가 철철 넘치는 맑고 깨끗한 천연 미네랄 온천수에 몸을 담그면 장거리 운전에 시달렸던 피곤함이 곧 사라지고 피부가 매끄러워진다. 온천장 옆에는 피크닉 장소와 캠핑장이 있어 여유 있게 즐길 수 있다. 데스 밸리 국립공원 남쪽 초입에 있으며 온천장 입구 레인저 사무실 옆에 도서관, 소방서와 함께 대형 성조기가 휘날리고 있어 찾기 쉽다.

관광 정보
Highway 190, Death Valley, 입장료 개인 차량 1대 $20
760-786-3200, www.nps.gov/deva
Furnace Creek Visitor Center 760-786-3200
Scotty's Castle Visitor Center 760-786-2392

안자 보레고 주립공원
Anza Borrego Desert State Park

솔튼 호수

황홀한 야생 공원
샌디에이고 동북쪽 80여 마일 지점의 안자 보레고Anza Borrego는 일찍이 1933년 주립공원으로 지정된 유명한 공원으로, 특수한 지형과 특이한 동식물의 서식으로 많이 알려진 곳이다. 봄철이면 사막을 뒤덮는 야생화로 황홀한 풍경을 만들어내기도 한다. 보레고 스프링스Borrego Springs 거리 서쪽에 위치한 비지터 센터에서 공원 지도를 입수하고, 도로 상태와 일기예보 등의 정보를 얻은 후 관광을 시작하는 것이 좋다.

보레고 팜 캐년 Borrego Palm Canyon
비지터 센터 근처의 완벽한 설비를 갖춘 캠핑장이 있는 계곡으로 왕복 3마일 가량의 하이킹 코스와 특유의 야자수를 비롯 각종 사막성 식물로 장식된 계곡을 구경할 수 있는 곳이다. 코요테 캐년Coyote Canyon은 공원 북서쪽의 계곡으로 다양한 하이킹 코스가 유명. 4륜 차량, 말, 자전거 등으로 갈 수 있는 도로가 있어서 들어가기가 좋고 공원에서 유일하게 4계절 내내 계류가 흐르기 때문에 색다른 경치를 볼 수 있다.

폰츠 포인트 Font's Point
침식된 사암 계곡의 특이한 풍경을 한 눈 아래 볼 수 있는 장소로 메이슨 밸리 선인장 정원을 비롯해서 옛날 역마차 시대의 유적들과 특수한 야자나무와 엘리펀트나무가 서식하는 마운틴팜 스프링스와 카리조Carrizo라고 불리는 또 하나의 황량한 황무지도 만나게 된다.

안자 보레고 동쪽에는 해수면보다 235피트나 낮은 솔튼 호수Salton Sea(760-564-4888, www.saltonsea.ca.gov)가 있다. 이곳은 바닷물 보다 더 짠 소금 호수로 데스 밸리처럼 소금층의 밑바닥을 가진 메마른 계곡이었으나 1905년에 콜로라도 강물이 범람해서 이곳에 물이 고였는데, 이후 그 물이 빠져나가지 못해 호수가 되었다. 호수의 남쪽 일부는 야생 동물 보호 지역으로 지정되어 주로 기러기와 물오리 등이 모여든다.

관광 정보
200 Palm Canyon Dr, Borrego Springs
760-767-4205, www.abdsp.org

이스트 모하비 국립 풍치지구
East Mojave National Scenic Area

희귀 동식물들의 보고

이스트 모하비 국립 풍치지구는 바스토우Barstow 동쪽 60마일 지점에서 네바다 주와의 경계선까지 Fwy. 15번과 40번 사이에 있다.

이곳은 20세기 초까지는 광산 산업으로 활기를 띠었으나 대부분 채산이 맞지 않아 문을 닫았고, 지금은 미국에서 가장 인구 밀도가 적고 생산 가치가 없는 땅으로 전락했다. 그러나 특이한 지세와 희귀한 동식물 서식지로서의 가치가 높아 1980년 연방정부로부터 국립 풍치지구로 지정되어 이름을 알리게 되었다.

지대가 낮은 곳은 1,000피트 내외에 높은 곳은 8,000피트가 넘을 만큼 편차가 커서 기후도 계절에 따라 차이가 많으며 연평균 강우량이 10인치에 불과한 건조 지역이다. 가끔 호우가 내려 길이 막히는 등 예고 없는 피해가 있으니 항상 일기예보를 확인하는 것이 필수.

300여 종의 동물과 유적지

사막 지대에는 도마뱀과 들쥐 외에는 사는 동물들이 없는 것 같지만 300여 종류에 가까운 동물이 살고 있으며, 이곳에서만 사는 희귀종도 여럿 있다. Bighorn Sheep, Mountain Lion, Muledeer, 사막거북 등이 대표적이며 고슴도치, 늑대, 여우, 다람쥐, 노루 등은 가끔 대낮에도 볼 수 있다. 선사시대의 암석화Petroglyph, 즉 고대 인디언들이 바위에 새긴 줄무늬와 글자 등이 이곳에서 발견되었고, 남북전쟁과 서부 진출 시 닦은 역마차 길과 당시 건물터 등 근대 역사를 말해 주는 흔적들이 흩어져 있다.

프로비던스 마운틴Providence Mountain 중턱에 있는 종유굴인 미첼 동굴Mitchell Caverns과 캠핑장이 있는 홀 인더월Hole in the Wall 지역부터 찾아가 보자.

용암 들판과 모래언덕

옛날 화산 활동 시에 생긴 '숯기둥과 용암의 들판', 그리고 거대한 산을 방불케 하는 모래언덕들이 이 지역의 명소다. Fwy 15번 상에 있는 베이커Baker와 공원 중심부에서 약간 서쪽에 위치한 켈소Kelso를 잇는 켈베이커로드Kelbaker Road를 따라 들어간다.

베이커는 죽음의 계곡 데스 밸리와 연결되는 사막의 교통 중심지. 숙소와 식당, 주유소가 여럿 있어서 LA에서 라스베이거스로 가는 길에 누구나 한두 번은 들르게 되는 곳이다. 베이커를 몇 마일 앞둔 지점의 지직스Zyzyx에서부터 이스트모하비 풍치지구는 동남쪽으로 전개된다.

켈베이커로드로 10마일 정도 들어가면 하늘 높이 치솟은 수백 피트의 검은 언덕들이 줄이어 선 놀라운 풍경을 만나게 된다. 밑은 검게 탄 용암의 들판으로 독특한 장관을 이룬다.

폐허가 된 철도 요충지와 모래산

켈소Kelso는 옛 철도의 요충지로 유니언 퍼시픽Union Pacific 철도의 정거장이었다. 1925년에 벽돌로 만든 플랫폼이 그대로 남아 있으며, 당시의 건물과 간판 등이 사막의 적막 속에 쓸쓸한 모습을 보여준다.

남쪽으로 약 7마일 정도 더 가면 오른쪽에 거대한 모래산이 나타난다. 북미대륙에서 가장 높은 모래산이 모여 있는 70스퀘어마일의 이 지역은 특히 아침과 저녁 해가 비칠 때 웅장하고 신비스러운 모습을 드러낸다.

황금독수리와 사막거북의 서식지

Hwy 164번과 니들스Needles의 약 30마일 서쪽에 있는 이반파 로드Ivanpah Road가 지나는 곳은 사막성 수목들과 함께 황금독수리와 사막거북들이 서식하는 지역이다. 캠핑장 주변은 100여 종의 사막 새들이 살고 있는 탐조가들의 천국. 특히 사막거북은 지구상에서 사라진 지 오래된 공룡들보다 먼저 태어나 진화된 것으로 최소한 2억 년 전부터 지구상에 살아왔지만 지금은 멸종 위기에 직면해 있다.

동서로 사막을 횡단하는 세다 캐년 로드Cedar Canyon Road는 골드러시 때 사용된 유서 깊은 도로다. 1850년부터 10년간 포장마차가 오가던 길 주위에 당시 건물과 여러 시설을 볼 수 있다. 다만 길이 좋지 않기 때문에 4륜 구동차로 찾아가야 한다.

홀 인더월 Hole in the Wall

미첼 동굴에서 불과 10마일 거리에 있는 거대한 동굴이다. 특히 구멍이 많이 뚫린 화산성 절벽과 바위산이 둘러싸고 있어서 그것만 구경한다 해도 찾아온 보람이 충분할 정도다. 바람이 불 때 구멍에서 울리는 소리는 교향악 연주를 듣는 듯 아름답다. 절벽 밑으로 내려갈 수도 있고 정상에 올라갈 수도 있으며, 차를 타고 약 20마일 거리의 환상 도로를 일주해도 재미있는 여행이 된다. 근처에는 폐광이 많아 신기한 돌을 찾는 수석 수집가Rock-hound들이 즐겨 찾는다. 캠핑도 할 수 있다.

캠핑·숙소

미드힐스 Mid Hills
Fwy 40선상 Essex Rd에서 북서쪽 10마일 지점, 연중오픈, 20개소, 선착순, $12
I-40 동쪽으로 40여 마일을 가면 콜로라도 강변 도시인 니들스Needles에 3곳의 캠핑장이 있다.

Needles KOA
760-326-4207, 94개소, $26

Needles Marina Park
760-326-2197, 187개소, 낚시, 보트, 편의시설 완비, $28

제대로 된 숙소가 있는 곳은 바스토우Barstow와 니들스Needles 외에 베이커Baker뿐이다. 며칠간 답사할 계획이라면 미리 베이커의 모텔에 예약해야 한다.

BakerBun Boy Motel
760-733-4252, 72139 Baker Blvd, Baker

관광 정보

2701 Barstow Rd, Barstow, 입장료 무료
760-252-6100, www.nps.gov/moja
Kelso Depot Visitor Center(베이커) 760-252-6108
Hole-in-the-Wall Information Center(블랙캐년) 760-252-6104
Barstow Information Center 760-252-6100

미첼 동굴 Mitchell Caverns

예약 필수, 성인 $6, 16세 이하 $3, 760-928-2586

동굴 길이는 약 1.5마일, 계단과 복도가 잘 설치됐으며, 전등 장치가 곳곳에 있어 쉽게 걸어 다닐 수 있다. 약 1시간 반에 걸친 종유굴 관광을 경험할 수 있고, 종유굴 근처 사막 선인장과 산중턱 크리스탈 스프링스Crystal Spring라는 샘터를 둘러보며 하이킹하기에 좋다.

백설의 연봉 Sierra Nevada
7 시에라 네바다

시에라 네바다는 캘리포니아와 네바다의 경계를 따라 4백여 마일에 걸쳐 있는 산악 지역이다. 시에라 네바다Sierra Nevada는 영어로는 'Snowy Range', 즉 '백설의 연봉'을 뜻한다. 14,494피트의 마운틴 휘트니를 비롯, 완만한 서쪽에 요세미티, 세쿼이아, 킹스 캐년 등의 국립공원이 있고 험준한 동쪽으로 인요 국유림Inyo National Forest과 레이크 타호 등을 품어 안고 있다.

라바 베즈 내셔널 모뉴먼트
Lava Beds National Monument

지구에서 달 표면 위를 걷다

캘리포니아 주 최북단, 오리건 주와의 경계선 바로 밑 중간 지점에 있는 독특한 풍치지구다. 오리건 주 남부의 크레이터 레이크 국립공원과 캘리포니아 주 북부의 래슨 볼캐닉 국립공원에서 각 100마일 정도 거리에 위치하여 함께 꼭 둘러볼 만한 곳이다.

'라바 베즈(용암층)'라는 이름이 말해주듯 몇 백만 년 전부터 계속된 화산활동과 용암 분출로 각종 분화구와 화산 봉우리, 500여 개의 용암 동굴과 달 표면 같은 화산돌이 가득한 황량한 지역이다.

46,800에이커 공원 전부를 뒤덮은 용암층에는 오랜 세월이 흐르면서 생명력 강한 '세이지 브러시'라는 사막쑥과 떡갈나무 덤불들이 삶의 터전을 넓혀 가고 있기도 하다.

야생 동물 보호 지역

공원 북쪽 튤Tule 호수 지역에서는 봄, 가을 철새들이 날아와 인간의 상상력을 초월하는 대자연의 파노라마를 펼친다. 20세기에 들어서 야생 동물 보호 지역으로 지정된 후부터 물새들의 수가 부쩍 늘어 세계 최대 규모를 자랑하게 됐다. 매년 275종에 달하는 물오리와 한대 지방의 기러기들이 시베리아 지방에서까지 찾아오며 3월 전후 북쪽으로 올라가는 길에 이곳으로 모여드는 물새들의 수는 100만 마리를 넘어 일대 장관이 벌어진다.

기묘한 동굴들의 공원

남쪽 방문자 센터 근처에 모여 있는 지하 동굴들은 거미줄처럼 복잡하게 얽혀 있는데, 편의를 위해 여러 개의 출입구가 있다. 1.5마일이 넘는 가장 긴 동굴과 일년 내내 녹지 않는 얼음 동굴도 있다.

메디슨 호수 Medicine Lake

공원 남쪽 경계선 밖에는 대분화구에 물이 고여 생긴 푸르디 푸른 호수가 있다. 울창한 수목에 둘러싸인 6,700피트 고지대의 고즈넉한 분위기 속에 캠핑과 수영, 낚시, 보트놀이를 즐길 수 있는 곳이다.

머쉬파트 동굴 Mushpot Cave

일반에 공개되는 21개의 동굴 중 하나로 방문자 센터 바로 옆에 있다. 천장도 비교적 높고 길이도 적당하며, 전등 조명이 설치되어 있어서 누구나 방문해 볼만하다.

관광 정보

1 Indian Well Hqtrs, Tulelake, 입장료 차 1대당 $10, 530-667-8100, www.nps.gov/labe

래슨 볼캐닉 국립공원
Lassen Volcanic National Park

세계 최대의 플러그돔 화산

약 3만년 전 큰 화산 활동이 있은 후 생겨난 래슨 화산은 사화산처럼 조용히 있었으나 1914년 5월 말 갑자기 수증기를 내뿜기 시작, 1년 후 다시 대대적인 폭발이 일어나 막대한 용암을 분출하여 서북쪽 산 주변 전체를 뒤덮었다. 이후로도 화산재와 수증기를 내뿜는 분출은 계속돼 크고 작은 것을 모두 합해서 298회라는 대기록을 세우고 1921년에 이르러 분출이 완전히 끝났다.

샌프란시스코 북쪽 약 250마일의 거리에 있으며 160스퀘어마일 규모의 국립공원이다. 1840년 덴마크에서 이민 온 '래슨'이라는 사람이 이곳에 살면서 지역의 발전을 위해 노력한 공적으로 그 이름이 국립공원과 주변 국유림의 명칭으로 지정됐다. 공원 각처에서 내뿜는 수증기, 유황 온천 등으로 관광객이 몰리며 50여 개의 크고 작은 호수들로 하이킹족에게는 이상적인 자연의 별천지다. 연중 문을 열며 공원 남부의 스키장은 인기가 높다.

설퍼 웍스 Sulphur Works
남쪽 입구에서 약 1마일 북쪽, 수증기와 유황을 내뿜는 설퍼 웍스가 있다. 주차장에 차를 세우고 관광용 목조 보도를 이용하여 가까이 접근해 볼 수 있다.

에메럴드와 헬렌 호수 Emerald & Helen
근처에 물에 섞인 광물질로 인해 환상적인 초록색 빛을 지닌 에메랄드 호수와 근처에 짙푸른색으로 유명한 헬렌 호수가 있다. 높은 산봉우리를 배경으로 하고 있어 보는 사람의 가슴에 청정하고 시린 정기를 전해 주는 명소다.

범패스 헬 Bumpass Hell
호수 남쪽 1마일 가량의 오솔길에 물이 끓는 연못, 유황과 수증기를 내뿜는 간헐천 등 화산 지대 특유의 모습을 만날 수 있는 지옥Hell 같은 독특한 장소가 있다.

보일링 스프링스 레이크 Boiling Springs Lake
동쪽 용암 언덕 사이를 누비며 약 1마일 정도 하이킹 코스를 따라 들어가면 수많은 실오라기를 풀어놓은 것 같은 아름다운 킹스크릭 폭포Kings Creek Fall를 만나게 되고, 여기서 2마일 정도 들어가면 '보일링 스프링스 Boiling Springs'라는 세계 제일의 뜨거운 물이 가득한 호수를 만나게 된다.

서미트 레이크 Summit Lake
공원 중심부에 위치하는 이 호수 주변에는 넓은 캠핑장이 두 군데나 있어서 공원 전체를 걸어다니며 구경하거나 낚시를 하기에 아주 좋다. 공원 안내소와 호숫가에 화산 폭발 당시의 모습을 담은 전시물이 있고 주변의 넓은 평원 지대에는 한국의 철쭉나무를 연상시키는 '만자니터'라는 아름다운 관목들이 무성하다.

샤스타 휴화산 Mount Shasta
14,162피트로 북가주 최고봉인데 주변 호수들과 강물이 만들어내는 특수한 환경으로 국립 레크리에이션 지구로 지정되었다. LA에서 공원 남쪽 입구까지는 579마일. LA-Sacramento는 Fwy. I-5 N.로 386마일, 7시간 걸린다.

관광 정보
입장료 차 1대당 $10, 매일 9~17
530-595-4480, www.nps.gov/lavo

레이크 타호 Lake Tahoe

레이크 타호 네바다 주립공원
Lake TAhoe–Nevada State Park
775-831-0494, www.parks.nv.gov/lt.htm
북동쪽 호숫가의 공원으로 크로스 컨트리와 스키어들로 붐비는 샌드 하버Sand Habor의 해변, 오래된 카지노 타운인 크리스탈 베이Crystal Bay, 유명한 TV극 「보난자Bonanza」의 촬영지인 폰더로사 목장Ponderosa Ranch 등이 주요 포인트다.

DL 블리스 주립공원 DL Bliss State Park
Hwy 89 South, Lake Tahoe 530-525-7277
서남부 지역의 여름 휴양지로 맑고 푸른 물과 백사장, 캠핑장이 다수 갖춰진 곳이다. 아름다운 저택 바이킹스홀름 캐슬Vikingsholm Castle(성인 $5, 6~17세 $3/530-525-9530/ www.vikingsholm.org)과 에메랄드 베이 주립공원Emerald Bay State Park(530-541-3020) 등이 포인트다.
레이크사이드 마리나Lakeside Marina에서 출발하는 유람선(Lake Tahoe Cruises, 800-238-2463)을 타고 레이크 타호를 일주하면 여러 각도에서 볼 수 있는 호수의 얼굴과 함께 소나무 숲과 눈덮인 산등성이 등의 변화무쌍한 풍경이 파노라마처럼 펼쳐진다.

스키의 천국
세계적으로 유명한 스키장이 많아 겨울철 휴양지로도 인기가 높다.

알파인 메도 Alpine Meadows
2600 Alpine Meadows Rd, Tahoe City
530-583-4232, www.skialpine.com
타호 시티 근처의 대규모 인기 리조트다. 가족들이 찾기에 좋다.

헤븐리 Heavenly
800-587-4430, www.skiheavenly.com
세계적으로 유명한 스키장. 천혜의 자연 조건으로 자연설이 풍부하다. 겨울에는 스키 버스가 없으므로 산정까지는 트램을 타고 간다. '스카이 익스프레스Sky Express'라 불리는 고속 리프트 시설을 자랑하며 산정에서 보는 레이크 타호가 멋지다.

호수와 산과 숲의 하모니

거친 산봉우리 사이에 보석처럼 빛나는 청명한 호수, 레이크 타호는 북아메리카 최대의 산정호수다. 넓이가 남북 22마일, 동서 12마일, 둘레 71마일의 엄청난 규모로 호수 북쪽이 캘리포니아와 네바다 주의 경계선이다.
모든 종류의 레저 시설과 호수·산·숲의 멋진 자연환경이 갖춰져 여름 피서지, 겨울 스키장에 카지노와 쇼도 즐길 수 있다. 캘리포니아 쪽의 50번 도로를 따라 모텔이 줄지어 있고, 네바다 쪽은 커다란 카지노와 호텔을 중심으로 거리가 형성됐다.
해라스 사하라 타호 Harrah's Sahara Tahoe 나 하베이스 Harvey's 등은 라스베이거스나 리노의 카지노와 같은 규모를 자랑하며, 항상 쇼가 열린다.

스쿼우 밸리 Squaw Valley
800-403-0206, www.squaw.com
1960년 동계 올림픽이 열린 4,000에이커의 거대한 스키장. 호텔, 영화관, 식당, 기념품점 등이 있다. 타호 시티와 트러키 사이 89번 하이웨이 선상에 위치.

커크우드 Kirkwood
877-547-5966, www.kirkwood.com
초보자와 중급자, 상급자를 위한 스키장이 따로 구분되어 있어 특히 스키를 처음 배우는 초보자들에게 인기가 높다. 사우스 레이크 타호 30마일 남쪽 88번 하이웨이 선상에 위치.

관광 정보
www.visitinglaketahoe.com.
캘리포니아 방문자 센터 530-544-5050
3066 Lake Tahoe Blvd, South Lake Tahoe, CA
네바다 방문자 센터 775-588-5900
169 Highway 50, Stateline

계곡과 폭포의 천국 Yosemite National Park
요세미티 국립공원

요세미티 국립공원 Yosemite National Park

계곡과 폭포
요세미티 계곡은 불과 7스퀘어마일 넓이에 동서로 7마일에 불과한 좁은 계곡이다. 하지만 북미대륙에서 가장 높은 1,612피트의 리본Ribbon 폭포, 안셀 아담스의 사진으로 널리 알려진 1,430피트의 요세미티 폭포 등 300피트가 넘는 폭포가 9개나 있다.

여기에 8,000피트 내외의 높은 화강암 절벽과 봉우리들이 계곡 옆에 솟아 있어 웅대하고 위압적인 경관을 과시한다. 머시드Merced 강을 끼고 나무 사이사이에 자리한 크고 작은 목장들이 사계절 내내 아름다운 모습을 보여준다.

요세미티 폭포 Yosemite Fall
1,430피트짜리 위 폭포와 320피트의 아래 폭포로 나뉘며, 그 중간에 815피트 길이의 급류가 연결된 총 2,565피트의 장대한 폭포. 봄철에는 근처에만 가도 지축이 흔들린다. 계곡 전역에서 볼 수 있는 요세미티 국립공원의 대표적인 상징이다.

리본 폭포 Ribbon Fall
1,612피트로 북미대륙 1위, 세계 8위의 명성을 자랑하는 폭포. 엘 캡틴티 Capitan의 높은 절벽 서쪽 뒤에 있는데, 큰 바위가 앞을 가리고 있으므로 수량이 많은 봄철에 바위 사이를 힘들게 올라가거나 먼 산길을 돌아 엘 캡틴 위로 가야 한다.

브라이달베일 폭포 Bridalveil Fall
공원 계곡 정면에 보이는 높이 620피트의 폭포. 봄철 수량이 많을 때는 웅장하지만 수량이 적은 여름이나 가을에는 가냘픈 모습으로 바뀌어 마치 신부의 베일을 연상시킨다.

네바다 폭포 Nevada Fall
동쪽 시에라 네바다 산맥 분수령으로부터 흘러나온 머시드Merced 강줄기가 요세미티 계곡에 드러내는 것이 네바다 폭포. 여기서 강물은 급류를 거쳐 에메랄드 호수Emerald Pool에 도달하고 다시 낭떠러지 밑으로 쏟아지며 버널Vernal 폭포를 만든다.

버널 폭포 Vernal Fall
높이는 317피트 밖에 안 되지만 물이 많을 때는 폭이 100피트를 넘는 풍요로운 모습. 계곡 밑에 미스트 트레일Mist Trail을 따라 1.5마일 가량 오르면 측면을 통해 위에 올라설 수 있다.

엘 캐피탄 El Capitan
공원 입구 전망대에서 왼편으로 웅장하게 보이는 절벽. 지상에 노출된 한 덩어리 바위로서는 세계 최대 규모다. 해발 7,569피트이며, 요세미티 계곡 밑에서 자로 재면 3,600피트.

하프 돔 Half Dome
빙하의 무게와 지반의 힘에 의해 산 모양이 돔 형태로 깎이고 북쪽 면의 절반이 떨어져 나가 특이한 모양을 이룬 산이다. 무어 트레일을 따라 네바다 폭포를 지나서 5마일 더 올라가면 정상에 도달하는데, 마지막 경사면은 붙들고 올라갈 수 있는 시설이 되어 있다.

안셀 아담스도 반한
계곡과 폭포의 천국

시에라 네바다 산맥의 중간에 있는 요세미티 국립공원은 높은 산과 화강암 절벽, 그리고 폭포수가 만들어내는 장관에 물소리, 새소리, 바람소리가 끊이지 않는 자연의 신비가 가득한 별천지다. 시인이자 자연보호주의자인 존 무어John Muir의 노력에 힘입어 1890년 주립공원에서 국립공원으로 승격되었다. 그의 이름은 요세미티뿐만 아니라 시에라 네바다 산맥 곳곳에서 찾아볼 수 있다.

글레이셔 포인트 Glacier Point
요세미티 계곡을 한눈에 볼 수 있는 높은 전망대로 관광 필수 코스다. 계곡에서 잘 포장된 30마일의 길을 따라 자동차로 갈 수 있는데, 겨울철에는 눈 때문에 차단되지만 보통 6월부터 10월까지는 사용할 수 있다. 서북쪽 멀리 요세미티 폭포가 보이고, 건너편에 하프 돔 옆면이, 동쪽 아래로는 머시드 강과 네바다, 버날 폭포가 그림처럼 펼쳐진다.

툴룸 고원 지대 Tuolumne
요세미티 공원의 중간부 시에라 산맥의 허리를 횡단하는 티오가Tioga 도로 주변은 11,000피트 이상의 고산 준령들이 줄지어 있으며 깎아 내린 대절벽, 높고 낮은 폭포들, 한없이 맑은 호수들과 꽃으로 아름답게 수놓은 목장들이 드넓은 고원 지대에 자리잡고 있다.

투올러미 메도우 Tuolumne Meadows
소박한 산장과 몇 개의 점포, 말을 관리하고 빌려 주는 업소들이 여름 한철에만 문을 열어 모여드는 방문객들을 돕고 있다.

기타
공원에서 즐길 수 있는 오락 시설에는 낚시, 골프, 하이킹, 승마, 수영, 볼링, 등산, 자전거 타기 등이 있는데 등산이나 노숙을 할 경우에는 허가증wilderness Permit이 있어야 하며, 공원 내에서 낚시를 하려면 라이선스가 있어야 한다. 겨울철에는 스키나 스케이팅이 수영 등을 대신한다. 공원 내의 산길이나 상점·식당 내에 애완동물 동반은 금지되며 일체의 사냥도 할 수 없다.

헤추 헤치 Hetch Hetchy
요세미티 국립공원 서북쪽에 있는 거대한 저수지. 1913년 샌프란시스코 지역에 식수를 공급하기 위해 많은 반대를 무릎쓰고 건설됐다. 요세미티 계곡 못지않은 절벽과 폭포 등의 아름다운 경치가 있었지만 지금은 300피트의 물속에 잠기고 말았다. 포장된 도로가 저수지 옆까지 올라가고, 피크닉 장소는 많은 관광객이 찾는다.

와오나 & 마리포사 그로브 Wawona & Mariposa Grove
공원 남쪽 입구에 있는 이 지역 최초의 정착지. 1870년대를 보여주는 건물과 교량, 역마차, 광산 기구 등이 남아 있으며, 72개 객실의 와오나 호텔Wawona Hotel을 비롯하여 캠핑장, 테니스, 골프장 및 풀장까지 사계절 내내 많은 사람들이 모여든다. 여기서 남쪽으로 6.5마일 거리에 거대한 세쿼이아 나무가 서식하는 마리포사 그로브Mariposa Grove가 있다. 수령 3천 년이나 되는 거목들이 모여 있다.

캠핑·숙소
모든 캐빈과 호텔 예약은 요세미티 컨세션 서비스 YCS, Yosemite Concession Service(801-559-4884, www.yosemitepark.com)를 통해 이뤄진다.

아화니 호텔 Ahwahnee Hotel
1927년에 건립되어 요세미티 국립공원의 역사와 더불어 성장한 호텔로 객실에서 바라보는 경치가 일품.

커리 빌리지 Curry Village
계곡 동쪽 끝에 있는 호텔과 캐빈으로 방이 619개나 있어 피크 시즌이 아니면 쉽게 예약할 수 있다.

요세미티 로지 Yosemite Lodge
요세미티 폭포 밑에 있으며, 보통의 호텔식 방과 별장식 방Lodge이 있다.

투올러미 메도우 로지
Tuolumne Meadows Lodge
시멘트 바닥에 천막 식으로 된 숙박 시설. 석유 등잔, 장작 난로, 4개의 침대, 목욕과 화장실은 공용인 텐트 캐빈이다.

화이트 울프 로지 White Wolf Lodge
목조 캐빈으로 전용 화장실이 있으면 조금 더 비싸다.

요세미티 캠핑장
1일 $10~20, 877-444-6777, www.recreation.gov
5개월 전에 반드시 예약해야 하며, 브라이달베일 크리크Bridalveil creek와 화이트울프White Wolf, 타마락 플랫Tamarack Flat, 요세미티 크리크Yosemite Creek 등이 있고, 선착순 야영장 중에는 Camp 4가 인기 높다.

관광 정보
9039 Village Dr, Yosemite National Park
입장료 차량 1대당 $20
209-372-0200, www.nps.gov/yose

하이커를 위한 가이드
하루에 마치는 하이킹이라도 기본 장비는 필요하지만 하루 이상 텐트 신세를 져야 하는 경우는 정확한 지도, 나침반, 정수 약품, 비와 추위에 대비한 옷 등을 준비해야 한다. 또한 무료로 발급하는 야생 보호 구역 출입 허가증Wilderness Permit을 반드시 휴대해야 하며, 한여름 시즌에 혼잡을 피하기 위해 미리 신청하는 것도 한 방법. 전화 또는 웹사이트에서 양식을 받아 Fax로 보내거나 아래의 주소로 우송하면 된다.
Yosemite Association PO Box 545, Yosemite, CA, 95389, 209-372-0740, Fax 209-372-0739

주요 하이킹 코스
도그 레이크 코스 Dog Lake
가장 가깝고 체력이 약한 사람들을 위한 코스. 투올러미 메도우에서 1.5마일 거리로 비교적 평탄한 길이며, 도중의 경치가 좋고 호수의 맑은 물이 일품.

메이 레이크 코스 May Lake
티오가 도로변의 테나야 레이크Tenaya Lake에서 건너편 메이 레이크May Lake까지의 1.5마일 코스로 경치 좋은 요세미티에서 가장 아름다운 호수의 맑은 물과 호숫가에 만발한 야생화를 즐길 수 있는 코스다.

워터휠 폭포 코스 Waterwheel Falls
하이커를 위한 코스로 8마일 거리의 비교적 난코스지만, 도중에 여러 개의 폭포와 그랜드 캐년이라 불리는 계곡의 아름다움에 흠뻑 젖을 수 있는 매력 넘치는 코스다.

인요 국립 삼림지 Inyo National Forest

요세미티 국립공원Yosemite National Park의 동쪽에서부터 세쿼이아 & 킹스 캐년 국립공원Sequoia & Kings Canyon National Park의 동쪽과 남쪽까지 이르는 거대한 삼림지다. 서쪽과 비교하여 많은 부분들이 건조하여 사막 같은 곳들이 많이 있다.

관광 정보

760-873-2400, www.fs.fed.us/r5/inyo
Mono Basin Visitor Center 760-647-3044
Mammoth Welcome Center 760-924-5500
White Mountain Ranger Station 760-873-2500
Mt. Whitney Ranger Station 760-876-6200
Ancient Bristlecone Pine Forest Visitor Center-Schulman Grove, 760-873-2500
Eastern Sierra Inter Agency Visitor Center, 760-876-6222
Wilderness Permit Office, 760-873-2485

마운틴 휘트니 MT. Whitney

미국에서 가장 높은 봉우리, 마운틴 휘트니Mt. Whitney는 모하비 사막 북쪽 시에라 네바다 산맥의 남쪽 끝에 우뚝 솟은 만년설의 화강암 봉우리다. 하이웨이 39 도로는 모노레이크, 레이크 타호 등을 거쳐 캐나다 국경까지 올라가는 경치 좋은 길로 LA에서 자동차로 불과 4시간이다. 이 길을 달려 올란차Olancha를 지나면 왼쪽에 눈에 덮인 높은 산봉우리들이 눈에 들어오는데, 이것이 그 유명한 시에라 네바다Sierra Nevada 산맥이다. 여기에 남쪽으로 높이 솟은 화강암의 날카로운 봉우리가 바로 마운틴 휘트니다. 휘트니 산의 높이는 14,495피트, 약 4,500미터로 제주도 한라산의 2배 이상이 되는 까마득하게 높은 산이다.

오르는 두 가지 길

휘트니 산 등정은 동쪽과 서쪽의 두 가지 길이 있다. 서쪽 길은 세쿼이아 국립공원의 크레센트 메도우Crescent Meadow에서 출발한다. 하이 시에라 트레일High Sierra Trail은 휘트니 산까지 71마일 거리로 최소 1주일 걸리는 하이킹 코스. 그림 같은 경치와 광활한 산악지대의 대자연을 만끽할 수 있다. 동쪽 코스는 1박 2일에서 2박 3일이면 충분하다. 론파인Lone Pine에서 13마일 달리면 주차장과 캠핑장이 있는 휘트니 포탈Whitney Portal에서 등반 준비를 할 수 있다. 휘트니 포탈의 높이는 8,371피트, 여기서 정상까지 거리는 10.7마일. 수직으로 계산해도 6,000피트가 넘는다. 전문가 외에는 하루 일정이 힘든 코스이므로 중간의 트레일 캠프Trail Camp에서 하룻밤을 자고 다음날 정상에 올라 하

> ### 앨라배마 힐 Alabama Hills
>
> 론파인에서 휘트니 포탈로 가는 길에 황갈색의 바위산이 양쪽 멀리 나타난다. 3만 에이커 넓이의 유명한 알라바마 힐은 시에라 네바다 산맥과 같은 시기에 생겨났지만 이곳의 바위들은 짙은 갈색에 오랜 세월의 풍화작용으로 모두 둥글고 완만한 선을 그리는 전혀 다른 모습이다. 1860년대 백인과 인디언의 치열한 격전으로 인디언들이 비참한 패배를 당한 역사적 현장이기도 한데, 1920년부터는 수많은 영화들의 촬영 장소가 되어 왔다.

산하는 일정이 적당하다. 트레일 캠프에서 숙박할 경우에는 반드시 사전에 야생 보호 구역 출입허가Wilderness Permit를 받아야 한다.

호숫가 산책

휘트니 포탈Whitney Portal 주차장 동쪽 하이킹 코스 중간에 만년설이 있는 호수들을 찾아 아름다운 대자연의 품에서 산책만 즐기는 것도 좋다. 이 경우 허가증은 필요 없고 등정 코스의 마지막 단계인 험준한 길을 올라갈 필요가 없으므로 4~5시간 예정으로 하루를 보낼 수 있다. 휘트니 포탈에서 론파인 호수Lone Pine Lake까지는 2.5마일, 미러 호수Mirror Lake 4마일, 트레일 캠프Trail Camp 6마일 정도 거리다.

화이트 마운틴 White Mountains

북미대륙 최고봉인 휘트니보다 불과 248피트 낮고, 만년설을 간직한 높은 산으로 LA에서 황량한 사막 길로 260마일 거리, 데스 밸리에서 시작해 북쪽으로 뻗은 200마일 정도의 짧은 산맥 위에 있다.

슐먼 그로브 Schulman Grove

13,000피트의 높은 산봉우리를 만날 수 있는 전망대와 브리슬콘 파인에 대한 정보와 안내를 받을 수 있는 방문객 안내소다. 애리조나 대학의 연륜 연구소에서 나무의 나이테 연구에 일생을 바쳐 왔고, 화이트 마운틴의 브리슬콘 파인의 나이테를 조사하여 수령이 4600년이라는 것을 확인한 에드몬드 슐먼Edmond Schulman박사의 이름을 딴 것이다.

메츄셀라 하이킹 코스 Methuselah Walk

수령 4000년이 된 나무 17개 중 아홉 개를 볼 수 있는 하이킹 코스로, 수령을 표시하면 사람들이 그 나무에만 모여들어서 피해를 끼칠 가능성이 많기 때문에 어느 나무에도 일체 수령 표식은 되어 있지 않지만, 사진으로 미리 나무를 자세히 봐두면 4000년 이상 된 나무를 식별할 수 있다.

세계 최고령 브리슬콘 소나무 Bristlecone Pine

화이트 마운틴의 메마른 산비탈에 세계에서 가장 오래 산 브리슬콘 소나무Bristlecone Pine가 있다. 수령 4600여 년. 얼핏 향나무를 연상케 하는 이 나무는 수천 년 세월의 풍상으로 나무껍질이 벗겨지고 처절한 모습이다.

도전! 마운틴 휘트니 등반

정상까지 올라가지 않아도 단단한 등산화를 신어야 한다. 햇볕이 강하고 눈이 많이 남아 있을 때는 선글라스가 필요하다. 음료수는 1갤런씩 휴대한다. 도중에 계류나 작고 큰 호수들이 많지만 정수하거나 끓여 마셔야 하기 때문이다.

하루 자고 정상 등반할 경우에는 허가증이 필요하며 지정된 장소에서만 캠핑이 가능하다. 나무를 사용하는 불은 엄금하고 있으니 휴대용 가스 스토브를 가져가야 한다. 모든 쓰레기는 철저히 챙겨 내려와야 하며 국유림 지역에서는 허가를 받아야 사냥할 수 있다.

론파인 호수를 지나면 고도 1만 피트를 넘게 되어 산소가 점차 희박해지고 피로가 쉽게 찾아온다. 트레일 캠프에서 하룻밤을 자고 다음날 아침 휘트니 산 등반에 나서면 깎아지른 듯한 절벽의 직각 코스를 올라가야 한다. 2.2마일 정도 올라가면 산맥의 분수령인 트레일 크레스트 패스Trail Crest Pass에 도착한다. 여기서 유명한 존 무어 트레일John Muir Trail과 길이 합친다.

존 무어 트레일은 225마일 거리로 도중에 한 번도 자동차 도로를 횡단하지 않으며, 항상 7,500피트 이상의 고도를 유지하는 세계 유수의 유명 하이킹 코스. 마지막 2마일 정도 되는 비교적 완만한 분수령을 올라가면 마침내 휘트니 산 정상에 도달한다.

정상 동쪽을 보면 깎아지른 듯한 절벽 아래로 아찔한 황홀감을 선사하는 기막힌 절경이 펼쳐진다. 시야에 들어오는 14,000피트 급의 높은 봉우리는 열 개가 넘으며, 동쪽으로 오웬스 밸리를 건너 데스 밸리까지 펼쳐지는 경치는 지상을 떠난 착각을 일으키게 한다.

놓칠 수 없다!

데블스 포스트파일 내셔널 모뉴먼트
Devils Postpile National Monument

신비한 지구의 비밀

데블스 포스트파일 준국립공원은 지구 생성의 신비함을 보여주는 대표적인 지질학적 명승지 중의 하나다. 육각형의 원주 형태로 땅에서 솟아오른 현무암 기둥들이 주위의 경관을 압도한다. 생성 연대는 측정 방법에 따라 조금씩 다르지만 대개 10만 년 전에서 70만 년 전으로 추정한다. 겨울 스키장으로 유명한 맘모스 레이크 뒤쪽 계곡에 자리잡은 이곳은 눈이 사라진 여름 한철만 찾아갈 수 있는 곳이어서 거리에 비해 비교적 덜 알려져 있다.

악마의 솜씨 같은 기괴한 기둥

이곳은 인요 국유림에 자리하고 있는데, 북쪽으로는 요세미티 국립공원과 남쪽으로는 킹스·세쿼이아 국립공원이 맞닿아 있다.

이곳에 살았던 원주민 말로 '영험한 신령이 사는 곳'이라는 뜻을 가진 말이 '인요'라니 '악마의 기둥'이 자리한 곳으로 이보다 더 어울리는 곳이 있을까.

특별한 경우를 제외하고 공원 안에서는 셔틀버스를 이용해야 한다. 셔틀버스를 타고 들어가 트레일로 들어서 15분쯤 걸으면 왼쪽에 '악마의 기둥'이 기괴한 몸체를 드러낸다.

트레일의 꼭대기에 이르면 삐죽빼죽할 줄 알았던 정상이 검은 대리석을 깔아 놓은듯 매끈해 또 한 번 놀라게 된다.

수십만 년 동안 하나씩 떨어져 나온 정교한 다각형의 기둥들이 나둥그러져 있다. 평균 직경 2피트, 길이 60피트에 이르는 기둥들이 거대한 성곽을 이루고 있다.

레인보우 폭포

여기까지 와서 데블스 포스트파일만 보고 돌아간다면 70점짜리 여행이다. 햇빛 내리쬐는 대낮에도 무지개를 피워 올린다는 '무지개 폭포 Rainbow Falls'가 강 아래쪽에 기다린다. 다시 셔틀을 타고 레인보우 폴스 정류장에 내려 1.3마일을 걸으면 발 아래 장대한 폭포가 그 모습을 드러낸다. 높이 101피트의 폭포가 굉음을 울리며 검은 현무암 협곡 사이로 쏟아져 내린다. 그 물안개가 영롱한 무지개를 피워 올린다. 물안개를 보려면 한낮이 좋다. 1.3마일의 거리지만 1992년의 화재로 인해 그늘이 부족해서 충분한 물을 준비하는 것이 좋다.

셔틀버스

6월 중순~10월 중순까지 오픈하며 매일 오전 7시부터 오후 7시 30분까지 20~30분 간격으로 공원 안 열 군데의 정류장을 왕복한다. 승객들은 어느 곳에서나 승·하차가 가능하다. 16세 이상은 7달러, 3~15세는 4달러, 버스 운행 시간 이외 자동차 이용시는 입장료 최대 20달러까지.

세쿼이아 & 킹스 캐년 국립공원
Sequoia & Kings Canyon National Park

세계에서 가장 큰 나무를 키워내다
캘리포니아의 등뼈 시에라 네바다 산맥 남쪽에 있는 세쿼이아 & 킹스 캐년Sequoia & Kings Canyon 국립공원은 하늘을 찌르는 봉우리들, 만년설로 둘러싸인 맑은 호수들, 여름이면 야생화로 뒤덮이는 목장, 빙하로 깊게 파인 계곡 등 없는 것이 없는 천하절경의 대공원이다.

밑둥의 둘레가 10피트가 넘는 세계에서 부피가 큰 세쿼이아Sequoia 나무를 비롯해 1,200여 종의 나무와 식물, 300여 종의 동물과 새들이 서식하는 1,350스퀘어마일의 광대한 산악 지대다. 국립공원 제도가 생긴 후 옐로스톤Yellow Stone이 최초 지정된 것에 이어 세쿼이아가 1890년 9월 두 번째 국립공원으로 지정되었고, 1940년에 북쪽 킹스 캐년이 국립공원으로 지정되어 연간 200만 명 이상의 관광객이 찾는다.

관광 정보
47050 Generals Highway, Three Rivers, CA 93271-9700
입장료 차량 1대당 $20, www.nps.gov/seki
Visitor Center 559-565-3341   Wilderness Information 559-565-3766

세쿼이아 국립공원

세계에서 가장 부피 큰 나무
제네럴 셔먼트리 General Sherman Tree
높이 275피트, 둘레 13피트, 지름 36.5피트로 명실공히 세계에서 제일 부피가 큰 나무다. 이 나무로 목조 주택 40채를 지을 수 있을 정도. 세쿼이아와 킹스 캐년을 잇는 제네럴 하이웨이General Highway 길가에 있는 자이언트 그로브Giant Grove의 주차장 시설이 좋은 곳에 우뚝 솟아 있다. 나이는 2500년으로 추정된다.

컹그레스 트레일 Congress Trail
세쿼이아 나무 사이를 산책하는 하이킹 코스로 셔먼트리에서 왕복 약 2마일 거리의 완만한 코스이므로 노인이나 어린이들도 쉽게 걸어갈 수 있다.

모로바위 Moro Rock
공원 내 숙소가 있는 자이언트 포레스트 빌리지Giant Forest Village 입구에서 남쪽으로 약 1.5마일 들어가면 만난다. 바위 계단을 따라 4분의 1마일 정도 올라가면 바위의 정상에 도달하는데, 시에라 네바다 산맥의 연봉이 보이며 남쪽으로는 계곡 사이를 실오라기처럼 흘러내리는 카웨아Kaweah강을 볼 수 있다.

크레센트 메도 Crescent Meadow
모로바위에서 약 1마일 정도 동쪽으로 들어가면 나무 사이에 만들어진 주차장이 나타난다. 봄, 여름철 야생화가 만발하여 거대한 나무들과는 대조적으로 온화한 분위기를 보여준다. 목장 둘레를 도는 하이킹 코스가 있고 쓰러진 세쿼이아 나무 속을 파서 만든 탑스 로그 Tharp's Log라고 불리는 집이 보존되어 있다. 통나무 속에 석조 스토브도 있고 창문도 달려 있다.

오토로그 Auto Log

크레센트 목장으로 가는 길에는 세쿼이아 고목 위로 자동차를 타고 올라갈 수 있는 오토로그Auto Log라는 곳이 있다. 길을 막고 쓰러진 나무를 뚫고 자동차 길을 낸 터널로그Tunnel Log도 있어서 드라이브의 즐거움을 더해 준다.

크리스탈 동굴 Crystal Cave

크고 작은 90여 개의 종유굴 중 유일하게 일반에 공개되는 동굴이다. 자이언트 포레스트 빌리지Giant Forest Village에서 2마일 남쪽 지점부터 갈라져 들어가는 길을 따라 7마일 더 들어가면 종유굴 주차장에 도착한다.
세쿼이아에서 킹스 캐년으로 가는 도중에 로지폴Lodgepole 안내소에 들러서 필요한 정보를 얻고 킹스 캐년의 그랜트 그로브 빌리지Grant Grove Village로 향하는 것이 좋다. 킹스 캐년부터 먼저 들리는 경우에도 그랜트 그로브 빌리지에서 정보를 구하도록 한다.

킹스 캐년 국립공원

제너럴 그랜트 그로브 General Grant Grove
그랜트 그로브 빌리지 근처에 있으며 제너럴 그랜트 트리General Grant Tree가 있는 곳이다. 둘레는 17.6피트로 셔먼트리보다 더 굵으며 전체 부피로는 세계 3위. 미국의 크리스마스 나무로 지정되어 매년 크리스마스 시즌에는 특별한 성탄절 행사가 열린다.

파노라마 포인트 Panoramic Point
그랜트 그로브 빌리지에서 좁고 경사진 길을 따라 2.6마일 북쪽으로 올라가면 공원 주변의 산봉우리들과 계곡을 한눈에 바라다 볼 수 있는 전망대가 있다. 때때로 짙은 안개구름이 끼어 멀리 볼 수 없으나 전망대 주변의 바위와 키 작은 고산초목의 푸른 풍경이 퍽 인상적이다.

세다 그로브 빌리지 Cedar Grove Village
시에라 네바다의 분수령에서 발원하는 킹스 강 Kings River이 V자 형의 계곡을 깊숙히 파면서 서쪽으로 흘러내리는 세다 그로브Ceder Grove 지역은 U자 형의 비교적 넓은 계곡에 이르러 흐름이 완만해지며 아름다운 풍경을 드러낸다. 목장과 폭포가 있고 어린이들이 물장난할 수 있는 넓은 물줄기도 있어서 캠핑족이 많이 모여든다.

놓칠 수 없다!

팰리세이드 글레이셔
Palisade Glacier

가주에도 '만년 빙하'가 있다

1,4000피트 이상의 봉우리를 뜻하는 '포티너스'는 전국에 70개. 그중 캘리포니아에 12개가 그 위용을 뽐내고 있다. 시에라 네바다 산맥에서 세 번째로 높은 포티너스인 노스 팰리세이드는 14,248피트로 그 자락에 만년 빙하를 품고 있기로 유명한 곳이다. 세쿼이아 & 킹스 캐년 국립공원 근처에 위치하고 있으며 쉽사리 등정을 허락하지 않을 듯한 화강암 벽, 칼날 같은 능선, 얼음 협곡 등이 클라이머들을 유혹한다. 이 루트에는 5월 1일부터 11월 1일까지 하루 25개의 입산 허가가 주어지는데, 예약을 하지 않았다면 395번 도로 선상의 론 파인 레인저 스테이션에서 선착순으로 받을 수 있다. 비용 무료.

LA서 4시간, 빅 파인 '팰리세이드 빙하'

700년 전 소빙하기Little Ice Age에 생성돼 인고의 역사를 간직해 온 이 빙하는 동쪽의 마운트 실Mt. Sill을 비롯해서 서북쪽의 마운트 썬더볼트Mt. Thunderbolt까지 14,000피트급 봉우리들을 무려 다섯씩이나 호위무사처럼 거느리고 있다.
이 봉우리들의 꿀르와(급경사의 협곡)에서 이 빙하가 시작되고 있다. 길이 0.8(1.3km)마일에 폭 0.5마일에 이르는 이 빙하는 매년 23피트(7미터)씩 아래로 이동하고 있다. 해발 고도가 13,400피트(4,084미터)에서 12,000피트(3,658m)에 걸쳐 있다. 대개 바다로 이어지는 다른 빙하와 달리 빙하 아래쪽에 빙하호가 생성된 특이한 형태를 하고 있다. 미세한 화강암 가루가 섞인 빙하호는 햇빛을 받아 고운 비취색으로 빛난다. 손을 담그면 금새 물이 들것 같다.

론 파인 레인저 스테이션
S Main St AT State Hwy 136, Lone Pine
760-873-2483, www.fs.fed.us/r5/inyo

태평양 북서부

Pacific Northwest

태평양 북서부 지역은 해안을 따라 놓인 거대한 캐스케이즈 산맥의 화산봉과 야생의 원시 우림으로 떠나는 흥미진진한 모험, 컬럼비아 강을 타고 펼쳐지는 협곡의 향연 속에 자연에의 경이를 새삼 발견하게 되는 곳이다. 오리건과 워싱턴 주는 이 같은 자연의 선물과 함께 청정 도시와 첨단 도시로 이름난 시애틀, 포틀랜드가 세련된 도시 문화의 매력을 한껏 발산하는 다양한 얼굴을 지니고 있다. 올림픽 국립공원을 비롯 빙하와 활화산이 공존하는 이름난 국립 공원들이 줄줄이 이어지는 북서부 여행은 인생은 보고 듣는 것이 아니라 뛰어들어 체험하는 것임을 가르쳐 주는 다이내믹한 신세계로의 방문이 될 것이다.

Inside Pacific Northwest

워싱턴 시애틀 / 워싱턴 주의 해안 / 워싱턴 주의 주요 도시(타코마, 올림피아) / ▲올림픽 국립공원 / ▲노스 캐스케이즈 국립공원 / ▲마운트 레이니어 국립공원 / ▲세인트 헬렌스 화산 준국립공원

오리건 포틀랜드 / 오리건 중동부 / ▲존 데이 화석층 내셔널 모뉴먼트 / ▲마운트 후드 국유림 / 컬럼비아 강 협곡 / 오리건 해안 / 오리건 남부 / 윌래멋 밸리(유진/ 세일럼) / ▲크레이터 레이크 국립공원

WASHINGTON
워싱턴

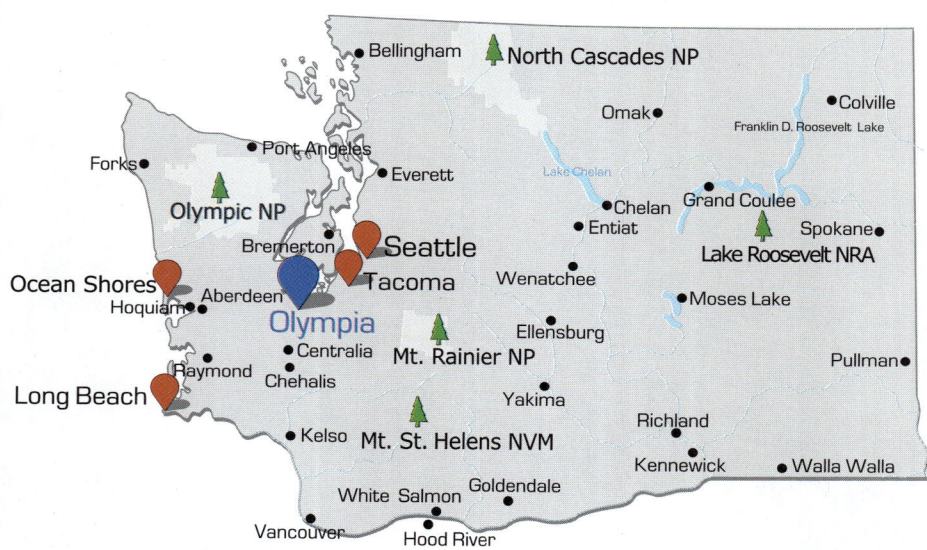

미국 속의 스위스

'에버그린 스테이트Evergreen State'라는 별명이 말해주듯 워싱턴 주는 면적의 55%가 삼림 지대로 뒤덮여 있다. 태평양을 따라 펼쳐진 산과 바다, 3개의 국립공원과 110여 개의 공원, 빽빽한 침엽수림과 청명한 호수가 어우러져 그림 같은 풍경을 만들어내는 '미국 속의 스위스'다.
태평양 해안선과 내륙 해안선을 기준으로 서쪽으로는 올림피아, 시애틀, 타코마 등의 도시가 항공, 의학, 최첨단 생명공학 기업들이 밀집한 신기술의 중심지로 각광받는 한편 동쪽으로는 광활한 지평선 아래 황금빛 밀밭이 끝없이 펼쳐진 왈라왈라Walla Walla 지역과 미국 사과 생산의 20%를 차지하는 최대의 사과 재배지가 펼쳐지는 문명과 자연이 조화를 이루는 매력 넘치는 주다.

주도 올림피아 Olympia
별칭 에버그린 스테이트 Evergreen State
명물 목재, 스타벅스, 마이크로소프트, 지미 핸드릭스, 커트 코베인, 빌 게이츠
워싱턴 주 관광청 800-544-1800 www.experiencewa.com

보는 이를 압도하는 올림픽 국립공원의 장쾌한 파노라마

1 시애틀

낭만이 춤추는 에메랄드 빛 항구 도시 Seattle

영화 「시애틀의 잠 못 이루는 밤Sleepless in Seattle」으로 전 세계의 사랑을 받게 된 도시. 영화 장면처럼 늘 뿌려지는 보슬비, 그칠 듯 다시 내리곤 하는 비를 빼고는 시애틀의 모습을 그릴 수 없다. '에메랄드 시티Emerald City'로 일컬어질 만큼 항구 도시의 낭만과 수려한 경치, 다양한 레저·스포츠를 즐길 수 있는 자연조건 등을 갖춘 관광 및 휴양지다.

시애틀은 문화와 예술적 정서가 넘쳐흐르는 곳이다. 1990년대 초 얼터너티브 락을 주도했던 펄 잼Pearl Jam과 너바나Nirvana의 결성지이며, 천재 기타리스트 지미 핸드릭스Jimi Hendrix의 출생지, 커피 전문점 스타벅스Starbucks가 처음 문을 연 곳인 시애틀은 도시 이곳 저곳에 즐비한 커피하우스에서 퍼져 나오는 어쿠스틱 음악과 생생한 라이브 공연이 끊이지 않는다.

또한 시애틀은 풍부한 수력 자원과 울창한 산림을 지녀 목재 및 제지산업이 발달하였고 알래스카까지 이어지는 항만 시설을 통해 미국 북서부의 주요 교역항으로 큰 몫을 담당할 뿐만 아니라 워싱턴 주 최대 산업인 항공우주와 정보통신 산업을 주도하는 대표적인 도시다.

관광 정보
시애틀 관광국 206-461-5888, www.visitseattle.org

교통 정보
시애틀 타코마 국제공항 SEA, Seattle-Tacoma International Airport (시택 Sea-Tac)
17801 International Blvd, Seattle, 206-433-5388, www.portseattle.org/seatac

Gray Line of Seattle Downtown Airporter
편도 성인 $15, 2~12세 $11, 206-626-5200, www.graylineofseattle.com 매 30분 간격으로 출발하는 공항버스로 거의 모든 호텔로 연결된다. 공항의 6, 26번 출구의 그레이 라인Gray Line 매표소 이용.

메트로 트랜짓 Metro Transit 편도 $1~2.75, 206-553-3000, www.metro.kingcounty.gov 매 30분 간격 운행. 시애틀 명물인 교통체증 해소를 위한 1.3마일 가량의 버스 전용 지하 터널을 지날 수 있다.

셔틀 익스프레스 Shuttle Express 425-981-7000, 800-487-7433, www.shuttleexpress.com
가격은 목적지 바로 앞까지 데려다 주므로 초행길에 이용하면 좋다. 전화를 걸어 있는 곳을 말한 다음 지정장소에서 기다리면 된다.

그레이하운드 Greyhound 206-628-5526, www.greyhound.com

앰트랙 Amtrak 800-872-7245, www.amtrakcascades.com

기타 정보
시애틀 시내는 교통 혼잡이 매우 심하고 가파른 길과 일방통행 도로가 많아 운전이 쉽지 않고 주차비도 비싸다. 시내 관광은 대중교통을, 외곽 지역은 다양한 패키지 투어를 이용한다.

조지벤슨 워터프론트 스트리트카 George Benson Waterfront Streetcar
워터프론트 지역을 운행하는 오스트리아풍 전차. 총 43개의 좌석에 아담하고 고풍스러운 멋이 있다. Metro Route 99이며, 20분 간격으로 운행. 요금은 Metro 버스와 동일하다.

다운타운 Downtown

파이오니어 광장 역사 지구
Pioneer Square Historic District

www.pioneersquaredistrict.org

워터프론트Waterfront와 인터내셔널 지구International District 사이에는 시애틀의 역사를 말해 주는 오래된 벽돌 건물들이 늘어서 있다. 1889년에 대화재로 폐허가 됐지만 비슷한 구조로 복원되어 옛 기억을 고스란히 전해 줄 만큼 고풍스럽다. 이 지역의 가장 중심가인 파이오니어 광장은1st Ave와 Yesler Way가 만나는 지점에 있다. 광장 중앙에 '시애틀'이라는 지명의 기원이 된 인디언 추장 실스Sealth의 흉상과 토템 폴Totem Pole이 세워져 있다.

》 빌 스파이델의 지하 관광
Bill Speidel's Underground Tour

608 1st Ave, Seattle
18세 이상 $15, 13~17세 $12, 7~12세 $7
206-682-4646, www.undergroundtour.com

파이오니어 광장에서 출발하는 지하 도시 관광. 1889년에 대화재로 무너졌던 지역을 그대로 복원했다. 투어 가이드의 안내와 함께 지하 통로를 따라 들어가면 낡은 건물과 거리에서 시애틀의 옛 자취가 느껴진다.

》 스미스 타워 Smith Tower

506 2nd Ave, Seattle, 4~10월 매일 10~17, 11~3월 주말 10~16, 성인 $7.50, 학생 $6, 6~12세 $5
206-622-4004, www.smithtower.com

타자기 제조업자였던 L. C. Smith에 의해 1914년에 완공된 38층 건물로 시애틀 도심에서 내려다보는 전망 중 가장 좋다. 36층 전망대와 함께 35층에 있는 중국인 방Chinese Room에 있는 소원을 들어주는 의자Wishing Chair가 유명하다. 미혼 여성이 이 의자에 앉아 소원을 빌면 1년 안에 결혼을 하게 된다는 흥미로운 얘기가 있고, 실제로 건물 완공 시에 스미스의 딸도 그렇게 해서 1년 뒤 결혼식을 올렸다고 한다.

주문한 생선을 던져 주는 것으로 유명한 파이크 플레이스 마켓.

클론다이크 국립 역사 공원 Klondike Gold Rush National Historical Park Seattle Unit

319 2nd Ave, South Seattle
206-220-4240, www.nps.gov/klse

알래스카 금광이 발견되면서 캐나다 유콘Yukon 강 유역의 클론다이크에서 일어났던 골드러시(1897~1898) 관련 역사 자료를 전시하고 광산 도구, 그릇, 의류 등의 유적 및 유물들이 전시되어 있다.

세이프코 필드 투어 Safeco Field Tour

1250 1st Ave S, Seattle, 4~10월 10:30, 12:30
11~3월 12:30, 14:30, 성인 $9, 3~12세 $7
206-346-4000, www.safecofield.com

47,116명의 수용 규모를 자랑하는 시애틀 마리너스Seattle Mariners 야구단의 홈구장. 퓨젯 사운드만의 시원

한 전망과 개폐되는 둥근 지붕이 특징이다. 1시간짜리 투어를 이용하면 일반에게 공개되지 않는 경기장 여기저기를 둘러볼 수 있다.

인터내셔널 지구 International District

www.cidbia.org

파이오니어 광장 동쪽에는 동양적인 색채가 물씬 풍기는 간판들이 보이는데, 여기가 인터내셔널 지구의 길목으로 차이나타운 등 아시아 각국의 특색 있는 식당 및 가게들이 몰려 있다. 그중 1928년에 일본인 모리구치가 처음 장사를 시작한 이후 가업으로 이어져 이제는 하나의 아시아촌을 형성하고 있는 우와지마야Uwajimaya(600 5th Ave, South Seattle, 월~토 7~22, 일 9~21, 206-624-6248, www.uwajimaya.com)는 그릇, 식료품, 서적, 잡화 등 일상 생활용품에

> ### 파이크 플레이스 마켓
> Pike Place Market
>
> 85 Pike St, Seattle, 월~토 10~18, 일 11~17
> 206-682-7453, www.pikeplacemarket.org
> 신선한 과일과 채소, 다양한 농산물, 시애틀 앞바다에서 갓 잡아 올린 생선과 싱싱한 해산물을 만날 수 있는 파이크 플레이스 마켓은 Pike St과 1st Ave가 만나는 지점에서부터 시작된다. 1907년에 장이 들어선 후 활력 넘치는 '삶의 현장'으로 자리 잡았다. 길 한복판의 즉석 공연과 이색적인 춤 등이 즐거움을 더하며, 커피 전문점 스타벅스 1호점이 바로 이곳에 있다. 해안을 따라 내려가면 워터프론트 지역으로 이어진다.

서부터 요리 및 서예 강습에 이르기까지 아시아권의 다양한 음식 및 문화가 살아있는 곳이다. 아시아인들의 초기 이민사를 보여주는 윙루크 아시안 박물관Wing Luke Asian Museum(719 South King St, Seattle, 화~일 10~17, 성인 $12.95, 13~18세 $9.95, 5~12세 $8.95, 206-623-5124, www.wingluke.org)이 가까이에 있다.

스타벅스 커피 1호점   스페이스 니들 전망대에서 바라본 시애틀 전경

레이니어 광장 Rainier Square
Rainier Tower 1301 5th Ave, Seattle
206-628-5050, www.rainier-square.com
시애틀 다운타운의 4가와 5가 주변은 시애틀에서 가장 번화한 상업 지구다. 대형 쇼핑센터와 백화점 체인, 상가, 호텔, 식당, 극장이 밀집해 있다. 웨스트레이크 센터의 3층에서 시애틀 센터까지 가는 모노레일을 탈 수 있으므로 쇼핑의 시작이나 마감 장소로 삼으면 편리하다. 한편 5가 극장The 5th Avenue Theatre(1308 5th Ave, 206-625-1900, www.5thavenue.org), 파라마운트 극장The Paramount Theatre(911 Pine St, 206-682-1414, www.stgpresents.org)에서는 유명한 오페라, 뮤지컬, 연주회 등 각종 공연이 열리므로 시간만 허락한다면 꼭 가보도록 한다.

시애틀 아트 뮤지엄 SAM, Seattle Art Museum
1300 1st Ave, Seattle, 월·화 휴무, 수토일 10~17, 목·금 10~21, 성인 $15, 13~17세 $9
206-654-3100, www.seattleartmuseum.org
정문 입구에 있는 조나단 보로프스키Jonathan Borofsky의 대형 조형물인 '망치질하는 사람Hammering Man'으로 잘 알려진 곳이다. 망치를 든 손이 1분에 4번씩 움직이는 동작을 통해 노동의 신성함을 표현한 이 작품은 독일 프랑크푸르트, 스위스 바젤과 서울 광화문 흥국생명 빌딩 앞에도 설치되어 있다. 아시아, 아프리카, 중동, 유럽 등의 고대에서 현대에 이르기까지 미술사의 흐름을 조감할 수 있는 장소다.

워터프론트 Waterfront
www.seattlewaterfront.org
파이크 플레이스 마켓에서 해안을 향해 언덕을 내려가면 엘리어트 만Elliot Bay의 아름다운 해안선을 따라 남쪽 52번에서 북쪽 70번 부두까지 1.5마일에 걸쳐 전 세계 갖가지 상점 및 음식점들이 즐비하게 늘어선 명소가 있다. 59번 부두가 가장 번화하다.

›› 아거시 하버 크루즈 Argosy Harbor Cruises
1101 Alaskan Way, Pier 55, Suite 201, Seattle
성인 $17.25~22, 5~12세 $8.5~9.75
206-622-8687, www.argosycruises.com
55번 부두에서 출발하는 유람선으로 1시간 동안 시애틀 항구를 둘러보는 코스다. 엘리어트 만과 올림픽 산이 연출하는 그림 같은 풍경을 감상할 수 있다. 유니언 호수나 워싱턴 호수까지 둘러보는 코스라면 더욱 값진 낭만을 맛볼 수 있다.

›› 워싱턴주 페리 WSF, Washington State Ferries
206-464-6400, www.wsdot.wa.gov/ferries
주 교통국에서 운영하는 페리로 워싱턴 주 내 8개 카운티와 캐나다 브리티시 컬럼비아 지역을 이어주는 중요한 교통수단이다. 주말엔 샌후안 섬San Juan Islands 등의 관광객들이 많고 주중엔 통근자들이 주로 이용한다. 10개 노선에 29개의 선박이 20개의 선착장을 연결한다.

›› 빅토리아 클리퍼 호 Victoria Clipper
2701 Alaskan Way, Pier 69, Seattle
왕복 성인 $134, 1~11세 $67
206-448-5000, www.victoriaclipper.com
쾌속선으로 2시간 남짓이면 캐나다 빅토리아 섬까지 갈 수 있다. 캐나다의 이색적인 도시 빅토리아를 지척에 두

바다와 내륙 호수를 연결해 주는 밸러드 갑문 Ballard Locks

고 못가면 아쉽다.

》그레이 라인 Gray Line of Seattle
206-626-5200, 800-824-8897
www.graylineseattle.com
시애틀 시내와 인근 지역을 관광할 수 있는 다양한 투어 프로그램을 제공한다. 시간이 없거나 핵심 지역만 빨리 둘러보고 싶을 때 유용.

》블레이크 섬 해양 주립공원 Blake Island Marine State Park
2992 SW Avalon Way, Seattle
206-933-8600, www.tillicumvillage.com
55번 부두에서 출발하여 인디언 마을인 틸리컴 빌리지 Tillicum Village가 있는 블레이크 섬으로 갈 수 있다. 인디언 마을의 토속 춤과 공연을 통해 북서부 인디언 문화를 체험하고 독특한 연어 요리도 맛볼 수 있다. 투어가 있으며 틸리컴 빌리지를 들리지 않고 블레이크 섬 해양 주립공원에만 들리는 여정도 좋다. 해안가를 따라 기분 좋은 산책로가 마련되어 있다. 틸리컴 빌리지 투어는 미리 예약을 하는 것이 좋다.

스페이스 니들
Space Needle
400 Broad St, Seattle
14~64세 $18, 4~13세 $11
206-905-2100
www.spaceneedle.com
605피트 높이의 첨탑으로 전망대가 있다. 초고속 엘리베이터로 520피트 지점의 전망대에 오르면 시애틀 시내 전경은 물론 퓨젯 사운드 만과 눈 덮인 레이니어 산의 장관을 조망할 수 있다. 58분 동안 한 바퀴를 도는 회전식 레스토랑에서라면 시애틀의 낭만을 한층 깊게 맛볼 수 있다.

》시애틀 아쿠아리움 Seattle Aquarium
1483 Alaskan Way, Seattle, 매일 9:30~17:00
13세 이상 $17, 4~12세 $11
206-386-4300, www.seattleaquarium.org
시애틀 항구의 중심 59번 부두 Pier 59에 위치한 수족관. 380여 종의 조류, 어류, 무척추 동물, 해양 생물 등과 함께 해저 세계의 신비를 맛보는 곳이다. 대형 해저돔 Underwater Dome이 유명하며 아이맥스 영화관도 있다.

시애틀 북서 해안에 자리한 샌 후안 제도 중의 오르카스 섬의 호젓한 산길을 한 바이커가 달린다.

캐피톨 힐 Capitol Hill
206-399-5959, www.capitolhillseattle.com
시애틀 센터 근방의 프레몬트 지구Fremont District와 더불어 희귀하고 다채로운 물건들을 파는 상점 및 독특한 카페가 많기로 유명한 곳이다. 다운타운에서 북쪽으로 브로드웨이Broadway 거리에 들어서면 예사롭지 않은 차림을 한 젊은이들의 자유분방한 모습이 문화적 산지임을 보여준다.

발룬티어 공원 Volunteer Park
1247 15th Ave, E, Seattle, 206-684-4075
젊음의 열기가 넘치는 캐피톨 힐 근방에 있다. 열대, 아열대 식물을 한꺼번에 만날 수 있는 식물원, 나선형으로 된 계단으로 꼭대기까지 오르게 되어 있는 워터 타워Water Tower 전망대, 한국, 일본, 중국 등 다양한 아시아계 미술 공예품을 소장한 시애틀 아시안 미술관 SAM, Seattle Asian Art Museum(수, 금~일 10~17, 목 10~21, 성인 $7, 13~17세 $5, 12세 이하 무료, 206-344-5267, www.seattleartmuseum.org)이 있다.

유니버시티 지구 University District
206-547-4417, www.udistrictchamber.org
흔히 줄여서 'U-Dub'으로 더 많이 알려져 있는 워싱턴 대학University of Washington(206-543-2100, www.washington.edu) 주변의 유니버시티 지구는 다운타운에서 유니언 호수Lake Union를 건너면 만나게 되는 지역이다. 'The Ave'라 불리는 유니버시티 웨이University Way를 따라 대학가의 활력이 느껴지는 서점, 극장, 식당이 줄지어 있다. 벽돌로 지어진 탓에 붉은 광장Red Square으로 명명된 센트럴 플라자Central Plaza, 미식축구팀 허스키Husky의 구장인 허스키 스타디움Husky Stadium(www.gohuskies.com)도 볼 수 있다. 워싱턴 대학 내의 자연사 박물관인 버크 뮤지엄Burke Museum of Natural History and Culture(매일 10~17, 성인 $9.5, 5세 이상 $6, 206-543-5590, www.burkemuseum.org)에는 공룡의 진화와 멸종을 보여주는 화석이 전시되어 있으며, 현대미술의 흐름 및 경향을 보여주는 헨리 미술 갤러리Henry Art Gallery(수·토·일 11~16, 목·금 11~21, 성인 $10, 13세 이하 & 학생증 소지자 무료, 206-543-2380, www.henryart.org) 등을 둘러보면 아름다운 캠퍼스로 명성이 자자한 이유를 알 수 있다.

역사 산업 박물관
MOHAI, Museum of History and Industry
2700 24th Ave E, Seattle
매일 10~17, 18세 이상 $8, 5~17세 $6
206-324-1126, www.seattlehistory.org
시애틀과 북서부 지역의 발전 과정을 볼 수 있으며, 초기 이민의 정착 과정을 보여주는 자료가 많다.

노스 시애틀 North Seattle

Hwy 99의 오로라 애비뉴Aurora Ave를 따라 북쪽으로 계속 올라가면 만나는 노스 시애틀은 한인타운 중심지다. 중앙일보 시애틀 지사(13749 Midvale Ave. N, Seattle, 206-365-4000)를 비롯하여 한인 식당 등 상가가 밀집해 있다.

시애틀 센터 Seattle Center
305 Harrison St, Seattle
206-684-7200, www.seattlecenter.com
1962년 세계박람회가 열렸던 시애틀 문화의 심장. 시애틀의 상징인 스페이스 니들Space Needle을 비롯, 각종 공연 전시를 위한 극장, 전시실, 경기장 등 명소가 다양하다.

》》 시애틀 센터 하우스 Seattle Center House
각국의 이색적인 민속 음식을 맛보면서 다양한 민예품과 진귀한 토산품을 발견할 수 있다. 그냥 둘러보는 것만으로도 즐겁다.

〉〉 퍼시픽 과학 센터 Pacific Science Center

200 2nd Ave North, Seattle
매일 10~18, 성인 $14, 6~15세 $9, 3~5세 $7
206-443-2001, www.pacsci.org
206-443-2001, www.pacsci.org
신나는 과학을 만나게 해주는 곳. 주제별 실험실과 곤충 전시실, 천문관, 아이맥스 영화관 등이 있다. 환상적인 레이저 쇼도 색다른 볼거리.

음악 체험 프로젝트 EMP, Experience Music Project

325 5th Ave, North, Seattle
여름 10~19, 성인 $15, 5~17세 $12
206-770-2700, www.empsfm.org
마이크로소프트 사의 공동 창업자인 폴 알렌Paul Allen이 세운 음악 체험 박물관으로 미국 대중음악의 역사를 보고 느끼고 즐길 수 있는 곳이다. 어린 시절부터 지미 핸드릭스에 매료되어 모은 자신의 애장품들과 함께 추억과 음악을 나누고 싶은 폴 알렌의 꿈이 담긴 장소.

시애틀 센터 모노레일 Seattle Center Monorail

왕복 성인 $4, 5~12세 $2
206-905-2600, www.seattlemonorail.com
매 10분 단위로 열차가 운행되며 시애틀 센터에서 다운타운 쇼핑 중심가인 웨스트레이크 센터Westlake Center까지 2분에 주파한다.

우드랜드 동물원 Woodland Park Zoo

601 North 59th St, Seattle
5~9월 9:30~18:00, 10~4월 9:30~16:00
13세 이상 $11~16, 3~12세 $8~11
206-548-2500, www.zoo.org
다양한 동식물의 생태계를 배울 수 있는 훌륭한 자연 학습장. 바로 옆에는 260여 종에 이르는 장미가 앞다퉈 피어나는 우드랜드 장미 정원Woodland Park Rose Garden이 있어 더욱 즐겁다.

워싱턴 호수 운하 Lake Washington Ship Canal

3015 NW 54th St, Seattle, 206-789-2622
퓨젯 사운드 만의 바닷물과 워싱턴 호수Lake Washington 및 유니온 호수의 담수항을 연결하는 운하다. 6월에서 9월 사이에는 연어의 대이동을 만날 수 있는 곳이며, 수문 바로 옆에 있는 칼스 잉글리시 주니어 식물원Carl S. English Jr.Botanical Garden(매일 7~21, 무료 입장, 206-783-7059)에 잠시 들러 500여 종의 다양한 관목과 꽃들 사이를 산책하는 것도 좋다.

디스커버리 공원 Discovery Park

3801 W. Government Way, Seattle, 206-386-4236
시애틀 최대의 시립공원. 인디언족 연맹본부United Indians of All Tribes Foundation인 데이브레이크 스타 문화 센터Daybreak Star Cultural Center(206-285-4425, www.unitedindians.org)가 공원 안에 있다.

에버그린 포인트 부교와 머서 섬 부교
Evergreen Point Floating Bridge & Mercer Island Floating Bridge

워싱턴 호수를 가로질러 시애틀과 머서 섬을 연결하는 두 개의 물에 뜬 다리가 있다. 에버그린 포인트 부교는 세계에서 가장 긴 부교다.

항공 박물관 Museum of Flight

9404 East Marginal Way, South Seattle
매일 10~17, 5~17세 $8, 18세 이상 $15
206-764-5720, www.museumofflight.org
미국 항공우주 산업의 발전사를 조감할 수 있는 곳으로 초기 비행기의 부품, 공구, 설계도에서부터 실물 복엽기까지 방대한 규모의 전시장에서 날고 싶은 인간의 욕망과 기술 진보의 경이로움을 실감할 수 있다. 8분 가량의 비디오도 흥미롭다.

마운트 레이니어의 전경

디셉션 패스 주립공원의 다리

스노퀄미 폭포, Snoqualmie Falls
6501 Railroad Ave, Snoqualmie,
425-985-6906,
www.snoqualmiefalls.com
웅장한 폭포수가 268피트 아래의 암석 골짜기로 떨어지는 모습이 장관이다. 폭포를 볼 수 있는 전망대와 폭포 아래까지 내려갈 수 있는 왕복 3마일의 산책로가 있다.

시애틀 인근 내륙

퓨처오브 플라이트 비행 센터
Future of Flight Aviation Center & Boeing Tour
8415 Paine Field Blvd, Mukilteo, 매일 8:30~17:00
키 122센티미터 이상 견학 가능, 예약 필요
16세 이상 $15.50, 15세 이하 $8, 6세 이하 무료
425-438-8100, www.futureofflight.org

시애틀 북쪽으로 30마일 거리의 에버렛Everett에 있는 보잉 비행기 공장은 1968년 투어 센터 개설 이후 명실상부한 관광 명소다. 2005년 센터로 새롭게 단장했다. 세계에서 가장 큰 공장 내부를 1시간 가량 돌아보면서 비행기 조립 및 제작 과정 등을 견학하게 된다.

리벤워스 Leavenworth
509-662-1155, www.leavenworth.org
동화 속에나 나올법한 독일풍의 아름다운 마을로 가을철에는 붉게 물든 단풍으로, 겨울에는 크리스마스 전등 장식으로 유명하다.

루스벨트 호수 국립 휴양지 Lake Roosevelt National Recreation Area
1008 Crest Dr,Coulee Dam, 509-633-9441, www.nps.gov/laro
인간이 만들어낸 축조물로서는 중국의 만리장성 다음으로 크다고 알려진 그랜드 쿨리댐Grand Coulee Dam의 협곡에 위치한 루스벨트 호수는 스키, 캠핑, 카누, 낚시, 수영 등 다양한 스포츠를 즐길 수 있는 곳. 가장 많이 즐겨 찾는 곳은 세인트 폴 미션St.Paul's Mission, 포트 스포케인Fort Spokane 등이다.

워싱턴 디너 열차
Spirit of Washington Dinner Train
625 South 4th St, Renton, 디너 $59.99, 런치 $49.99
예약 필수, 800-876-7245, 425-227-7245
Spirit-of-washington-dinner-train.visit-seattle.com
렌턴Renton에서 우딘빌Woodinville까지 증기기관차에 몸을 싣고 창밖으로 펼쳐진 워싱턴 호수의 평화로운 전경을 바라보며 식사를 즐기는 세 시간 반의 여행. 고풍스런 윌버튼 부교Wilburton Trestle를 건너 콜롬비아Columbia 양조장에 들려 맛보는 와인 시음은 여행의 낭만을 더해 준다.

디셉션 패스 주립공원
Deception Pass State Park
41020 State Route 20, Oak Harbor
360-675-2417, www.parks.wa.gov
다리 아래 가파른 절벽 사이를 흐르는 급물살이 조수 작용에 의해 위드비 섬Whidby Island과 피달고 섬Fidalgo Island으로 가르는 장관을 볼 수 있는 디셉션 패스 주립공원은 오크 하버Oak Harbor에서 북쪽으로 10마일 가량 떨어진 곳에 있다. '속았다'라는 뜻의 이름이 붙은 이유는 초기 개척시대에 George Vancouver 선장이 이 통로를 미국 본토로 들어가는 내륙 수로의 입구인 것으로 착각한 데서 비롯됐다.

샌 후안 군도 San Juan Islands
888-468-3701, www.travelsanjuans.com
여러 개의 크고 작은 섬으로 이루어져 있으며, 목가적인 분위기의 로페즈 섬Lopez Island, 가장 큰 오르카스 섬Orcas Island, 아름다운 프라이데이 하버Friday Harbor가 있는 샌 후안 섬San Juan Island이 인기다.

북서부 트렉 야생 공원
Northwest Trek Wildlife Park
11610 Trek Drive, E.Eatonville, 3~6월 9:30~16:00, 7~8월 9:30~18, 9~10월 9:30~16, 11~3월 휴무
13세 이상 $16, 5~12세 $11, 3~4세 $10
360-832-6117, www.nwtrek.org
퓨알럽Puyallup에서 남쪽으로 17마일 거리의 이튼빌Eatonville에 있는 북미 야생 동물 공원. 무스Moose, 엘크Elk, 순록Caribou 등 큰 사슴들이 뛰어 노는 들판에서 들소, 회색곰 등의 야생 동물을 가까이 볼 수 있는 살아있는 대자연의 보고다.

사마미시 호수 주립공원
Lake Sammamish State Park
2000 NW Sammamish State Park, Issaquah
425-455-7010, www.parks.wa.gov
이사콰Issaquah에 있는 호수 주립공원으로 다양한 수상 스포츠를 즐길 수 있는 곳. '물새 소리Sound of Waterfowl'라는 뜻의 '이사콰'라는 지명처럼 물이 맑아 연어 양식장이 있고 왜가리 떼의 서식지로 유명하다.

2 워싱턴 주의 해안
Washington Coast

롱비치 반도 Long Beach Peninsula 360-642-2400, www.funbeach.com

북유럽인이 많이 거주하고 있어 '작은 노르웨이Little Norway'로 불리는 캐슬라멧Cathlamet, 이른 아침 안개에 싸인 풍경에서 이름을 따온 'Smoke on the Water'라는 뜻의 스카모카와Skamokawa, 심해 어업으로 유명한 일와코Ilwaco 등을 지나면 28마일에 걸쳐 모래사장이 끝없이 펼쳐진 롱비치 반도에 이르게 된다. 나코타Nahcotta에 들러 즉석에서 잡은 싱싱한 생굴을 먹거나 반도 끝자락에 위치한 리드베터 포인트Leadbetter Point에서 100여 종이 넘는 새들을 관찰할 수 있다.

오션 쇼어 Ocean Shores 888-702-3224, www.oceanshores.com

Hwy. 109를 따라 호퀴암Hoquiam에서 타호라Taholah까지 오션 시티Ocean City, 코팔리스 비치Copalis Beach, 퍼시픽 비치Pacific Beach, 모클립스Moclips 등 아름다운 해변이 6마일 이상 이어지는 곳. 올림픽 국립공원 쪽으로 향하게 되면 세계 최대의 가문비나무가 있는 퀴널트 호수Lake Quinault, 퀴널트 레인 포리스트Quinault Rain Forest 등 천혜의 대자연을 만날 수 있다.

비컨락 주립공원
Beacon Rock State Park
34841 State Rte 14,
Stevenson 509-427-8265
www.parks.wa.gov

워싱턴 주 밴쿠버Vancouver에서 14번 국도를 타고 동쪽으로 35마일 정도 거리 스티븐슨Stevenson에 있으며 콜롬비아 강 고지대에 솟아 오른 848피트 높이의 커다란 바위산을 볼 수 있다.

3 워싱턴 주의 주요 도시

타코마 Tacoma

시애틀 남쪽으로 36마일 거리에 위치한 타코마는 인디언 언어로 마운트 레이니어Mount Rainier를 지칭하는 타코벳Tacobet에서 비롯됐다.

지명의 유래대로 타코마는 워싱턴 주에서 가장 높은 산인 마운트 레이니어 국립공원의 산자락을 뒤로 하고 있는 지역이다. 1873년에 대륙횡단 철도인 북태평양철도의 서부 종착역이 되면서 종착 도시City of Destiny로 널리 알려지게 됐고, 예술가들이 대거 유입되면서 점차 예술의 도시로 변모하게 됐다.

타코마 관광국 1516 Pacific Ave, Tacoma 253-627-2386, www.traveltacoma.com

유니온 역 Union Station
신 바로크 양식의 둥근 돔이 인상적인 유니온 역은 뮤지엄 지구Museum District의 시작점이다. 1911년에 건축되어 1983년까지 북태평양철도의 종착역이었으며, 둥근 천장의 스테인드 글라스와 벽면의 유리 세공이 눈부시다.

워싱턴 주립 역사 박물관
Washington State History Museum
1911 Pacific Ave, Tacoma , 월 휴무, 화~일 10~17
18세 이상 $8, 6~17세 $6, 5세 이하 무료
888-238-4373, www.wshs.org
워싱턴 주의 과거와 현재를 고스란히 보여주는 역사 박물관이다.

유리 박물관 Museum of Glass
1801 Dock St, Tacoma, 월~토 10~17, 일 12~17, 겨울 월·화 휴무, 성인 $12, 학생 $10, 6~12세 $5
253-284-4750, www.museumofglass.org
타코마에서 가장 낭만적인 다리인 치훌리 유리 다리 Chihuly Bridge of Glass를 건너면 만나게 되는 유리 박물관. 현대미술 작품들이 주를 이룬다.

타코마 아트 뮤지엄 Tacoma Art Museum
1701 Pacific Ave, Tacoma
수~일 10~17, 성인 $9, 학생 $8, 5세 이하 무료
253-272-4258, www.tacomaartmuseum.org
2003년 5월 개관한 이 박물관은 북서부 원시예술을 비롯하여 유리공예의 대가라 할 수 있는 데일 치훌리Dale Chihuly의 예술 세계를 감상할 수 있다.

앤틱 길 Antique Row
www.downtowntacoma.com
극장 지구Theater District에서 내려 조금 걸어가면 9가를 만나면서 브로드웨이Broadway 길을 따라 고가구, 장식품, 장신구 등 오래된 소품을 파는 상점들이 줄지어 있다.

올드 타운 Old Town
www.oldtownbusinessdistrict.com
예전 타코마의 상업 지구였던 곳으로 해변가를 따라 근사한 고급 식당들이 몰려 있다. 또한 잡카캐빈 박물관Job Carr Cabin Museum(2350 North 30th St, Tacoma, 수~토 13~16, 여름 12~16, 1월 휴무, 253-627-5405, www.jobcarrmuseum.org)을 비롯하여 타코마의 옛 역사를 보여주는 건물들이 많다.

돔 지구 Dome District
www.domebusinessdistrict.com
지름이 무려 530피트가 되는 타코마 돔Tacoma Dome 주변으로 형성된 상업 지구. 타코마 돔에서는 각종 공연, 경기, 박람회 등이 열리며, 과거에 열차 기지로 쓰였던 라이트하우스 광장Freighthouse Square에서는 장이 선다. 주로 특산품이 많고 더불어 저렴한 비용으로 각국의 다양한 음식을 맛볼 수 있다.

포인트 디파이언스 동물원과 수족관 Point Defiance Zoo & Aquarium
5400 N. Pearl St, Tacoma
13세 이상 $13.50, 5~12세 $11.50, 3~4세 $7.50
253-591-5337, www.pdza.org
포인트 디파이언스 공원 내에 있다.

타코마 자연 센터 Tacoma Nature Center
1919 S. Tyler St, Tacoma, 무료, 253-591-6439
파충류, 양서류, 조류 등 다양한 야생 동·식물을 만날 수 있는 곳.

올림피아 Olympia

주의회 의사당

워싱턴 주의 주도인 올림피아는 북서쪽에 자리잡은 올림픽 국립공원Olympic National Park에서 이름을 따왔다. 주의회 의사당 State Capitol Campus, 주의회 박물관State Capitol Museum 등 초기 워싱턴 주의 역사를 보여주는 건물 및 공원이 많이 조성돼 있다. 가까이에 가볼만한 곳으로 레이시Lacey, 툼워터Tumwater 등이 있다.

올림피아 관광국
103 Sid Snyder Ave SW, Olympia
360-704-7544, www.visitolympia.com

만년설과 원시림으로 사랑받는 세계 문화유산

미대륙의 서북쪽, 삼면이 바다로 둘러싸인 올림픽 반도 한복판에 있는 올림픽 국립공원Olympic National Park은 미국 국립공원 중에 가장 인기가 있는 곳이다. 서쪽으로는 57마일에 달하는 원시 상태의 해안선을 따라 천혜의 자연이 고스란히 보존되어 있고, 동쪽으로 오르면 아직 사람들의 발길이 드문 빙하에 덮인 산악 지대를 만날 수도 있다. 미국에서 가장 강우량이 많은 진기한 우림Rain Forest 지역을 품고 있어 다양한 생태계를 접할 수 있는 다채로운 곳이다.

올림픽 국립공원의 보석 중의 하나로 일컬어지는 솔덕 폭포Sol Duc Falls

올림픽 국립공원 Olympic National Park

미국에서 가장 인기있는 국립공원

해변가의 인디언 유적지에서 출토된 카누와 식기, 도구들을 통해 2천여 년 전부터 이 지역에 사람이 살았던 것을 알 수 있는데, 서구인으로 처음 이곳을 찾은 사람은 1592년 그리스 선박을 타고 온 항해사 후안 데 푸카Juan de Fuca였다고 한다. 때문에 그의 이름이 붙은 해협이 있다. 1938년 프랭클린 루스벨트 대통령이 국립공원으로 지정했으며, 공원 넓이는 1,440스퀘어마일.

공원 동쪽 입구

101번 하이웨이에서 도즈 윌리스 강을 따라 15마일 지점에 있는 트레일 입구로 하이킹 코스를 따라 빙하로 뒤덮인 앤더슨 산Mt. Anderson에 오를 수 있다. 국립 공원 동쪽 끝에는 야영하기 좋은 도즈윌리스 주립공원과 레이크 쿠쉬맨 주립공원Lake Cushman State Park 두 곳이 있는데, 수돗물과 RV용 전기 시설, 수세식 화장실까지 갖추고 있다.

공원 서쪽 입구

101번 하이웨이는 호 강Hoh River 열대우림Rain Forest 지역과 연결되는데, 비지터 센터에서 트레일을 시작하면 원시 그대로를 간직한 듯 신비로운 초록의 숲을 만나게 된다.

퀴츠 리버 밸리Queets River Valley의 태고적 풍광을 찾아볼 수 있는 하이킹 코스가 퀴츠 캠프 그라운드에서 시작되고 숲으로 둘러싸인 빙하 호수인 퀴놀트 호수 Lake Quinault(360-288-0571, www.quinaultrainforest.com)도 다양한 레저 활동으로 인기 높다.

공원 북쪽 입구

포트 앤젤레스 Port Angeles

올림픽 반도 여행의 베이스 캠프와도 같은 곳이며 공원 본부와 방문객 안내소가 있다. 워싱턴의 주도 올림피아를 지나 공원을 거의 한 바퀴 선회하는 101번 하이웨이를 따라 북상하면 만날 수 있으며, 미국에서 강우량이 제일 많은 국립공원이므로 맑은 날씨인 경우가 드물다.

허리케인 리지 Hurricane Ridge

경사가 심한 18마일의 길을 오르면 최고봉 올림푸스와 하늘을 찌를 듯 솟은 만년설의 연봉을 한눈에 볼 수 있는 전망대가 있다. 해발 5,200피트의 전망대 주변은 고원 지대의 초원으로 짧은 여름 만발한 각종 야생화들이 절경을 이룬다.

올림푸스 산 Mt. Olympus

많은 계곡과 빙하 때문에 일반인의 등산이 쉽지 않다. 허리케인 리지에서 왕복 3마일 정도의 하이킹 코스를 따라 들어가면 야생화로 뒤덮인 초원이 계속되며, 공원에서 보호하는 노루Black Tailed Deer가 풀을 뜯는 모습이 보인다.

인근 둘러볼 곳

여기서 보트 유람과 낚시의 명소인 크레슨트 호수Lake Crescent에 들른 후 레인 포리스트를 향해 101번 하이웨이를 서쪽으로 달리게 되면 하이웨이에서 갈라져 동쪽으로 들어가는 19마일의 포장된 길 종점에 호레인 포레스트Hoh Rain Forest의 비지터 센터가 있고, 이곳의 실태를 관찰할 수 있는 두 개의 하이킹 코스가 여기서 시작된다.

이곳은 태평양에서 불어오는 습한 바람이 산악 지대에 부딪치면서 공원 서쪽 일대에 눈과 비를 쏟아 붓고 건조한 공기만 동쪽으로 이동해 가기 때문에 연간 12피트라는 미국 최대의 강우량을 가진 습지대를 형성하며 마치 아마존의 정글과 같은 신비로운 세계를 이루고 있다.

101번 하이웨이로 나와 남쪽으로 향하면 국립공원 안의 해변가를 달리게 되는데, 해안선의 북부에 있는 루비 비치Ruby Beach에서 남부의 칼라로치Kalaloch 사이에서는 거목들이 뒤덮인 넓은 모래언덕도 있고, 일체의 채취나 낚시가 금지되어 있어 각종 바다 동물과 물고기들이 번식하고 있다.

근처의 솔덕 핫스프링스 리조트Sol Duc Hot springs Resort(866-476-5382, www.olympicnationalparks.com)는 솔덕 강을 따라 멋진 하이킹 트레일이 조성되어 있다. 숙박 시설과 온천이 잘 갖춰져 있어 야영도 가능하다.

캠핑 · 숙소

공원 안에는 16개의 캠핑장이 있으며, 대부분 연중 내내 문을 열고 선착순이다. 숙소는 5월에서 10월 사이에 문을 여는 크레슨트 호수와 솔덕 온천장, 그리고 연중 문을 여는 칼라로치 해변 등에 있다.

관광 정보

600 E. Park Ave, Port Angeles
입장료 차량 1대당 $15
360-565-3130, 360-565-3100
www.nps.gov/olym, www.olympicnationalparks.com

노스 캐스케이즈 국립공원
North Cascades National Park

움직이는 빙하 300여 개

워싱턴 주와 캐나다 국경 바로 남쪽에 있는 노스 캐스케이즈 국립공원은 태고의 모습을 그대로 간직한 원시 산악 지대로 눈에 덮인 깎은 듯한 산봉우리와 깊은 계곡, 그리고 원시림으로 이루어져 있다. 1968년 국립공원으로 지정된 후 극히 제한된 장소 이외에서는 불을 사용하지 못하며 자연을 해치는 모든 행위를 금지하고 있다.

노스 캐스케이즈 국립공원에는 두 개의 국립 레크리에이션 지역이 있다. U자 형의 계곡을 흐르는 스카짓 강Skagit River을 따라 국립공원의 동서를 횡단하는 20번 고속도로의 중간부와 동쪽에 인접한 로스 호수 Lake Ross를 중심으로 한 지역과 또 하나는 남쪽의 쉴랜 호수Lake Chelan 주변 일대를 차지하는 광범위한 곳이다.

쉴랜 호수 Lake Chelan

공원 남단에 남북으로 좁고 길게 뻗은 쉴랜 호수는 그 길이가 55마일에 빙하 작용으로 2,000피트에 가까운 깊이로 파인 계곡에 물이 고여 만들어진 북미 대륙에서 가장 깊은 호수의 하나이다. 고지대에 있는데도 호수 밑바닥은 해수면보다 400피트나 낮은 곳에 위치한다. 호수 주립공원에 144개의 야영지가 있다.

로스 호수 Lake Ross

로스 호수는 하이킹 코스를 따라가거나 보트로 갈 수 있는 태고의 모습을 그대로 간직한 곳이어서 자동차로는 북쪽의 캐나다에서 들어갈 수 있는 원시적인 길이 하나 있을 뿐이다.

디아블로 호수 리조트Diablo Lake Resort(www.ross-lakeresort.com)는 로스 호수 인근의 휴양 오락 시설이 마련된 곳이다. 이곳의 풍물을 가장 효율적으로 보는 방법은 전기를 공급하는 시애틀 시티 라이트Seattle City Light 회사의 관광 투어(206-684-3030, www.seattle.gov/light/tours/skagit)를 이용하는 것인데, 약 4시간 동안 디아블로 호수를 유람하고 수력발전소의 거대한 시설을 구경한 뒤 심한 경사면을 560피트나 올라가는 미국에 하나 밖에 없는 궤도식 차를 타면서 풍경을 만끽하고 나서 푸짐한 저녁 식사로 끝마치게 된다.

태고의 원시 속으로 걸어 들어간다

노스 캐스케이즈는 서쪽 바다에서 불어오는 습한 바람이 산맥에 부딪혀 냉각되면서 산 전체를 비나 눈으로 덮기 때문에 연간 강우량 110인치, 겨울철 강설량은 46피트를 초과한다. 9월부터 내리는 눈이 다음 해 7월까지 계속될 때도 있다.
이곳의 산들은 300여 개가 넘는 빙하들의 움직임에 따라 창끝처럼 날카로운 봉우리와 거대한 U자 형 계곡, 깊고 긴 호수 등으로 특이한 형태를 보인다.

300여 개의 만년 빙하가 산자락을 둘러싸 한여름에도 만년설을 덮고 있는 캐스케이즈 산

디아블로 호수 Diablo Lake 전망대

20번 하이웨이를 따라 동쪽으로 가면 호수 전체가 내려다보이고 건너편에 데이비스 봉우리가 바라다보이는 언덕 위의 전망대에 올라서게 된다. 눈 아래 펼쳐지는 디아블로 호수는 유난히 아름다운 에메랄드 색으로 빛나는데, 호수의 색깔이 짙은 녹색인 이유는 빙하에 깎여 흘러내린 암석에 포함된 광물질 가루들 때문이라고 한다.

스테히킨 Stehekin

쉴랜 호수 북쪽 끝의 아름다운 마을로 웅장한 경치와 깊은 산속에 위치한 대자연의 조용한 환경이 알려져 20세기 초부터 사람들이 찾아오기 시작, 호텔이 들어서고 휴양 시설이 생기면서 활기를 띠게 되었다. 쉴랜에서 4시간이나 걸려 스테헤킨에 들어가는 정기 운행 선박인 쉴랜 호수 보트Lake Chelan Boat(888-682-4584, www.ladyofthelake.com)는 여름철엔 보통 아침 8시 30분에 출발한다. 스테히킨에는 여러 하이킹 코스로 떠나는 버스들이 대기하는데, 유명한 폭포인 레인보우 폭포Rainbow Fall로 떠나는 버스도 있다.

캠핑 · 숙소

시애틀에 숙소를 정하고 공원을 방문하는 방법도 있지만 공원 근처 쉴랜이나 스테히킨에 숙소를 정해 여유 있게 돌아보는 것이 좋다.

관광 정보

7280 Ranger Station Rd, Marblemount
206-386-4495, www.nps.gov/noca
North Casdades Visitor Center 206-386-4495
Park and Forest Information 360 854-7200
Golden West Visitor Center 360-854-7365
Chelan Raner Station 509-682-4900
Wilderness Information Center 360 854-7245

에머랄드 빛의 디아블로 호수

캐스케이즈의 제왕 Mt. Rainier National Park

마운트 레이니어

마운트 레이니어 국립공원
Mt.Rainier National Park

빙하 속에 활화산을 품은 캐스케이즈의 제왕

시애틀 남동쪽 95마일에 위치한 레이니어 산Mt. Rainier은 14,410피트의 높이를 자랑하는 명실공히 캐스케이즈 산맥의 제왕이다. 1792년 태평양 연안을 항해하던 영국 해군의 조지 밴쿠버 함장이 높이 솟은 이 산을 멀리서 보고 그의 친구인 레이니어 제독의 이름을 따서 산 이름을 명했다. 그 후 육로를 따라 서북쪽으로 이동하는 개척자들은 이 산을 보면서 목적지에 근접했다는 것을 알게 되었다.

거대한 휴화산

노스 캐스케이즈 산맥은 태평양을 둘러싼 '불의 링Ring of Fire'이라는 거대한 화산 지대에 속하는데 레이니어 산은 그 최고봉이다. 1820년부터 약 70년간 소규모 폭발이 10여 회 있었던 휴화산으로, 미국 최대 빙하를 포함한 26개의 빙하를 갖고 있는데도 밑에서 솟아오르는 열기 때문에 정상 일부에는 눈이 쌓이지 못할 정도다. 1899년 3월 2일 매킨리 대통령에 의해 378스퀘어 마일 규모의 이 지역이 미국에서 다섯 번째 국립공원으로 지정됐다.

레이니어 산을 정복하려는 등반이 1859년에 시도됐으나 산정을 불과 몇 백 피트 앞두고 실패로 끝났다. 그로부터 11년 후인 1870년 8월, 세 사람이 도전했는데 그중 한 명은 도중에 탈락하고 두 사람이 성공했다. 이들이 산정에 도달했을 때는 날이 어두워 근처 얼음 동굴에 들어가서 화산 열기의 도움으로 동사를 면하고 다음 날 무사히 하산할 수 있었다고 한다.

공원으로 가는 네 방향 길

국립공원으로 들어가는 길은 네 방향이 있다. 유일하게 연중 문이 열리는 서남쪽의 니스퀄리- 파라다이스 Nisqually-Paradise Road는 방문객 안내소와 박물관, 숙박 시설이 있으며, 롱마이어를 통하여 파라다이스로 가는 길로서 많은 사람들이 이 길을 택한다.

동북쪽에서 들어가는 길은 화이트 강White River Road 입구인데, 자동차로 올라가기 편리하게 잘 포장된 이 길 끝에는 6,400피트 높이의 일출Sunrise 전망대가 있다. 레이니어 산의 필수 명소.

세 번째 길은 스티븐스 캐넌 로드Stevens Canyon Road로 동남쪽에 있는 오하나페코쉬Ohanapecosh를 통하여 파라다이스로 들어가는 길이다. 도중의 계곡과 폭포, 호수들이 모두 일품이다. 끝으로 서북쪽에서 들어가는 카본 강Carbon River Road 길은 대부분이 비포장으로 자연 그대로를 좋아하고 하이킹을 즐기는 사람들이 주로 모여든다.

롱마이어 Longmire

1873년 63세의 '롱마이어Longmire'라는 노인이 정상 등반에 성공하고 하산하는 도중 발견한 온천 근처에 호텔을 짓고 온천의 효과를 선전한 것이 계기가 되어 많은 사람들이 모여들기 시작했고, 방문객 안내소와 박물관도 설치됐다.

1888년에는 유명한 자연보호주의자인 존 무어John Muir가 사진작가를 동반하여 산정에 오르면서 레이니

어 산은 더욱 널리 알려지게 되었다.

파라다이스인 Paradise Inn의 눈더미

360–569–2275, www.mtrainierguestservices.com

이 공원을 여행하려면 여름철이 좋다. 7월 하순에도 길 양쪽에는 아직 많은 눈이 남아 있다. 주변의 높은 언덕들은 모두 백설로 덮여 있어서 세상이 갑자기 겨울로 돌변한 것 같은 착각을 하게 된다. 눈더미 속에 묻힌 듯한 Paradise Inn에 도착했을 때의 놀라움과 기쁨은 엄청나다.

1917년에 목조 건물로 세워진 이 역사적인 호텔은 주위가 높은 눈더미로 둘러싸여 신비감을 더해 준다. 맑고 찬 공기가 상큼하여 모든 것을 깨끗이 씻어 준다. 주변의 눈더미가 새로 내린 눈이 아니고 대부분이 장구한 기간에 쌓인 만년설의 일부라는 것을 알게 되면 더욱 높은 산의 찌르는 듯한 정기를 피부로 느낄 수 있다.

관광 정보

55210 238th Ave, East Ashford
입장료는 차량 1대당 $15
360–569–2211,
www.nps.gov/mora

나라다 폭포 Narada Falls

높이는 불과 168피트밖에 안 되지만 암벽을 스치면서 낙하하는 폭넓은 물줄기는 수만 개의 실오라기를 펴놓은 것처럼 가냘프고 신비로운 모습을 드러낸다.

세인트 헬렌스 화산 준국립공원
Mt. St. Helens National Volcanic Monument

1980년의 화산 분출로 전 세계를 놀라게 했던 마운트 세인트 헬렌스를 하늘에서 바라본 모습

지금도 끓고 있는 생명의 분화구

워싱턴 주 남부에 있는 마운트 세인트 헬렌스Mt. St. Helens는 1980년 5월 18일 대폭발로 인하여 산꼭대기의 1,300여 피트(400여 미터)가 날아가 버리는 대참변을 겪은 이후 스스로 상처를 아물게 하는 자연치유의 과정을 겪고 있다. 그러나 2004년 9월 말부터 그동안 조용했던 분화구에서 지진과 함께 용암 활동이 일어나며 수증기와 재를 내뿜는 등의 활동을 보여 지질학자들이 주시하고 있다.

1980년의 대폭발은 3월 하순부터 강도 4의 지진이 일어나고 가스가 분출되는 등의 변화에서 시작되었다. 일반인의 입산을 금지하고 주변 8마일 반경 안에 거주하는 사람들이 퇴거했으며, 4월 말에는 산정 북쪽 측면에 길이 1마일, 높이 320피트나 되는 융기부가 생기고 한 달 사이에 강도 3 이상의 지진이 1,500여 회나 일어나는 등의 움직임이 이어졌다.

화산재는 2시간 내에 150마일 지점까지 확산됐으며, 85마일 거리에 있는 야키마는 완전히 암흑의 세계로 들어갔다. 진흙과 눈, 얼음, 바위가 날아와 스피리트 호수를 메웠으며, 노스 포크 타우틀 강 계곡을 뒤덮었다. 아이다호 주와 몬태나 주까지 화산재로 뒤덮였다. 9시간이나 계속된 분출로 산의 높이가 400미터나 낮아졌는데 이것을 중량으로 따지면 4억 톤에 해당하며, 하늘 높이 치솟은 검은 구름은 8만 피트 상공까지 도달, 그 파워는 히로시마 원폭 투하의 500배라고 한다.

이 폭발로 인하여 지질학자 잔스턴, 그리고 포틀랜드에서 화산 활동을 찍으러 온 사진작가와 밴쿠버의 사진기자 등 57명이 희생됐는데, 이들이 촬영한 최후의 순간들이 사진으로 남아 있다.

차량 통행

지난 1983년 이곳의 생태를 보호하기 위해 설정된 11만 에이커의 내셔널 모뉴먼트에는 매년 100만 명 이상의 관광객들이 모여든다. 들어오는 길은 새로 포장이 됐지만 겨울철에는 눈 때문에 길이 막혀서 보통 6월 초부터 10월 중순에만 일반 차량 통행이 가능하다. (Gifford Pinchot National Forest Office 360-891-5000) 관광버스 또는 헬리콥터, 경비행기 등으로 안내자가 따르는 투어(1인 $165, 800-752-8439, www.hillsboro-aviation.com)가 마련되어 있으며 Olympia, Randle, Castle Rock 등지에서 출발한다. 자기 차로 가기 힘든 사람들이 이용한다.

윈디리지 전망대 Windy Ridge

정상에서 5마일 떨어진 스피릿 호수 옆에 있는 주차장 북쪽 언덕에 호수와 산정을 한눈에 볼 수 있는 전망대가 있다. 쓰러진 나무들 사이사이 핀 야생화가 매우 인상적이며, 분화구 한가운데 있는 융기된 부분에서 가느다란 연기가 솟아오르는 것이 희미하게 보인다. 여기서부터 정상까지는 특별한 허가 없이는 접근하지 못한다.

관광 정보

24000 Spirit Lake Hwy, Toutle
입장료는 16세 이상 1인당 $8
www.fs.fed.us/gpnf/mshnvm
Mount St. Helens Visitor Center 360-274-0962
Johnston Ridge Observatory 360-274-2140

히로시마 원폭의 500배 파워

5월 18일, 맑게 갠 일요일 오전 8시 32분, 6마일 떨어진 지점에서 관측하고 있던 미국지질학회 데이빗 잔스턴의 흥분에 찬 목소리가 무선 전화를 통해 들려왔고, 동시에 천지를 진동시키는 폭음과 함께 통신은 끊기고 말았다. 바위와 화산재가 뒤범벅이 된 뜨거운 가스로 반경 6마일 내의 숲은 완전히 폭풍에 휩쓸려 순식간에 사라지고, 불타는 화산재와 바위 덩어리로 뒤덮였다.

OREGON
오리건

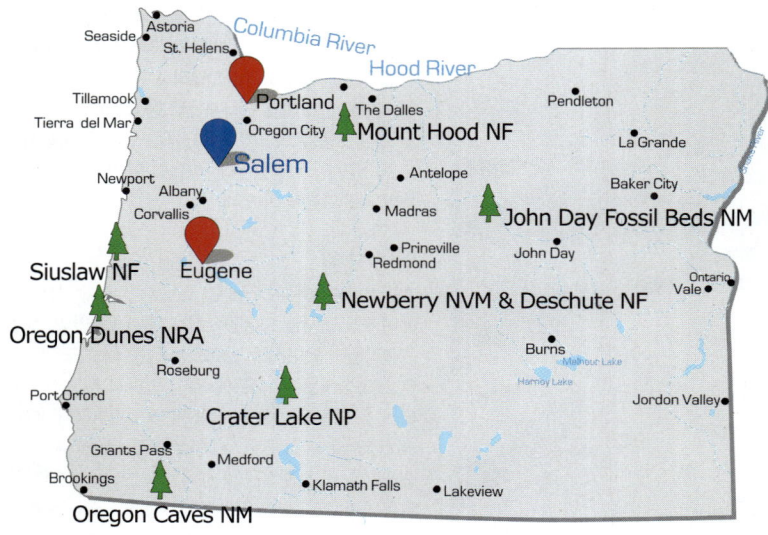

살아 숨쉬는 대자연

태평양 연안의 복잡한 해안선처럼 다양한 얼굴을 지닌 오리건 주는 드라마틱한 자연 환경과 각양각색의 사람들이 다채로운 삶을 자유롭게 펼쳐 가는 곳이다. 생태계와 기후 조건은 워싱턴 주와 흡사하지만 맨 얼굴의 자연이 그대로 보존된 곳이 많아 도심을 조금만 벗어나도 살아 숨쉬는 대자연과 금세 만나게 된다.

눈부시게 투명한 호수로 유명한 크레이터 레이크 국립공원Crater Lake National Park, 만년설을 자랑하는 마운트 후드Mount Hood, 초기 개척자들의 이동로였던 오리건 트레일Oregon Trail 등 오리건 주의 아름다운 환경은 자연을 고려한 차별적 도시 계획 및 환경 친화 정책으로 보존되고 있다.

오리건 주는 1971년, 빈병 수거 제도인 'Bottle Bill' 을 미국에서 처음 도입한 주로 유명하며, 태양열을 이용한 주차 미터기, 쓰레기 분리 수거를 통한 재활용 등 환경 문제에 관심과 노력을 쏟고 있다. 더불어 삶의 질적 차원에서 의료상 마리화나 복용 및 안락사를 법적으로 허용해 주는데, 이는 보수와 진보가 공존하는 오리건 주의 정치적 성향을 보여주는 한 단면이다. 특히 오리건 주는 주민발의안 제도를 통해 극에서 극을 껴안을 만큼 폭 넓은 담론을 수렴함으로써 다양한 정책을 삶에 반영시키고 있다. 모든 주유소에 셀프 서비스가 없고 숙박료를 제외하고는 면세 혜택을 받을 수 있는 것도 오리건 주에서만 누릴 수 있는 덤으로 얻는 즐거움이다.

주도 세일럼
별칭 비버 스테이트 Beaver State
명물 나무숲, 빈병 재활용 제도, 나이키, 포틀랜드의 다리, 연중 축제
오리건 주 관광청 800-547-7842, www.traveloregon.com

포틀랜드 컬럼비아 강 계곡에 있는
높이 620피트의 멀트노마 폭포

1 포틀랜드

장미와 맥주, 자유의 향기가 살아있는 청정 도시 Portland

컬럼비아 강Columbia River과 윌러멧 강Willamette River의 합류 지점에 위치한 포틀랜드는 여름철의 화려한 장미 축제가 유명하여 흔히 '장미의 도시City of Roses' 로 불린다.
호수와 공원이 많고 강 위에 떠 있는 돛단배와 아름다운 다리 등 그림과도 같은 도시 풍경 때문에 립 시티Rip City, 브리지 시티City of Bridges 등으로도 불린다.
포틀랜드 다운타운은 윌러멧 강을 따라 동서로 번사이드 스트리트Burnside St가 남북을 가르면서 크게 네 개 지역으로 나뉘는데, 남서쪽이 가장 중심지로 관광 명소와 볼거리가 몰려 있다.

관광 정보
포틀랜드 관광국
503-275-8355, www.travelportland.com

교통 정보
PDX, Portland International Airport
7000 NE Airport Way, Portland
503-460-4234, 877-739-4636
www.flypdx.com

공항열차 Light Rail
2 Hour Ticket 성인 $2.30, 학생 $1.50
503-238-7433, www.trimet.org
공항에서 시내로 들어가는 가장 저렴하고 편리한 교통수단으로 TriMet MAX라 불리는 열차가 있다.
매 15분 간격으로 운행되는 MAX Red Line을 타면 된다.

전차 Portland Streetcar
성인 $2, 학생 $1.50
503-823-2900, www.portlandstreetcar.org
2001년에 개통된 전차. 다운타운은 거의 모든 지역이 무료로 승차가 가능한 'Fareless Squre' 구간에 속한다.

앰트랙 Amtrak
800 NW, 6th Ave, Portland,
800-872-7245, www.amtrakcascades.com

그레이하운드 Greyhound
550 NW 6th Ave, Portland,
503-243-2361, www.greyhound.com

컬럼비아 강의 유람선

다운타운 Downtown

파이오니어 법원 광장
Pioneer Courthouse Square

715 SW Morrison St, Portland
503-223-1613, www.pioneercourthousesquare.org
'포틀랜드의 거실Portland's Living Room'로 불리는 곳으로 포틀랜드 다운타운의 중심 지역이다. 각종 공연 및 전시가 열리는 광장 주변으로 브로드웨이SW Broadway와 얌힐 스트리트Yamhill St를 따라 백화점, 호텔, 상점, 식당이 즐비하다.

포틀랜드 아트 뮤지엄 Portland Art Museum

1219 SW Park Ave, Portland
화·수·토·일 10~17, 목·금 10~20,
성인 $12, 18세 이상 $9
503-226-2811, www.portlandartmuseum.org
북서부 원시미술에서부터 아시아 및 유럽권의 현대미술에 이르기까지 총 32,000점의 방대한 작품을 소장하고 있다. 특히 모네, 르누아르, 피카소 등 유명 화가들의 엄선된 작품을 만날 수 있으며, 더불어 야외 조각공원은 근사함을 더한다.

Oregon Historical Society

1200 SW Park Ave, Portland
화~토 10~17, 일 12~17
성인 $11, 학생 $9, 6~18세 $5
503-306-5198, www.ohs.org
오리건 주의 역사를 한눈에 훑어볼 수 있는 역사 박물관. 2003년에 확장·보수하여 한결 넓어진 입구는 트롱프 뢰유Trompe L'oeil 기법으로 그려진 벽화와 어울려 도시의 미관을 빛내 준다.

문화지구 Cultural District

포틀랜드 주립대학교Portland State University를 끼고 파크 애비뉴SW Park Ave와 9번가SW 9th Ave를 따라 남부 공원지역South Park Blocks이라는 공원 단지가 조성되어 있다. 도심 속 휴식 공간으로 공원 주변에 미술관, 박물관, 공연장이 몰려 있어 문화의 거리를 형성한다.

포틀랜디아 Portlandia
1120 SW 5th Ave, Portland

미국에서 두 번째로 큰 36피트 높이의 청동상 포틀랜디아는 초기 포스트 모더니즘에 영향을 준 건축물로 평가되는 포틀랜드 빌딩(SW 5th Ave. 와 SW Main St) 중앙 현관 앞에 서 있다. 레이몬드 카스키Raymond Kaskey의 작품으로 대지에 무릎 꿇은 여인을 형상화한 것이다.

파웰 서점 Powell's City of Books
1005 W. Burnside St, Portland
503-228-4651, www.powells.com

미국 내 최대 규모를 자랑하는 서점으로 도심 한 블록을 차지할 만큼 넓다. 포틀랜드에 6개 지점이 있고, 비버튼Beaverton에 1개 지점이 있다. 그중 일부는 요리, 여행, 원예 등 분야별로 취급하는 서적에 따라 성격을 달리하는 전문 서점이다.

오리건 과학 박물관
OMSI, Oregon Museum of Science and Industry
1945 SE Water Ave, Portland, 성인 $12, 3~13세 $9
화~일 9:30~5:30, 여름 매일 9:30~7:00
503-797-4000, 800-955-6674, www.omsi.edu

가상 체험, 과학 실험 등 무려 200여 가지가 넘는 기구들을 직접 조작하고 작동해 볼 수 있는 오리건 과학산업박물관. OMNIMAX 영화관, 천문관, 해양관 등에서 다채로운 쇼를 즐길 수 있다.
부근의 SE Water Ave를 따라 유람선 및 제트보트를 탈 수 있는 선착장이 있다. 식사와 공연을 즐기면서 아름다운 포틀랜드 항구에서 여유로운 한때를 보낼 수 있다.

》 유람선 탑승
Portland Spirit
503-224-3900, 800-224-3901
www.portlandspirit.com
Sternwheeler Rose
503-388-0343, www.sternwheelerrose.com
Willamette Jet boat
503-231-1532, www.willamettejet.com

웨스트 힐스 West Hills

피톡 대저택 Pittock Mansion
3229 Northwest Pittock Drive, Portland
매일 11~16, 7~8월 10~16
성인 $8, 6~18세 $5
503-823-3623, www.pittockmansion.org

포틀랜드 일간지「The Oregonian」의 창립자인 헨리 피톡Henry Pittock이 1914년에 건설한 호화로운 복고풍의 대저택. 고지대에 위치하여 포틀랜드 시내 전경을 내려다볼 수 있다. 고가구, 가재도구, 그림 등이 진열되어 있다.

워싱턴 공원 Washington Park

Head of SW Park Place, Portland
503-221-3203, www.washingtonparkpdx.org

다운타운 뒤쪽 웨스트 힐스는 도심과 교외 지역을 가르는 화상 봉우리들로 여기에 전망 좋은 워싱턴 공원이 자리잡고 있다. 590여종의 장미를 볼 수 있는 국제 장미 품종 실험장International Rose Test Garden(400 SW Kingston Ave, 매일 7:30~21), 일본 정원Japanese Garden(611 SW Kingston Ave, 화~일 10~16, 월 12~16, 성인 $9.50, 6~17세 $6.75, www.japanesegarden.com), 10마일의 하이킹 트랙에서 삼림욕을 즐길 수 있는 호이트 수목원Hoyt Arboretum(503-865-8733, www.hoytarboretum.org), 세계 수목센터World Forestry Center(4033 SW Canyon Rd, 매일 10~17, 성인 $8, 3~18세 $5, 503-228-1367, www.worldforestry.org), 오리건 동물원Oregon Zoo (4001 SW Canyon Rd, 5~9월 8~18, 9~5월 9~16, 12~64세 $10.5, 3~11세 $7.5, 503-226-1561, www.oregonzoo.org), 어린이 박물관 Children's Museum(4015 SW Canyon Rd, 매일 9~17, 1인 $8, 503-223-6500, www.portlandcm.org) 등이 모여 있어 가족 단위 나들이나 소풍을 즐기기에 더할 나위 없이 좋은 곳.

놓칠 수 없다!

포틀랜드의 아름다운 다리

포틀랜드는 도심을 관통하는 윌러맷 강 위로 멋진 교량들이 놓여 아름다운 도시 풍경을 만들어낸다.

- St. Johns Bridge 고딕 첨탑이 돋보이는 포틀랜드 유일의 현수교. 샌프란시스코의 금문교를 설계한 사람이 만들었다.
- Fremont Bridge 미국에서 가장 긴 타이트 아치형 다리다.
- Broadway Bridge 포틀랜드에서 가장 긴 수평으로 열리는 개폐식 다리.
- Steel Bridge 수직으로 들어올려지는 2층 다리로 위쪽은 자동차와 MAX Light Rail이 다니고 아래쪽으로는 화물열차가 달린다.
- Burnside Bridge 매년 6월 포틀랜드 장미꽃 축제가 열리는 아름다운 다리다.
- Hawthorne Bridge 세계에서 가장 오래된 수직 개폐교이다.
- Marquam Bridge 오리건 주에서 가장 붐비는 다리로 유명하다.

올드타운 차이나타운 Old Town China Town www.oldtownchinatown.net

뉴욕의 소호SoHo 지구와 비견될 만한 곳으로 갤러리, 재즈바, 클럽, 식당 등이 몰려 있다.

란수 중국 정원
Lan Su Portland Classical Chinese Garden
4~10월 10~18, 7~8월 10~20,
11~3월 10~17
성인 $8.5, 6~18세 $6.5
503-228-8131
www.portlandchinesegarden.org
'난을 깨우는 정원Garden of Awakening Orchids'으로 명명된 중국 정원. 청초한 난의 떨림이 들리는 듯 잔잔한 고요가 흐르는 곳이다. NW Everett St과 NW 3rd Ave가 만나는 지점에 있다.

포틀랜드 토요 시장
Portland Saturday Market
108 W. Burnside St, Portland
503-222-6072, www.saturdaymarket.org
직접 만든 수공예품을 사고파는 장터로 1974년 개장 이래 주말이면 어김없이 시끌벅적한 장이 선다. 스키드모어 분수대Skidmore Fountain 주변으로 노상에서 펼쳐지는 각종 공연이 오가는 이들을 흥겹게 한다.

포틀랜드의 계절별 축제

다양한 축제가 열리는 포틀랜드는 일년 중 볼거리가 가장 풍성한 여름철에 방문하는 것이 좋다. 흐드러지게 핀 장미를 볼 수 있는 6월의 포틀랜드 장미 축제Portland Rose Festival(www.rosefestival.org), 7월 말 톰 맥콜 워터프런트 공원Tom McCall Waterfront Park에서 열리는 오리건 맥주 축제Oregon Brewers Festival(www.oregonbrewfest.com) 등은 포틀랜드를 맥주와 자전거, 꽃의 도시City of Beers, Bikes, Blooms로 알려지게 할 정도로 명성이 자자하여 해마다 각지의 사람들을 불러모으는 포틀랜드의 대표적인 축제다. 또한 2월에 열리는 포틀랜드 국제 영화제Portland International Film Festival(www.nwfilm.org), 7월 초에 열리는 워터프런트 블루스 축제Waterfront Blues Festival(www.waterfrontbluesfest.com)도 놓치기 아쉬운 행사들이다. 이밖에 유명한 것으로 포틀랜드에서 남쪽으로 약간 떨어진 애쉬랜드Ashland에서 열리는 오리건 셰익스피어 축제Oregon Shakespeare Festival(www.osfashland.org)가 있다. 2월에서 10월 중에 780회가 넘는 공연이 올려지는데 현대적으로 재해석한 셰익스피어극을 만날 수 있는 좋은 기회가 된다.

기타

그로토 국립묘지 The Grotto-National Sanctuary of Our Sorrowful Mother
8840 NE Skidmore St, Portland
503-254-7371, www.thegrotto.org
NE 85th Ave와 Sandy Blvd가 만나는 곳에 있는 가톨릭 성당. 동굴 안쪽 절벽에 미켈란젤로의 걸작 피에타Pieta를 모사한 마리아상이 있다. 엘리베이터를 타고 절벽 꼭대기로 올라가면 캐스케이즈 산맥과 마운트 세인트 헬렌스가 연출하는 장관을 볼 수 있다.

이스트뱅크 산책로 Eastbank Esplanade
SE Water Ave & Hawthorne Blvd
윌러맷 강둑을 따라 스틸 브리지Steel Bridge와 호손 브리지Hawthorne Bridge 사이에 1.5마일에 걸쳐 산책로와 자전거 통행로가 마련되어 있다. 가볍게 운동 및 도보를 즐기러 나온 사람들을 많이 만날 수 있다. 강과 조화를 이룬 포틀랜드의 도심 풍경을 가장 잘 감상할 수 있는 곳이다.

오리건 스포츠 명예의 전당과 박물관
Oregon Sports Hall of Fame and Museum
8500 Southeast McLoughlin Blvd, Portland
503-227-7466, www.oregonsportshall.org
오리건 주가 배출한 유명 운동선수들의 진기록, 사진, 트로피 등을 전시했다.

크리스탈 스프링스 진달래 정원
Crystal Springs Rhododendron Garden
SE Woodstock Blvd & SE 28th Ave, Portland
503-823-3640
3월에서 6월 사이 만개하는 철쭉과 진달래를 볼 수 있는 곳으로, 탄성을 자아낼 만큼 아름답다.

2 오리건 중동부

웜스프링스 인디언 보호 구역 Warm Springs Indian Reservation
1233 Veterans St, Warm Springs, 541-553-1161, www.warmsprings.com
데스추트 강 동서부에서 캐스케이즈 산맥으로 이어진 지역에 인디언 부족 셋이 모여 사는 보호 구역이 있다. 웜스프링스 보호 구역 부족 연합 사무실에서 관련 정보를 구할 수 있으며, 데스추트 강에서 래프팅을 하거나 웜스프링스 박물관Warm Springs Museum(성인 $7, 13~18세 $4.5, 5~12세 $3.5, 541-553-3338, www.museumatwarmsprings.org)에서 아메리카 원주민의 모든 것을 볼 수 있다.

마운트 바첼러 Mount Bachelor
13000 SW Century Dr, Bend
541-382-2442, www.mtbachelor.com
데스추트 국유림Deschutes National Forest과 캐스케이즈 산맥을 경계로 하는 벤드Bend 지역에서 남서쪽으로 22마일을 가면 대자연 속에서 스키를 즐길 수 있는 마운트 바첼러Mount Bachelor를 만나게 된다. 스키 외에 낚시, 캠핑, 승마 등을 즐기고 싶다면 다양한 리조트 시설이 마련되어 있는 선 리버Sun River가 바로 가까이에 있으므로 함께 둘러볼 수 있는 여행 일정을 짜면 좋다.

뉴베리 화산 준국립공원 & 데스추트 국유림
Newberry National Volcanic Monument & Deschute National Forest
1001 SW Emkay Dr, Bend
541-593-2421, www.fs.fed.us
벤드Bend에서 97번 국도 남쪽으로 내려가면 울창한 산림이 우거진 데스추트 국유림Deschute National Forest을 지난다. 7천 년 전 뉴베리Newberry 화산 폭발로 용암이 분출되어 500피트 높이의 화산재가 쌓인 라바 뷰트Lava River Cave, 2개의 칼데라호Caldera Lake, 뉴베리 분화구NewBerry Crater 등을 차례로 볼 수 있다.

하이 데저트 박물관 High Desert Museum
59800 S. Hwy.97, Bend
성인 $10~15, 5~12세 $9~12
541-382-4754
www.highDesertmuseum.com
오리건 주의 역사와 함께 갖가지 야생 동물을 볼 수 있는 곳으로, 벤드에서 97번 국도를 이용하여 남쪽으로 3.5마일 정도 내려가면 된다.

존 데이 화석층 내셔널 모뉴먼트
John Day Fossil Beds National Monument

32651 Highway 19, Kimberly 541-987-2333, www.nps.gov/joda
모피 사냥 원정대원이었던 존 데이의 이름을 딴 이 지역은 달 여행을 떠나온 듯한 기이한 체험을 할 수 있는 곳이다. 블루 베이슨 트레일Blue Basin Trail을 따라 떠나는 하이킹은 3천만 년 전에 만들어진 각양각색의 언덕들과 켜켜이 쌓인 지층들로 달표면을 걷는 착각마저 불러일으킨다. 근처 노스포크 존데이 강North Fork John Day River에 야영장이 있다.

마운트 후드 국유림
Mount Hood National Forest

11,239피트의 후드 산은 오리건 주에서 가장 높은 산으로 포틀랜드 근방 어디에서나 만년설이 쌓인 산의 자태를 볼 수 있다. 마운트 후드 루프Mount Hood Loop, 팀버라인 라지Timberline Lodge, 티모시 호수Timothy Lake 등이 가볼만하며 주로 스키를 즐기러 오는 사람들이 많다.

관광 정보 16400 Champion Way, Sandy, 503-668-1700, www.fs.fed.us

컬럼비아 강 협곡 3

컬럼비아 강 협곡은 워싱턴 주와 오리건 주의 경계를 이루는 절경으로 알려져 있다.

크라운 포인트 주립공원 Crown Point State Park
503-695-2261, www.oregonstateparks.org
Hwy 30과 역사를 같이하는 협곡 서쪽 입구의 팔각형 비스타 하우스 Vista House (40700 E Historic Columbia River Hwy, Corbett, 503-695-2230, www.vista-house.com)에 서면 컬럼비아 강의 멋스런 경치가 한 눈에 들어온다. 오랜 세월 강바람에 시달려 보수공사가 진행 중이며 이로 인해 하절기인 4월 중순에서 10월 중순 사이에만 문을 연다.

멀트노마 폭포 Multnomah Falls
503-695-2372, www.multnomahfallslodge.com
포틀랜드에서 동쪽으로 Troutdale을 지나 컬럼비아 강 유역에서 만나게 되는 멀트노마 폭포는 620피트의 높이에서 떨어지는 폭포가 장관을 이루는 곳으로, 폭포 주변으로 산책로가 마련되어 있다.

캐스케이드 록 해상 공원
Cascade Locks Marine Park
541-374-8484, www.cascadelocks.net
Cascade Locks에 있는 해상 공원. 컬럼비아 강을 따라 조성된 산책로를 걷거나 박물관을 구경할 수 있다. 또 'Columbia Gorge'라는 유람선을 타고 안내 설명을 들으면서 2시간 동안 컬럼비아 강을 오가는 관광을 즐길 수도 있다.

4 오리건 해안

오리건 듄스 국립 휴양지
Oregon Dunes National Recreation Area
855 Hwy. 101, Reedsport, 541-271-3611
플로렌스Florence에서 노스벤드North Bend까지 태평양 해안선을 따라 40마일에 이르는 모래언덕이 사막처럼 펼쳐져 있는 오리건 듄스 국립 휴양지Oregon Dunes National Recreation Area는 색다른 캠핑과 하이킹을 즐길 수 있는 곳이다.

애스토리아 Astoria
오리건 주의 최북단 컬럼비아 강 초입에 위치한 애스토리아 지역은 370마일에 이르는 오리건 해안 자전거 도로Oregon Coast Bike Route가 시작되는 곳이다. 북쪽의 워싱턴 주를 연결하는 애스토리아-메글러 다리Astoria-Megler Bridge, 컬럼비아 강에 얽힌 오리건 주의 역사를 배울 수 있는 해양 박물관Columbia River Maritime Museum(1792 Marine Dr, Astoria, 성인 $10, 6~17세 $5, 503-325-2323, www.crmm.org), 1880년대 빅토리아 퀸앤 양식으로 지어진 플라벨 하우스 박물관Flavel House Museum(8th St and Duane St, Astoria, 5~9월 10~17, 10~4월 11~16, 성인 $5, 어린이 $2, 503-325-2203, www.oldoregon.com), 125피트 높이의 기둥 둘레를 감고 올라가면서 그려진 14개의 벽화가 인상적인 애스토리아 컬럼Astoria Column(503-325-2963, www.astoriacolumn.org) 등이 있다. 아름다운 태평양 해안선이 펼쳐지는 Fwy 101을 따라 남쪽으로 내려가면 Fort Clatsop National Memorial(503-861-2471, www.nps.gov/lewi)에 당도하는데 초기 북서부의 탐험 역사를 이끈 Lewis와 Clark 일행이 머물렀던 것으로 전해지는 통나무집을 볼 수 있다.

야생 사파리 Wildlife Safari
1790 Safari Rd, Winston
매일 9~17, 13세 이상 $18, 4~12세 $12
541-679-6761, www.wildlifesafari.net
Rosebug에서 6마일 가량 떨어진 Winstorn에 있는 야생 사파리로 자연 방사된 동물들을 직접 운전해 가면서 차 안에서 볼 수 있는 곳이다.

캐논 비치 Cannon Beach
503-436-2623, www.cannonbeach.org
846년에 침몰한 범선 '더 샤크The Shark' 호에 있던 대포가 해안가로 떠내려온 것에서 이름을 따온 캐논 비치는 씨사이드Seaside에서 남쪽으로 9마일 가량 떨어진 곳에 있다. 모래 해변가를 따라 크고 작은 바위들을 볼 수 있는데 그중 '바다 정원Marine Garden' 으로 지정, 보호되고 있는 헤이스택 바위Haystack Rock는 높이가 235피트로 세계에서 가장 큰 바위로 알려져 있다.

오리건 남부 5

오리건에서 가장 아름다운 지역으로 손꼽히는 남부 지역은 계곡과 클래머스 분지, 크레이터 호수 등이 이뤄내는 절경과 즐거운 축제 등으로 유명하다.

스틴스 산 Steens Mountain
거대한 단층지괴 산맥 속에 빙하로 인해 조성된 U자 계곡이 있고, 한쪽으로는 고산 초목지대가 펼쳐지다가 갑자기 사막 지역을 만나게 되는 변화 무쌍한 곳이다. 66마일에 이르는 자갈 도로 스틴스 마운틴 루프 로드Steens Mountain Loop Road 끝에 휴양지가 있다. 잭맨 파크Jackman Park(541-573-4400)는 36개의 야영지를 갖추고 있다.

오리건 동굴 내셔널 모뉴먼트
Oregon Caves National Monument
19000 Caves Hwy, www.nps.gov/orca
541-592-4076, 541-592-2100
일리노이 강 계곡에 위치한다. 3마일에 이르는 긴 동굴로 안쪽에 스틱스 강이 흐르며, 가이드가 안내하는 동굴 탐험 프로그램도 있다.

애쉬랜드 Ashland
541-482-3486, www.oregoncitylink.com/ashland
2월에서 10월까지 이어지는 셰익스피어 축제로 유명한 오리건 문화의 중심지다. 도심 곳곳이 셰익스피어 시대의 분위기를 본뜬 분위기로 장식되어 있고, 리디어 파크 Lithia Park에서 대부분의 콘서트와 행사들이 열린다.

6 Willamette Valley 윌래멋 밸리

유진 Eugene 541-484-5307, www.travellanecounty.org

윌래멋 강Willamette River과 매킨지 강McKenzie River이 합류하는 곳에 위치한 유진은 오리건 주에서 두 번째로 큰 도시다. 스프링필드Springfield가 인접해 있고 서쪽으로는 시우스로 국유림Siuslaw National Forest을 따라 '101 Miracle Miles'라는 환상적인 해안가가 펼쳐지고 동쪽으로는 윌래멋 국유림Willamette National Forest을 따라 대자연의 경이로움을 느낄 수 있는 맥켄지 길McKenzie Pass이 이어진다. 세계적인 스포츠용품 나이키의 본고장이기도 한 유진에는 오리건 주를 대표하는 오리건 대학University of Oregon이 있다.

헤세타 헤드 등대 Heceta Head Lighthouse
92072 Hwy. 101 S. Yachats
866-547-3696, www.hecetalighthouse.com
등대 위에 올라 해안과 절벽이 연출하는 멋진 비경을 볼 수 있는 곳으로, 플로렌스Florence에서 북쪽으로 12마일 가량 올라가면 된다.

시우스로 국유림 Siuslaw National Forest
4077 SW Research Way, P.O. Box 1148 Corvallis
541-750-7000, www.fs.fed.us/r6/siuslaw
오리건 해안가Oregon Coast를 따라 틸라무크Tillamook에서 쿠스베이Coos Bay까지 이어진 국유림이다. 캠핑, 하이킹, 보트타기, 낚시 등 다양한 위락 시설이 마련되어 있다.

바다사자 동굴 Sea Lion Caves
91560 Hwy. 101 N, Florence
541-547-3111, www.sealioncaves.com
기네스북에 오른 세계에서 가장 큰 바다 동굴로 유진에서 차로 약 2시간 정도 걸리는 플로렌스 Florence에 있다. 물개과에 속하는 바다사자Steller Sea Lion의 서식지로, 동절기에는 주로 동굴 안에서 생활하고 하절기에는 동굴 밖에서 지낸다. 엘리베이터를 타고 208피트 밑으로 내려가 동굴 내부를 들여다볼 수 있다.

세일럼 Salem 503-581-4325, www.travelsalem.com

초기 개척자들의 정착지가 됐던 포틀랜드와 유진Eugene 사이의 기름진 땅, 윌래멋 밸리의 한 가운데 위치하고 있는 세일럼은 오리건의 주도로 성서적 의미의 '평화'를 뜻한다. 둥근 지붕 위에 금박 동상이 서 있는 주정부 청사 Oregon State Capitol를 비롯하여 북서부에서 가장 오래된 대학인 윌래멋 대학Willamette University, 초기 개척의 역사를 담고 있는 할리포드 예술 박물관Hallie Ford Museum of Art(Willamette University 소재, 900 State St, Salem, 503-370-6300, http://www.willamette.edu)과 미션밀 박물관Mission Mill Museum(1313 Mill St, SE Salem, 월~토 10~17, 성인 $6, 6~17세 $3, 503-588-9902, www.missionmill.com) 등 유서 깊은 장소가 많다.

실버 폴스 주립공원 Silver Falls State Park
20024 Silver Falls Hw Southeast, Sublimity 503-873-8681

오리건 주에서 가장 큰 주립공원으로 세일럼에서 동쪽으로 26마일 떨어진 실버톤Silverton에 있다. 10개의 폭포를 따라 산책로가 마련되어 있어 하이킹을 즐기러 오는 사람들이 많다.

매켄지 강 계곡 McKenzie River Valley
오리건 주에서 가장 짜릿한 경관을 즐길 수 있는 곳이다. 매켄지 마을McKenzie Village을 관문으로 하여 북쪽 피시 호수까지 이르는 26마일의 매켄지 국립 휴양 트레일McKenzie National Recreation Trail의 멋진 경관을 체험해 보자. 유진에서 91번 버스로 트레일 입구까지 갈 수 있다. 비지터 센터(541-822-3381)와 파라다이스 캠프그라운드Paradise Campground(877-444-6777)에서 하이킹과 래프팅, 숙박 정보를 구할 수 있다.

크레이터 레이크 국립공원
Crater Lake National Park

유리처럼 투명하고 푸른 호수

여름철 강우량보다는 11월부터 다음 해 3월 사이의 강설량이 연 평균 50피트나 되어 호수의 수량을 유지하고 있다. 가장 깊은 곳이 1,932피트. 겨울철에는 산 전체가 눈으로 덮이지만 호수는 지난 1949년에 한 번 얼어붙은 이후 매년 얼지 않고 겨울을 나며, 지상에서 들어오는 물이 없어서 그 유례를 찾지 못할 정도로 투명하고 깨끗하다. 일반 호수의 경우 120피트 이상의 깊이에는 태양 빛이 들어가지 못해 이끼가 살지 못하는데, 이곳은 700피트 깊이에도 이끼가 서식하여 학계를 놀라게 했다.

화산 폭발 후 생긴 분화구 호수

오리건 주 서남쪽 캐스케이즈 산맥 남단에 있는 크레이터 레이크Crater Lake 국립공원은 '크레이터' 라는 이름이 말해 주듯 화산 폭발 뒤 분화구에 물이 고여 생긴 호수로 엄청난 깊이와 짙은 푸른 물의 신비로움이 가득한 곳이다.

약 7000년 전 마자마Mazama 산이 몇 차례의 크고 작은 폭발을 일으킨 후 150년이 지나 막대한 양의 화산재와 가스를 분출하면서 거대한 산정은 사라지고 직경 6마일에 4,000피트나 되는 깊고 무시무시한 분화구만 남게 됐다. 당시 화산재가 캐나다에서부터 네바다 주까지 퍼졌으며, 오리건 주의 5천 평방마일에 달하는 광범위한 지역이 6인치나 화산재로 덮였다. 폭발 규모는 1980년의 세인트 헬렌스 화산에 비해 42배나 컸다. 대폭발이 끝난 뒤에도 몇 세기에 걸쳐 분화구 내부에서는 수 차례의 소규모 폭발과 가스 분출이 계속됐다. 그 중 하나가 현재 물 위에 솟아 있는 위저드Wizard 섬인데 아직도 바닥 몇 군데에서 가스 분출이 계속되지만 호수의 크기에 비해 너무나 적어 그 현상이 무시될 뿐이다.

1902년 국립공원 지정

크레이터 레이크가 국립공원으로 지정되기까지는 윌리엄 스틸William Steel의 헌신적인 노력이 컸다. 1870년 16세 때 크레이터 레이크 사진이 실린 신문 기사를 보고 이에 매혹되었던 그는 15년 후 크레이터 레이크를 직접 찾았다. 그는 이 천연의 장관을 보호하기 위해 대통령과 의원들을 17년이란 오랜 세월 동안 끈질기게 설득하였고, 그 결과 1902년 5월 22일 국립공원으로 지정됐다. 호수 안의 섬 이름을 '위저드'라고 정하고 여섯 종류의 물고기를 호수에 투입, 생태를 지켜보고 또 호수 가장자리를 순회하는 관광도로 건설, 그리고 공원의 책임자로서 오랜 세월에 걸친 노력 등 윌리엄 스틸의 일생은 이 공원과 분리할 수 없다. 호수 주위를 일주하는 림 드라이브Rim Drive는 길이가 33마일밖에 안 되지만, 공원 내의 수많은 기암절벽과 호수가 만들어 내는 신기한 풍경을 골고루 구경할 수 있게 다듬어졌다.

시노트 기념 전망대 Sinnott Memorial Overlook

공원의 남쪽 입구인 Rim Village의 Visitor Center 옆, 절벽에 만들어진 전망대에 서면 호수 전경을 바라볼 수 있고, 발 아래 짙은 푸른색의 호수에 빨려 들어갈 것 같이 아찔하다.

캐스케이즈 산맥 중에 있는 국립공원에 있는 호수로 약 7000년 전 마자마(Mazama)산정이 화산 폭발로 날아간 자리에 생긴 화구호다.

디스커버리 포인트 Discovery Point
1853년 백인들이 처음 이 호수를 발견한 지점. 여기서 다시 호수 가장자리의 높은 산 하나를 돌아가면 위저드 섬을 바로 밑으로 내려다볼 수 있는 지점이 있다.

위자드 섬 Wizard Island
수면 위로 764피트 솟은 이 섬은 마자마 산 폭발에 의하여 형성된 분화구 속에서 용암의 분출로 인해 생긴 것으로 '마녀의 모자' 같다고 해서 이런 이름이 붙여졌다.
이곳에서는 북쪽으로 호수 가장자리에 높이 솟은 힐먼 봉우리(8,156피트)의 최고 지점을 볼 수 있고, 오른편 멀리 거칠게 굳어버린 용암들이 형성하는 리오Liao바위라고 불리는 절벽이 보인다.
여기서 얼마 가지 않아 길은 두개로 갈라지는데, 왼쪽이 공원의 북쪽 출입구로 빠져나가는 길이며, 도중에 침엽수로 둘러싸인 광활한 광경을 보여주는 퍼미스Pumice 사막이 있다.

팬텀십 Pantom Ship
물 위를 달리는 돛배처럼 생긴 이 섬은 수면에서 160피트 높이, 40만 년 전의 화산으로 마자마 산 밑에 잠겼다가 대폭발 때 모습을 드러낸 신기한 산봉우리. 다음에 나타나는 전망대인 커 노취Kerr Notch를 지나면 림 빌리지Rim Village에 도착하기까지 길은 주로 내륙 쪽을 달리게 된다.

여름철에는 관광보트 운항
클리트우드 림 빌리지Cleetwood - Rim Village 바로 반대쪽에 있는 클리트우드 선착장의 절벽 위 주차장. 7~9월의 여름철에 아침 10시부터 4시까지 매시간마다 위저드 섬을 거쳐 호수를 일주하는 2시간 코스의 관광선(성인 $28, 3~11세 $18, 888-774-2728, www.craterlakelodges.com)이 운행된다.
호수의 동쪽 길가에는 서쪽에 비해 높은 전망대들이 많아서 또 다른 풍경을 즐길 수 있다. 그중 클라우드 캡Cloudcap 전망대에서는 호수의 전경을 한눈에 볼 수 있다.

관광 정보
입장료는 차량 1대당 $10
www.nps.gov/crla
Steel Visitor Center 541-594-3000
Rim Visitor Center 541-594-3090

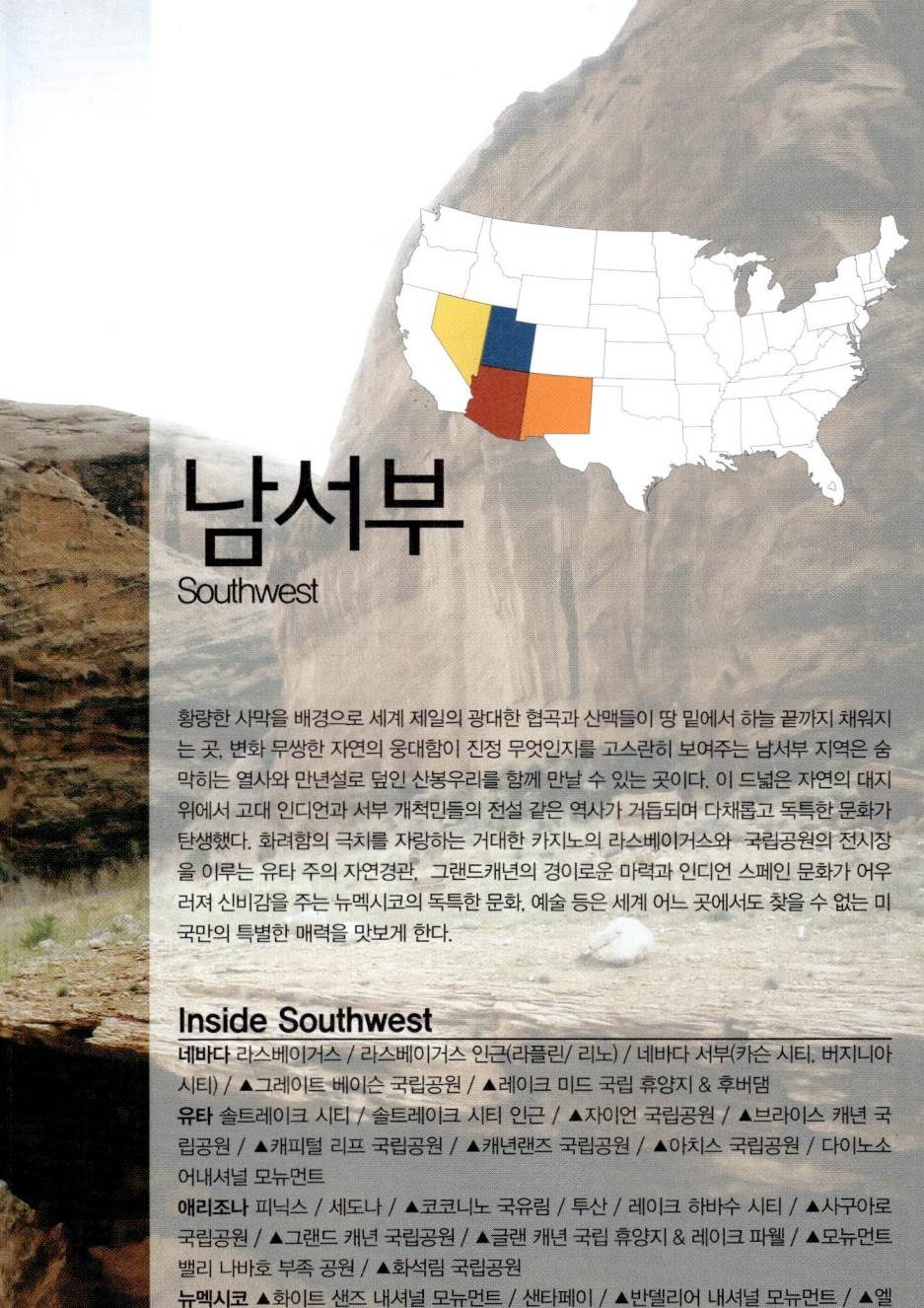

남서부
Southwest

황량한 사막을 배경으로 세계 제일의 광대한 협곡과 산맥들이 땅 밑에서 하늘 끝까지 채워지는 곳, 변화 무쌍한 자연의 웅대함이 진정 무엇인지를 고스란히 보여주는 남서부 지역은 숨막히는 열사와 만년설로 덮인 산봉우리를 함께 만날 수 있는 곳이다. 이 드넓은 자연의 대지 위에서 고대 인디언과 서부 개척민들의 전설 같은 역사가 거듭되며 다채롭고 독특한 문화가 탄생했다. 화려함의 극치를 자랑하는 거대한 카지노의 라스베이거스와 국립공원의 전시장을 이루는 유타 주의 자연경관, 그랜드캐년의 경이로운 마력과 인디언 스페인 문화가 어우러져 신비감을 주는 뉴멕시코의 독특한 문화, 예술 등은 세계 어느 곳에서도 찾을 수 없는 미국만의 특별한 매력을 맛보게 한다.

Inside Southwest

네바다 라스베이거스 / 라스베이거스 인근(라플린 / 리노) / 네바다 서부(카슨 시티, 버지니아 시티) / ▲그레이트 베이슨 국립공원 / ▲레이크 미드 국립 휴양지 & 후버댐

유타 솔트레이크 시티 / 솔트레이크 시티 인근 / ▲자이언 국립공원 / ▲브라이스 캐년 국립공원 / ▲캐피털 리프 국립공원 / ▲캐년랜즈 국립공원 / ▲아치스 국립공원 / 다이노소어내셔널 모뉴먼트

애리조나 피닉스 / 세도나 / ▲코코니노 국유림 / 투산 / 레이크 하바수 시티 / ▲사구아로 국립공원 / ▲그랜드 캐년 국립공원 / ▲글랜 캐년 국립 휴양지 & 레이크 파웰 / ▲모뉴먼트 밸리 나바호 부족 공원 / ▲화석림 국립공원

뉴멕시코 ▲화이트 샌즈 내셔널 모뉴먼트 / 샌타페이 / ▲반델리어 내셔널 모뉴먼트 / ▲엘모로 & 엘 맬피스 내셔널 모뉴먼트 / ▲칼스배드 캐번스 국립공원

NEVADA
네바다

불야성을 키워낸 광활한 대자연

네바다는 스페인어로 '눈으로 뒤덮인 곳'을 의미한다.
화려한 욕망과 환락의 별천지이며 꿈꾸는 것은 무엇이건 이룰 수 있는 환상의 세계를 떠올리게 만드는 네바다지만, 라스베이거스Las Vegas와 리노Reno, 러플린Laughlin, 메스키트Mesquite 같은 도박의 도시들은 광활한 사막의 고즈넉한 매력을 품어 안은 대분지Greate Basin의 고독이 존재하기 때문에 위에서 별처럼 반짝일 수 있다.
네바다 주의 유일한 국립공원인 그레이트 베이신 국립공원Great Basin National Park, 인공호수로는 세계에서 가장 크다는 미드 호수Lake Mead, 라스베이거스 성장의 원동력이 된 수력발전소 후버댐Hoover Dam 등은 네바다의 삶을 바닥에서 떠받치는 대자연의 위용을 전해 준다.
네바다 주의 역사와 전설이 담긴 드라이빙 루트를 따라 끝없이 뻗은 사막을 달리다 보면 어느새 네바다 주만의 독특한 매력에 흠뻑 빠지게 된다.
혼자만의 철저한 고독을 맛보고 싶다면 석양을 뒤로 하고 '미국에서 가장 외로운 하이웨이The Loneliest Road in America'인 Hwy. 50을 달려보자. 혹은 광활한 사막 어디에선가 문득 외계인과 조우할 수도 있다는 설레임을 안고 북쪽 375번 '우주인 도로The Extraterrestrial Hwy.'를 달리며 네바다의 가슴 한복판으로 곧장 들어가 보자.

주도 카슨 시티
별칭 실버 스테이트 Silver State
명물 라스베이거스 카지노, 호텔의 숲, 웨딩 채플, 분지와 산맥, 후버댐, 고독한 하이웨이
네바다 주 관광청 775-687-4322, www.travelnevada.com

1 라스베이거스
언제든 누구에게든 허락된 환상 Las Vegas

일확천금의 꿈을 안고 네바다의 사막을 달려온 각지의 사람들을 반기는 라스베이거스는 도박과 엔터테인먼트의 천국이다. 은광의 전성기를 마감하고 대공황기를 맞은 1931년, 생존을 위해 도박을 합법화하면서 라스베이거스는 황량한 사막 한가운데 떠오른 별처럼 휘황찬란한 불야성의 신천지로 변신했다.

전 세계 네온사인의 전시장이랄 만큼 찬란한 야경이 유명한 곳으로 수많은 카지노에서 펼쳐지는 도박, 호화로운 공연, 서커스와 마술쇼, 그리고 다양한 먹거리와 볼거리를 갖춘 식당과 상점이 즐비하여 24시간 지치도록 놀 수 있다. 21세 이상이면 누구에게나 도박이 허용된다.

하지만 라스베이거스는 단순히 '도박의 메카'일 뿐만 아니라 대형 회의장과 초호화 공연장을 갖춘 호텔들로 다양한 공연 및 문화예술 행사, 세계적인 규모의 컨벤션이 열리는 장소로 자리매김하고 있다.

또한 미국에서 가장 쉽고 빠르게 결혼식을 치를 수 있는 곳으로 유명하여 어디를 가나 아담하게 단장한 웨딩 채플을 흔히 볼 수 있다. 차에 탄 채로 식을 올리는 초스피드 결혼식에서부터 초호화판 야외 결혼식에 이르기까지 시간을 불문하고 결혼식이 이어져 매일 평균 150쌍, 일년에 12만 명이 넘는 신혼부부가 탄생한다.

관광 정보
라스베이거스 관광국 702-892-0711, www.visitlasvegas.com

교통 정보
LAS, McCarran International Airport
5757 Wayne Newton Blvd, Las Vegas
702-261-5211, www.mccarran.com
그레이하운드 Greyhound
200 S. Main St, Las Vegas, 702-384-9561,
www.greyhound.com
Las Vegas Monorail 702-699-8200, www.lvmonorail.com

기타 정보
라스베이거스 한인회 702-731-5575

호텔 및 카지노

라스베이거스의 호텔은 각각 특징적인 멋과 매력을 지니고 있어 호텔의 안과 밖이 모두 관광거리다. 거의 모든 호텔이 반드시 카지노를 거쳐야만 식당이나 쇼핑몰로 갈 수 있도록 배치하여 누구나 한번쯤 도박에 운명을 걸어 보고 싶도록 끊임없이 유혹한다.

미국 최대 규모의 호텔 순위 20개 중 18개가 라스베이거스에 있으며, 총 10만여 개의 룸이 있어 뉴욕과 시카고의 호텔 룸을 모두 합친 것보다 훨씬 더 많다.

라스베이거스는 두 개의 지역으로 나뉜다. 라스베이거스의 최대 중심가가 되는 스트립The Strip과 카지노 센터 Casino Center로 불리는 다운타운 지역이다.

스트립은 Las Vegas Blvd를 따라 Sahara Ave에서 남쪽으로 Tropicana Ave까지 고급 호텔 및 카지노가 대거 밀집해 있는 거리를 지칭한다. 다운타운 지역은 Las Vegas Blvd를 남북으로 가르는 Fremont St를 따라 이어지는 환락가로 스트립에 비해 규모는 작지만 초창기 카지노의 중심 무대가 됐던 곳으로 또 다른 분위기의 카지노를 만날 수 있다.

스트립 지역

- ARIA Resort & Casino 702-590-7111, 866-359-7757, www.arialasvegas.com
- Bally's Las Vegas 702-739-4111, 800-634-3434, www.ballyslasvegas.com
- Bellagio 702-693-7111, 888-987-6667, www.bellagio.com
  라스베이거스에 있는 호텔 중 가장 우아한 분위기를 풍긴다. 매 30분 간격으로 음악에 맞춰 춤을 추듯 휘날리는 분수쇼가 유명하다.
- Caesars Palace 702-731-7110, 800-634-6661, www.caesarspalace.com
  1966년 처음 문을 연 이후 오랫동안 가장 명성을 떨쳤던 호텔. 정문 입구 줄리어스 시저Julius Caesar의 동상이 상징이며 2003년 문을 연 4,100석의 콜로세움 극장The Colosseum에서는 유명인들의 각종 공연과 쇼가 이어진다.
- Circus Circus Hotel, Casino and Theme Park 702-734-0410, www.circuscircus.com
- Cosmopolitan of Las Vegas 702-698-7000, www.cosmopolitanlasvegas.com
- Encore at Wynn Las Vegas 702-770-8000, 877-321-9566, www.encorelasvegas.com
- Excalibur Hotel and Casino 702-597-7777, 800-937-7777, www.excalibur.com

중세 유럽 기사도의 무용담을 전해 주듯 붉고 푸른 뾰족탑을 가진 성들로 이뤄진 엑스캘리버 호텔은 마치 동화 속 나라처럼 느껴진다.
- Flamingo Las Vegas 702-733-3111, 800-732-2111, www.flamingolasvegas.com
- Harrah's Las Vegas Hotel and Casino 702-369-5000, www.harrahslasvegas.com
- Luxor Hotel and Casino 702-262-4000, 800-288-1000, www.luxor.com

정교하고 거대하게 세워진 피라미드, 스핑크스, 오벨리스크 등으로 고대 이집트에 와 있는 듯한 착각을 불러일으킨다. 밤에는 피라미드 꼭대기에서 하늘을 향해 뻗어 올라가는 레이저 광선이 신비한 분위기를 연출한다.
- Mandalay Bay Resort & Casino 702-632-7777, 877-632-7000, www.mandalaybay.com

열대 남국의 정취가 느껴지는 호텔.
- MGM Grand Hotel and Casino 702-891-1111, 800-929-1111, www.mgmgrand.com

축구장 4개를 만들고도 남을 만한 17만 스퀘어피트의 카지노와 5천여 개의 객실이 가득 찬 MGM 그랜드 호텔은 이름만큼이나 실로 거대하다. 상징처럼 서 있는 사자상이 인상적이다.
- Mirage 702-791-7111, 800-627-6667, www.mirage.com

야자수 및 관목 등으로 꾸며져 열대우림을 연상케 하는 Secret Garden으로 유명하다. 수족관과 열대 동물원이 있으며 매 15분마다 분출하는 인공 화산이 유명하다.
- Monte Carlo Hotel and Casino 702-730-7777, www.montecarlo.com

모나코의 몬테카를로를 재현해낸 듯 로마네스크 양식의 아치형 계단과 분수 등에서 격조 높은 유럽의 분위기를 느낄 수 있다.

Excalibur Hotel

Treasure Island

Paris Las Vegas

- New York-New York Hotel and Casino 702-740-6969, www.nynyhotelcasino.com
  자유의 여신상Statue of Liberty, 브루클린 브리지Brooklyn Bridge, 엠파이어 스테이트 빌딩Empire State Building 등을 똑같이 본떠 만들어 놓았고, 카지노 내부 또한 뉴욕 거리를 모방하여 볼거리를 더한다. 맨해튼 익스프레스Manhattan Express라 불리는 롤러코스터는 인기 만점.
- Paris Las Vegas 702-946-7000, 888-266-5687, www.parislasvegas.com
  프랑스 파리의 축소판이라 해도 무색하지 않을 정도로 정교하게 만들어진 에펠탑Eiffel Tower, 개선문Arc de Triomphe 등이 오가는 이의 시선을 사로잡는다. 50층으로 된 에펠탑 전망대에 오르면 스트립The Strip 거리가 환히 내려다보인다.
- Planet Hollywood Resort and Casino 702-785-5555, www.planethollywoodresort.com
- Riviera Hotel & Casino 702-734-5110, 800-634-6753, www.rivierahotel.com
- Stratosphere Casino and Hotel 702-380-7777, www.stratospherehotel.com
  1,149피트 높이의 스트래터스피어 타워 전망대가 눈길을 끄는 곳으로 High Roller, Big Shot 등의 놀이기구를 탈 수 있다.
- TI, Treasure Island 702-894-7111, 800-944-7444, www.treasureisland.com
  오후가 되면 매 90분 간격으로 호텔 앞에서 펼쳐지는 무료 공연으로 유명하다. 보물을 찾아나선 해적들의 항해 및 결투를 내용으로 하는데 박진감이 넘친다.
- Tropicana Las Vegas 702-739-2222, 800-634-4000, www.troplv.com
- Venetian Resort, Hotel and Casino 702-414-1000, 877-283-6423, www.venetian.com
  이탈리아 베니스를 닮은 곳으로 곤돌라까지 탈 수 있어 라스베이거스에 있는 호텔 중 가장 낭만적인 기분을 느낄 수 있다. 시간적 여유가 있다면 호텔 안에 구겐하임 허미티지 박물관이 있으므로 들러보는 것이 좋다.
- Wynn Las Vegas 702-770-7000, 888-320-9966, www.wynnlasvegas.com
  카지노의 제왕 스티브 윈의 4번째 야심작으로 최고급 럭셔리 호텔로 지어져 세계 명품 숍이 호텔 내에 자리하고, 고급차인 페라리 숍도 있다. 새로운 쇼인 Le Rave와 Avenue Q 공연이 새롭게 주목 받고 있다

놓칠 수 없다!

라스베이거스의 새로운 시설들

시티센터 CityCenter
www.citycenter.com
벨라지오와 몬테카를로 사이에 자리잡은 82,000여 평 규모의 대규모 복합 단지로 아리아 리조트 앤 카지노, 크리스탈, 만다린 오리엔탈, 비다라, 비어 타워, 하몬 호텔까지 총 6개의 건물이 있다. 엠지엠 미라지와 두바이 월드의 자회사 월드 디벨롭먼트 사의 50:50 합작 투자로 이뤄졌다.

아리아 리조트 앤 카지노
ARIA Resort & Casino
702-590-7111, www.arialasvegas.com
시티 센터 내에서 유일하게 카지노가 가능한 호텔로 4천만 달러를 투입한 파인 아트 프로그램, 16개의 레스토랑, 62개의 룸을 갖춘 스파 등 최고급 시설을 자랑한다.
로큰롤의 황제 엘비스 프레슬리의 삶과 음악을 바탕으로 만들어낸 "비바 엘비스!"가 볼거리. 태양의 서커스 팀이 라스베이거스에서 7번째로 선보이는 거대한 쇼다.

만다린 오리엔탈 Mandarin Oriental
702-590-8888, www.mandarinoriental.com
400개의 호텔 룸과 227개의 레지던스를 가진 47층짜리 논게이밍non gaming 리조트로 240평의 연회장, 760평의 2층짜리 스파 등을 갖추었다.

비다라 호텔 & 스파
Vdra Hotel & Spa
866-745-7767, www.vdara.com
엠지엠 미라지가 소유 및 운영하는 1,495개의 스위트룸 및 콘도, 57층 전 빌딩 금연 및 논게이밍 호텔로 280여 평의 컨퍼런스 룸과 500평에 달하는 2층짜리 스파 등을 갖추었다. 2010년 12월 오픈.

하몬 호텔 Harmon Hotel
702-796-3300, www.theharmon.com
400개의 호텔 객실과 스위트룸이 있는 논게이밍 호텔로 런던, 뉴욕, 비버리 힐즈의 유명인들이 찾는 핫스폿에 위치한 미스터 차우가 라스베이거스에 처음 모습을 드러낸다. 유명한 헤어스타일리스트 프레드릭 페카이의 헤어 살롱이 있다.

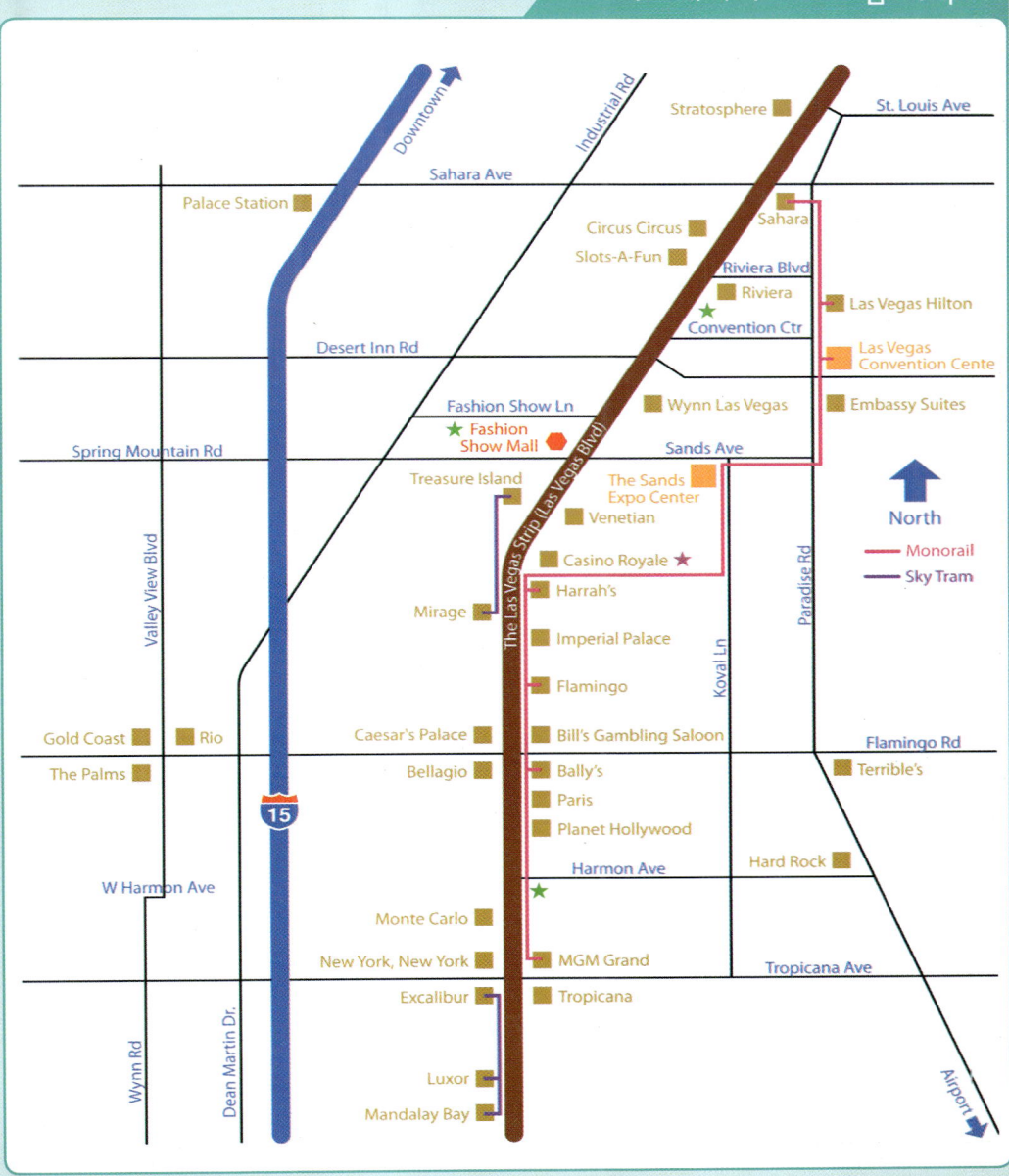

라스베이거스 카지노 게임 즐기기

바카라 Baccarat
거액이 오가는 고급 도박으로 부자들만이 즐길 수 있다. 베팅이 크고 진행이 빨라 가장 큰 도박으로 간주된다. 딜러가 8벌의 카드를 섞어 Player와 Banker로 각기 구분되는 두 패에 카드 두 장을 나누어 주는 것으로 시작, 아무 쪽에나 베팅할 수 있다. 카드 값을 더해 9에 가까운 숫자일수록 좋은 패가 되는데 만일 그 합이 두 자리가 될 경우에는 마지막 끝자리 숫자로만 겨루게 된다.

빙고 Bingo
수평이나 수직으로, 또는 대각선으로 카드에 적힌 숫자 5개를 일렬로 맞추는 단순한 게임.

블랙잭 Blackjack
카지노에서 가장 대중적이고 흔한 게임. 2장 이상의 카드를 합친 숫자가 21을 넘지 않는 한도 내에서 딜러와 겨루어 가장 높은 수를 가진 사람이 이기게 된다. 일단 베팅을 끝내면 내기에 참여한 사람들에게 딜러가 카드 2장씩을 돌리고 딜러 자신도 카드 2장을 갖는다. 이때 한 장은 보이도록 하고 다른 한 장은 안 보이도록 뒤집어 놓는다. 카드를 더 이상 추가하지 않기로 모두 결정한 경우, 딜러가 Hole Card를 공개하는데 카드의 합이 16 이하라면 딜러는 반드시 또 다른 카드를 받도록 돼 있다. 에이스 Ace 흔히 1이나 11로 계산되고 퀸 Queen이나 킹 King은 10으로 친다.

크랩스 Craps
주사위 2개를 던져 승부를 겨루는 크랩스는 참가자들의 환호성으로 카지노에서 가장 소란스러운 게임이다. 막대기를 들고 주사위를 챙기는 Stickman, 베팅을 관리하는 2명의 딜러, 그리고 경기를 감독하는 'Boxman'에 의해 게임이 시작된다.

키노 Keno
빙고와 비슷한 수준으로 누구나 쉽게 할 수 있다. 일단 1에서 80까지의 숫자가 적힌 키노 용지에 임의의 숫자를 골라 표시한다. 80개의 구슬 중 20개를 뽑아내는데, 거기서 자기가 선택한 번호가 몇 개인지를 따지는 게임이다.

포커 Poker
가장 잘 알려진 Five-Card Stud를 비롯하여 Seven-Card Stud, Texas Hold-em, High-Low Split, Razz, Omaha High-Low Split, Pai Gow Poker 등 다양한 변형이 있다.

룰렛 Roulette
회전판에 딜러가 구슬을 던져 떨어진 번호를 맞추는 사람이 이기는 게임으로 특별한 기술을 요하지 않아 누구나 즐길 수 있다. 회전판에 적힌 38개의 고정 번호 외에도 홀수나 짝수, 또는 검정이나 빨강 등 여러 가지 방식으로 승부를 걸 수 있는데, 베팅 방법에 따라 딸 수 있는 금액이 결정된다.

슬롯 머신 Slot Machines
동전을 넣고 레버를 잡아당기거나 버튼을 눌러 회전하는 그림 무늬가 맞으면 해당하는 금액이 나온다. 오직 확률에 의지하는 게임이므로 누구나 적은 금액으로 재미 삼아 즐길 수 있고, 운이 좋으면 잭팟이 터지는 행운을 맛볼 수 있다.

미술관 & 박물관

라스베이거스 자연사 박물관
Las Vegas Natural History Museum
900 Las Vegas Blvd, N. Las Vegas
매일 9~16, 성인 $10, 3~11세 $5
702-384-3466, www.lvnhm.org
공룡을 비롯하여 생태계 전반에 걸쳐 다양한 야생 동물들을 볼 수 있다.

리버레이스 박물관 Liberace Museum
1775 E. Tropicana Ave, Las Vegas
월~토 10~17, 일 12~16, 성인 $15, 학생 $10
702-798-5595, www.liberace.com

오래된 가구와 피아노, 클래식 자동차, 보석 장신구와 장식이 달린 갑옷, 화려한 무대의상 등을 진열해 놓았다.

마담 투소 Madame Tussaud Las Vegas
3377 Las Vegas Blvd, S.Las Vegas
매일 10~22, 성인 $25, 학생 $18, 7~12세 $15
702-862-7800, www.mtvegas.com
베네치안 호텔 바로 옆에 위치한 마담 투소 밀납인형관. 마치 살아 있는 듯 실제 유명인들과 똑같이 만들어진 100여 개의 밀납인형에 섞여 즐거운 한때를 보낼 수 있다.

라스베이거스 인근 2

레드록 캐년 Red Rock Canyon
HCR 33, Box 5500, Las Vegas, 입장료 차 1대당 $7, 702-515-5350, www.redrockcanyonlv.org
깎아지른 듯한 붉은 바위들로 이뤄진 레드록 캐년은 라스베이거스 중심가에서 Hwy. 159를 이용하여 서쪽으로 30분 정도 가면 만난다. 계곡을 따라 이어지는 13마일의 구간에 걸쳐 캠핑장이 마련돼 있고 하이킹, 산악 자전거 등을 즐길 수 있다.

밸리 오브 파이어 주립공원
Valley of Fire State Park

29450 Valley of Fire Rd, Overton
702-397-2088
www.parks.nv.gov/vf.htm

Lake Mead National Recreation Area의 북쪽 끝자락에 있는 네바다 주 최초의 주립공원. 라스베이거스에서 Fwy 15를 이용하여 북동쪽으로 55마일 가량 올라가면 만난다. 적색 사암이 풍화되어 형성된 기괴한 암석 지대로 마치 신기루와도 같은 풍경이 펼쳐진다.

태양이 비치면 붉은 기암괴석과 사암 절벽이 마치 불타는 것처럼 보인다고 해서 '불의 계곡'이라는 이름이 지어졌다. 옛날 인디언들이 암석 위에 새겨 놓은 조각 및 상형문자를 볼 수 있다.

라플린 Laughlin

강변의 휴양 도시

라스베이거스 남동쪽 90마일 거리에 콜로라도 강가에 펼쳐진 알뜰한 휴양 도시 라플린이 있다. 라스베이거스가 젊은층과 부호들의 거점이라면 라플린은 은퇴 노인과 서민들을 위한 휴양지로 흔히 비유되곤 한다. 서부에서 가장 호텔비가 저렴한 곳으로 유명하다.

사막 지대의 오아시스와도 같은 콜로라도 강이 애리조나 주와 경계를 이루면서 흘러가는 주변으로 카지노가 늘어서 있어 라스베이거스의 인공미와 사뭇 대조되는 모습을 보여준다.

'카지노 업계의 대부'로 불리던 돈 라플린 Don Laughlin에 의해 1966년 처음 문을 연 리버사이드 리조트Riverside Resort(1650 S Casino Dr, Laughlin, 800-227-3849, www.riversideresort.com)를 중심으로 콜로라도 강둑을 따라 카지노촌이 형성되어 있다. 또한 포트 모하비Fort Mojave 인디언 보호 구역에는 인디언 부족에 의해 운영되는 최초의 카지노 아비 리조트Avi Resort가 관심을 끈다. 콜로라도 강과 모하비 호수Lake Mojave 주변으로 낚시, 골프, 수상 스포츠 등을 즐길 수도 있어 가족 휴양지로 좋다.

라플린 관광국 702-298-3321, www.visitlaughlin.com

호텔 및 카지노

· Avi Resort & Casino
702-535-5555, 800-284-2946
www.avicasino.com

· Colorado Belle
702-298-4000, 866-352-3553
www.coloradobelle.com

· Don Laughlin's Riverside Resort Hotel & Casino
702-298-2535, 800-227-3849
www.riversideresort.com

· Edgewater Hotel & Casino
702-298-2453, 866-352-3553
www.edgewater-casino.com

· Flamingo Laughlin
888-902-9929, www.flamingolaughlin.com

· Golden Nugget Laughlin
800-950-7700, www.gnlaughlin.com

· Harrah's Laughlin
702-298-4600, www.harrahslaughlin.com

· Pioneer Hotel & Gambling Hall
702-298-2442, 800-634-3469
www.pioneerlaughlin.com

· Tropicana Laughlin
702-298-4200, 800-243-6846
www.ramadaexpress.com

· River Palms Resort & Casino
800-835-7903, www.river-palms.com

Laughlin

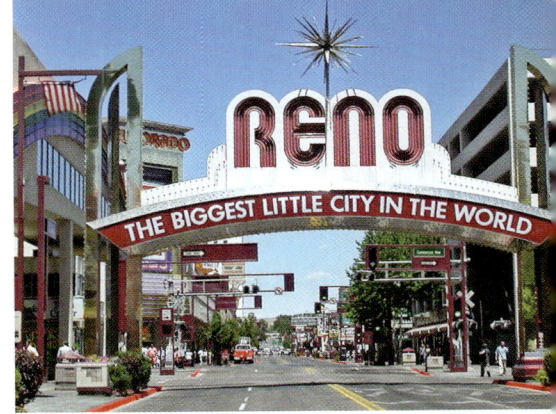

리노 Reno

샌프란시스코에서 동쪽으로 시에라 네바다 산맥을 넘어 네바다 주로 들어서면 또 다른 도박의 도시 리노를 만난다. 라스베이거스에 비해 상대적으로 규모가 작고 화려하지도 않지만 소박하고 여유로운 도박을 즐길 수 있는 곳이다. 또한 캘리포니아 주를 경계로 레이크 타호Lake Tahoe가 38마일 거리 안팎에 있어 관광객들이 많이 찾는다.
다운타운 지역은 트러키 리버Truckee River를 획으로 하여 남북으로 나뉘는데 북쪽에 대부분의 카지노가 몰려 있다. 리노를 상징하는 'The Biggest Little City in The World' 라 적힌 현판이 제일 먼저 눈에 들어오는 카지노 중심가는 Virginia St를 따라 형성되어 있다.

리노 관광국 775-334-4636, www.reno.gov

3 네바다 서부

카슨 시티 Carson City

개척자인 키트 카슨의 이름을 따라 지어진 네바다의 주도다. 리노보다 카지노의 규모는 작지만 네바다 주의회 의사당 Neveda State Capital과 훌륭한 역사 박물관이 마련된 주도다운 면모를 지녔다. 네바다 주립 박물관 Nevada State Museum(600 North Carson St, Carson City, 수~토 8:30~16:30, 성인 $8, 775-687-4810)에서 인디언의 생활상을 알 수 있는 모형 전시를 볼 수 있고, 과거의 금광 모습도 재현해 놓았다. 다운타운 남쪽에 있는 비지터 센터에서 정보를 구할 수 있다.

카슨 시티 관광국 775-687-7410, www.visitcarsoncity.com

버지니아 시티 Virginia City

빅토리아식 건물과 나무가 깔린 보행자 도로 등이 보존되어 국립역사지표 National Historic Landmark로 지정되어 있는 1800년대 광산 열풍의 대표적인 도시다. 서부 최초로 엘리베이터를 갖추고 가스나 하수 시설이 마련되었을 정도로 기간 설비에 첨단을 달리던 도시였으나 1875년 대화재로 2천여 건물이 파괴된 이후 서서히 그 영광을 잃었다.

비지터 센터가 C street 에 있으며 광산업에 대해 소개해 놓은 웨이 잇 워즈 박물관 Way It Was Museum(113 N. C St, Virginia City, 매일 10~18, 성인 $3, 11세 이하 무료, 775-847-0766) 과 투어 프로그램이 마련되는 콜라 광산 Chollar Mine(615 S. F St, Virginia City, 매일 13~17, 성인 $7, 4~14세 $2, 775-847-0155), 광산으로 부자가 된 사람들의 생활상을 볼 수 있는 메케이 맨션 Mackay Mansion(291 South D St, Virginia City, 여름 매일 10~17, 775-847-0373), 광부들의 묘소지만 아름다운 모습으로 단장된 실버 테라스 공동묘지 Silver Terrace Cemetery (775-847-0281, www.comstockcemeteryfoundation.com) 등이 들러볼 곳이다.

버지니아 시티 관광국
775-847-4386, 800-718-7587
www.virginiacity-nv.org

그레이트 베이슨 국립공원
Great Basin National Park

브리슬콘 파인 Bristlecone Pines
150에이커 규모의 소나무 숲. 4천 년 된 브리슬콘 소나무를 볼 수 있는 곳으로 지구상에서 가장 오래된 수명을 가진 소나무 중의 하나로 알려져 있다.

네바다 주 유일의 국립공원
네바다 주 동쪽 유타 주와 경계가 되는 베이커Baker에서 5마일 서쪽에 77,000에이커 규모의 그레이트 베이슨 국립공원이 있다. 라스베이거스에서는 북동쪽으로 287마일 가량 떨어져 있으며, 1986년 네바다 주의 유일한 국립공원으로 지정됐다.

긴 산맥과 사막의 계곡을 흐르는 강과 물줄기가 바다로 합류되지 않고 내륙으로 흘러들어 호수로 스며들거나 습지 및 진흙 웅덩이를 형성했다가 대기 중으로 증발해 버리는 지형적 특색을 가져 '대분지'라는 이름이 붙여졌다. 하지만 하나의 커다란 대분지라기보다는 네바다 주와 유타 주를 걸쳐 인근 캘리포니아 주, 오리건 주, 그리고 아이다호 주의 일부분까지 이어지는 장대한 산맥의 흐름을 지칭한다.

고도 13,063피트의 휠러봉Wheeler Peak을 향해 북쪽으로 12마일 거리의 산길이 뻗어 있어 테레사 호수Teresa Lake, 스텔라 호수Stella Lake, 브리슬콘 파인 포레스트Bristlecone Pine Forest로 이어지는 산책로를 따라 하이킹, 캠핑, 낚시 등을 즐길 수 있다. 선착순으로 사이트를 얻을 수 있는 캠핑장은 여유가 많다.

리먼 동굴 Lehman Caves
6~8월 8:30~16, 9~5월 9~15, 예약 필수
16세 이상 $8-10, 5~15세 $4~5
775-234-7331

종유석, 석순 등 오랜 세월에 걸쳐 형성된 수정 고드름 및 얼음 결정체를 볼 수 있는 석회암 동굴로 그레이트 베이슨 국립공원에서 반드시 볼거리다.
1시간에서 1시간 30분 가량 걸리는 투어를 통해 동굴의 절반 가까이 들어갈 수 있는데, 동굴 내부에 들어서면 화씨 50도의 서늘한 기온으로 온몸이 오싹하다. 16세 미만의 경우 어른과 동반해야 입장할 수 있다.

관광 정보
100 Great Basin National Park, Baker
무료 입장, 캠핑 1일 $12
775-234-7331, www.nps.gov/grba

레이크 미드 국립 휴양지 & 후버댐
Lake Mead National Recreation Area & Hoover Dam

라스베이거스에서 멀지 않은 곳에 후버댐과 세계 최대의 인공호수 레이크 미드Lake Mead가 넓게 펼쳐져 있고, 북쪽에는 아침 햇살이나 석양 무렵 붉게 불타오르는 장관으로 유명한 '불의 계곡Valley of Fire'이 놓여 있다.

후버댐 Hoover Dam

세계 최대의 댐

후버댐은 미국의 경제 공황 시절인 1931년에 공사가 시작되어 1936년에 완성된 20세기 세계 최대의 댐이다. 1935년 9월 루스벨트 대통령이 준공 테이프를 끊었고 1936년에 발전 시설을 완공, 전기 공급을 시작하여 17개의 거대한 발전기로 1949년까지 세계 최대 발전소의 타이틀을 지켜 왔다. 당시 경제 공황으로 지친 미국인들이 대역사의 성공으로 희망을 되찾고 경제 부흥의 계기를 만들었다는 의미가 크다.
엘리베이터를 타고 내려가서 댐 터널 내부 시설을 살펴보고 밑에서 올려다본 댐의 경이적인 규모를 체험하는 투어는 꼭 한번 경험해 볼 만하다.

관광 정보
443 Nevada Highway, Boulder City, 17~61세 $11, 4~16세 $9
702-494-2517, www.usbr.gov/lc/hooverdam

레이크 미드 국립 휴양지 Lake Mead National Recreation Area

레이크 미드Lake Mead는 1936년에 완공된 후버댐Hoover Dam이 물을 막으며 만들어진 16만 에이커 규모의 세계 굴지의 인공호수다. 물가를 한 바퀴 도는 거리가 550마일.

그랜드캐년 서쪽 끝에서 후버댐 남쪽 데이비스댐Davis Dam까지 이르는 넓은 지역을 국립 휴양지로 지정하여 관광객들을 모으고 있다. 보트를 타고 스피드를 즐기거나 낚시를 위해 보트를 빌리는 사람에게 여름철 휴양지로 인기. 미드 호와 데이비스댐에 의해 생긴 모하비 호수Lake Mohave는 다양한 어종으로 낚시꾼들이 즐겨 찾는데 농어, 메기, 송어 등이 잘 잡힌다.

볼더 비치 Boulder Beach
후버댐 북쪽 6마일 지점. 시설이 좋고 넓은 캠핑 그라운드가 있다. 선착장 미드 호 마리나Lake Mead Marina가 근처에 있어서 가장 붐비는 곳 중의 하나.

에코 베이 Echo Bay
Lake Mead 북쪽에 있으며 캠핑장 시설이 좋고 인근에 있는 식당 등 편의시설의 수준이 높아서 이 휴양단지 안에서 가장 깨끗하고 인기가 높다.

템플 바 Temple Bar
93번 하이웨이를 따라 북쪽으로 가는 길. 동쪽으로는 그랜드캐년 국립공원과의 경계선에 캠핑 장소가 넓고 시설이 좋다.

윌로우 비치 Willow Beach
국립 양어장이 있어 이름난 곳. 93번 하이웨이에서 불과 4마일 정도 들어가면 된다. 후버댐 바로 밑에 있어 인기가 높다.

앨런 바이블 비지터 센터
Alan Bible Visitor Center
Boulder City의 동쪽 93번 하이웨이와 호숫가로 들어가는 길이 만나는 곳에 있다. 미드 호 지역을 설명하는 자료와 각종 전시물이 많으니 꼭 들러본다. 주변 전부가 사막의 식물원으로 구경할 만하다.

호피 인디언 정착지
미드 호 지역은 약 4천 년 전 호피 인디언의 선조로 추정되는 부족이 정착한 것으로 알려진다. 당시 기후는 비교적 서늘하고 강우량도 많았었는데 그로부터 약 2천년 전후 이들이 감쪽같이 이곳에서 자취를 감추었는데 기후 변화로 인한 심한 가뭄이나 질병이 일어 이주한 것으로 추측하고 있다.

잃어버린 도시 박물관 Lost City Museum
721 South Moapa Valley Blvd, Overton
성인 $5, 어린이 무료, 목~일 8:30~16:30
702-397-2193, www.museums.travelnevada.com
근처 오버톤Overton 남쪽에는 호피 인디언이 사용하던 각종 도구와 그릇, 바구니들이 전시되어 그들의 생활 모습을 상상할 수 있다. 근처에 모아파Moapa 인디언 지구가 있다.

관광 정보
601 Nevada Way, Boulder City
입장료 차 1대당 $5, www.nps.gov/lake
Alan Bible Visitor Center 702-293-8990
Park Information desk 702-293-8906

UTAH
유타

유타 주의 두 얼굴은 고대 인디언들의 유적과 정치 사회적 영향력이 절대적인 모르몬 교도로 나뉜다. 수천만 년에 걸쳐 대자연의 손길이 빚어낸 거대한 창조물들로 가득한 유타 주는 미국 국립공원의 중심지라 할 만큼 주요 국립공원이 대거 포진해 있다.

유타 주 최초의 국립공원이자 가장 색다른 느낌을 주는 자이언 국립공원Zion National Park, 유타 주에서 가장 큰 캐년랜드 국립공원Canyonlands National Park, 장대한 아치형 돌 봉우리로 유명한 아치스 국립공원Arches National Park, 뾰족탑이 끝없이 펼쳐진 브라이스캐년 국립공원Bryce Canyon National Park, 적색 사암 절벽으로 이루어진 캐피털 리프 국립공원Capitol Reef National Park 등 5개 국립공원이 유타 주 절반을 차지하는 남쪽 지역에 모두 몰려 있다.

또한 서부영화의 거장으로 일컬어지는 존 포드John Ford 감독의 영화 대부분이 유타 주에서 탄생했고, 여성 버디영화의 포문을 연 영화 「델마와 루이스Thelma & Louise」도 이곳에서 촬영됐다.

유타 주의 북쪽, 2002년 동계올림픽 개최지인 솔트 레이크 시티Salt Lake City에는 아름다운 산과 호수를 배경으로 스키를 즐길 수 있는 명소들이 가득하다. 일부다처제를 허용했던 모르몬교의 관습으로 인해 6번의 시도 끝에 1896년 가까스로 미국의 45번째 주로 편입됐다.

주도 솔트레이크 시티
별칭 비하이브(벌집) 스테이트Beehive State
명물 모르몬교, 동계올림픽, 국립공원의 메카, 고대 인디언 유적
유타 주 관광청 800-200-1160, www.utah.com

1 솔트레이크 시티
약속의 땅 Salt Lake City

모르몬교의 총본산이 있는 솔트레이크 시티. 줄여서 SLC라고 부른다. 불모의 사막을 비옥한 농경지로 바꿔 놓은 모르몬 교도들의 개척정신이 서려 있는 도시로 Brigham Young이 이끄는 모르몬교 신자들이 종교적 박해를 피해 유랑하다가 1847년 Salt Lake Valley에 정착하면서 일으켜 세운 '약속의 땅'이다.

솔트레이크 시티 다운타운 지역은 템플 스퀘어Temple Square를 중심으로 남과 북, 서쪽과 메인 스트리트로 나뉘면서 방사형 구조로 질서정연하게 도시 구획이 이루어져 있다.

관광 정보

솔트레이크 관광국
90 South West Temple, Salt Lake City, 801-534-4900, www.visitsaltlake.com

교통 정보

SLC, Salt Lake City International Airport 801-575-2400, www.slcairport.com
앰트랙 Amtrak, California Zephyr 340 South 600 West, Salt Lake City, 800-872-7245
시카고에서 덴버를 지나 샌프란시스코에 이르기까지 동서로 대륙횡단을 할 수 있다.
Utah Transit Authority 801-287-2667, www.rideuta.com
UTA 대중교통, TRAX라 불리는 Light Rail과 버스를 연계 운행하여 솔트레이크 시티 시내 및 인근 외곽 지역을 연결한다.
그레이하운드 Greyhound 300 S 600 W, Salt Lake City, 801-355-9579

템플 스퀘어 Temple Square
50 West South Temple, Salt Lake City
801-240-2534, www.visittemplesquare.com
말일성도예수그리스도교회LDS, Church of Jesus Christ of Latter-Day Saints로 불리는 모르몬교를 대표하는 건물로 솔트레이크 시티의 중심부에 자리하고 있다. 한가운데 솔트레이크 템플이 높이 솟아 있다. 기둥 없이 지어진 건축 공법이 돋보이는 돔 모양의 대예배당The Tabernacle 안으로 들어가면 세계에서 가장 큰 파이프 오르간이 있으며, 유명한 모르몬 대예배당 성가대가 일요일 아침마다 공연을 한다.

비하이브 하우스 Beehive House
67 E. South Temple, Salt Lake City
801-240-2671
종교 박해를 피해 유타 주로 모르몬 교도들을 이끌고 온 Brigham Young 가족이 살았던 1854년 건물로 템플 스퀘어 근처에 있다.

유타 주의회 의사당 Utah State Capitol
350 N Main St, Salt Lake City
월~금 8~20, 토 · 일 8~18
801-538-1800, www.utahstatecapitol.utah.gov
대리석과 화강암으로 지어진 코린트 양식의 주청사 건물은 State St를 따라 북쪽으로 올라가면 나온다. 언덕에 위치하여 솔트레이크 시내 전경이 훤히 내려다보인다.

디스 이즈 더 플레이스 헤리티지 파크
This Is The Place' Heritage Park
2601 E. Sunnyside Ave, Salt Lake City
여름 월~토 11~16, 성인 $9, 3~11세 $7
겨울 월~토 10~17, 일 11~16, 성인 $5, 3~11세 $3
801-582-1847, www.thisistheplace.org
다운타운 동쪽, 신앙의 자유를 찾아 떠돌던 모르몬 교도들과 Brigham Young이 1847년 최초로 발을 디딘 계곡을 기념하는 장소다. 그들이 솔트레이크 시티에 정착하기까지의 초기 개척 역사를 담고 있는 곳. 처음 Salt Lake Valley를 발견했을 때 "This Is The Place!"라고 외쳤다고 한 것에서 이름이 연유했다.

다운타운 몰 The Downtown Malls
S. Temple St과 Main St 주변으로 Crossroads Plaza, ZCMI Center Mall 등 백화점 및 쇼핑몰이 늘어서 있다.

가드너 빌리지 Gardner Village
801-566-8903, www.gardnervillage.com
다운타운에서 남쪽으로 12마일 가량 내려가면 도심과 전혀 다른 전원 풍경을 만나게 된다. 오래된 가구, 골동품, 수공예품 등을 파는 작고 예쁜 상점과 오두막집이 오밀조밀하게 몰려 있어 둘러보는 재미가 있다.

2 솔트레이크 시티 인근

그레이트 솔트레이크 Great Salt Lake
www.utah.com/stateparks

팔레스타인의 사해Dead Sea 다음으로 염분이 많은 염수호. 솔트레이크 시티에서 북서쪽 16마일 거리에 있다. 길이 75마일, 폭 35마일의 규모지만 깊이는 10~28피트로 깊지 않고 누구나 쉽게 몸이 뜰 정도로 염분 함유량이 25%에 이른다. 호수의 10개 섬 중 가장 큰 앤틸로프 섬Antelope Island에서 하이킹, 캠핑, 승마를 즐길 수 있다. 앤틸로프 섬 주립공원Antelope Island State Park은 솔트레이크 시티 북서쪽 40마일 거리에 있으며, 미국에서 아메리카 들소가 가장 많이 사는 지역으로 가을철의 들소잡이가 유명한 행사다.

유명 스키장

스키는 솔트레이크 시티에서 즐길 수 있는 가장 대표적인 스포츠. 다운타운에서 차로 40분 거리, 리틀 코튼우드와 빅 코튼우드 캐년에 스노버드Snowbird, 알타Alta, 브라이튼Brighton, 솔리튜드Solitude 등 세계 정상급의 스키 리조트 네 곳이 자리잡고 있다.

Snowbird Ski Area
800-232-9542, www.snowbird.com
Alta Ski Area
801-359-1078, www.alta.com
Brighton Ski Area
801-532-4731, 800-873-5512
www.skibrighton.com
Solitude Ski Area
800-748-4754, www.skisolitude.com

파크 시티 Park City
800-453-1360, 435-649-6100
www.parkcityinfo.com

2002년 동계올림픽의 무대 유타 올림픽공원Utah Olympic Park(3419 Olympic Parkway, Park City, 435-658-4200, www.olyparks.com)이 있는 파크 시티는 보수 색채가 짙은 지역으로 솔트레이크 시티에서 가장 활력이 넘치는 곳이다. 대표적인 스키 리조트인 Park City Mountain Resort(800-222-7275, www.pcski.com), Canyons(435-649-5400, www.thecanyons.com) 등이 있어 연중 관광객들로 문전성시를 이룬다.

이곳은 지난 1981년부터 '선댄스Sundance 독립영화제'가 열리면서 더욱 유명해졌다. 불후의 명작, 「내일을 향해 쏴라Butch Cassidy and the Sundance Kid」의 스타 로버트 레드포드Robert Redford에 의해 시작된 영화 축제가 이제는 젊은 신예 감독의 데뷔 무대로 자리매김하고 있다.

베어 호 Bear Lake
435-946-3343, www.bearlake.com

북쪽 가든시티Garden City에 있는 호수로 유타와 아이다호 주의 경계에 걸쳐 있다. 고운 물빛과 백사장이 연출하는 아름다운 절경으로 '로키 산맥의 카리브해Caribbean of the Rockies'라고 불린다. 각종 수상 스포츠 및 캠핑을 즐길 수 있다

세계 최대의 인공 구멍
빙햄 캐년 광산
Bingham Canyon Copper Mine

가장 많은 국립공원과 기기묘묘한 기암절벽으로 유명한 유타 주에 인간이 만든 불가사의 하나가 있다. 세계에서 인간이 만든 가장 큰 구멍으로, 이름 하여 '빙햄 캐년 광산Bingham Canyon Mine'이다. 이 광산은 유타 주 솔트레이크 시티의 서쪽 외곽에 있는 세계에서 제일 큰 구리 광산으로 수직 갱구의 직경이 2.5마일이고 현재까지 파내려간 깊이만 1마일이 넘는다. 인공위성에서 지구를 내려다볼 때 중국의 만리장성과 이 광산의 광구 두 군데가 보일 정도라고 한다.

원래는 1863년 초 각종 광석이 많이 나온다는 풍문이 나돌면서 무려 40개 나라에서 일꾼들이 모여들어 소규모로 채광을 하였으나 본격적으로 시설을 갖추면서 광업을 시작한 것은 1906년 케네컷Kennecott이라는 회사가 들어오면서부터다.

이후 차츰 활기를 띠어 현재는 종업원이 2,200명이나 되며 순도 99.99의 구리를 매년 31만 톤씩 생산하고 있다. '지구상에서 가장 값이 많이 나가는 구멍The Richest Hole on Earth'이라는 애칭도 그래서 생긴 것. 초창기인 1906년처럼 직접 삽을 들고 일하는 광부는 없고 현재는 초대형 전기삽 차와 역시 초대형 디젤 트럭 기사들이 일하고 있다.

잘 정돈된 박물관은 무료로 입장할 수 있는데 어린이 교육 학습용으로도 좋다. 입장료를 지불하고 꼬불꼬불 6,600피트 고지까지 오르면 세계 최대 규모의 노천 구리광산이 눈에 들어오는데, 파 내려간 깊이만 자그마치 1마일이다. 관광객을 위한 전망대에 오르면 100여 명을 배경으로 해도 다 가려지지 않는 거대한 타이어가 보인다. 그 뒤로 펼쳐진 장관을 내려다보면 아찔한 현기증이 난다.

연간 입장료 수입만 10만 달러라는 이곳은 지름이 약 2.5마일에 깊이가 1마일, 전체 넓이가 1,900에이커에 이른다. 광구 아래를 내려다보면 나사못이 파고 들어가듯 뱅뱅 돌면서 가장자리로 나 있는 자동차 길이 보인다. 이 길 끝 제일 깊은 곳에서 발파 작업을 하고 있는 사람은 잘 보이지 않고 큰 트럭들도 개미가 움직이는 것처럼 아주 작게만 보인다. 미국에서 제일 높은 시카고 시어스 타워Sears Tower를 이 광산 수직 갱 속에 세우면 절반도 못 올라온다는 코믹한 비유가 있을 정도다.

가는 길은 솔트레이크 시티에서 서남쪽 25마일 지점까지 I-15번 하이웨이를 이용해 남쪽으로 가다가 7200 South Exit으로 빠져서 서쪽으로 달리다 UT-111번을 만나 남쪽으로 4마일을 내려가면 방문객 센터가 나온다.

관광 정보

8362 w 10200 s, Bingham Canyon, UT
4-10월 8AM-8PM/ 입장료 차 1대당 $5
801-252-3000, www.kennecott.com

자이언 국립공원
Zion National Park

유타 주의 서남쪽 끝, 네바다·애리조나 주와 삼각형을 이루는 비교적 교통이 편리한 곳에 있어 미국의 서남부에서는 쉽게 가볼 수 있다. 버진Virgin 강을 따라 들어가는 남쪽 끝이 가장 경치 좋고 높은 절벽을 많이 볼 수 있는 곳이다. 세인트 조지St. George에서 버진 강을 따라 다듬어진 9번 하이웨이로 30여 마일 더 들어가면 공원 남쪽 입구에 도착한다. 이곳부터 길 양쪽에 해발 7천여 피트의 높은 산들이 솟아 있다.

초콜릿 케이크 같은 여러 색깔의 지층이 특징인 이곳의 장관은 바다 밑에 퇴적된 모래의 질이 달라서 시대별 지질층의 색깔에 뚜렷한 구별이 생기게 된 것으로 수천만 년에 걸친 수성 암반의 융기와 침식 작용이 만들어낸 놀라운 조화다.

1847년 모르몬 교도들이 솔트레이크 시티에 터를 잡기 시작한 이후 알려져서 1919년에 국립공원으로 승격됐다. 1930년까지 공원 내 자동차 도로와 동쪽 터널이 모두 개통되었는데, 터널의 길이는 모두 합해 6천 피트가 넘는다. 공원의 버진 강변에는 버드나무와 참나무, 산과 절벽 사이에는 전나무, 소나무 등과 사슴, 여우, 살쾡이 등 여러 종류의 동물과 200여 종류의 각종 새가 살고 있다.

오르간 The Organ
공원 내 유일한 숙소인 자이언 로지Zion Lodge를 지나 1마일을 들어가면 강의 굴곡이 가장 심한 곳에 있는 산봉우리다. 버진 강의 굴곡으로 마치 섬 같은 착각을 일으키며 거대한 파이프오르간을 연상시킨다.

시나와바 탬플 Temple of Sinawava
오르간 1마일 거리에 있는 명품 절벽. 높이는 4,418피트밖에 안 되지만 거대한 원형 극장처럼 보인다.

내로우 게이트웨이 트레일 Gateway to the Narrows Trail
가장 유명한 하이킹 코스로 버진 강 기슭부터 사람의 손길이 닿지 않은 계류와 절벽의 장관이 위로 올라갈수록 상큼하다. 공원 사무실에 미리 신고하고 일기 예보에 주의

하지 않으면 갑작스런 호우에 피할 곳이 없어 급류에 떠내려갈 위험이 있다. 집중 호우가 덜한 초여름이나 늦가을에 찾는 것이 좋다.

엔젤 랜딩 Angels Landing
그로토Grotto에서 2.5마일의 산비탈 길을 걸어 정상에 오르는 다소 벅찬 하이킹 코스지만, 정상에 올라 360도 트인 시야로 공원 전체를 바라볼 수 있다.

에메랄드 풀 Emerald Pool
엔젤 랜딩보다 수월한 코스로서 자이언 로지에서 오르는 약 2마일 코스가 힘들지 않다. 폭포 두 개를 만나 숨을 돌리고 절벽 중턱 에메랄드 빛 연못에서 신선놀음에 취한다.

캐년 전망대 Canyon Overlook
r-9번 도로를 따라 동쪽으로 공원을 빠져나가는 지그재그 코스의 고갯길을 올라가 터널을 벗어나면 바로 작은 길가에 주차장이 있다. 이곳에 차를 세우고 하이킹 코스를 따라 비교적 완만한 산길을 반 마일 정도 가면 전망대가 있다. 지그재그 코스는 물론 계곡 밑을 흐르는 버진 강 줄기, 7천 피트 규모의 산봉우리와 절벽들을 한눈에 볼 수 있다.

체커보드 메사 Checkerboard Mesa
공원 동쪽 입구를 향해 달리는 길 오른쪽. 바둑판처럼 가로세로 균열이 있는 바위 언덕으로 자이언 국립공원의 명물. 모래나 생물 잔해 등이 쌓여 수평으로 생긴 층무늬에 세로 균열이 규칙적으로 생겨서 거대한 바위언덕 전체가 바둑판을 만들어냈다.

캠핑 · 숙소
888-518-7070, www.zionpark.com
공원 안에는 Zion Lodge(435-772-7700)가 유일한 숙소이다. 40개의 캐빈과 121개의 방이 있으며 시설이 좋다. 공원 남쪽 입구 스프링데일Springdale에는 숙박 시설이 많다.

관광 정보
Zion National Park, Springdale, Utah 84767
입장료 차 1대당 $25
435-772-3256, www.nps.gov/zion

Zion National Park
자이언 국립공원

브라이스 캐년 국립공원
Brace Canyon National Park

자이언Zion 국립공원에서 잘 포장된 Hwy. 89로 북동쪽 80마일 거리에 있어 함께 돌아보기 좋은 국립공원이지만 그 모습이나 생성 과정이 판이하여 이색적이다.

자이언이 남성적이고 장엄한 데 비해 브라이스 캐년은 여성처럼 화려하고 섬세하다. 자이언은 계곡을 흐르는 버진 강에 의해 깊이 파여진 거대한 절벽의 연속인 반면 브라이스 캐년은 수만 개의 섬세한 첨탑을 가진 여러 반원형 극장 집단이다.

브라이스 캐년의 기묘한 첨탑 하나하나는 모두 물의 힘에 의해 만들어진 것이다. 바다 밑 암석이 지상에 우뚝 솟은 후 빗줄기와 강물의 힘으로 다시 토사로 변하여 흘러 내려갈 때 침식되지 않고 남은 암석들이 무수한 첨탑을 이루었다. 브라이스 캐년의 여러 반원형 극장의 가장자리는 50년 간격으로 약 1피트씩 빠르게 후퇴하고 있다고 한다.

공원에는 시더Cedar라는 향나무의 일종인 유타 주니퍼Utah Juniper가 무성하여 진분홍의 땅 색깔과 강한 대조를 이룬다. 전망대가 설치된 8천 피트 지점에는 8백 년을 산다는 폰데로사 소나무Ponderosa Pine, 9천 피트 정상에는 더글라스 전나무 등이 각종 동물들과 함께 서식한다.

독특한 지층과 아름다운 경치를 보호하기 위해 1923년 준국립공원인 National Monument로 지정되었다가 5년 후 국립공원으로 승격됐다. 공원 남북 방향으로 21마일이나 되는 잘 포장된 도로를 이용하여 전망대 13곳을 두루 찾아볼 수 있다.

별천지 하이킹 코스

공원 안내소에서 하이킹 코스 지도를 구할 수 있고 5~9월에는 안내자 동반 하이킹이, 4월 말~10월 초에는 말을 타고 답사하는 투어가 있다. 계곡 밑에서 야영할 경우에는 비지터 센터에서 허가증을 받아야 한다.

페어리랜드 포인트 Fairyland Point

안내소 동북쪽 약 3마일 지점에 있는 전망대. 하이킹 코스는 Tower Bridge Trail까지 8마일을 왕복하며 최소한 5시간 소요. 여기서 절벽 가장자리 길을 따라 Sunrise Point를 거쳐 Sunset Point로 가는 길은 거리가 5.5마일이지만 3분의 1 정도가 평탄해 비교적 쉬운 코스이면서도 전망이 좋아 인기가 높다.

선라이즈 포인트 Sunrise Point

이 전망대에서 출발하는 하이킹 코스 중에 Queen's Garden으로 내려가는 1.5마일 코스는 경사가 심하지 않아 가장 인기가 높다. 왕복 1시간 반 내지 2시간이면 충분히 즐길 수 있다.

선셋 포인트 Sunset Point

위의 전망대에서 남쪽으로 불과 1~1.5마일 거리의 나바호 루프 트레일Navajo Loop Trail은 거리는 짧지만 비교적 경사가 심하다.

관광 정보

입장료 차 1대당 $25
435-542-3238, www.nps.gov/brca
Visitor Information 435-834-5322
Campground Reservations 877-444-6877

캐피털 리프 국립공원
Capitol Reef National Park

지하로부터 솟은 다양한 퇴적암으로 생성된 풍경이 마치 회화 작품처럼 강렬한 색채를 자랑하는 지질 역사의 증표다. 옛날 나바호 인디언들은 이곳을 '잠자는 무지개 땅'이라 불렀다고 한다. 몇 천만 년 동안 퇴적된 흙과 모래의 색깔이 서로 달라 지상에 드러난 단면이 마치 오색찬란한 무지개를 연상시키기 때문이다.

12세기경 가뭄으로 인디언들이 떠난 뒤 수백 년간 버려져 있다가 19세기 후반 모르몬 교도들이 서부로 진출하면서 살아나 1971년에 국립공원으로 지정되었다. 평균 6천 피트의 고지에 있어 겨울은 춥고 여름에는 덥다. 연간 50만 명이 찾아오는 명소로 세 개의 캠프그라운드는 제철에는 언제나 초만원. 브라이스 캐년을 거쳐 하이웨이 12번 동북쪽을 달려오는 길의 경치가 일품이다.

이 공원은 험한 지형을 고려해 4륜구동 SUV 차를 이용하는 것이 바람직하다.

HWY 12를 달리면 만나는 딕시 국립 삼림지Dixie National Forest는 아름다운 숲과 계곡으로 이어져 향기로운 내음을 발산한다. 보울더Boulder를 지나 높이 9,200피트의 고개를 넘으면 동쪽으로 먼 곳에 울긋불긋한 모습을 하고 있는 캐피털 리프 국립공원이 펼쳐진다. 비지터 센터로 들어가기 전에 길가에서 쉽게 볼 수 있는 Twin Rocks, Gooseneck, Chimney Rock, The Castle 등을 볼 수 있는 기회를 놓치지 말 것.

이 공원은 아카데미 수상작「내일을 향해 쏴라(원제 Butch Cassidy and the Sundance Kid)」에서 폴 뉴먼과 로버트 레드포드가 험준한 계곡에 숨어 있다가 지나가는 기차와 은행을 터는 장면의 배경이 된 곳이기도 하다. 자동차로 갈 수 있는 곳만을 둘러보려면 여기서 남쪽 25마일 거리의 시닉 드라이브Scenic Drive를 타고 내려가자. 웅장하고 신기한 이집트의 고대 궁전과 같은 이집트 템플Egyptian Temple 암석과 멋진 경관을 감상할 수 있다.

공원 서쪽에 위치한 침니록Chimney Rock 근처에는 2억3천만 년 전 바다 밑에서 형성된 암석이 있고, 당시 서식했던 물고기들의 화석을 발견할 수 있다.

캠핑·숙소

Fruita Campground
Torrey에서 동쪽 11마일 & 남쪽 1.3마일 71개소, 화장실, 식수, 선착순, $1

Cedar Mesa Campground
Torrey에서 동쪽 20마일 & 남쪽 23마일 5개소, 무료, 식수 없음

Cathedral Valley Campground
Torrey에서 동쪽 23마일 & 북쪽 28마일
5개소, 무료, 식수 없음

공원 안에는 숙박 시설이 없다. 여름과 봄에 근처 마을의 모텔에 예약을 해야 한다.(www.capitolreef.org)
Rim Rock Inn 435-425-3398
Boulder View Inn 435-425-3800

관광 정보

52 Scenic Dr, Torrey
입장료 차 1대당 $5
435-425-3791, www.nps.gov/care

캐년랜즈 국립공원
Canyonlands National Park

유타 주 동남부에 있는 캐년랜즈 국립공원은 유타에서 가장 큰 야생 국립공원으로 천하절경을 자랑하지만 지형이 몹시 험악하여 미개발 지역으로 남아 있다. 길 만들기도 힘들고 식수 공급도 어려워 이 지역에서 농사를 짓는다는 것은 상상조차 할 수 없는 황무지 중의 황무지다.

계곡의 규모는 그랜드 캐년보다 크고 넓어 절벽과 기암, 아치와 첨탑과 분화구, 메사들이 너무도 다양해 원시 지구의 모습을 보는 벅찬 감동이 있다.

계곡에는 강물이 흐르지만 강우량이 적어서 여름은 덥고 겨울은 무척 춥다. 공원 지형은 콜로라도 강과 그린 강을 끼고 Y자 형으로 갈라져 있는 형상인데, Y자 형의 위를 아일랜드 인 더 스카이Island in the Sky, 오른쪽을 니들스The Needles, 왼쪽을 메이즈The Maze라고 부른다. 계곡을 건너는 길이 없기 때문에 세 지역을 모두 돌아보려면 몇 백 마일을 달려야 한다.

데드 호스 포인트 Dead Horse Point
5,680피트 절벽 위에 만들어진 전망대로 캐년랜즈의 전모를 볼 수 있다. 서부 개척시대의 많은 카우보이들이 말을 몰고 이곳에 들어왔지만, 계곡을 잇는 좁은 통로가 막혀 말들이 나가지 못하고 죽으면서 이런 이름이 붙었다. 전망대와 피크닉 시설이 양호하며 캠핑장이 있다.

그랜드 뷰 포인트 Grand View Point
그린 강 왼쪽 밑에 콜로라도 강과 니들스, 메이즈 지역을 한눈에 바라볼 수 있다. 6천 피트가 넘는 전망대에서의 전경은 계곡 넘어 또 계곡, 절벽과 거대한 돌기둥들의 연속이다.

업헤벌 돔 Upheaval Dome
그랜드 뷰 포인트에서 쉽게 갈 수 있는 공원 북쪽 전망대. 위치에 따라 내려다보이는 경치가 바뀌어 찾을만한 가치가 있다.

메이즈 Maze
세 지역 중 미국에서 가장 사람이 찾아가기 힘든 곳이다. 포장되지 않은 길을 60여 마일 운전하고 다시 힘들게 걸어다녀야 한다. 옛 인디언들이 '서 있는 바위들의 땅Land of Standing Rocks'이라고 불렀으며, 돌기둥과 계곡, 절벽이 첩첩이 밀집하여 잘못 들어가면 살아 나오기가 불가능한 곳이다. 그러나 체력에 자신이 있고 충분한 장비를 갖췄다면 한번 시도해 볼 만하다.

고무보트 관광
캐년랜즈 국립공원을 제대로 돌아보는 방법이다. 그린 강은 북쪽 그린리버Green River에서, 콜로라도 강은 모아브Moab에서 출발한다. 개인적으로 빌릴 수 있고 단체 관광객을 위한 River Float Trip이 있다.

Tex's Riverways
435-259-5101, www.texsriverways.com
Tag-A-Long Expeditions
435-259-8946, www.tagalong.com

캠핑 · 숙소
공원 안에는 시설이 잘 된 캠핑장이 두 곳 있다.
Willow Flat
아일랜드 인 더 스카이 지역, $10
Squaw Flat
니들스 지역, 식수, $15

관광 정보
2282 Resource Boulevard, Moab
입장료 차 1대당 $10
435-719-2313, www.nps.gov/cany

니들스 The Needles
이름이 말해 주듯 바늘처럼 하늘로 솟은 돌기둥들이 수없이 모여 있는 곳이다. 그 진가를 충분히 맛보기 위해서는 일반 승용차가 갈 수 있는 지역을 지나 깊이 더 들어가야 하기 때문에 4륜구동 차량이 필요하다. 서부로 갈라져 들어가는 211번 도로로 공원 내부까지 약 1시간 여정에 보이는 경치가 기암과 절벽의 연속으로 황홀한데, 차량으로 Y자 형의 합류 지점까지 들어가 볼 수 있다. 엘리펀트 힐Elephant Hill 입구까지는 일반 승용차도 가능.

아치스 국립공원
Point Reyes National Seashore

수억 년의 세월 동안 물과 공기가 빚어낸 천연 조각물이 세계적으로 가장 잘 보존된 곳이 아치스Arches 국립공원이다. 세계적으로 가장 밀도가 높은 사암 아치를 자랑한다
300여 개의 화려한 아치와 첨탑이 병풍처럼 서 있으며, 세계에서 가장 긴 랜드스케이프 아치Landscape Arch가 이곳에 있다. 하늘을 찌를듯한 높이의 석탑과 절벽들, 고층 건물을 방불케 하는 거대한 석봉 등 말로 형용할 수 없는 각양각색의 천연 조각들을 이곳에서 만날 수 있다.

파크 애비뉴 Park Avenue
입구 근처에 고층 건물 같은 석탑과 절벽들이 즐비한 곳이다. 1마일 정도의 하이킹 코스를 따라 Three Gossips, Sheep Rock 등의 명물이 있는 코트하우스 타워Courthouse Towers까지 걸어가면 좋다.

윈도우 섹션 The Window Section
입구 북쪽에 Double Arch, Turret Arch 등 특이한 모양의 아치들이 있다. Balanced Rock은 탑 위 복숭아 모양의 돌이 마치 금방이라도 떨어질 것처럼 재미있는 모양을 하고 있다. 코끼리 떼를 연상시키는 Parade of Elephant 등 다양한 석조물도 이채롭다.

피어리 퍼니스 Firery Furnace
포장도로를 따라 3마일 정도 북상하면 경사진 언덕에 밀집된 석탑들이 나타난다. 이 안에는 20여 개의 대소 아치들이 있어 석양이 비칠 때면 불기둥 같은 광경을 연출한다. 여름철에는 안내자와 함께 가는 하이킹 코스가 있다. 입구 근처에 햄버거 모양을 한 둥글 납작한 오렌지색 바위들을 놓치지 말 것.

데블스 가든 Devils Garden
포장도로가 끝나는 곳. 캠핑장 입구에 '악마의 정원' 이라 불리는 많은 아치들과 석탑 절벽들이 있다.

캠핑 · 숙소
공원에 들어갈 때 식수 등을 미리 준비해야 한다. 숙박 시설이 있는 가장 가까운 마을은 4마일 남쪽의 모아브Moab이다. 캠핑장은 선착순이며 1일 $10. 단체 캠핑은 공원 사무소에 예약(435-719-2236)해야 한다.

Devils Garden
모아브 북쪽 5마일 지점, 52개소

Best Western Greenwell Inn
435-259-6151, www.bestwesternmoab.com

Moab Valley Inn
435-259-4419, www.moabvalleyinn.com

Ramada Inn Moab
435-259-7141, www.ramadainnmoab.com

관광 정보
Arches National Park P.O. Box 907 Moab, UT 84532
입장료 차 1대당 $ 10
435-719-2299, www.nps.gov/arch

델리케이트 아치 Delicate Arch
공원 내 90여 개의 아치 중 가장 아름다운 것으로 손꼽히는데, 가능하면 직접 걸어 들어가서 가까이에서 감상하는 것이 좋다.

다이노소어 내셔널 모뉴먼트
Dinosaur National Monument

북미에서 가장 큰 공룡 화석지 중 하나가 이곳에서 발견되었다. 그린 강이 와이오밍과 콜로라도, 유타 3개 주의 경계 지역에서 뱀처럼 구불거리는 곳에 공룡의 뼈가 수없이 발견된 공룡 화석 국립 기념지가 있다.

두 곳의 입구 중에 공룡의 뼈 화석을 보려면 유타 주의 얀센Jensen에서 들어가야 하며, 그린 강이 만들어낸 계곡의 절경을 보기 위해서는 콜로라도 주에 있는 다이노소어Dinosaur 서쪽에서 들어가는 20여 마일의 길을 택해야 한다. 최근 콜로라도 방향이 폐관되어 현재 다이노소어의 화석들은 유타주 쪽에서만 볼 수 있다.

이곳에서 발견된 공룡의 뼈들은 약 1억4천만 년 전의 것으로 추정하는데, 그 당시 이곳은 초목이 우거진 호수와 밀림 지대였고 주변의 화산에서는 용암과 불을 뿜어냈다. 지금은 온통 샌드스톤 언덕의 황량한 땅이 되었다.

여기에 묻힌 공룡의 뼈들은 죽은 공룡들이 강물 또는 호수에 밀려 한군데 쌓여 모래와 함께 퇴적하며 화석 과정을 거친 것이다. 이 화석들이 지각 변동으로 인해 위로 솟은 다음 오랜 세월의 침식 작용으로 공룡의 뼈 일부가 지상에 모습을 나타내게 된 것이다.

1909년 피츠버그의 카네기 박물관에 전시할 공룡의 뼈를 찾고 있던 과학자 얼 더글러스Earl Douglass가 15년에 걸쳐 10여 종류에 달하는 공룡의 뼈 350톤을 채취하고 카네기 박물관으로 이송했다.

다이노소어 쿼리 비지터 센터
Dinosaur Quarry Visitor Center
부분적으로 공룡의 뼈가 많이 남아 있는 이곳을 보호하기 위해 준국립공원으로 지정했고, 1958년에는 공룡의 뼈가 남아 있는 채굴 경사면을 감싸는 현대식 건물이 완공되어 방문객들은 높고 낮은 관람대에서 바위에 부각된 듯 박혀 있는 2,300여 개의 공룡 뼈를 관찰할 수 있게 됐다. 이 공룡의 뼈들은 멸종의 현장이 아니라 전성기에 자연사한 것들이다.

에코 파크 & 하퍼스 코너
Echo Park& Harpers Corner
공원 안의 명소 에코 파크로 들어가는 길은 4륜구동 차량이어야 한다. 도로 사정이 나빠 기후에 따라 변화가 많기 때문이다. 일반 차량으로 갈 수 있는 Harpers Corner 주차장 근처에서도 아름다운 계곡을 볼 수 있지만, 더 좋은 방법은 차를 세우고 한두 시간쯤 걸어 내려가 계곡과 강물이 만들어낸 천하의 절경을 직접 경험하는 것이다.

캠핑·숙소
공원 안에는 연중 문을 여는 캠핑장이 6개소 있지만, 제대로 시설을 갖춘 곳은 유타 주 쪽에 있는 Split Mountain(1일 $10)과 Green River(1일 $12)의 캠핑장뿐이다. 콜로라도 쪽에서 들어가는 곳에도 Echo Park(1일 $10) 등에 캠핑장이 있지만 시설이 나쁘다. 숙박 시설은 유타 주의 Vernal과 콜로라도 주의 Rangely, Craig에서 여름 성수기를 제외하고는 예약 없이 방을 구할 수 있다.

관광 정보
4545 E. Highway 40, Dinosaur, CO 81610-9724
무료 입장, www.nps.gov/dino
유타 Temporary Visitor Center 435-781-7700
콜로라도 Canyon Area Visitor Center 970-374-3000

ARIZONA
애리조나

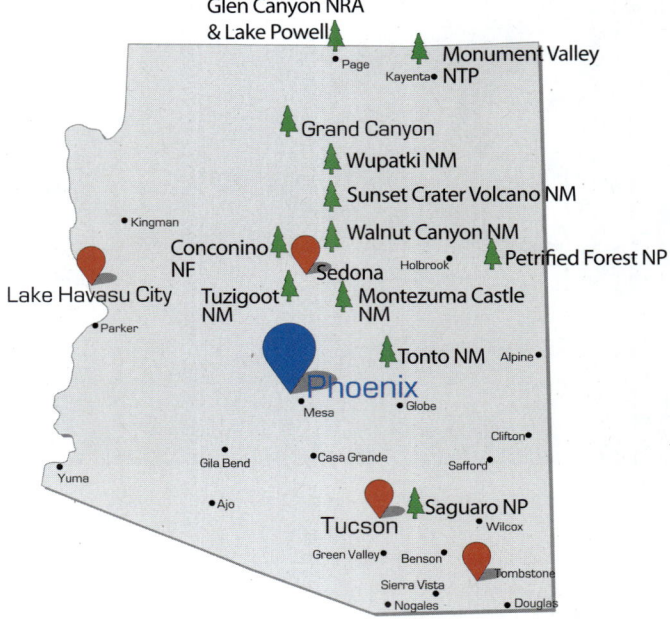

태양과 사막, 선인장의 땅

뜨거운 여름, 이글거리는 태양, 인디언, 카우보이, 사막, 선인장 등으로 대변할 수 있는 애리조나 주에는 '국립공원 중의 국립공원'이라 할 수 있는 그랜드 캐넌 국립공원Grand Canyon National Park이 있다. 그랜드 캐넌 스테이트로 불릴 만큼 그 웅장함은 익히 잘 알려져 있어 애리조나 주를 찾는 관광객들은 예외 없이 그랜드 캐넌을 향해 제일 먼저 발을 내딛는다. 하지만 애리조나 주에는 그랜드 캐넌 외에도 21개의 인디언 보호 구역을 포함하여 옛 서부의 기억을 전해 주는 유적지와 사적지가 산재해 있다.

나바호Navajo 부족 마을의 존 포드스 포인트John Ford's Point에 서서 모뉴먼트 밸리Monument Valley를 바라보고 있으면 정처 없이 떠도는 카우보이의 방랑벽이 새삼 부러워진다.

서부영화 하면 떠오르는 존 웨인John Wayne, 존 웨인 하면 떠오르는 영화인 「수색자The Searchers」, 「역마차Stagecoach」 등의 기억이 되살아난다. 작열하는 태양 아래 자욱한 먼지가 날리는 광활한 사막으로 추억의 시간여행을 떠나보자!

주도 피닉스
별칭 그랜드 캐넌 스테이트Grand Canyon State
명물 그랜드 캐넌, 모뉴먼트 밸리, 소노란 사막과 사구아로 선인장, 미국 최초 로데오
애리조나 주 관광청 602-364-3687, www.arizonaguide.com

1 태양의 계곡 Phoenix
피닉스

1년 중 300일 이상 쨍쨍한 햇빛이 내리쬐서 '태양의 계곡Valley of the Sun'으로 불리는 피닉스는 소노란 사막 Sonoran Desert을 따라 펼쳐져 있다. 맑고 따뜻한 날씨를 찾아 겨울철이면 피한객들이 몰려드는 애리조나 주의 대표적인 휴양지다. 특히 National Golf Foundation에 의해 '세계 골프의 중심지Golf Capital of the World'라고 불려질 만큼 200여 개가 넘는 골프 코스가 있는 것으로 유명하다.

관광 정보
피닉스 관광국 602-254-6500, www.visitphoenix.com

교통 정보
PHX, Phoenix Sky Harbor International Airport
3400 E. Sky Harbor Blvd, Phoenix, 602-273-3300, www.phxskyharbor.com
Valley Metro - RPTA 대중교통
302 N. 1st Ave, #700, Phoenix , 602-253-5000, www.valleymetro.org
피닉스 시내 및 템피Tempe, 메사Mesa 등 인근 주요 지역을 연결한다.
그레이하운드 Greyhound 2115 E. Buckeye Rd, Phoenix, 602-389-4200, www.greyhound.com
Gray Line Tours 8101 North 13th Place, Phoenix, 602-226-8060, www.graylinearizona.com

파파고 공원 Papago Park
625 North Galvin Parkway, Phoenix
602-256-3220
Galvin Pkwy와 Van Buren St가 만나는 곳에 있는 1,200에이커의 파파고 공원에서는 사막 식물원, 동물원 등과 함께 낚시, 골프, 자전거, 산책 등을 즐길 수 있다.

피닉스 동물원 Phoenix Zoo
455 N. Galvin Pkwy, Phoenix
6~8월 주중 7~14, 주말 7~16, 9~5월 9~16
성인 $18, 3~12세 $9
602-273-1341, www.phoenixzoo.org
열대 아프리카 및 남서부의 다양한 식물 및 동물들을 볼 수 있는 곳으로, 각각의 특색 있는 4개의 산책로로 꾸며져 있다.

데저트 식물원 Desert Botanical Garden
1201 N. Galvin Pkwy, Phoenix, 매일 7~20
480-941-1225, www.dbg.org
파파고 공원의 언덕 중턱에 있는 사막 식물원으로 군데 군데 우뚝 서 있는 선인장이 인상적이다. 또한 알로에, 용설란 등의 사막 식물과 함께 봄철이면 거친 사막에 피어나는 야생화도 볼만하다.

역사 유적 광장 Historic Heritage Square
115 N. Sixth St, Phoenix, 602-262-5071
피닉스의 역사가 시작된 곳으로 1800년대 빅토리아풍의 오래된 건물들이 늘어서 있다. 과학관, 역사 박물관 등 볼거리가 많다.

허드 박물관 Heard Museum
2301 N. Central Ave, Phoenix
월~토 9:30~17, 일 11~17
성인 $12, 6~12세 $3
602-252-8848, www.heard.org
1929년에 개관한 허드 박물관은 남서부 인디언의 문화를 엿볼 수 있는 곳. 오랜 역사와 더불어 35,000여 점의 다양한 소장품으로 명성이 높아 피닉스에서 반드시 들러야 할 명소. 특히 인디언들의 수호신이자 비의 신으로 알려진 카치나Kachina 인형이 대표적인 볼거리 중 하나로 꼽힌다. 사막에서 비를 기다리는 인디언들의 간절한 염원을 담고 있는 듯 원색이 주조를 이루는 수공예품들마다 정성이 배어 있다.

애리조나 과학 센터 Arizona Science Center
600 E. Washington St, Phoenix, 매일 10~17
성인 $12, 3~17세 $10
602-716-2000, www.azscience.org
천문학, 지질학, 기상학 등의 분야와 관련된 과학 체험을 할 수 있는 곳.

피닉스 예술 박물관 Phoenix Art Museum
1625 N. Central Ave, Phoenix
수 10~21, 목~토 10~17, 일 12~17, 월·화 휴무
성인 $10, 6~17세 $4
602-257-1222, www.phxart.org
14세기에서 20세기에 이르는 근대 및 현대 미술 작품을 만날 수 있는 곳. 16,000여 점의 예술 작품을 비롯하여 의상 및 실내 소품도 볼 수 있어 시선을 끈다.

푸에블로 그란데 박물관 Pueblo Grande Museum
4619 E. Washington St, Phoenix
월~토 9~16:45, 일 13~16:45, 5~9월 일·월 휴무
성인 $6, 6~17세 $3
602-495-0901, www.pueblogrande.org
호호캄Hohokam 인디언의 농경문화 및 생활상을 담고 있는 곳으로 어도비 벽돌집을 볼 수 있다. 특히 매년 12월 둘째 주에 열리는 인디언 마켓으로 유명하다. 또한 성탄절 즈음해서 인근 멕시코의 민속 행사인 포사다스Posadas라는 종교 축제가 이어진다.

쿠퍼 광장 Copper Square
602-495-1500, www.coppersquare.com
피닉스 중심가의 Fillmort St.에서 남쪽으로 Jackson St.까지 이어지는 상업 지구. 대형 쇼핑몰인 애리조나 센터Arizona Center를 비롯한 상점, 음식점, 공연장 등이 밀집해 있어 피닉스 다운타운 번화가를 형성한다. 시내 일부 주요 구간을 무료로 운행하는 DASH 버스를 이용하면 편리하다.

뱅크 원 볼파크 Bank One Ballpark
401 E. Jefferson St, Phoenix
602-514-8400, www.azdiamondbacks.com
애리조나 야구팀 애리조나 다이아몬드백스Arizona Diamondbacks의 전용 구장. 피닉스 다운타운 중심가에 있으며, 개폐식 돔을 갖추고 있다.

템피 Tempe
고대 그리스의 템피 골짜기Vale of Tempe와 닮아 같은 이름이 붙여진 도시 템피에는 애리조나 주립대학 Arizona State University(www.asu.edu)이 있다. 템피의 중심가인 University Dr.와 Mill Ave가 교차하는 곳에 있으며 프랭크 로이드 라이트Frank Lloyd Wright가 건축한 것으로 알려진 개미지 기념 음악당Gammage Memorial Auditorium을 볼 수 있다. 미식축구팀인 애리조나 카디널스Arizona Cardinals의 전용 구장인 선 데블 구장Sun Devil Stadium도 애리조나 주립대학에 있다.

피닉스 인근

톤토 내셔널 모뉴먼트 Tonto National Monument
26260 N Az Hwy 188, Roosevelt
928-467-2241, www.nps.gov/tont
오래된 암굴과 옛 원주민인 푸에블로 인디언들의 유적을 볼 수 있다. 피닉스 동쪽 소노란 사막의 북동쪽 경계에 위치하여 기온이 높으며, 사막의 뜨거운 햇살을 피하기 위한 모자는 필수다.

스캇데일 Scottsdale
고풍스러운 상점과 갤러리, 유명 골프 코스가 많아 휴양지로 인기가 높다. 옛 서부극의 마을을 그대로 재현해 놓은 로하이드Rawhide(www.rawhide.com)에서 이색적인 경험을 할 수 있다.

치료와 소생의 땅 Sedona
세도나 2

붉은 돌 가득한 신비의 세계

피닉스에서 북쪽으로 120마일 가량 떨어져 있는 세도나는 신령한 정기가 흐르는 신비의 땅으로 알려져 있다. 애리조나 주 교통의 요지인 플래그 스태프Flagstaff에서 남쪽으로 30마일 정도 거리에 위치하여 북쪽으로는 그랜드 캐년 국립공원Grand Canyon National Park, 동쪽으로는 화석림 국립공원Petrified Forest National Park으로 가는 길목이 된다.

'신이 그랜드 캐년을 창조한 뒤 세도나를 안식처로 삼으셨다God created the Grand Canyon but He lives in Sedona'라는 말이 있을 정도로 세도나의 대지 위에 넘쳐 흐르는 초자연적 힘은 많은 사람들을 세도나로 모여들게 한다.

세도나는 신비한 기운만큼이나 경이로운 대자연의 충만함에 빠져들 수 있는 곳이다. 특히 침식 및 퇴적 작용이 꾸준히 이어져 형성된 붉은 바위가 유명하여 'Rock Country'로 불리기도 한다.

햇빛과 구름의 이동에 따라 시시각각 변하는 붉은 색조의 커다란 암석과 푸른 하늘이 엮어내는 원색의 화려한 풍경은 마치 한 폭의 그림과도 같다. 이처럼 아름다운 세도나의 경치는 많은 영화의 배경으로 등장하면서 널리 알려져 세도나만의 독특하고 강렬한 지형적·지리적 특색에 매료되어 이를 화폭이나 영상에 담으려는 화가, 작가, 미술가 등 많은 예술가들의 행렬이 이어지고 있다. 또한 요가, 명상 등 뉴 에이지 문화의 신비한 마력에 홀려 세도나를 찾는 이들에게는 치료와 소생의 땅으로, 세도나의 아름다움을 표현하려는 이들에게는 시각적 영감을 얻는 예술가의 마을로 세도나는 새롭게 주목 받고 있다.

관광 정보
세도나 관광국 800-288-7336, www.visitsedona.com

교통 정보
지프 투어Jeep Tours 마땅한 교통편이 없고 비포장 길이 많은 세도나에서 지프 투어는 가장 편리하게 관광할 수 있는 방법이다. Pink Jeep Tours 800-873-3662, www.pinkjeep.com

선셋 분화구 내셔널 모뉴먼트
Sunset Crater Volcano National Monument
11~4월 9~17, 5~10월 8~17, 1인 $5
928-526-0502, www.nps.gov/sucr
서기 1064년에 화산 폭발로 1천 피트 규모의 분화구가 생겼다. Hwy 89번 도로에서 Wupatki에 들어가기 전 약 15마일쯤에 우측으로 Sunset Crater의 입구가 있으며, 약 3마일 정도 가면 검은 화산재에 덮인 언덕과 거친 용암밭이 그 모습을 드러낸다. 비교적 잘 보존되어 있어서 관광객이 끊이지 않는다.

틀라케파케 Tlaquepaque
336 Hwy. 179, Sedona 928-282-4838, www.tlaq.com
세도나의 Hwy 89A와 Hwy 179 교차 지역에 있는 멕시코풍의 마을로 갤러리, 상점, 식당이 즐비하다. 각종 전시회 및 공연이 열려 볼거리를 더한다.

투지구트 내셔널 모뉴먼트
Tuzigoot National Monument
16세 이상 $5, 928-634-5564, www.nps.gov/tuzi
세도나 남서쪽에 있다. 89A 하이웨이를 따라 남쪽으로 약 20마일 가면 12세기 전후 약 300여 년간 푸에블로Pueblo 부족이 살았던 유적지가 나타난다. 인디언들이 사용한 도자기, 석기, 장신구들이 많이 진열되어 있다. 이곳에서 바로 남서쪽으로 건너다 보이는 곳에 있는 옛 동광산의 유령촌이 제롬 주립 역사 공원Jerome State Historic Park으로 지정되어 많은 관광객들이 찾아든다.

월넛 캐넌 내셔널 모뉴먼트
Walnut Canyon National Monument
11~4월 9~17, 5~10월 8~17, 1인 $5
928-526-3367, www.nps.gov/waca
12세기 전후 이곳에 거주한 시나구아Sinagua 부족의 유적지. 300여 개의 독특한 동굴 가옥이 산과 계곡 사이에 지어졌으며, 직접 걸어다니며 볼 수 있다. 플래그스태프에서 Fwy 40번 동쪽.

우파트키 내셔널 모뉴먼트
Wupatki National Monument
1인 $5, 928-679-2365, www.nps.gov/wupa
플래그스태프Flagstaff에서 약 25마일 북상하면 공원으로 들어가는 길이 나타난다. 수백 개의 고대 푸에블로 유적지가 있으며, 100여 개의 방을 가진 고층 건물 형식의 거주 가옥과 종교 의식에 사용한 원형 운동장까지 있다. 다섯 군데의 유적지는 입장이 가능하다.

틀라케파케

몬테주마 캐슬 내셔널 모뉴먼트
Montezuma Castle National Monument
2800 N Montezuma Castle Rd, Camp Verde 6~8월 8~18, 9~5월 8~17 16세 이상 $5, 928-567-3322
www.nps.gov/moca

세도나 남쪽 20여 마일 거리에 있는 인디언 유적지. 12세기 전후에 건립된 것으로 보이는 집단 거주지로, 가장 보존 상태가 좋다. 깎아 내린 듯한 절벽 46피트 위에 구축된 20개의 방이 있는 5층 구조물로 사다리가 있어야만 출입할 수 있다. 직접 들어가 볼 수는 없지만 건너편에서 자세히 볼 수 있는 길이 만들어져 있다.

웨스트 포크 West Fork

코코니노 국유림
Coconino Naitonal Forest

오크 크릭 캐년 Oak Creek Canyon
플래그스태프에서 세도나까지 연결된 Hwy 89A를 따라 남쪽으로 내려가면 깎아지른 듯한 바위 절벽과 소나무가 장관을 이루면서 남북으로 약 16마일 길이의 맑고 깊은 호수가 나타난다. 송어 낚시로만 많이 알려져 있지만 실제로 이곳의 참 맛을 느끼려면 캠핑을 하면서 꼼꼼히 둘러볼 필요가 있다. 특히 오크 크릭 캐년의 지류가 되는 West Fork는 가장 멋진 비경을 볼 수 있는 곳으로 충분히 들릴 가치가 있으며, 산책 및 하이킹을 즐기기에 더할 나위 없이 좋다.

근방에는 오크 크릭 강기슭에 서식하는 다양한 동식물을 만날 수 있는 레드록 주립공원Red Rock State Park (4050 Red Rock Loop Rd, Sedona, 928-282-6907), 폭포수처럼 쏟아지는 물살을 가르면서 수영 및 시원한 물놀이를 즐길 수 있는 슬라이드록 주립공원Slide Rock State Park(6871 N. Hwy. 89A, Sedona, 928-282-3034) 등이 있다. 시간적 여유가 있다면, 세도나에서 동쪽 Fwy. 17을 연결하는 13마일의 쉔블리 힐 로드Schnebly Hill Road를 달려 보는 것도 좋다. 옛 서부 시대의 일화를 담은 유적들이 많고 꾸불꾸불한 옛 길을 따라 아름다운 풍경이 이어져 그냥 스쳐 지나가기에는 못내 아쉬움이 남을 정도다.

웨스트 포크 West Fork
오크 크릭 캐년과 연결은 됐지만 약간 벗어난 곳에 위치한 계곡으로 사람들이 많지 않아 조용한 분위기를 맛볼 수 있다. 89A 하이웨이를 따라 약 10마일 북상하면 입구가 있다. Oak Creek은 남북으로 물이 흐르는데 이 West Fork은 그 지류로 인해 동서로 물이 흐른다. 계곡이 좁고 양쪽 산이 높기 때문에 오전 10시부터 오후 4시 사이에 가장 햇볕이 많이 들어 산책이나 하이킹을 즐기기에 좋다.

캠핑·숙소
캠핑장은 헤아릴 수 없을 정도로 많다. Cave Spring 캠핑장에는 80대의 RV를 수용할 수 있는 시설이 있다. 여기서 캠핑하는 또 하나의 목적은 배낭을 짊어지고 하이킹을 하는 것이다. 무수한 붉은색의 암석 산봉우리, 높고 낮은 절벽들, 어느 것이든 걸어 올라가서 내려다 봐야 기막힌 그 맛을 느낄 수 있다. 플래그스태프나 세도나의 관광 안내소에 가서 지도를 입수, 체력과 시간에 알맞은 하이킹 코스를 고를 수 있다.

Cave Spring
89A 도로 세도나 북쪽 11.7마일, 82개소, 3월 말~11월 중순, 그로서리 마켓, 수영, 낚시 등 시설 완벽, 선착순, $20

Manzanita
89A 도로 세도나 북쪽 4마일, 연중오픈, 18개소, $20

Pine Flat
89A 도로 북쪽 12.5마일, 56개소, 선착순, $20

관광 정보
1824 S. Thompson St, Flagstaff
928-527-3600, www.fs.fed.us/r3/Coconino

3 투산
사막과 선인장의 도시 Tucson

애리조나 주에서 두 번째로 큰 도시. 투산은 애리조나 주에서 가장 애리조나 주다운 곳이다. 투산의 황량한 사막한 가운데 들어서면 듬성듬성 서 있는 커다란 선인장이 제일 먼저 반긴다. 투산 전체 인구보다 선인장 숫자가 더 많다고 한다.

끝없이 펼쳐진 사막과 선인장은 많은 서부영화의 배경으로 등장했다. 서부영화 세트장인 올드 투산 스튜디오Old Tucson Studios를 비롯하여 동쪽 툼스톤Tombstone 지역으로 가면 황야의 무법자와 대면하게 될 것만 같은 OK 목장The O.K. Corral을 볼 수 있다. 또한 남쪽 멕시코 경계 지역은 멕시코풍의 건물과 풍물거리로 이국적인 정취를 느낄 수 있다.

관광 정보
투산 관광국 888-288-2766, www.visittucson.org

교통 정보
TIA, Tucson International Airport
7005 S. Plumer Ave, Tucson 520-573-8100, www.tucsonairport.org
Suntran 대중교통 520-792-9222, www.suntran.com
앰트랙 Amtrak 400 N. Toole Ave, Tucson, 800-872-7245, www.amtrak.com
그레이하운드 Greyhound 471 W Congress St, Tucson, 520-792-3475, www.greyhound.com

애리조나 주립 박물관 Arizona State Museum
1013 E. University Blvd, Tucson
월~토 10~17, 일 휴무, 18세 이상 $5
520-621-6302, www.statemuseum.arizona.edu
원시 멕시코 문화에서부터 남서부 지역의 인류 생성 및 발전의 역사를 담고 있는 인류학 박물관. 애리조나 주 최초의 대학인 애리조나 대학교University of Arizona 캠퍼스 내에 있다.

피마 항공우주 박물관
Pima Air & Space Museum
6000 E. Valencia Rd, Tucson, 매일 9~17
13세 이상 $13.75~15.5, 7~12세 $8~9
520-574-0462, www.pimaair.org
250여 개의 구식 비행기가 전시된 항공우주 박물관. 1903년 최초 비행에 성공했던 라이트Wright 형제의 동력비행기Wright Flyer에서부터 최신예 SR-71 블랙버드 정찰기 등의 모형을 전시하고 있으며, 케네디 대통령이 탔던 것으로 전해지는 DC-6도 볼 수 있다.

올드 투산 스튜디오 Old Tucson Studios
201 S. Kinney Rd, Tucson
12세 이상 $16.95, 4~11세 $10.95
520-883-0100, www.oldtucson.com
1939년 컬럼비아 영화사Columbia Pictures가 영화 「애리조나Arizona」 제작을 위해 1860년대 투산의 모습을 그대로 재현한 영화 촬영소. 수많은 서부영화의 로케이션으로 사용되어 '사막의 할리우드Hollywood in the Desert'로 통한다. 서부영화에 단골 소재로 등장하는 역마차, 철도 등은 물론이거니와 주점, 보안관 사무실, 은행, 감옥 등으로 꾸며진 마을은 그대로 서부극의 한 장면이 된다. 관광객들을 위해 벌어지는 총격전이 실제처럼 볼만하다.

애리조나 소노란 사막 박물관
Arizona Sonoran Desert Museum

2021 N. Kinney Rd, Tucson
10~2월 8:30~17, 6~8월 일~금 7~14:30, 토 7~22
3·4·5·9월 7:30~17, 성인 $13, 6~12세 $4.25
520-883-2702, www.desertmuseum.org
살쾡이, 코요테, 퓨마, 프레리도그, 도마뱀, 양, 매, 벌새 등 사막에서 서식하는 동식물에 관한 모든 것을 볼 수 있는 곳.

바이오스피어 2 Biosphere 2

32540 S Biosphere Rd, Oracle, 매일 9~16
성인 $20, 6~12세 $13
520- 838-6200, www.b2science.org
바이오스피어 1과 다른 세계라는 의미로 환경 보존을 위해 생태계를 연구하는 곳. 유리로 된 돔 모양의 건물 안으로 들어가면 열대우림, 사바나, 사막, 습지 등 각기 다른 섭생 및 기후 조건을 가지는 표본지를 차례로 둘러볼 수 있다. 투산 시티에서 북쪽으로 30마일 가량 거리에 있다.

콜로살 산악 동굴 공원
Colossal Cave Mountain Park

16721 E. Old Spanish Trail, Vail, 차 1대당 $5
동굴 투어 성인 $11, 5~12세 $6
3~9월 8~17, 9~3월 9~17
520-647-7275, www.colossalcave.com
투산에서 남쪽으로 Old Spanish Trail을 따라 17마일 거리에 있으며, 여느 석회 동굴들과 달리 물기가 없고 건조한 특징이 있다. 동굴 구경 외에 하이킹 및 승마를 즐기러 오는 이들이 많다. 시간이 된다면 추억을 만들기 위해 역마차를 타보는 것도 좋다. 안내를 받으면서 45분간 동굴 내부를 둘러보는 투어도 있다.

툼스톤 Tombstone

520-457-3884, www.tombstoneweb.com
과거에에 은광촌이었던 툼스톤은 '죽기에는 너무 거친 마을The Town Too Tough to Die'로 불리는데, 그만큼 거친 서부의 추억과 향수를 간직하고 있는 곳이다. 1881년에 일어났던 실화를 바탕으로 만들어진 서부극「OK 목장의 결투Gunfight at The O.K. Corral」의 무대로도 유명하다.

키트 피크 국립 광학천문대
Kitt Peak National Observatory

950 N Cherry Ave, Tucson
매일 9~15:45, 가이드 투어 성인 $7.75~9.75,
7~12세 $3.25~4.25
520-318-8726, www.noao.edu/kpno
토호노 오담Tohono O'odham 원주민 보호구역에 있는 NOAO, National Optical Astronomy Observatory 산하의 국립 천문대. 투산에서 남서쪽으로 56마일, 1시간 30분 정도 거리다. 별자리 관측, 행성 관찰 등을 통해 태양계 및 은하계의 운행을 연구하는 곳. 매일 10시, 11시 30분, 1시 30분에 각각 가이드 투어가 있다.

샌 제이비어 델박 교회 Mission San Xavier Del Bac
1950 West San Xavier Rd, Tucson, 520-294-2624,
www.sanxaviermission.org

애리조나의 유럽식 건물 중 가장 오래된 스페인풍의 인디언 가톨릭 성지. 사막 한가운데 우아한 자태를 드러내고 있는 하얀 건물이 인상적이어서 '사막의 흰 비둘기White Dove of the Desert'로 불리기도 한다. 뛰어난 외관과 벽화 가득한 내부가 아름답다. 토호노 오담 원주민 보호 구역의 샌 제이비어San Xavier 지구에 있다.

4 레이크 하바수 시티
Lake Havasu City

콜로라도 강가 마을로서 영국 마을을 재현한 잉글리시 빌리지English Village와 실제 런던 템스 강에 있던 다리를 그대로 옮겨 재조립한 런던 브리지London Bridge 등이 있어 관광객들과 보트놀이를 즐기려는 젊은이들이 많이 찾는다. 1960년대 런던 시가 1831년에 건설했던 런던 브리지를 경매에 내놓아 로버트 매컬릭이라는 사람이 250만 달러에 사들였다. 결국 이 다리를 10,276개의 화강암 석판으로 분해해서 운송, 이곳에 재조립해 놓았다.

레이크 하바수 시티 관광국 928-453-3444, www.golakehavasu.com

사구아로 국립공원
Saguaro National Park

큰 키 선인장 밀집지로 서쪽 투산 산악 지역Tucson Mountain과 동쪽 Old Spanish Trail을 따라가다 만나게 되는 린컨 산악 지역Rincon Mountain에 있다. 서쪽 지역은 옛 원주민들이 새겨 놓은 암석 조각을 볼 수 있는 곳이며, 공원관리소 본부가 있는 동쪽 지역은 애리조나 소노란 사막 박물관Arizona Sonoran Desert Museum이 가까이에 있어 사람들이 많이 찾는다.

애리조나 주를 상징하는 '사구아로Saguaro'라는 기둥 선인장은 크기도 거대할 뿐 아니라 사람의 형상을 닮은 모습이 명물이다. 애리조나 주 외에 간혹 캘리포니아 주와 멕시코 일부 지역에서 볼 수 있으며, 5월에서 6월경에 꽃을 피운다.

관광 정보
3693 S. Old Spanish Trail, Tucson, 입장료 차 1대당 $10, 520-733-5100, www.nps.gov/sagu

그랜드 캐년
Grand Canyon National Park

그랜드 캐년 국립공원
Grand Canyon National Park

미국에서 가장 유명한 자연 명소 그랜드 캐년Grand Canyon. 지구의 역사 그 자체라고 일컬어질 만큼 20억 년이라는 유구한 시간을 통해 형성된 이 놀랍고 강렬한 마력의 대규모 협곡은 어떤 설명과 사진으로도 그 어마어마한 규모를 표현할 수 없다. 오직 가서 보고 체험해야 한다. 길이 277마일, 평균 계곡의 폭 10마일, 가장 깊은 곳은 5,700피트로 길이는 경부고속도로보다 길고, 깊이는 태백산 높이에 해당되는 셈이다. 계곡 정상에서 강물이 닿는 밑바닥까지는 훈련된 하이커가 다녀오는 데도 이틀이 소요된다.

세계 최대 277마일의 장관

계곡 암석에 기록된 화석이 유구한 시간을 말해 준다면 오르내리는 동안 접하는 동식물의 종류는 멕시코의 소노란 Sonoran 사막에서 만나는 것과 맞먹는다. 또한 계곡 높이에 따라 기온과 강우량이 달라 계곡 위는 캐나다 남부처럼 추운 한대 지역이지만, 계곡 밑은 소노란 사막 같은 아열대 기후에 속한다.

1919년 국립공원 지정

오래 전부터 그랜드 캐년에는 여러 인디언들이 살았고 백인들이 처음 찾아간 것은 1540년으로 파웰 소령 일행이 콜로라도 강 탐사를 하면서 세상에 널리 알려졌다. 1919년 2월 26일, 국립공원에 지정되어 매년 300만 명 이상의 관광객이 이곳을 찾는다. 공원 넓이는 요세미티 국립공원과 비슷하다. 콜로라도 강을 끼고 동서로 길게 뻗어 있으며, 계곡 정상의 평균 고도는 5천 피트에서 9천 피트. 콜로라도 강 남쪽의 사우스림South Rim은 북쪽 노스림North Rim에 비해 1,500피트나 낮아서 연중 문을 열고 교통이 편리하다.

그랜드 캐년을 찾기에 가장 좋은 계절은 6월에서 9월 사이. 낮 평균 기온이 화씨 80도, 밤에는 화씨 40도로 떨어진다. 그러나 계곡 밑으로 갈수록 기온이 올라가서 여름철 온도는 보통 화씨 100도를 넘는다. 10월이면 벌써 눈이 내리기 시작하며 밤 기온은 영하로 떨어진다. 계곡 밑에 내

려가려면 가을철이 가장 적당하다. 하지만 그랜드 캐년은 계절마다 독특한 맛을 보여주는 만큼 여행자의 취향에 따라 방문 시기를 결정하면 된다.

사우스 림 South Rim

해발 7천 피트로 노스림에 비해 가기 쉬워 대부분의 관광객이 이곳을 찾는다. 그랜드 캐년 관광은 몇 개의 하이킹 코스 Trail를 따라 걸어가면서 보는 것이 최고지만, 비지터 센터를 찾아 공원 지도와 설명을 구하고 슬라이드 영상으로 전반적인 정보를 얻은 다음 출발하는 것이 좋다.

그랜드 캐년 빌리지 Grand Canyon Village
5월 말에서 9월 초까지 무료 운행 미니버스가 있어 편리하다. 안전하게 난간이 설치된 전망대를 거쳐가게 되며 허용하는 한 모두 들러보도록 하자. 비슷한 듯 하지만 전부 다른 계곡의 경치를 만끽할 수 있다. 좀 더 광범위한 관광을 원하면 여러 개의 코스를 가지고 관광 안내를 하고 있는 버스를 이용한다.
헬리콥터와 비행기를 이용한 관광은 투사얀Tusayan 비행장과 Williams, Page, Flagstaff 등지에서 출발한다.(경비 행기 1인 $130, 928-638-2359, 헬리콥터 1인 $145~245, 928-638-2419)

인디언 유적지 관광
IMAX 입체 영화
3~10월 8:30~8:30, 11~2월 10:30~6:30
11세 이상 $12.50, 6~10세 $9.50
928-638-2468, www.explorethecanyon.com
공원 남쪽 투사얀Tusayan에 있는 Grand Canyon IMAX Theater에서는 초대형 스크린과 입체 음향으로 그랜드 캐년을 소개한다.

투사얀 박물관 Tusayan Museum
토인족 인디언의 유적과 아나자이 인디언의 문화 공예품이 전시된다. 박물관에서 3마일 동쪽 전망대에서는 그랜드 캐년과 콜로라도 강, 그리고 카이바브Kaibab 국유림과 유명한 페인티드 데저트Painted Desert를 확인히 볼 수 있다. 망원경을 이용하면 나바호Navajo 인디언 보호 지역까지 상세히 관찰할 수 있다.

유명 하이킹 코스 3곳

Bright Angel Trail
Bright Angel Lodge에서 출발해서 Maricopa Point를 지나 콜로라도 강에 도착하는 7.7마일의 코스. 직선으로 계산한 고도 차이는 4,460피트나 된다. 내려가는 것은 비교적 쉽지만 올라오기는 어려우며, 하루에 왕복할 수는 없다.

South Kaibab Trail
Grand Canyon Village 3.5마일 동쪽 Yaki Point에서 출발, 콜로라도 강에 닿는 6.3마일 코스. 고도 차이 4,860 피트로 Bright Angel Trail보다 더 힘든 코스다.

South Rim Nature Trail
Maricopa Point에서 Yavapai Museum에 이르는 3.5마일의 비교적 평탄한 코스다. 포장까지 돼 있어서 어린이나 노인들도 안심하고 이용할 수 있는 일반 관광객들을 위한 코스.

캠핑 · 숙소

공원에서 하루 이상의 하이킹에는 허가증과 함께 캠핑장을 예약해야 한다. 특히 계곡으로 내려갈 때는 Indian Gardens, Cottonwood, Roaring Spring 등지에 있는 Bright Angel 캠핑장 예약을 적어도 한두 달 전에 우편이나 팩스로 신청해야 한다.

공원에 있는 Mather Campground (350개소)는 연중 오픈하며, Desert View(50개소)에 있는 캠핑장은 겨울철에는 문을 닫는다. 공원 내의 그랜드캐년 빌리지Grand Canyon Village는 마켓, 우체국, 은행, 자동차 수리소, 주유소, 세탁소, 간이 진료소 등 모든 시설이 구비됐으며 공원 안에 여섯 군데의 모텔이 있다.

하바수 캐년Havasu Canyon 지역은 하바수파이 인디언 보호 구역Havasupai Indian Reservation이기 때문에 별도의 예약이 필요하다.(www.havasupai-nsn.gov/928-448-2121) Kingman에서 66번 하이웨이 따라 동쪽으로 가다 Peach Springs를 지나 18번 하이웨이로 약 70마일 북상하면 이곳 중심지인 Supai에 도달한다.

노스 림 North Rim

북쪽 North Rim은 남쪽 South Rim보다 지형이 1천여 피트 더 높아 북쪽에서 볼 수 있는 전망이 광대하다. 멀리 샌프란시스코San Francisco 산 봉우리가 지평선 위에 보일 정도다.

노스림과 사우스림을 가르는 계곡의 평균 직선거리는 10마일밖에 안 되지만 자동차로 이 두 절벽 사이를 지나려면 200마일의 먼 길을 다섯 시간이나 운전해 가야 한다.

계곡 밑으로 내려가 콜로라도 강 횡단 교량을 건너서 북쪽 절벽을 올라가는 길은 오직 걸어서 건널 수 있는 현수교로 하이커들이 이용하도록 1928년에 건설됐다. 그 옆에 1970년에 현수교 하나가 추가됐다. 훈련된 하이커가 아니면 위험하고 힘든 코스다.

노스림은 겨울철 강설량이 많아서 11월 중순부터 5월 중순까지는 제이콥 호수Jacob Lake부터 진입로가 차단되므로 7~10월에 방문하는 것이 좋다.

전망 포인트

Bright Angel Point
그랜드 캐년 로지Grand Canyon Lodge 근처에 있는 전망대로 남쪽 건너편의 거대한 절벽과 동서로 뻗은 그랜드 캐년 계곡의 전모가 한눈에 내려다보인다.

Imperial Point
그랜드 캐년 로지에서 8마일 동쪽에 있는 이곳 절벽의 최고 지점이다. 북동쪽으로 길게 뻗은 계곡의 전모를 아무 장애물 없이 바라볼 수 있다.

Cape Royal
North Rim의 최남단에 있어 어느 지점보다 넓게 조망할 수 있다.

Marble Canyon
국립공원의 최북단에 위치하며 이 계곡을 횡단하는 다리의 길이는 616피트밖에 안 되지만 800피트 높이의 계곡을 횡단하는 아슬아슬한 맛과 최고의 경치를 즐길 수 있다.

투윕 Tuweep
그랜드 캐년 로지에서 50마일 서쪽에 있는 계곡 관광의 진수를 맛볼 수 있는 곳이다. 콜로라도 강물과 직행하는 선상에 있어서 계곡 내벽과 강물을 한눈에 볼 수 있다. 캠핑장과 전망대는 강 옆의 절벽 위에 위치하며 자갈로 포장되어 있어 비가 오면 승용차로는 무리가 있다. 근처에는 물, 휘발유 및 식료품들을 구입할 수 없으니 미리 충분한 준비를 하고 들어가야 한다.

North Kaibab Trail
이곳의 유일한 하이킹 코스로 로어링 스프링스 캐년 Roaring Springs Canyon에서 출발, 14.5마일을 내려가서 강 옆의 팬톤 랜치 Phantom Ranch에 도달하는 코스. 고도 차이가 5,800피트나 되기 때문에 길이 험하여 훈련된 전문가만 가능하다.

코랄 핑크 샌드듄 Coral Pink Sand Dune
Kanab와 Zion 국립공원 사이의 넓은 지역 전체가 분홍색 모래로 덮인 준국립공원이다. 시간이 되면 꼭 들러볼 만한 가치가 있다. 근처에는 백인과 인디언들의 투쟁 역사를 말해 주는 유적지 파이프 스프링 준국립공원 Pipe Spring National Monument이 있다.

캠핑 · 숙소
캠핑장들은 모두 선착순으로 이용할 수 있으며, 피크 시즌에는 공원 내의 붐비는 캠핑장보다 Jacob Lake나 Kaibab의 캠핑장을 이용하는 것이 좋다.

관광 정보
입장료 차 1대당 $25
928-638-7888, www.nps.gov/grca

글렌 캐년 국립 휴양지 & 레이크 파웰
Glen Canyon National Recreation Area & Lake Powell

콜로라도 강은 지질학적으로 복잡하고 경치가 아름다운 강이면서 기능적으로도 완벽하게 활용되는 강이다. 강줄기를 둑으로 막아 전기를 생산하고 수로를 만들어 농사에 이용하며 식수로와 각종 위락 시설 용수로 활용한 후 바다로 흘러 들어간다.

1936년 콜로라도 강을 대대적으로 막아 발전 시설을 만든 후버댐과 이로 인해 생긴 레이크 미드는 세계 최대의 인공호수로 유명하다. 그 뒤 1956년에 완성된 글렌 캐년 댐Glen Canyon Dam은 후버댐과 거의 비슷한 규모로 여기서 생긴 레이크 파웰Lake Powell은 상류까지의 길이가 무려 186마일이나 되는 규모로 레이크 미드에 단연 앞선다.

글렌 캐년 지역에 사람이 살기 시작한 것은 3천 년 전 '고대 사막인'으로 불리는 인디언 부족들이 계절에 따라 이동 거주하면서부터다. 서기 500년경 아나사지 부족이 정착했으나 13세기의 심한 기후 변화로 거주민들이 이동해버리고 17세기 스페인 침략자들과 19세기 백인들의 서부 진출, 미국 정부군의 인디언 토벌 작전 등의 참극과 격동기를 겪으면서 1868년 인디언 자치 구역으로 지정, 나바호Navajo 인디언들이 이곳에 자리를 잡게 되었다.

글렌 캐년 국립 휴양지

1869년 5월 존 웨슬리 파웰John Wesley Powell을 대장으로 9명의 탐사대가 4척의 배를 타고 콜로라도 강을 답사한 공적을 기려 파웰이라는 이름의 호수가 생겼다. 호수를 둘러싼 절벽과 첨탑들, 그리고 길고 짧은 지류들과 연결된 계곡의 수가 수십 개에 달하여 절경이 겹친 아름다운 호수로 유명하다. 굴곡이 심한 강 양쪽에 높다랗게 솟은 절벽과 기괴한 모양의 붉은 돌기둥·아치·첨탑 등의 천하 장관에 감탄한 파웰 대장이 글렌 캐년이라는 이름을 붙인 것으로 알려진다.

관광 정보
입장료 차 1대당 $15
Bullfrog Visitor Center 435-684-7420
Glen Canyon Dam Visitor Center 928-608-6404
www.nps.gov/glca

레인보우 브리지 Rainbow Bridge

레인보우 브리지 Rainbow Bridge

세계에서 가장 큰 자연다리이자 나바호 부족의 종교적 명소인 이 다리는 강변의 많은 계곡 깊숙한 곳에 있어 뒤늦게 발견된 희귀한 명소다. 높이 290피트, 교각 길이 275피트의 큰 규모로 페이지Page 위쪽 와윕 선착장Wahweap Marina에서 출발하는 관광선으로 약 50마일 상류로 가면 만날 수 있다.

레이크 파웰

글렌 캐년댐 Glen Canyon Dam
애리조나 주 북쪽 끝 Page에서 유타 주로 연결되는 Hwy. 89를 따라 북상하면 이 댐과 평행하게 건설된 다리를 건너 넓은 주차장을 만난다. 댐의 역사와 규모를 설명해주는 안내자와 함께 댐 안팎을 구경할 수 있고, 지정된 코스를 혼자서 돌아볼 수 있으며 전망대도 있다.

리스 페리 Lee's Ferry
콜로라도 강을 건너 오른쪽 길을 따라 오르면 약 6마일의 거리에 옛 나루터의 하나인 Lee's Ferry의 유적이 나타난다. 근처에 캠핑장이 있고 파리아Paria 계곡을 따라 올라가면 좁은 절벽 속의 동굴 같은 나바호 샌드스톤의 붉은 계곡을 볼 수 있다.

자연다리 국립 기념지
Natural Bridges National Monument
435-692-1234, www.nps.gov/nabr
블랜딩Blanding 서쪽 30마일 지점에 유명한 천연 암석의 육교들이 즐비한 내츄럴 브리지 내셔널 모뉴먼트가 있다. 일부러 시간을 내서 들러 볼만한 명소다.

관광 정보
888-896-3829, www.lakepowell.com
유람선을 이용해 절경이 겹친 계곡 사이를 돌아볼 수 있다. 애리조나와 유타 경계에 있는 와윕 마리나Wahweap Marina 선착장(602-645-2433)에서 예약할 수 있다.

모뉴먼트 밸리 나바호 부족 공원
Monument Valley Navajo Tribal Park

끝없이 뻗은 붉은 대평원에 치솟은 거대한 암석 기둥과 산등성이의 깎아지른 절벽, 지상 1천 피트가 넘는 암석기둥 밑에서 인간 존재의 미미함을 느끼게 되는 곳이다. 또한 백인들과의 수많은 싸움에서 처절하게 패배한 아메리칸 인디언들의 불행한 역사가 점철된 역사의 현장이기도 하다.

나바호 인디언들의 '숭고한 성지'로 또한 서부영화의 상징으로도 잘 알려진 모뉴먼트 밸리 나바호 부족 공원 Monument Valley Navajo Tribal Park은 1,600만 에이커에 달하는 나바호 인디언 자치 구역의 북쪽 한 구석에 있다. 그랜드 캐년에서 동쪽으로 173마일, 유타, 콜로라도, 뉴멕시코, 애리조나 등 4개 주가 합치는 미국 내의 유일한 지점 'Four Corner'에서 서쪽 60마일 거리에 있으며 1938년 존 포드 감독의 영화 「역마차Stage Coach」를 비롯해서 1940년대의 「나의 사랑 클레멘타인My Darling Clementine」 등 여러 편의 영화로 일반에게 널리 알려진 서부극의 무대로 유명한 곳이다.

인디언들의 숭고한 성지

나바호 인디언이 이곳에 정착하게 된 것은 비교적 근세의 일이다. 그들의 선조로 알려진 아사바스칸족이 캐나다 북부에서 이곳으로 이주해 온 것은 서기 1400년경. 사냥을 주업으로 하는 이들은 로키 산맥 동부에 살고 있던 푸에블로Pueblo 인디언의 이웃이 됐다.

그로부터 삼사백 년 동안 나바호 인디언들은 미국 서남부 지역을 장악했지만 동쪽 이웃에 살던 푸에블로 인디언이 스페인 기마대에 패배하며 나바호 지역으로 도망쳐 같이 살게 됐다. 또한 스페인 사람들이 가지고 온 양과 염소, 그리고 미대륙에서는 태고 때 사라진 후 처음으로 나타난 말이 인디언들에게 큰 관심의 대상이 되면서 백인들과의 사이에 사건과 싸움이 빈번했다.

1846년 뉴멕시코가 미국 영토로 편입되고, 1860년대 남북전쟁 당시 미국군에 의한 대대적인 인디언 섬멸작전으로 인디언의 대부대가 붕괴되고, 1868년 나바호 부족 대표와 미국 정부가 협정을 맺게 된다. 이 협정에서 나바호 부족은 동부 지역의 기름진 강변 땅과 Sumner 근처의 땅, 그리고 지금까지 살아온 메마른 사막 땅 중에 서슴지 않고 황폐한 고향 땅을 택하여 조상으로부터 물려받은 '숭고한 성지'를 4년 만에 되찾게 되었다.

윈도우 록 Window Rock

인디언 자치 구역의 행정 도시이며 수도. 애리조나 주 동쪽 끝 뉴멕시코 주와 경계에 있다. 나바호의 자치 구역은 1,600만 에이커로 늘었고 인구도 17만에 가까우며, 자치 구역 안에 자리잡고 있는 호피Hopi 자치 구역의 인구까지 합하면 18만에 달하는 숫자가 이 광야 지대에서 살고 있다. 연간 강우량이 8인치도 되지 않는 황폐한 불모의 땅이지만 인디언들은 이 세상 무엇과도 바꿀 수

없는 아름답고 신성한 곳으로 간직하고 있다. 나바호 자치 구역 내의 호피족과의 관계는 평온하지만은 않았으며, 1977년 미국 정부의 조정으로 상호 거주 지역의 재분배가 있었으나 아직 불편한 관계가 지속되고 있는 상태다.

모뉴먼트 밸리 Monument Valley

하늘로 치솟은 거대한 붉은 암석의 탑, 깎아낸 듯이 수직으로 뻗은 절벽과 절벽, 바람이 불면 쉽게 무너질 것 같은 높고 가느다란 첨탑들. 가도가도 끝없이 넓은 붉은 사막의 평원, 태양과 구름의 움직임을 따라 시시각각으로 바뀌는 음과 양의 변화. 모뉴먼트 밸리는 나바호족 자치 정부에 의하여 1958년 7월 나바호 부족의 공원으로 지정, 일반 관광객이 자유로이 방문할 수 있는 곳이다.

나바호 내셔널 모뉴먼트

Navajo National Monument
928-672-2700, www.nps.gov/nava
광활한 고대 푸에블로 인디언 유적지로 베타타킨Betatakin과 키트실Keet Seel에 걸쳐 있다. 모뉴먼트 밸리에서 튜바 시티Tuba City 방향 약 9마일 떨어진 곳에 있으며, 인디언 문화에 관심 있는 사람이면 빼놓을 수 없는 곳이다

캐년 드 챌리 내셔널 모뉴먼트

Canyon de Chelly National Monument
928-674-5500, www.nps.gov/cach
서기 348년부터 1300년 사이에 푸에블로 인디언이 거주한 아파트 양식의 집터. 1300년대 후에도 푸에블로와 호피족들이 간혹 살았던 곳이다. 주변 계곡의 경관이나 절벽의 규모가 엄청나 지나가면서 간단히 구경하기에는 너무나 아까운 곳이며, 최소한 만 하루를 이곳에서 보내야 어느 정도 볼 수 있을 정도다. 나바호 인디언 선조들이 그린 벽화와 나바호의 농경 상황도 볼 수 있다. 연중 문을 여는 캠핑장이 있다.

베타타킨 Betatakin

비지터 센터에서 약 1.5마일 정도 계곡 길을 따라가야 하는데, 절벽 중턱에 지어 놓은 인디언들의 독특한 거주 양식을 만날 수 있다. 여기에서 계곡 너머로 이 유적의 전모를 건너다 볼 수도 있다.

관광 정보

9세 이상 $5, 435-727-5874,
www.navajonationparks.org

모뉴먼트 밸리
Monument Valley

화석림 국립공원
Petrified Forest National Park

애리조나 주 동쪽 끝에 있는 화석림Petrified Forest 국립공원은 연간 강우량이 10인치 이하의 고원 지대여서 대부분의 동식물이 살기 힘든 불모지다. 그러나 상상하기 힘들 정도로 굵고 거대한 화석 나무들이 지금 막 잘라 놓은 것처럼 여기저기 흩어져 있는 모습은 일반적인 풍경을 초월한다. 유타 주 다이너소어 국립공원 암벽에 박혀 있는 화석이 된 공룡들의 뼈와 비견되는 독특한 풍경을 보여준다. 이 공원은 계절에 관계없이 어느 때나 방문할 수 있지만 적절히 비가 내린 해의 봄철, 황량한 사막을 수놓는 야생화들이 만발할 때를 택하는 것이 제일이다.

북쪽 입구에 들어서면 우선 Painted Desert Visitor Center에 들러서 공원 지도를 입수하고 필요한 주의 사항을 확인한다. 공원 북쪽 지역은 남쪽과 달라서 나무의 화석들은 눈에 띄지 않고 황량한 사막 풍경이 지평선 멀리까지 뻗어 있다. 화석은 아무리 작은 조각이라도 반출할 수 없다.

페인티드 데저트 Painted Desert
태고 때부터 쌓이고 굳어진 토사층이 융기된 후 침식된 상태가 지질층마다 다른 색깔로 나타나 일부러 물감칠을 한 것처럼 아름답다. 레이시 포인트Lacey Point 전망대에 올라서면 북쪽으로 넓게 전개되는 사막 풍경이 나바호 인디언의 융단처럼 아름다우며 스쳐가는 소나기에 젖은 뒤에는 신비스러울 정도의 광채를 뿜어낸다.

검은 숲 Black Forest
초입 부근에 서 있는 채 화석이 된 검은 나무 기둥들이 있어서 검은 숲Black Forest이라 불리며, 오닉스 브리지 Onyx Bridge라는 유명한 광석 다리가 있다. 공원 내 사막 끝부분에는 6,235피트의 최고봉이 솟아 있다.

뉴스페이퍼 록 Newspaper Rock
공원 중앙을 가로지르는 철로를 건너가면 옛날 인디언들이 거대한 사암 단면에 기호와 그림을 그린 바위가 있다. 반대편에는 기원전 아나사지 인디언들이 살던 집터가 있다.

블루 메사 Blue Mesa
남쪽 길가에 원추형의 언덕들이 모여있는 티피스Tee-pees를 지나 동쪽으로 높고 낮은 언덕들이 코끼리 등 모양으로 전개된 신비스러운 풍경을 볼 수 있다.

아게이트 브리지 Agate Bridge
100피트가 넘는 거대한 통나무가 부러지지 않은 채 두 언덕 사이를 연결하고 있다. 화석 자체의 무게로 부러지는 것을 막기 위해 1917년 콘크리트로 중간 부분을 보강했다. 이 근처에 Jasper Forest와 Crystal Forest라고 불리는 화석 나무들이 모여 있는 지역이 있다.

아게이트 하우스 Agate House
옛날 푸에블로 인디언들이 지어 놓은 집을 개수한 화석 나무의 건축물이다. 공원 남쪽 입구, 방문객 안내소 역할을 겸하는 레인보우 숲 박물관Rainbow Forest Museum 근처에 있다.

캠핑 · 숙소
공원 안에는 캠핑장이 없고 홀브룩에 있다. 모텔도 여기서 쉽게 구할 수 있다.

관광 정보
입장료 차 1대당 $10
928-524-6228, www.nps.gov/pefo

NEW MEXICO
뉴멕시코

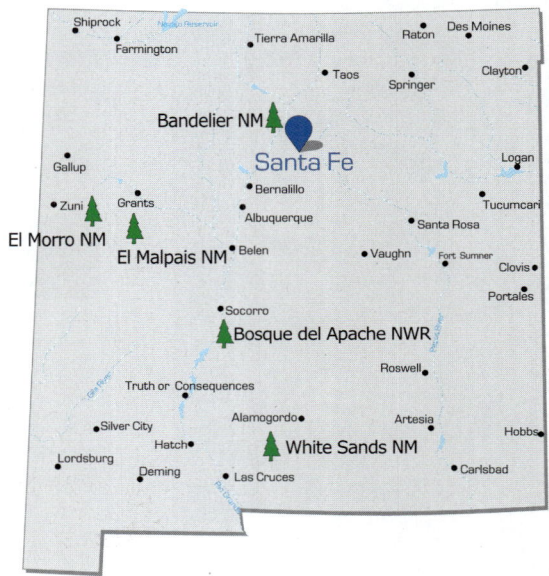

혼재된 문화의 매혹

뉴멕시코라는 이름에서부터 이국적인 정취를 풍기는 뉴멕시코 주는 미국 내에서 가장 '미국스럽지 않은 곳' 이다. 심지어 미국의 50개 주 중 유일하게 자동차 번호판에 'USA'라고 찍혀 나올 만큼 미국의 주에 소속하고 있음을 상기시켜 줘야 될 정도이다.

원래 뉴멕시코 주는 푸에블로 인디언Pueblo Indian이 거주하던 지역으로 1610년 스페인계 탐험가들이 샌타페이를 스페인령의 수도로 삼으면서 개척의 역사가 시작됐다. 이후 1821년 스페인으로부터 독립하여 멕시코의 영토가 됐으나 1846년 멕시코와 미국 간 전쟁을 거치면서 미국 영토로 편입됨에 따라 1912년 미국의 47번째 주가 됐다.

이러한 역사적 배경에서 연유함일까? 뉴멕시코 주는 인디언, 스페인, 그리고 멕시코 문화가 혼합된 독특한 매력이 넘쳐 '매혹의 땅Land of Enchantment'으로 불린다.

주요 도시를 살펴보면 북쪽으로는 주도인 샌타페Santa Fe와 더불어 예술적 정서가 흐르는 타오스Taos, 그리고 뉴멕시코 주에서 가장 큰 도시인 앨버커키Albuquerque가 있다. 또한 제2차 세계대전을 종식시켰던 원자폭탄을 처음 시험 개발했던 미국립연구소가 있는 로스 알라모스Los Alamos가 샌타페이의 바로 서쪽에 있다. 한편 남쪽으로는 1947년 정체 불명의 비행물체(UFO)가 떨어졌다고 해서 한때 화제가 됐던 로스웰Roswell, 지하 석회 동굴로 유명한 칼스배드 캐번스 국립공원Carlsbad Caverns National Park이 있는 칼스배드Carlsbad 등이 있다.

주도 샌타페이
별칭 매혹의 땅Land of Enchantment
명물 푸에블로 유적, UFO, 원자폭탄 연구소, 미국에서 가장 오래된 도로
뉴멕시코 주 관광청 800-733-6396, www.newmexico.org

화이트 샌즈 내셔널 모뉴먼트
White Sands National Monument

1인 $3, 15세 이하 무료, 505-679-2599, www.nps.gov/whsa

화이트 샌즈 내셔널 모뉴먼트는 끝없이 펼쳐진 파도 모양의 석고 모래언덕을 볼 수 있는 곳이다. 사막 분지에 생긴 석고 결정체를 모래 파편으로 만들어 날려버릴 정도로 강하고 거센 바람이 부는데, 물결무늬를 이루면서 시시각각 변하는 모래언덕의 흐름이 실로 경이로울 따름이다. 뉴멕시코 주 남단 부근의 Alamogordo에서 서쪽으로 15마일 정도 떨어진 곳에 위치해 있다.

좌 성 프랜시스 성당, 우 캐년 로드

1 성스러운 믿음의 도시 Santa Fe
샌타페이

샌타페이는 뉴멕시코 주의 주도이자 미국에서 가장 오래된 주도이다. 집집마다 붉은 고추를 엮어 대문 앞에 걸어 놓은 풍경이 이채롭다. 뉴멕시코 주의 대표적인 요리인 '엔칠라다Enchilada'에 쓰이는 붉고 푸른 칠리 고추(Chile)로 '리스트라스Ristras'라 불리며 귀신을 쫓아낸다고 전해진다. 스페인어로 '성스러운 믿음Holy Faith'을 뜻하는 샌타페이의 지명과 묘한 연관이 있다.

관광 정보
샌타페이 관광국 800-777-2489, 505-955-6200 www.santafe.org

교통 정보
앰트랙 Amtrak 505-982-8829, www.amtrak.com
시카고에서 로스앤젤레스까지 동서를 횡단하는 Southwest Chief 열차가 뉴멕시코 주를 경유한다. 샌타페이와 가장 가까운 역은 Lamy 역으로 샌타페이 다운타운으로부터 18마일 가량 남쪽에 떨어져 있다.
그레이하운드 Greyhound 858 St. Michaels Santa Fe, 505-424-9265, www.greyhound.com

샌 미구엘 미션(왼쪽), 샌타페이 오페라(오른쪽)

성 프랜시스 성당 St. Francis Cathedral
131 Cathedral Place, Santa Fe
월~금 8:30~17
505-982-5619, www.cbsfa.org

샌타페이 다운타운 중심가인 더 플라자The Plaza에서 남동쪽으로 보이는 성 프랜시스 성당은 어도비 건물이 주를 이루는 샌타페이에서 보기 드물게 프랑스 로마네스크 양식으로 건축되어 시선을 끈다. 1869년 Jean Baptiste Lamy 대주교에 의해 지어진 것으로 성당 내부로 들어가면 화려한 스테인드 글라스 장식을 볼 수 있다.

로레토 채플 Loretto Chapel
207 Old Santa Fe Trail, Santa Fe
505-982-0092, www.lorettochapel.com

360도 나선형으로 선회하면서 오르게 되어 있는 '기적의 계단Miraculous Staircase'으로 유명한 예배당. 계단을 지탱해 주는 기둥이나 못을 찾아볼 수 없는 목조 계단으로 샌타페이의 '불가사의 중 하나'로 남아 있다. 일설에 의하면 9일 간에 걸친 수녀들의 간곡한 기도로 하늘에서 목수 요셉St. Joseph이 내려와서 지은 것으로 전해진다.

샌 미구엘 미션 San Miguel Mission
401 Old Santa Fe Trail, Santa Fe
505-983-3974

미국에서 가장 오래된 성당으로 알려져 있다. 1680년 푸에블로 인디언 반란Pueblo Indian Rebellion으로 화재가 났으나 당시 어도비 벽은 튼튼하여 그대로 남아 있었다고 한다. 1710년에 현재의 모습으로 복구되었다.

샌타페이의 명물
어도비 Adobe

어도비 흙, 모래, 짚 등의 회반죽을 여러 번 덧입혀 뉴멕시코의 뜨거운 태양 아래 단단하게 말린 황토색의 어도비 건물은 샌타페이의 푸른 하늘과 어울려 멋진 조화를 이룬다.

1800년대 후반에 철도가 연결되어 내화 벽돌 및 목재를 사용하게 되면서 전통적인 어도비 건축 양식에 깊은 창틀을 가진 커다란 창문이 생기고 현관에는 나무로 만든 들보가 더해졌다. 오늘날에는 비바람에 좀 더 내구성을 갖도록 스터코Stucco라는 치장 벽토를 사용한다.

샌타페이 오페라 Santa Fe Opera
17053 U.S. Highway 84/285, Santa Fe
월~금 9~17
505-986-5900, www.santafeopera.org
현대 감각의 독특하고 눈부신 외관이 눈길을 끄는데, 1998년에 2,128석을 갖춘 야외 극장이 마련됐다. 오페라를 관람하지 않는다 하더라도 한번쯤 들러보고 싶은 곳이다.

조지아 오키프 미술관
Georgia O'Keeffe Museum
217 Johnson St, Santa Fe
매일 10~17, 일반 $10, 18세 이하 무료
505-946-1000, www.okeeffemuseum.org

1997년에 개관한 조지아 오키프 미술관은 20세기 아방가르드 예술 사조로 뉴멕시코의 아름다움을 표현해낸 조지아 오키프의 작품을 만날 수 있는 곳이다. 130여 점에 이르는 그림, 조각 등을 통해 그녀의 미술 세계를 엿볼 수 있는데, 세계 최초로 여류화가에게 헌사된 미술관이라는 점에서 특별한 의미를 지닌다.

캐년 로드 Canyon Road
다운타운에서 남동쪽으로 짧게 이어진 Canyon Rd.를 따라 갤러리가 늘어서 있어 샌타페이의 '예술의 거리'를 형성한다. 전반적으로 값비싼 물건들을 취급하고 있어 작은 공예품에 불과해 보이는 것도 구입하기가 망설여질 정도지만 그냥 구경하는 것만으로도 충분히 즐겁다.

놓칠 수 없다!

샌타페이 박물관 순례

미술관 및 박물관이 곳곳에 즐비한 샌타페이에서 박물관 순례를 해보지 않고서는 진정 샌타페이를 여행했다고 할 수 없다. 뉴멕시코 주의 4대 박물관이라 할 수 있는 Palace of the Governors, New Mexico Museum of Art, Museum of Indian Arts & Culture, Museum of International Folk Art를 모두 들를 수 있는 입장권을 이용하면 좀 더 저렴하게 관람할 수 있다. (505-476-5072, www.museumofnewmexico.org) 개별 박물관 입장료는 일인 6~9달러이며, 네 곳을 모두 갈 수 있는 입장권은 18~20달러로 4일간 유효하다. 두 곳을 갈 수 있는 12~15달러의 1일 입장권도 있으며, 모두 해당 박물관 어디서나 구입할 수 있다. 모든 박물관이 16세 이하는 무료 입장이며 월요일은 휴관, 화요일부터 일요일 10~5시까지 개장한다.

총독 관저 Palace of the Governors
105 W. Palace Ave, Santa Fe, 505-476-5100, www.palaceofthegovernors.org
1610년에 지어져 1909년까지 스페인 및 멕시코 총독 관저로 사용된 어도비 건물. 현재는 남서부의 역사 및 문화 자료를 소장하고 있는 역사 박물관으로 이용되고 있다. 건물 앞에 회랑처럼 길게 이어진 벽들이 인상적인데, 'Portal'이라 불리며 갖가지 공예품 및 수공예품을 파는 인디언들의 노점상이 열려 특이한 볼거리를 제공한다. 특히 샌타페이를 대표하는 청록색의 터키석 Turquoise으로 만들어진 장신구 및 보석이 많이 눈에 띈다.

New Mexico Museum of Art
107 West Palace Avenue, Santa Fe
505-476-5072, www.nmartmuseum.org

Museum of Indian Arts & Culture
708-710 Camino Lejo, Santa Fe
505-476-1250
www.indianartsandculture.org

Museum of International Folk Art
706 Camino Lejo, Santa Fe
505-476-1200 www.internationalfolkart.org

반델리어 내셔널 모뉴먼트
Bandelier National Monument

입장료 차 1대당 $12, 505-672-3861, 505-672-0343, www.nps.gov/band
옛 인디언의 주거지였던 곳으로 오래된 유적을 비롯하여 암벽에 지어진 푸에블로 인디언의 흔적을 발견할 수 있다. 샌타페이 다운타운에서 50마일 가량 떨어진 거리로 Fwy. 285를 이용하여 북쪽으로 올라가다가 Hwy. 502를 만나 서쪽으로 가면 로스 알라모스Los Alamos에 이르러 암석의 고원 지대가 보인다.

엘 모로 내셔널 모뉴먼트
El Morro National Monument

무료 입장, 505-876-2783, www.nps.gov/elma

엘 맬피El Malpais는 '불모지The Badlands'를 뜻하는데, 엘 맬피스 내셔널 모뉴먼트의 황량하고 거친 화산지형을 빗대어 부른 것이라고 할 수 있다. 오래된 사암 절벽과 용암 분화구를 볼 수 있는 곳이다.

엘 맬피스 내셔널 모뉴먼트
El Malpais National Monument

1인 $3, 15세 이하 무료, 505-783-4226, www.nps.gov/elmo
Grants에서 Hwy. 53을 이용하며 서쪽으로 43마일을 가면 엘 모로 국립 기념지에 이른다. 스페인어로 '절벽'을 뜻하는 '엘 모로티 Morro'에서 이름을 따왔다. 200피트 높이의 커다란 사암에 새겨진 2,000여 개의 상형문자가 지나간 옛 역사를 전해 준다.

칼스배드 캐번스 국립공원
Carlsbad Caverns National Park

동굴과 종유석의 보고

뉴멕시코 주와 텍사스 주, 그리고 멕시코를 마주하고 있는 국경 도시 엘 파소El Paso에서 동쪽으로 130마일, 칼스배드Carlsbad로부터는 남서쪽으로 20마일 지역에 있는 칼스배드 캐번스Carlsbad Caverns 국립공원은 울퉁불퉁한 과달루페Guadalupe 삼림 지대 기슭에 위치하고 있다. 이 공원은 46,775에이커로 세계에서 가장 거대한 동굴들이 있다. 또 이곳에서 남쪽으로 61마일 더 가면 텍사스 주경계선과 인접하여 과달루페 산맥 국립공원을 만난다.

환상적인 칼스배드 동굴

Calsbad Cavern
탐사가 끝난 21마일의 지하 동굴 및 동굴 암실, 천연적으로 만들어진 동굴 입구는 가로 90피트, 높이가 40피트이다. 온도는 화씨 56도로 스웨터를 입는 것이 좋다.

Main Corridor
입구에서 시작되는 코스, Green Lake Room이라 불리는 곳으로 연결되는 회랑을 따라 1마일에 걸쳐서 830피트 아래로 내려가는 코스.

King's Palace
Green Lake Room의 건너편에 거의 원형의 모습을 하고 있는 지역. 차돌의 일종인 얼룩마노석과 칸막이 커튼처럼 생긴 석회암에 의해 옆의 방들과 분리되어 있다.

Big Room
한쪽으로 1,800피트, 다른 쪽으로 1,100피트 십자형의 크기로 깊은 감명을 주는 방. 천장 아치의 길이가 255피트인 곳도 있다. 커다란 수련 잎의 모양을 한 석회암 덩어리, 토템 기둥 모습을 한 크고 우아한 석순, 그리고 눈더미가 쌓인 숲을 연상시키는 석회암 덩어리들이 동굴의 아름다움을 더해 준다.

New Cave
칼스배드로부터 25마일 남서쪽에 있다. 랜턴을 갖고 2시간 동안 안내원과 함께하는 여행을 매일 이용할 수 있다. Carlsbad Caverns보다 나중에 공개됐지만, 석회암에 의해 형성된 마치 마귀처럼 생긴 Clansman이 자리하고 있는 곳, '잊혀진 신데렐라'라는 느낌을 주는 곳이다.

세계에서 가장 큰 동굴

이곳의 동굴들은 원래 석회암 지대였으나 약 300~500만 년 전부터 빗물과 지하수에 의해 용해 과정을 거치면서 종유 동굴로 만들어졌다. 살아있는 식물처럼 비슷하게 생긴 조그마하고 섬세하게 자란 돌고드름과 커다란 종유석, 석순 및 석회암 기둥의 아름다움은 석회암 속에 포함되어 있는 철분과 여러 광물질에 의해 채색됐다.

한 방울 한 방울씩 수백만 년에 걸쳐 만들어진 종유석과 석순은 오늘날 95%가 그 성장을 멈추었지만 아직도 남은 5%는 그 성장이 계속되고 있다. 종유석·석순·석회암 기둥을 형성하는 그 방울들은 응고력이 지구의 중력보다 클 때에 종유석이 되고, 밑에 떨어져 쌓인 것들은 석순을 만들어 낸다.

종유석과 석순이 만났을 경우 석회암 기둥을 이루고 애절하지만 자연의 섭리에 의해 그 종유석과 석순이 만나지 못한 곳은 사람들에 의해서 '이루어지지 못한 사랑'이라는 익살스러운 이름을 갖게 됐다. 그리고 이렇게 얄궂은 이름들은 Carlsbad Caverns를 두루 여행하면서 많이 접할 수 있다.

동굴 속 박쥐들의 향연

매년 늦은 봄, 여름, 그리고 초가을 저녁, 땅거미가 질 무렵에 동굴의 천장에 숨어 있던 박쥐들은 날아다니는 곤충들을 잡아 먹기 위하여 출현한다. 박쥐들은 약 반 시간 남짓 무리를 지으며 벌레를 잡아먹는다. 그리고 박쥐들은 새벽 무렵에 다시 동굴 천장 깊숙이 되돌아간다. 박쥐들은 낮에는 방문객들에게 들키지 않으려 동굴의 천장이나 벽에 머리를 아래로 하고 매달려서 시간을 보낸다.

공원은 12월 25일을 제외하고 1년 내내 열려 있다. 입구 근처에는 방문객 안내소와 전망대가 있다. 동굴의 지형, 생태, 그리고 주변 지역의 이해를 돕는 전시품도 관람할 수 있다. 해질 무렵 동굴 입구의 원형 극장에서는 5월 말부터 9월 말까지 제공되는 박쥐 세미나에 참석할 수 있다.

관광 정보

3225 National Parks Hwy, Carlsbad
성인 $6, 15세 이하 무료
동굴 입장료 성인 $7~20, 어린이 $3.5~10
505-785-2232, www.nps.gov/cave

> 놓칠 수 없다!

보스케 델 아파치 국립 야생 보호 구역
Bosque del Apache National Wildlife Refuge

| 575-838-2120, www.friendsofthebosque.org

북미 최대의 철새 도래지

이곳은 로키 산맥에서 발원한 리오그란데 강이 만들어 낸 자연 습지와 비옥한 농토 덕택에 사철 야생 동물의 서식지로 그 역할을 톡톡히 해낸다. 아침 햇살이 비치기 시작하면 장관의 에어쇼가 펼쳐진다. 출발선에 모여선 마라톤 선수들처럼 수천 마리의 새들이 일제히 요란한 소리를 내며 수면을 박차고 날아오르기 시작하면 미지의 생명력에 감전된 것처럼 온몸에 한 차례 전율이 훑고 지나간다.

1930년대에 이곳을 찾던 샌드힐 학의 숫자가 농토 개간 등으로 인해 1941년에 20여 마리로 줄게 되자 보호에 적극 나서게 되었다. 이 보호 구역의 스태프와 자원봉사자, 농장주들의 노력으로 리오그란데 강을 따라 둘레가 12마일에 이르는 인공과 자연의 절묘한 조화를 이룬 야생 보호 구역으로 재탄생하게 된다. 그리하여 오늘날에는 미국 전역의 야생 동물 보호 구역 중에서 가장 멋진 장관을 이루는 곳으로 손꼽힌다.

'보스크 델 아파치Bosque del Apache'란 말은 '아파치의 숲'이란 스페인어로 스페인군이 리오그란데 강가의 숲에서 아파치 부족이 정기적으로 야영하는 모습을 목격한 데서 유래했다고 한다.

텍사스
TEXAS

용암처럼 분출하는 원유의 검은 줄기와 끝없이 너른 거대한 목장, 자유롭게 뛰노는 말과 멋스러운 카우보이 모자 – 영화 「자이언트」가 보여주었던 풍경들로 상징되는 '외로운 별의 주Lone Star State' 텍사스는 미국에서 알래스카에 이어 두 번째로 큰 주다. 광활한 자연 속에 자유와 독립의 기질이 피어나고, 영화와 음악의 문화적 자산이 숨쉬며 묘하게 어우러진 텍스-멕스 문화의 매력과 전혀 다른 얼굴로 정색한 유럽 유산들까지 품고 있는 놀라운 다문화 지역이기도 하다.

'도전과 투쟁의 역사'를 지닌 텍사스 주는 유전 개발에 이어 최첨단 정보통신과 IT 관련 산업이 각광받으면서 성장하여 제2의 실리콘밸리가 중남부 지역을 중심으로 형성되어 있는 첨단 산업의 고장. 대통령들의 고향으로도 유명하여 부시Bush 대통령 부자를 비롯하여 아이젠하워Dwight D. Eisenhower, 존슨Lyndon B. Johnson 대통령이 모두 텍사스 주 출신이다.

주도 오스틴 Austin
별칭 론스타 스테이트 Lone Star State
명물 카우보이, 정유, 루트 66, 로데오, 바베큐, 음악축제, 와인, 대통령, 알라모 요새, 아마딜로
텍사스 주 관광청 512-936-0101, www.traveltex.com

Inside Texas
대초원과 호수(댈러스, 포트워스) / 힐 컨트리 & 남부 평원(오스틴, 샌안토니오, 휴스턴) / 빅 벤드 컨트리(엘파소) / ▲과달루페 국립공원 / ▲빅 벤드 국립공원 / 팬핸들 평원

1 Prairies and Lakes
대초원과 호수

댈러스 Dallas

댈러스는 인근 포트워스와 함께 메트로플렉스Metroplex를 이루는 대도시다. 1930년대에 석유 발견으로 일약 미국의 대표적인 상업 도시로 급성장한 댈러스는 텍사스 주의 경제·금융 중심지로 흔히 'Big D'로 불린다. 이는 댈러스에 텍사스 레인저스Texas Rangers, 댈러스 카우보이스Dallas Cowboys, 댈러스 메버릭스Dallas Mavericks 등과 같은 미국 주요 스포츠 리그의 프로팀이 골고루 있는 것과 무관하지 않다. 미식축구 및 치어리더를 소재로 한 여러 시트콤을 비롯하여 TV 시리즈 「댈러스Dallas」가 인기리에 방영되면서 대중문화를 통해 미국스러움을 가장 많이 알렸다고 해서 붙여진 이름이기 때문이다. 또한 댈러스는 미국의 제35대 대통령인 케네디가 1963년 선거 유세 도중 저격당하여 사망한 곳으로도 유명하다.

한편 댈러스에 비해 상대적으로 도시 지명도는 떨어지지만 댈러스에서 서쪽으로 불과 30마일 가량 떨어진 곳에 있는 포트워스Fort Worth는 옛 카우보이의 향수가 묻어 있는 곳으로 텍사스 주의 진정한 매력이 감추어져 있는 곳이다.

관광 정보

댈러스 관광국
325 N. St. Paul St, Suite #700, Dallas, 214-571-1300, 800-232-5527, www.visitdallas.com

교통 정보

DFW, Dallas-Fort Worth International Airport
3200 E. Airfield Dr, DFW Airport, 972-973-8888, www.dfwairport.com
댈러스와 포트워스 중간 지점에 있는 DFW공항은 세계에서 3번째로 이용객이 많은 공항이다. 규모 면에서는 미국 내 2위로 뉴욕 주의 맨해튼 섬보다 더 넓은 면적을 차지한다. 대한항공 직항편(972-973-4134, 888-898-5525)이 있다.

DART, Dallas Area Rapid Transit
1401 Pacific Ave, Dallas, 214-979-1111, www.dart.org
댈러스 다운타운의 주요 교통 수단인 DART를 이용하면 공항에서 댈러스 시내 및 포트워스까지 이동할 수 있다.

앰트랙 Amtrak
400 S. Houston St, Dallas, 214-653-1101, www.texaseagle.com
시카고에서 샌안토니오까지 운행하는 Texas Eagle이 댈러스를 경유한다.

그레이하운드 Greyhound
205 S. Lamar St, Dallas, 214-747-8859, www.greyhound.com

기타 정보

중앙일보 댈러스 지사 972-620-3877
한인 식당
가미 11357 Harry Hines 972-406-1100 나무가 있는 집 11425 Good night Ln 972-241-5550 달동네 11445 Emerald St #109 972-484-2994 도야지촌 11422 Harry Hines Blvd #120 972-620-0300 산장 가든 11276 Harry Hines Blvd 972-241-9006 소공동 순두부 11181 Denton Dr #108 972-241-0200 압구정 분식 2639 Walnut Hill Ln #116 214-357-2761 영동회관 2598 Royal Ln 972-243-0434 우미옥 1056 0 W Walnut St #200 972-272-9909 조선갈비 2560 Royal Ln #105 972-406-0087 코끼리 먹거리 11441 N Stemmons Fwy #137 972-247-0999 한미리 레스토랑 2216 Royal Ln #119 972-243-8880 LA 한밭 설렁탕 2257 Royal Ln #101 972-484-2002

존 F. 케네디 기념관
John Fitzgerald Kennedy Memorial: JFK Memorial
646 Main Street, Dallas 214-747-6660
1963년 11월 22일 암살된 미국의 제35대 대통령 존 F. 케네디의 기념관. 다운타운의 Main St.와 Market St.가 교차하는 지점에 있다.

식스 플로어 뮤지엄
The Sixth Floor Museum at Dealey Plaza
411 Elm St, Dallas 화~일 10~18, 월 12~18
성인 $13.5, 6~18세 $12.5, 5세 이하 무료
214-747-6660, www.jfk.org
JFK기념관과 더불어 텍사스 주에서 관광객들이 가장 많이 찾는 곳. 케네디의 생애를 보여주는 400여 점의 사진과 암살 당시의 상황들이 자세히 묘사되어 있다. 오스왈드가 방아쇠를 당겼다는 장소인 텍사스 교과서 보관소 Texas School Book Depository 안에 있다.

추수감사 광장 Thanks-Giving Square
1627 Pacific Ave, Dallas, 월~금 9~17, 토·일 10~17
성인 & 학생 $3, 12세 이하 $1
888-305-1205, www.thanksgiving.org
분수와 정원으로 아름답게 꾸며져 있어 복잡한 도심 한가운데 마음의 평정을 되찾을 수 있는 곳. 다운타운의 Ervay St.와 Bryan St.가 만나는 곳에 있다. 나선형의 채플에서 울려 퍼지는 종소리를 듣고 있노라면 공원 이름처럼 그저 살아있음에 감사 드리고 싶어진다.

딥 엘럼 Deep Ellum
214-651-0633, www.lifeindeepellum.com
댈러스 다운타운 중심에서 약간 벗어나 동쪽 Elm St.에 들어서면 자유분방한 예술적 정서를 느낄 수 있다. 1920년대 및 1930년대에 재즈 및 블루스 음악을 연주하던 이들의 주무대가 됐던 곳으로 현재는 아방가르드, 얼터네이티브 등 다양한 실험 음악을 접할 수 있는 거리다.

웨스트 엔드 역사 지구 West End Historical District
214-741-7180, www.dallaswestend.org
서부극에 나오는 전통 의상 및 독특한 장신구 등을 구경하면서 웨스트 엔드 중심가에 있는 'The Market Place'에서 쇼핑을 즐기려면 낮에 방문하고, 라이브 공연 및 연주에 취하고 싶다면 밤에 들리도록 한다.

리유니언 타워 Reunion Tower
300 Reunion Blvd, dallas
성인 $2, 3~12세 $1, 214-712-7145
Hyatt Regency 호텔 바로 옆에 서 있는 50층의 리유니언 타워는 댈러스를 상징하는 대표적인 건물로 둥그스름한 꼭대기가 멀리서도 시선을 끈다. 전망대 위에서 내려다보는 야경이 근사하다.

댈러스 식물원 Dallas Arboretum
8525 Garland Rd, Dallas
매일 9~17, 13~64세 $10, 3~12세 $7
214-515-6500
www.dallasarboretum.org

66에이커 규모의 부지에 아름답게 정원이 가꾸어져 있는 댈러스 식물원. White Rock Lake의 남동쪽 끝에 위치하고 있다. 2,400여 종의 진달래가 만발하는 봄철이 제일 좋다.

파이오니어 플라자 Pioneer Plaza
1428 Young Street, Dallas
214-939-2724
www.dallasconventioncenter.com

댈러스 컨벤션 센터를 향해 전진하는 롱혼Longhorn 청동상을 볼 수 있는 곳으로 카우보이의 웅장한 기개가 느껴진다. Young St.와 Griffin St.가 만나는 곳에 있다.

댈러스 마켓 센터 Dallas Market Center
2100 Stemmons Freeway, Dallas
214-655-6100, www.dallasmarketcenter.com

인구 대비 쇼핑몰 및 상가가 미국 내에서 가장 많아 쇼핑 천국을 이루는 댈러스에서 쇼핑에 관한 한 이곳을 빼놓을 수 없다. 세계무역센터World Trade Center를 포함하여 4개의 대형 상가 건물들로 이루어진 댈러스 마켓 센터는 세계에서 가장 큰 도매상 거래가 이루어지는 곳으로 매년 20만 명의 소매업자들이 찾는다.

올드 시티 파크 Old City Park
1717 Gano St, Dallas
화~일 10~16, 일 12~16, 월 휴무
성인 $7, 4~12세 $4
214-428-5448, www.oldcitypark.org

댈러스에서 가장 오래된 시립공원. 1890년에서 1910년까지 텍사스 북부의 생활상을 그대로 재현한 Dallas Heritage Village에서 가옥, 천막, 교회, 은행, 병원 등을 볼 수 있다.

페어 파크 Fair Park
1121 First Ave, Dallas
214-426-3400 www.fairpark.org

1936년 텍사스 100주년 기념 박람회를 위해 지어진 공원으로 다운타운 동쪽 2마일 정도 위치에 있다. 아르데코 양식의 건물들과 12개의 박물관이 모여 있으며, 해마다 가을에는 주립박람회State Fair of Texas가 열린다. 텍사스 주의 역사를 간직하고 있는 Hall of State를 비롯하여 6개의 공연장이 있으며, 공원 중앙에 있는 카튼볼Cotton Bowl스타디움에서 매년 1월 1일 열리는 SBC Cotton Bowl Classic 시합으로 유명하다.

메디벌 타임즈 디너 & 토너먼트
Medieval Times Dinner and Tournament
2021 N. Stemmons, Dallas
성인 $58.95, 12세 이하 $35.95
866-731-9313
www.medievaltimes.com

식사를 하면서 옛 중세시대 기사들이 펼치는 창 겨루기 시합을 관람할 수 있다. 중세풍의 복장만큼이나 화려하고 이색적인 공연이 펼쳐져 흥겹다.

식스 플래그 Six Flags Over Texas
2201 Rd, Arlington
성인 $51.99, 신장 48인치 $32.99
817-640-8900, www.sixflags.com/overtexas

댈러스와 포트워스의 중간 지점인 알링턴에 소재한 가족 놀이공원으로 미국에 있는 모든 '식스 플래그' 공원의 원조. '식스 플래그 오버 텍사스'라는 이름은 스페인, 프랑스, 멕시코 등의 국가에 속해 있다가 1845년 미국의 28번째 주로 편입되어 현재에 이르기까지 텍사스 땅에 게양된 6개의 국기를 뜻한다.

사우스포크 목장 Southfork Ranch
3700 Hogge Rd, Parker
800-989-7800, 972-442-7800, www.southfork.com

시내 중심가에서 30마일 거리에 있으며, 13년간 장기 방송된 TV 시리즈 「댈러스」의 무대가 된 곳이다.

포트워스 Fort Worth

텍사스에서 가장 텍사스다운 도시로 알려진 포트워스는 미국 남서부 박물관의 중심지가 되어 있다. 다양하고 훌륭한 박물관들이 몰려 있으며, 뮤지컬과 콘서트, 오페라, 발레 등 문화 공연을 다양하게 즐길 수 있는 지역이다.

스톡야드 국립 역사 지구 Stockyards National Historic District
817-624-4741, www.fortworthstockyards.org

포트워스를 'Cowtown' 으로 알려지게 한 본거지. 가축 경매가 이루어지던 Live Stock Exchange Building 및 동물 축사였던 Stockyards Station 주변으로 박물관, 상점, 식당이 늘어서 있다. 최초의 실내 로데오 경기장인 Cowtown Coliseum(817-625-1025, www.cowtowncoliseum.com)에서 로데오 경기를 관전할 수 있다.

선댄스 광장 Sundance Square
201 Main Street, Fort Worth
817-255-5700, www.sundancesquare.com
포트워스에서 가장 활력이 넘쳐 나는 최대 번화가로 20블록에 걸쳐 갤러리, 극장, 공연장, 식당 등이 밀집해 있다.

문화 지구 Cultural District
www.fwculture.com
박물관 애호가들의 천국이다. 캠벨 블러버드와 몽고메리 스트리트 주변으로 텍사스 주를 대표하는 미술관 및 박물관이 몰려 있다. 25만 여 점의 현대회화, 조각, 사진 등을 소장하고 있는 에이몬 카터 박물관Amon Carter Museum, 규모는 작지만 고대에서 현대에 이르기까지 거장들의 작품을 엄선해 놓은 킴벨 미술관Kimbell Art Museum, 텍사스 주에서 가장 오래된 미술관인 현대미술관Modern Art Museum of Fort Worth, 공룡 뼈 및 화석을 볼 수 있는 과학 & 역사 박물관Museum of Science & History 등이 있다. 전시 내용 못지않게 건물 외관도 매력적이다.

》》Amon Carter Museum
3501 Camp Bowie Blvd
화·수·금·토 10~17, 목 10~20, 일 12~17, 월 휴무, 무료 입장 817-738-1933, www.cartermuseum.org

》》Kimbell Art Museum
3333 Camp Bowie Blvd
화·수·목·토 10~17, 금 12~20,
일 12~17, 무료 입장
817-332-8451, www.kimbellart.org

》》Modern Art Museum
3200 Darnell St
화~토 10~17, 일 11~17
13세 이상 $10, 학생 $4, 12세 이하 무료
817-738-9215, www.themodern.org

》》Museum of Science & History
1501 Montgomery St
월~토 9~17, 일 12~17, 성인 $14, 어린이 $10
817-255-9300, www.fortworthmuseum.org

》》국립 카우걸 박물관 & 명예의 전당
National Cowgirl Museum and Hall of Fame
1720 Gendy St
화~일 10~17, 13세 이상 $10, 3~12세 $8
817-336-4475, www.cowgirl.net
서부 개척시대의 발자취를 더듬어 보면 카우보이에 가려 빛을 발하지 못했던 강인한 여성들이 의외로 많은데, 이들을 기념하는 박물관이 있다. 이른바 '목장 소녀'에서 '여성 총잡이'에 이르기까지 160여 명에 이르는 서부 여성의 활약상을 발견할 수 있는 곳이다.

텍사스 자동차 경기장 Texas Motor Speedway
3545 Lone Star Circle, Fort Worth
817-215-8500, www.texasmotorspeedway.com
15만 석의 관중석을 갖춘 커다란 모터스포츠 경기장으로 나스카 윈스턴 컵NASCAR Winston Cup 및 인디카 레이싱이 열린다. 무한 속도로 질주하는 자동차 경주의 짜릿함을 느낄 수 있는 곳으로 포트워스에서 Fwy. 35를 이용하여 북서쪽으로 가다 만나게 되는 Hwy. 114 선상에 위치하고 있다.

가장 텍사스다운 경기 **로데오 Rodeo**

텍사스 여행에서 로데오를 보지 않는다면 텍사스를 여행하지 않은 것과 다름없다. 카우보이들이 기술을 겨루는 대회였던 로데오는 이제 텍사스 어디에 가더라도 크고 작은 행사가 연중 열릴만큼 가장 인기 있는 스포츠가 되었다.

포트워스에서 1896년 처음으로 남서부 가축 품평회와 로데오Southwestern Exposition Livestock Show & Rodeo 행사가 시작된 이래로 1, 2월의 포트워스 가축 품평회와 로데오, 2월 샌안토니오, 3월 휴스턴 행사가 국제적인 규모로 치러지며, 4월에서 9월 사이에는 메스키트 로데오Mesquite Rodeo, 7월에는 웨스트 오브어 페코스West of the Pecos, 10월에는 웨이코에서 하트 오브 텍사스 축제와 로데오Heart of Texas Fair and Rodeo가 열린다.

1월 포트워스 행사는 대규모 로데오와 박람회와 함께 다양한 이벤트가 마련되는 미국 역사상 가장 오래된 가축 쇼이며, 2월 샌안토니오 대회는 로데오 경기 후에 컨트리 뮤직과 R&B 뮤직 등의 공연이 마련된다. 이어 2, 3월 휴스턴의 가축 품평회 및 로데오는 세계에서 가장 큰 규모의 로데오 중 하나로 전 세계 52개국에서 1백만 명 이상의 사람들이 찾는 대형 축제다.

2 힐 컨트리 & 남부 평원
Hill Country & South Texas Plains

오스틴 Austin

텍사스 주 중심부에 위치한 오스틴은 텍사스 주의 주도이지만 정치적 중심지라기보다는 텍사스 주를 대표하는 '음악의 고장' 이라고 할 수 있다. 1960년대 및 1970년대에 많은 음악가들의 무대가 됐던 곳으로 현재까지도 청운의 꿈을 안은 신예 가수들의 발길이 이어져 'Live Music Capital' 로 불린다.

관광 정보
오스틴 관광국
301 Congress Avenue, Ste. 200, Austin, 866-462-8784, www.austintexas.org

교통 정보
AUS, Austin Bergstrom International Airport
3600 Presidential Blvd, Austin, 512-530-2242, www.ci.austin.tx.us/austinairport
앰트랙 Amtrak
250 N. Lamar Blvd, Austin, 800-872-7245, www.amtrak.com
Capital Metro
2910 E. 5th St, Austin, 512-474-1200, www.capmetro.org
그레이하운드 Greyhound
916 E. Koenig Lane, Austin, 512-458-4463, www.greyhound.com

오스틴 다운타운

UT타워

텍사스 주립대학 University of Texas at Austin

201 East 24th St, Austin
512-475-7348, www.utexas.edu

연구 중심 대학으로 유명한 텍사스 주립대는 텍사스 주에서 가장 큰 대학으로 약 5만여 명에 달하는 학생이 재학하고 있다. 미국의 제36대 대통령인 존슨 대통령에 관한 사료를 보관하고 있는 린든 존슨 도서관 Lyndon Baines Johnson Library and Museum(월~금 9~17, 주말 휴무, 512-721-0200, www.lbjlibrary.org)을 비롯하여 17,000여 점의 다양한 미술 작품을 만날 수 있는 블랜튼 미술관The Blanton Museum of Art(월 휴무, 화~금 10~17, 토 11~17, 일 1~17, 성인 $9, 13~21세 $5, 512-471-5482, www.blantonmuseum.org), 텍사스에서 가장 오래된 건축물로 캠퍼스 전경을 감상할 수 있는 대학의 상징 UT타워 University of Texas Tower 등을 볼 수 있다.

텍사스 주의회 의사당
Texas State Capitol
112 East 11th St, Austin
월~토 9~17, 일 12~17
512-305-8400
www.texascapitolvisitorscenter.com
19세기 복고풍으로 지어진 텍사스 주의회 의사당은 다운타운 중심가에 있으며, 규모 면에서 워싱턴 D.C.에 있는 미국 국회의사당 다음으로 큰 것으로 알려져 있다. 오스틴의 상징적인 건물로 캐피탈 컴플렉스 안에 있다.

밥 블록 텍사스 주립 역사 박물관
The Bob Bullock Texas State History Museum
1800 N. Congress Ave, Austin
월~토 9~18, 일 12~18, 19세 이상 $7, 5~18세 $4
512-936-8746, www.thestoryoftexas.com
텍사스 주의 역사를 훑어볼 수 있는 역사 박물관으로 역사적인 문서, 골동품, 사진 등을 전시하며 IMAX 극장도 함께 있다.

사우스 바이 사우스웨스트 음악제
South by Southwest Music
SXSW, 5120467-7979, www.sxsw.com
세계 라이브 음악의 수도인 오스틴에서 열리는 최대 규모의 음악 축제다. 매년 3월 중순경 5일 동안 미국은 물론 해외 음반사 관계자들과 전 세계에서 몰려온 밴드와 아티스트들이 오스틴에 마련된 50여 개의 장소에서 모든 종류의 대중 음악을 연주한다.

질커 공원 Zilker Park
512-478-0905
콜로라도 강 남쪽에 있는 아름다운 공원으로 자연 센터, 식물 정원, 조각 정원 등으로 꾸며져 있다. - 공원 내의 바튼 온천 수영장Barton Springs Pool(512-476-9044)은 오스틴 시민들에게 가장 사랑받는 야외 수영장이다.

마운트 보넬 Mount Bonnell 3800 Mt Bonnell Rd, Austin

오스틴에서 가장 높은 언덕으로, 정상에 올라 내려다보이는 다운타운 풍경은 그림처럼 아름답다. 콜로라도 강 바로 앞에 위치한 부촌으로 유럽풍의 집들이 절벽 아래 즐비하며, 집집마다 보트를 정박할 수 있는 선착장이 있다.

놓칠 수 없다!

텍사스 명물 바비큐 Barbecue
www.texasbbqtrail.com

전 세계인 누구나 좋아하는 요리 바비큐는 텍사스에서 태어난 텍사스의 명물이다. BBQ라고도 불리우는 이 요리는 텍사스 중부가 그 원조이며, 지금도 유명한 전통 식당들이 즐비하다. 오스틴을 중심으로 183번 남쪽 40분 거리의 록하트Lockhart와 좀 더 남쪽의 룰링Luling, 동북쪽의 엘진Elgin과 테일러Taylor가 유명한 바비큐의 고향이다. 록하트의 크로이츠Kreuz 시장에는 오랜 역사와 전통을 자랑하는 전문점들이 수세대에 걸쳐 내려온 전통 방식으로 바비큐 요리를 제공한다. 라노Lano에 있는 쿠퍼스 올드 타임 핏 바비큐Cooper's Old Time Pit Bar-B-Q에서는 참숯에 직접 고기를 굽는 카우보이식 조리법을 고집한다. 테일러의 루이 뮬러Louie Mueller 바비큐에서는 1949년부터 소금, 후추, 스모크로만 구워진 진짜 바비큐를 맛볼 수 있다. 지역마다 장소마다 개성 있고 다양한 바비큐 요리 전문점들을 만날 수 있으며, 텍사스 바비큐 전문 식당 정보는 위의 웹사이트에서 찾아볼 수 있다.

샌안토니오 San Antonio

텍사스 주의 전쟁 역사를 말해 주는 알라모The Alamo 요새가 있는 곳으로 유명한 샌안토니오는 미국에서 9번째로 큰 도시로 텍사스 주 남부 평원 지대에 위치하고 있다. 도심 빌딩 사이를 흐르는 샌안토니오 강을 따라 현대적 도시미가 넘치는 고층 빌딩과 옛 역사가 담긴 복고풍의 건물들이 서로 조화를 이루고 있어 텍사스 주의 과거와 현재를 만날 수 있다.

관광 정보

샌안토니오 관광국 203 S. St. Mary's Street, Suite 200, San Antonio
210-207-6700, 800-447-3372, www.visitsanantonio.com

교통 정보

SAT, San Antonio International Airport
9800 Airport Blvd, San Antonio
210-207-3820, www.sanantonio.gov/aviation

VIA Metropolitan Transit 1021 San Pedro, San Antonio, 210-362-2020, www.viainfo.net

앰트랙 Amtrak 350 Hoefgen Ave, San Antonio, 210-223-3226, www.amtrak.com

그레이하운드 Greyhound
500N Saint Mary's St, San Antonio, 210-270-5810, www.greyhound.com

아메리카 타워 Tower of the Americas

600 Hemisfair Plaza Way
전망대 매일 9~22, 금·토 9~23, 성인 $3, 4~11세 $1
210-207-8515, www.toweroftheamericas.com

샌안토니오의 주요 명소 중의 하나로 167미터 높이에 있는 전망대에 오르면 샌안토니오 시내가 한눈에 내려다보인다. 샌안토니오의 야경을 바라보며 식사를 즐길 수 있는 레스토랑도 있다.

구 스페인 총독 청사 Spanish Governor's Palace

105 Plaza De Armas, San Antonio 월~토 9~17, 일 10~17, 성인 $1.50, 어린이 $0.75 210-224-0601

1749년에 지어진 건물로, 스페인 통치 시대에 사령부가 있던 국가 역사 상징물로서 샌안토니오에서 가장 아름다운 건물로 꼽힌다. 스페인 양식으로 지어진 건물 내부는 당시의 모습 그대로를 보존해 두고 있다.

엘 메르카도 El Mercado

514 W. Commerce St, San Antonio
매일 10~18, 여름 10~20, 210-207 8600

구 스페인 총독 청사에서 서쪽으로 도보 5분 거리에 있는 시장으로 '마켓 스퀘어'라고도 불린다. 좁고 긴 건물에는 멕시코와 중남미의 수공예품을 파는 토산품점과 멕시코 요리 전문점들이 줄을 이어 있어 멕시코 풍경을 그대로 재현하고 있다.

샌안토니오 미술관 San Antonio Museum of Art
200 W. Jones Ave, San Antonio
화 10~21, 수~토 10~17, 일 12~18, 월 휴무
성인 $8, 4~11세 $3
210-978-8100, www.samuseum.org
옛 양조장 건물에서 미술관으로 탈바꿈한 샌안토니오 미술관은 과거와 현재, 그리고 동양과 서양이 적절히 조화를 이룬 다양한 작품을 선보이고 있다.

맥네이 미술관 Mcnay Art Museum
6000 N. New Braunfels Ave, San Antonio
월 휴무, 화·수·금 10~16, 목 10~21, 토 10~17,
일 12~17 성인 $8, 학생 $5, 12세 이하 무료
210-824-5368, www.mcnayart.org
후기 인상파에서부터 야수파, 입체파 등 미술사의 계보를 잇는 19세기 및 20세기 주요 화가들의 작품을 만날 수 있는 곳이다. 스페인풍으로 지어진 건물 외관도 근사하고 미술관에 딸린 조각 공원도 볼만하다.

윌리엄 왕 역사 지구
King William Historic District
Via Historic Streetcar 210-362-2020
Lonestar Trolley 210-222-9090
다운타운 남서쪽에는 19세기 독일 부자들이 이주하여 만들어진 아름다운 타운이 있다. 빅토리아 양식의 건물과 집들이 유럽풍의 경관을 보여주며, 텍사스 주 최초의 주립 역사 지구로 지정된 곳이다. 지금은 B&B(Bed & Breakfast)로 사용되고 있어 운치 있는 하루를 즐길 수 있다. 트롤리 투어도 있다.

파세오 델 리오 Paseo del Rio

110 Broadway, San Antonio
210-227-4262, www.thesanantonioriverwalk.com
스페인어로 '리버워크River Walk'를 뜻하는데 이름처럼 샌안토니오 강을 따라 산책로가 이어진다. 샌안토니오의 도심 풍경을 감상하면서 가볍게 산책할 수 있고, 보트를 타고 야나쿠아나 리버 크루즈Yanaguana River Cruises(210-244-5700, 800-417-4139)를 즐길 수도 있다.

샌안토니오 동물원 San Antonio Zoo

3903 N. St. Mary's St, San Antonio
매일 9~17, 성인 $10, 3~11세 $8
210-734-7184, www.sa-zoo.org
샌안토니오의 관문인 브래큰리지 공원Brackenridge Park에 자리한 샌안토니오 동물원은 750여 종의 동물을 볼 수 있는 곳이다. 다운타운에서 Fwy. 281을 이용하여 북쪽으로 올라가면 된다. 브래큰리지 공원에서 배를 빌려 타거나 일본 정원, 미니 철로, 회전 목마 등을 즐길 수 있다.

식스 플래그 피에스타 Six Flags Fiesta Texas

17000 IH-10 W, San Antonio
1일 입장권 성인 $51.99, 신장 48인치 이하 $36.99, 2세 이하 무료, 210-697-5050, www.sixflags.com/fiestatexas
다운타운에서 서쪽으로 15분 거리에 위치한 가족 놀이공원으로 Fwy. 10을 이용하여 가면 된다. 시즌별 개장 시간이 달라 미리 알아보아야 하며, 온라인으로 티켓을 예매하면 할인 받을 수 있다.

내추럴 브리지 케번스 Natural Bridge Caverns

26495 Natural Bridge Caverns Rd, San Antonio
12세 이상 $17.95, 3~11세 $9.95
210-651-6101, www.naturalbridgecaverns.com
지하 동굴 속에 펼쳐진 비경을 볼 수 있는 곳으로 샌안토니오 다운타운에서 북쪽으로 Fwy. 35를 이용하여 갈 수 있다

내추럴 브리지 야생 목장
Natural Bridge Wildlife Ranc

26515 Natural Bridge Caverns Rd, San Antonio
12세 이상 $16.5, 3~11세 $8.5
830-438-7400, www.wildliferanchtexas.com
차를 타고 이동하면서 50여 종의 야생 동물을 볼 수 있는 사파리 공원.

알라모 The Alamo

300 Alamo Plaza, San Antonio
월~토 9~18:30, 일 10~17:30, 무료 입장, 210-225-1391, www.thealamo.org

1836년 멕시코와 벌어졌던 알라모 전투의 현장이며 독립전쟁시 사망한 사람들을 위한 성전이다. 샌안토니오를 찾는 관광객들의 대부분이 이곳을 보기 위해 온다고 해도 과언이 아닐 정도로 꾸준히 인파가 몰려드는 곳이다. 1835년 12월 텍사스 군대가 샌안토니오를 점령하고 알라모를 요새화했는데, 이듬해 멕시코군이 알라모를 공격할 때 알라모 안에 있는 텍사스군 189명이 치열하게 싸워 13일간의 전투가 벌어졌던 역사의 격전지다. 알라모 전투에 대한 상세한 설명을 들을 수 있으며, 수도원 정원과 롱 배럭Long Barrack 박물관이 있다.

휴스턴 Houston

텍사스 주에서 가장 큰 도시이며 남동부 지역의 중심 도시 휴스턴은 텍사스 독립전쟁의 영웅 사무엘 휴스턴 장군을 기념하여 명명되었다. 미국에서 네 번째로 큰 도시지만 동서남북 간의 도시 구획 정리가 복잡하고, 거리 이름이 불분명하게 되어 있어 자칫 혼동하거나 헤맬 위험이 있다. 날씨는 매우 고온다습하지만 에어컨 설비가 도시 전체에 걸쳐 잘 완비되어 있고, 6마일 길이의 지하 도로로 주요 지역들이 전부 연결된다.
'Space City'로 불릴 정도로 텍사스 주에서 가장 넓은 공간을 차지하고 있는 휴스턴은 명실공히 각종 국제 회의와 행사 등이 개최되는 곳으로 두각을 나타내면서 '무한한 가능성의 공간'으로 발전을 거듭하고 있다.

관광 정보

휴스턴 관광국
901 Bagby, Suite 100, Houston, 713-437-5200
www.visithoustontexas.com

교통 정보

IAH, George Bush Intercontinental Airport
2800 N. Terminal Rd, Houston, 281-230-3100
www.fly2houston.com

METRO
713-635-4000, www.ridemetro.org
휴스턴 시내를 연결하는 대중교통 수단.

앰트랙 Amtrak
902 Washington Ave, Houston, 713-224-1577
www.texaseagle.com/sunset.htm
플로리다 주 올랜도에서 캘리포니아 주 로스앤젤레스까지 운행하는 Sunset Limited가 휴스턴을 경유한다.

그레이하운드 Greyhound
2121 Main St, Houston, 713-759-6565
www.greyhound.com

기타 정보

휴스턴 대한민국 총영사관
1990 Post Oak Blvd. #1250, Houston, 713-961-0186
www.koreahouston.org

휴스턴 한인회
1418 Longhorn, Houston, 713- 984-2066
www.houstonkorean.org

한식당
국시 땡기는날 1049 Gessner 713-463-7522 **고려원** 9501 Long Point 713-468-2800 **남강** 1411-A Gessner 713-467-8801 **아시아나 가든** 1055-D Gessner 713-463-8881 **명동식당** 6415 Bissonnet 713-779-5530 **롯데 먹거리장터** 7501 Harwin Dr. #101E 713-789-4959 **사계절** 10104 Hammerly 713-365-0160 **삼보정** 7665 Demoss 713-776-9108 **서울가든** 9446 Long Point 713-935-9696 **따봉 먹거리** 1949 N. Gessner 713-461-9494

어린이 박물관 The Children's Museum of Houston
1500 Binz, Houston 화~토 10~18, 일 12~18, 목 5~20 무료,
1세 이상 $8, 713-522-1138, www.cmhouston.org
14개의 갤러리로 이루어진 휴스턴 아동 박물관. 시청각 자료는 물론이고 손으로 직접 만져보고 체험해 볼 수 있는 것들이 많다. 아이들에게 신나고 재미있는 학습 기회를 제공할 뿐만 아니라 교육적 차원에서 유익한 것들이 많다.

릴라이언트 공원 Reliant Park
1 Reliant Park, Houston
832-667-1400, www.reliantpark.com
해마다 2월에서 3월 중에 열리는 Houston Livestock Show and Rodeo로 유명한 Reliant Astrodome, 미식축구팀 Houston Texans의 홈구장인 Reliant Satdium 등이 있다.

허먼 공원 Hermann Park
6001 Fannin Street, Houston
713-524-5876, www.hermannpark.org
Rice University 건너편에 조성된 공원으로 445에이커의 면적에 휴스턴 동물원을 비롯하여 골프장, 극장 등이 있다. 공원 바로 옆으로는 Museum District가 이어져 박물관 및 미술관이 주변에 즐비하다.

휴스턴 미술관
MFAH, The Museum of Fine Arts Houston
1001 Bissonnet St, Houston
월 휴무, 화·수 10~17, 목 10~21, 금토 10~19, 일 12:15~17:00, 성인 $7, 6~18세 $3.5, 매주 목요일 무료
713-639-7300, www.mfah.org

방대한 규모를 자랑하는 휴스턴 미술관은 2개 동에 걸쳐 총 45,000여 점을 소장하고 있다. 이탈리아 르네상스 및 프랑스 인상주의 계열의 그림을 비롯하여 현대 사진, 조각, 시각 미술에 이르기까지 다양한 작품을 선보인다. 또한 미국 및 유럽의 장식 미술을 엿볼 수 있는 Bayou Bend Collection and Gardens 및 Rienzi가 근처에 있으므로 같이 둘러보면 좋다.

메닐 컬렉션 The Menil Collection
1515 Sul Ross, Houston
수~일 11~19, 월·화 휴무, 무료 입장
713-525-9400, www.menil.org
현대 초현실주의 경향의 추상적인 작품들과 비잔틴 미술 양식의 절제미가 조화를 이루는 15,000여 점의 예술 작품을 소장하고 있다. 미술관 옆에는 표현주의 계열의 벽화들로 꾸며진 Rothko Chapel 이 있는데, 마틴 루터 킹 목사에게 헌사된 것으로 유명한 '부서진 오벨리스크 The Broken Obelisk' 라는 조각상이 서 있다.

휴스턴 자연사 박물관
Houston Museum of Natural Science
5555 Hermann Park Dr, Houston

화 9~20, 월·수·목·금·토·일 9~17, 여름 1시간 연장 성인 $15, 3~11세 $10, 나비 센터와 IMAX 별도
713-639-4629, www.hmns.org

천문관과 IMAX 극장이 함께 있는 휴스턴 자연과학 박물관. 사람들이 가장 많이 찾는 곳은 코크렐 나비 센터 Cockrell Butterfly Center로 열대우림에 서식하는 수천 마리의 나비를 볼 수 있다.

건강 박물관 The Health Museum

1515 Hermann Dr, Houston
화~토 9~17, 일 12~17, 성인 $8, 3~12세 $6
713-521-1515, www.mhms.org

인체의 구조 및 신비를 배울 수 있는 곳. 크게 모형으로 만들어 놓은 신체기관을 비롯하여 기발하고 흥미로운 것들이 많아서 아이들에게 무척 인기가 높다.

극장 지구 Theater District

www.houstontheaterdistrict.com

뉴욕 다음으로 도시 내 극장 및 공연장 좌석 수가 많아 휴스턴은 문화·예술의 도시로도 손색이 없다. 오페라, 연극, 음악, 발레 등 다방면에 걸쳐 골고루 전문 예술단이 상주하는 미국 내 5개 도시 중 하나로 꼽힐 정도이다. 휴스턴에 머무는 동안 적어도 문화공연 한 편쯤은 관람해 볼 가치가 있다. 바이유 플레이스 복합 공연장Bayou Plae Entertainment Complex이 중심이다. 다운타운 한복판에 17블록에 걸쳐 월텀 씨어터 센터 Wortham Theater Center, 브로드웨이 초연작이나 일급 연극이 펼쳐지는 앨리 씨어터Alley Theatre, 하비 공연예술 센터Hobby Center for the Performing Arts 등의 극장 및 공연장이 늘어서 있다.

로스 도스 라레도스 Los Dos Laredos

리오그란데 강을 중심으로 라레도와 멕시코의 누에보 라레도가 나뉘어지면서 '두 개의 라레도' 라는 이름이 생겼다. 이 두 도시는 이른바 텍스-멕스Tex-Mex 문화의 전형을 보여주는 곳으로 양쪽 국민들이 국경을 통과하여 서로 다른 나라의 직장으로 매일 출퇴근하는 재미있는 풍경이 벌어진다. 라레도 주민의 90% 이상이 라틴계로 스페인어와 영어가 동시에 통용된다.

키마 보드 워크 Kemah Boardwalk

215 Kipp Avenue, Kemah
281-535-8100, www.kemahboardwalk.com

베스톤만Galveston Bay과 클리어 레이크Clear Lake의 파랗게 펼쳐진 해안가를 따라 형성된 가족 유원지. 해안가를 따라 상점, 호텔, 식당, 놀이공원 등이 있어 풍성한 볼거리와 놀거리를 제공한다.

샌하신토 주립 전적 사적지
San Jacinto Battleground
State Historic Site
3523 Battleground Rd, La Porte
281-479-2431, www.tpwd.state.tx.us/park/sanjac
1836년 샌하신토San Jacinto 전투에서 텍사스공화국이 샘 휴스턴Sam Houston 장군의 지휘 아래 멕시코 군대를 물리치고 독립하게 된 것을 기념하는 사적지. 샌하신토 기념비San Jacinto Monument, 텍사스 전함 Battleship Texas, 샌하신토 역사 박물관San Jacinto Museum of History(매일 9~18, 성인 $4.5, 11세 이하 $3.5, www.sanjacinto-museum.org) 등이 있다.

스페이스 센터 Space Center Houston
1601 NASA Parkway, Houston
성인 $19.95, 4~11세 $15.95
281-244-2100, www.spacecenter.org
휴스턴 다운타운 남동쪽 25마일 거리에 위치한 나사 NASA의 우주비행 관제센터이며 공식 방문객 센터이다. 1967년 아폴로 11호의 달착륙을 비롯한 우주선의 관제소로 널리 알려져 있다. 다운타운에서 남동쪽으로 25마일 떨어진 NASA Clear Lake Area에 위치하고 있으며, Fwy. 45를 이용하여 간다. 연구센터를 견학하고 존슨 우주센터Johnson Space Center에서 제공하는 90분간의 트램 투어를 하면서 달 착륙선과 탐사선, 우주인 훈련 시설과 무중력실, 발사 기지, 우주비행 시뮬레이션 등을 통해 신나는 우주 체험을 즐길 수 있다.

파드레 섬 국립 해안 공원 Padre Island National Seashore
361-949-8068
미국에서 가장 긴 해변 중의 하나로 70마일이나 이어지는 백사장과 사구들이 아름다운 명소다. 해변을 따라 야생 동물들도 서식하고 있어 자연과 호흡하면서 캠핑도 즐길 수 있다.

3 Big Bend Country
빅 벤드 컨트리

엘파소 El Paso

텍사스 주의 서쪽 끝에 위치한 엘파소는 북쪽으로는 뉴멕시코 주와 경계를 이루고, 남서쪽으로는 멕시코와 국경을 이루고 있다. 전반적으로 'Tex-Mex' 문화가 공존하는 텍사스 주에서 엘파소는 텍사스 문화보다 멕시코 문화가 주를 이루어 '미국 내의 스페인'으로 통한다. 실제로 거주민의 80%가 라티노로 구성되어 영어보다 스페인어가 더 많이 통용될 정도이다. 텍사스 주에서 가장 독특하고 이색적인 분위기를 느낄 수 있는 곳으로 시간대도 구분되어 텍사스 주의 다른 주요 도시들보다 1시간 느린 산악 시간대(MST)에 속한다.

관광 정보
엘파소 관광국 1 Civic Center Plaza, El Paso, 915-534-0601, 800-351-6024, www.visitelpaso.com

교통 정보
ELP, El Paso International Airport
6701 Convair Rd, El Paso, 915-780-4749, www.elpasointernatinalairport.com
앰트랙 Amtrak 700 San Francisco St, El Paso, 800-872-7245, www.amtrak.com
그레이하운드 Greyhound 200 W. San Antonio St. El Paso, 915-542-1355, www.greyhound.com

미션 트레일의 소코로 미션

엘파소 미술관 El Paso Museum of Art
1 Arts Festival Plaza, El Paso
화·수·금·토 9~5, 목 12~5, 일 12~5, 무료 입장
915-532-1707, www.elpasoartmuesum.org
엘파소를 대표하는 미술관으로 아트 페스티벌 플라자에 있다. 회화, 조소, 공예 등 유럽, 미국, 멕시코 지역의 근·현대 예술 작품을 만날 수 있다.

샌하신토 플라자 San Jacinto Plaza
엘파소의 역사적 중심지로 한때 악어가 살았다고 하는 연못이 광장 한가운데에 있다. 밤낮으로 연못 안팎을 오가던 악어들은 동물원으로 옮겨지고 지금은 기념물이 세워져 있다. 밀 애비뉴Mille Ave. 옆에는 판초비아, 존 웨슬리 하딘 등 한 시절을 풍미했던 사람들의 사진으로 장식된 재미있는 룰리 이발소Ruly's Barber shop가 있어 눈길을 끈다.

미션 트레일 Mission Trail
이주민들이 텍사스에 가장 먼저 자리잡은 지역으로 초기 정착민들의 삶의 모습들을 생생하게 만날 수 있다. 약 13킬로미터에 이르는 철로 변에 4개의 미션이 이어져 있으며, 400년 전에 시작된 스페인의 기독교 포교 역사와 텍사스의 개척사, 미국 원주민의 생활상 등 미국 역사의 단면을 보여준다. 엘타 델 서 푸에블로에는 텍사스에서 가장 오래된 선교회인 미션 샌안토니오 드로스 티구아스Mission San Antonio de Los Tiguas(1682년)가 있고 소코로Socorro Mission (1692년), 프레시디오 채플 샌엘세아리오Presidio Chapel San Elceario(1789년)는 어도비 스타일의 목조 교회로 안에 들어서면 엄숙한 분위기에 숙연해진다.

시유다드 후아레스 Ciudad Juarez 관광
1 Civic Center Plaza, El Paso
성인 $12.5, 어린이 $9
800-259-6284, 915-544-0061
엘파소 관광청에서 출발하는 트롤리를 타고 리오그란데 강Rio Grande River을 건너 멕시코 국경에 인접한 후아레스에 다녀올 수 있다. 마을 가득 은세공품, 피혁 제품, 민예품 등을 파는 상점 및 식당이 즐비한데, 엘파소에 깊숙이 스며들어 있는 멕시코 정서와 사뭇 다른 '진짜' 멕시코를 만날 수 있다. 원하는 정거장에서 마음대로 내리고 탈 수 있는 1일 승차권을 구입하면 편리하다.

놓칠 수 없다!

텍사스에서만 맛볼 수 있는
텍스 멕스 Tex-Mex

'텍스 멕스'란 텍사스와 멕시코의 가장 좋은 맛을 결합한 독특한 음식 문화다. 멕시코와 국경을 맞대고 있는 텍사스만의 특별한 개성이 살아 있는 음식으로서 멕시코의 맛과 재료에 텍사스 특유의 개성이 가미되어 새로운 형식의 요리를 탄생시켰다. 옥수수가루와 밀가루로 만든 토티야, 쌀과 콩 같은 멕시코 주재료에 쇠고기와 미국식 소스, 치즈 등을 가미한 텍스 멕스 요리는 멕시코 국경과 텍사스 남부 평원 지대가 특히 유명하다.

과달루페 국립공원
Guadalupe Mountains National Park

텍사스의 수호신
과달루페 산맥과 해발 8,749피트에 이르는 험하고 아름다운 산들은 이 지역을 바다가 덮고 있던 2억5천만 년 전 캐피탄 암초가 융기해서 생긴 것들이다. 길이가 400마일이나 되는 암초는 아파치, 글래스, 과달루페의 세 군데에서 땅 위로 솟아 있다.
특히 과달루페 지역은 텍사스 황야 위로 거대하게 치솟아 있고, 정상에는 엘 캐피탄El Capitan이라고 불리는 깎아지른 듯한 절벽이 있다.

야생 동물의 천국
황무지와 같은 거친 땅에도 불구하고 과달루페에는 야생 칠면조, 너구리의 일종인 러쿤Racoon 그리고 가끔 보이는 쿠거, 고라니 및 귀가 길고 꼬리 끝이 검은 사슴이 뛰놀고, 무수한 소나무, 잣나무 등 활엽수들이 우거져 있다.
따뜻한 겨울을 지내기 위해 수백 년 동안 과달루페 지역을 돌아다니며 생활하던 Mescalero Apach 인디언들은 19세기경 서부로 향하던 백인 개척자들과 맞닥뜨리게 된다. 인디언들은 백인들에게 물과 잠자리를 제공하고 그들에게 길을 내주었으나 오히려 미국 군대에 의해서 쫓겨났다. 이 공원에는 당시 관련된 유적지와 이야기들을 많이 찾아볼 수 있는데 Williams and Frijole Ranch의 건물들과 Butterfield Stage 역이 대표적이다.

매키트릭 캐년 McKittrick Canyon
공원을 향해 달리는 Fwy. 62/180의 끝자락에 있는 멋진 협곡으로 사막, 협곡, 활엽수 및 고산 지역 나무들이 울창하다. 늦은 10월을 물들이는 빨강·노랑·오렌지색 낙엽수들이 북부 지역의 삼림 풍경을 연상시킨다. 가을의 단풍을 즐기려는 관광객들이 몰려드는 아름다운 명소로, 입구에는 배나무와 용설란이 자라고 있고 조금 더 위쪽으로 올라가면 단풍, 양치류와 개울을 따라 피어 있는 여러 종류의 야생화를 볼 수 있다.

비지터 센터
과달루페 국립공원은 일년 내내 열려 있다. 산림 경비대가 안내하는 도보 여행에 관한 정보를 비지터 센터에서 얻을 수 있다. 공원으로 가는 중심 도로인 Fwy. 62/180을 타고 공원 구석 부분을 가로질러 남동쪽 경계선을 돌면서 엘 캐피탄, 과달루페 정상, 산의 급경사를 돌아볼 수 있다.

하이킹 코스
산길이 많이 나 있지는 않지만 매키트릭 방문객 안내소에서 출발, 숲이 우거진 매키트릭 캐년으로 연결되는 코스가 가장 애용되는 길이다. 이 코스는 왕복 7마일

텍사스의 최고봉, 엘 캐피탄

텍사스주 서쪽 끝에 있는 과달루페 산맥 국립공원은 뉴멕시코 주와 텍사스 주, 그리고 멕시코와의 삼각 형태를 이루는 국경 도시 엘파소에서 동쪽으로 110마일 지점에 자리한 텍사스 주의 최고봉이다. 뉴멕시코 주의 명소인 캘스배드 캐번스 국립공원과 북쪽 35마일 거리에 있어 함께 둘러보면 더욱 즐겁다.

의 비교적 짧은 거리지만 낮에만 사용할 수 있다. 이보다 더 짧은 코스로는 프리올레 히스토릭 사이트Frijole Historic Site로부터 스미스Smith 및 마자니타Manzanita 샘물까지 갔다가 돌아오는 고리 모양으로 된 2마일 코스가 있다. 과달루페 피크Guadalupe Peak와 엘 캐피탄티 Capitan으로 가는 도로들은 비교적 긴 거리다. 울긋불긋하게 단풍이 드는 매키트릭 캐년의 그림같은 절경은 가을에 가장 인기 높지만 관광객이 몰리지 않는 봄의 경치 또한 아름답다.

캠핑
Dog Canyon Campground
US 285 도로의 Carlsbad 내셔널 모뉴먼트 10마일 북쪽, 137번 국도에서는 60마일 남서쪽, 3225 National Parks Hwy.에 위치, 13개소, 연중 오픈, 1일 $8
Pine Springs Campground
US 62/180 Fwy. Carlsbad Carverns 국립공원으로부터 55마일 남서쪽에 위치, 41개소, 연중 오픈, 1일 $8

관광 정보
400 Pine Canyon Rd, Salt Flat
16세 이상 $5, 915-828-3251, www.nps.gov/gumo

빅 벤드 국립공원
Big Bend National Park

치열한 텍사스의 역사를 품다
지금은 없어진 광산들, 병을 치유한다고 알려진 샘물, 그리고 인디언과 스페인군 또 멕시코 독립 민병대와의 치열한 전투에 관한 많은 이야기들이 이곳에 남아 전해진다. 멕시코로부터 이 땅을 확보한 주민들이 자금을 모아 빅 벤드Big Bend 지역의 땅을 구입, 정부에 기증하면서 국립공원으로 지정된 빅 벤드 국립공원은 리오 그란데 강을 따라 사막에서 산악 지대까지 다양한 지형을 갖추고 있다.

독특한 자연 경관
국경 지역에 위치하고 있는 빅 벤드의 경관과 야생 동물들은 흡사 멕시코 생태계의 모습과 비슷하여 사막의 관목들과 선인장들이 무수하게 자라며, 3월에서 10월 사이에는 선인장 꽃을 볼 수도 있다. 특히 강우량이 많은 겨울을 지나 3월과 4월 사막 지역에 피어나는 꽃들의 아름다운 모습은 너무도 독특하다.

산기슭에서는 잣나무의 일종인 피논Pinon 삼림을 볼 수 있고 협곡 꼭대기에는 포데로사 소나무, 더글러스 잣나무 및 애리조나 사이프러스 삼림이 펼쳐져 있다.
다양한 지형 덕분에 서식하는 동물들도 다양하여 코요테, 여우, 퓨마, 멧돼지, 흰꼬리 사슴 등을 볼 수 있으며 400여 종의 조류와 60여 종의 파충류, 양서류 등이 살고 있는 것으로 알려진다.

187마일 드라이브 코스
Hwy. 90번 도로 상의 마라톤Marathon을 출발, 팬더 정션Panther Junction에 있는 공원 관리국 본부와 차이소스Chisos 산 분지를 경유해서 알파인Alpine에 이르는 187마일의 드라이브 코스는 아름다운 공원 주변의 경관을 만끽할 수 있는 멋진 코스다.

사막 탐사 Lost Mine 코스
도보 및 승마 여행을 위한 수 마일에 걸친 하이킹 코스

텍사스의 맨얼굴

텍사스 서부는 진정한 의미에서의 텍사스를 만날 수 있는 지역이다. 앨파소 남동쪽 400킬로미터 지점, 텍사스 최후의 광활한 황무지 공원인 빅 벤드 국립공원은 고독하지만 당당한 텍사스 카우보이의 끈질긴 생명력을 느낄 수 있는 곳이다. 텍사스 주 서남쪽 도시 알파인Alpine에서 남쪽 지방도로인 118번과 Hwy. 385가 만나는 곳, 미국과 멕시코 국경을 가르는 리오그란데 강이 선회하는 지역에 말발굽 모양으로 자리잡고 있다. 산과 사막이 만나는 80만 에이커에 걸쳐서 산과 사막 등 이색적인 지형 구조가 펼쳐지는 곳이다.

산타 엘레나 Santa Elena 절벽

강 수면으로부터 1,513피트 높이로 솟아 있는 이 화산석 절벽은 울퉁불퉁하고 뾰족하게 솟아 있는 봉우리들과 깊게 파인 협곡들 사이에 세워져 있다. 1975년에는 38피트의 날개를 가진 파충류와 나는 공룡의 화석이 발견되기도 했다.

가 있으며, 안내원 없이 오솔길을 따라 Lost Mine 정상으로 가는 3시간짜리 도보 여행이 흥미롭다.

South Rim, Window 사막 탐사 여행

안내원이 따르는 다양한 탐사 여행이 매일 준비되는데. 여름철에는 공원 삽화를 곁들인 이야기 쇼가 야외에서 펼쳐지며 다른 계절에는 리오그란데 빌리지 극장에서 공연된다. 산간 지역 여행을 위한 정보는 팬더 정션Panther Junction의 공원 관리국 본부에서 얻을 수 있다. 여기서는 풍물과 자연을 소개하는 전시회가 열린다.

팬더 정션

빅 벤드 공원의 중심지로 비지터 센터가 있어 빅 벤드 여행의 기점이 되는 곳으로 빅 벤드 공원의 중심이다. 대부분의 여행객들은 이곳을 빅 벤드 여행의 기점으로 삼는다. 이어지는 차이소스Chisos 산맥 사이에 놓인 차이소스 분지는 말을 타고 돌아보는 투어 프로그램이 마련되어 있다.

관광 정보

입장료 차 1대당 $20
432-477-2251, www.nps.gov/bibe

4 팬핸들 평원
Panhandle Plains

프라이팬의 손잡이처럼 생겼다 해서 '팬핸들'이라는 이름이 지어진 광활한 텍사스 북서부 지역은 지평선과 협곡이 만들어내는 지극히 미국 서부다운 풍경과 너른 목장, 말을 타고 그 위를 달리는 사람들로 시간을 초월한 매력을 발산한다.

러벅 Lubbock
로큰롤의 대부 버디 홀리의 고향이며 텍사스 공과대학이 자리한 허브 도시 러벅은 주요 하이웨이들이 교차하는 교통의 요충지다.

버디 홀리 센터 Buddy Holly Center
806-767-2786
1959년 눈보라 속에 비행기 추락 사고로 세상을 뜬 전설의 록가수 버디 홀리를 기념하는 곳으로 근처의 버디 홀리 동상 & 명예의 거리Buddy Holly Statue & Walk of Fame에서 더 많은 기념물들을 찾을 수 있다.

미국 풍력 센터 American Wind Power Center
806-747-8734 1701 Canyon Lake Dr.

버디 홀리 센터에서 동쪽 1마일 거리에 있는 이 이색 공원은 100여 개의 서로 다른 풍차가 모여 있다. 텍사스 공과대학 교수 빌리 울프가 소장하고 있던 오래된 풍차들을 볼 수 있는데, 1880년대 미국에서 제조된 '100주년 기념 파워 풍차'와 세계에서 가장 큰 풍차인 '써던 크로스Southern Cross'도 있다.

애머릴로와 올드 샌 저신토
Amarillo& Old San Jacinto
전설의 하이웨이 루트 66을 따라 형성된 유서 깊은 도시 애머릴로는 과거에는 루트 66 가운데 텍사스 최대 도시였다. 지금은 I-40이 중심이 되었지만 아직도 애머릴로에서는 유서 깊은 이 길의 흔적을 만날 수 있는 향수어린 장소들이 있다.

6가와 조지아, 웨스턴 스트리트 사이에는 루트 66의 영광을 드러내듯 1920년대의 풍경을 그대로 간직한 오래된 상점들을 만날 수 있다. 1마일에 걸쳐 늘어선 상점과 레스토랑들은 맥주와 햄버거, 골동품, 각종 공구 등 다양한 물건들을 팔고 있다. 애머릴로 스톡야드Amarillo Stockyards에서는 가축 경매를 하는 카우보이들을 만날 수도 있다.

팰로 듀로 캐년 주립공원
Palo Duro Canyon State Park
806-488-2227, www.tpwd.state.tx.us/spdest/findadest/parks/palo_duro.
러벅 북쪽 애머릴로 근처에 자리한 아름다운 협곡을 자랑하는 주립공원. 형형색색의 지층과 1,000피트 높이의 바위벽 등이 레드 리버의 지류를 따라 장관을 이루며 캠핑, 승마, 하이킹 등 야외 스포츠를 즐기기에 좋은 명소다.

로키 마운틴 지역
ROCKY MOUNTAINS

로키 산맥을 중심으로 수많은 국립공원이 모여 있는 곳, 대자연의 경이와 아름다움에 말을 잊고 감탄하게 만드는 놀라운 신의 선물이 로키 마운틴 지역이다. 콜로라도의 로키 마운틴 국립공원, 와이오밍의 옐로스톤 국립공원, 몬태나의 글레이셔 국립공원은 물론 곳곳에 자리한 국립 기념지들 모두가 자연은 태어난 그대로의 모습일 때 얼마나 아름다운지를 보여주며, 대자연의 품을 찾는 이들에게 겸허함을 가르친다.

Inside Rocky Mountains

콜로라도 덴버 / 콜로라도 스프링스 / ▲로키마운틴 국립공원 / ▲그레이트 샌듄 / ▲콜로라도 내셔널 모뉴먼트 / ▲블랙 캐년 국립공원 / ▲메사버디 국립공원
와이오밍 샤이엔 / 와이오밍 북부 & 서부 / ▲화석 뷰트 내셔널 모뉴먼트 / ▲옐로스톤 국립공원 / ▲그랜드 티턴 국립공원 / ▲데블스타워 내셔널 모뉴먼트
아이다호 보이시 / ▲달 분화구 내셔널 모뉴먼트 / ▲소투스 국립 휴양지 / ▲헬스 캐년 국립 휴양지
몬태나 헬레나 / ▲글레이셔 국립공원

COLORADO
콜로라도

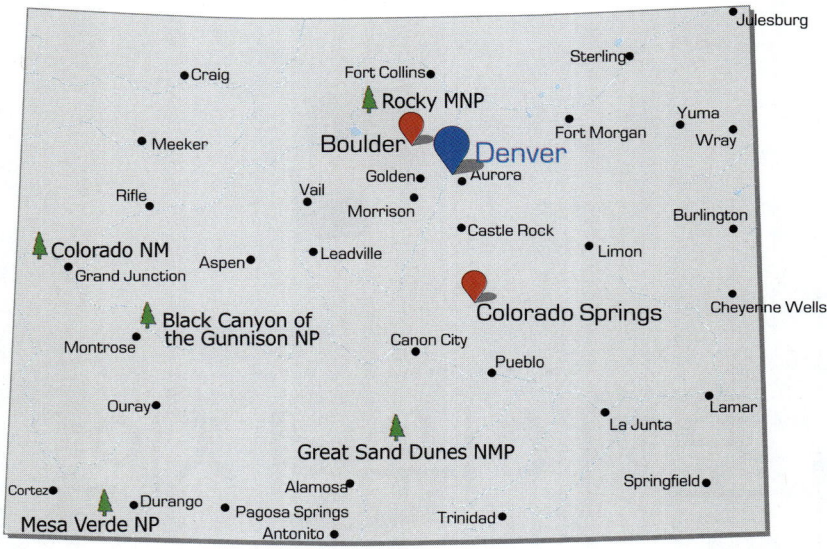

미국의 중서부에 위치하고, 북쪽으로는 아이다호, 남쪽으로는 뉴멕시코, 동쪽으로는 캔자스, 서쪽으로는 유타에 둘러싸인 콜로라도는 북쪽에서 남쪽으로 로키 산맥이 걸쳐 있어 주 전체가 마치 국립공원 같은 곳이다. 콜로라도 라는 이름은 16세기 스페인의 탐험가들이 로키 마운틴의 흙과 바위들이 붉은색 Color Red을 띠고 있다고 해서 붙인 이름이다.

콜로라도 주는 '국립공원주' 라는 별칭에 걸맞게 수많은 보호 지역들과 천연 기념물을 가지고 있다. 내셔널 지오그래픽이 일생에 꼭 가봐야 할 50곳 중 하나로 선정했던 메사버디 Mesa Verde 국립공원을 포함하여 3개의 국립공원, 40개의 주립공원, 15개의 국유림, 7개의 내셔널 모뉴먼트, 또 고도 14,000피트가 넘어 'Colorado's Fourteeners' 라고 불리는 높은 봉우리가 58개나 된다.

콜로라도에서 가장 인기 있는 스포츠는 스키다. 스키를 타보지 않고서는 콜로라도의 참맛을 느낄 수 없다고 한다. 천혜의 자연환경을 자랑하는 콜로라도는 공군사관학교를 비롯 항공방위사령부 등의 군사 시설과 최첨단 산업이 자리잡고 있는 곳이기도 하다.

주도 덴버
별칭 Centennial State
명물 온천, 양조장, 스키장
콜로라도 주 관광청 800-265-6723, www.colorado.com

찬란한 아름다움, 로키의 여왕 DENVER
덴버 1

미국 전역에서 찾아오는 휴양지이자, 컨트리 가수 존 덴버John Denver가 이름으로 삼을 만큼 사랑했던 곳. 해발 5,280피트의 고원에 위치하여 'Mile High City'로 불리는 덴버 시는 로키 산맥을 배경으로 맑고 푸른 경관이 펼쳐진 곳이다.

덴버 시민들은 스스로를 행운아라고 생각하는데, 이는 스포츠팀의 홈경기가 열리는 경기장들이 많기 때문이다. 우선 다운타운의 '펩시 센터'는 프로농구팀(NBA) 덴버 너기츠Nuggets와, 아이스하키팀(NHL) 콜로라도 애벌랜치Avalanche의 홈경기가 열리는 곳이다. 그런가 하면 '마일 하이 스타디움' 은 미식축구팀(NFL) 덴버 브롱코스Broncos의 경기장, '쿠어스필드'는 프로야구팀(MLB) 콜로라도 로키스Rockies의 경기장, '딕스 스포팅 구스 파크'는 축구팀(MLS) 콜로라도 래피즈Rapids의 경기장이다.

관광 정보
덴버 관광국
1555 California #300, Denver, 303-892-1112, www.denver.org

교통 정보
DEN, Denver International Airport 덴버국제공항
8500 Pena Blvd, Denver, 303-342-2000, www.flydenver.com
RTD 대중교통
303-299-6000, 800-366-7377, www.rtd-denver.com
열차와 연계하여 덴버 다운타운 지역을 연결하는 170여 개의 버스 노선이 있다.
앰트랙 Amtrak
1701 Wynkoop St, Denver, 303-534-2812, www.amtrak.com
시카고에서 샌프란시스코까지 운행하는 California Zephyr가 Denver를 경유한다.
그레이하운드 Greyhound
1055 19th St, Denver, 303-293-6555, www.greyhound.com

기타 정보
덴버 한인회
10020 E. Girard Ave, 3F Denver, 303-324-7783
한인 식당
한국관 10293 E. Iliff Ave, 303-696-0011 **쾌자루** 2990 W. Mississppi Ave, 303-936-1506 **스시보트** 3460 S. Locust St, 303-757-3181 **바라스시** 1432 Market St, 303-820-2200 **도모일식당** 1365 Osage St, 303-595-3666

콜로라도 주 의사당 Colorado State Capitol
200 E. Colfax Ave, Denver
303-866-2604, www.milehighcity.com/capitol

그리스 코린트 양식으로 지어진 건물로 14th Ave.와 Colfax Ave.가 만나는 곳에 있다. 금박을 입힌 둥근 돔이 멀리서도 시선을 사로잡는데, 골드러시와 함께 시작된 콜로라도 주의 역사를 상징한다. 정면 입구의 13번째 계단은 'Mile High City'라고 불리는데, 이 지점이 고도 1마일(1,609미터)이 되는 곳이다.

덴버 자연과학 박물관
Denver Museum of Nature & Science
2001 Colorado Blvd, Denver
성인 $11, 3~18세 $8, 303-370-6000,
www.dmns.org

공룡 뼈에서부터 천연광석, 동물 모형, 인디언 민예품 등에 이르기까지 풍성한 볼거리를 제공하는 자연과학 발물관. IMAX 극장과 천문대가 있어 신나는 과학 체험도 할 수 있다.

덴버 동물원 Denver Zoo
2300 Steele St, Denver
3~10월 9~17, 11~2월 10~16 12세 이상 $13,
3~11세 $8, 303-376-4800, www.denverzoo.org

1986년에 오픈. 희귀종인 아무르 표범과 검은 코뿔소, 오카피, 시베리안 호랑이 등 750여 종에 이르는 4,000여 마리의 동물을 볼 수 있다.

몰리 브라운 박물관
Molly Brown House Museum
1340 Pennsylvania St, Denver
6~8월 월~토 10~15, 일 12~15:30
성인 $8, 6~12세 $4
303-832-4092, www.mollybrown.org

빅토리아 양식으로 지어진 몰리 브라운 박물관은 1912년 타이타닉호 침몰 당시 생존자였던 마가렛 토빈 브라운Margaret Tobin Brown이 살았던 집이다. 정치적 활동이 활발한 사회운동가로도 유명한 그녀의 이야기는 1960년대 브로드웨이에서 'The Unsinkable Molly Brown'이라는 뮤지컬로 만들어졌다. 1997년 대흥행을 기록했던 영화 「타이타닉Titanic」에서도 그녀의 이야기가 등장한다

덴버 식물원 Denver Botanic Gardens
1005 York St, Denver 10~4월 매일 9~17, 성인 $12.50,
4~15세 $9, 720-865-3500, www.botanicgardens.org
미국에서 손꼽히는 식물원으로 정원 및 온실에 아프리카, 히말라야, 오스트레일리아, 뉴질랜드 등을 원산지로 하는 15,000여 종류의 식물이 자라고 있다.

식스 플래그 엘리치 가든 Six Flags Elitch Gardens
2000 Elitch Circle, Denver
1일 입장권 $29.99~76.99
303-595-4386, www.elitchgardens.com
놀이공원으로서는 보기 드물게 다운타운에 위치. 가족 단위로 편하게 즐거운 한때를 보낼 수 있는 테마파크이다. 롤러코스터, 트위스터 등 45개의 놀이기구들이 있는데, 물놀이를 즐길 수 있는 Island Kingdom Water Park에서는 다채로운 공연 및 행사가 열려 늘 인파가 몰린다.

콜로라도 역사 박물관 Colorado History Museum
1300 Broadway, Denver, 성인 $5, 학생 $4.50
303-866-3682, www.coloradohistory.org
콜로라도 역사학회에서 운영하는 10개의 역사 박물관 중 하나로 콜로라도 초기 개척 역사를 살펴볼 수 있다.

미국 조폐국 United State Mint
320 West Colfax Ave, Denver 월~금 8~14, 무료 입장
303-405-4761, www.usmint.gov
달러를 만들어 내는 미국 조폐국은 워싱턴 D.C., 필라델피아, 뉴욕, 켄터키, 샌프란시스코와 덴버까지 6곳이 있다. 미국 동전에는 각 조폐국을 알 수 있는 이니셜이 찍혀 있는데 덴버는 'D' 이다. 20분마다 투어를 할 수 있는 이곳에서 동전의 주조 과정과 각 도구들을 관람할 수 있다.

덴버 미술관 Denver Art Museum
13th Ave, Denver
화·수 10~17, 목 10~19,
금 10~10, 토일 10~17
성인 화~목 $25, 금~일 $30,
아동 $16.50, 5세 이하 무료
720-865-5000
www.denverartmuseum.org
옛 멕시코 및 남미의 예술 작품을 비롯하여 현대 공예 및 조각품을 선보이고 있다.

쿠어스 구장 투어 Coors Field tours
2001 Blake St, Denver
시즌 월~토, 비시즌 월·수·금·토, 성인 $6, 3~12세 $4
303-162-5437, www.mlb.mlb.com
프로야구 콜로라도 로키스Rockies의 홈구장인 쿠어스 구장은 고풍스런 건물 등 덴버의 개척기 흔적이 남아 있는 로어 다운타운LoDo, Lower Downtown에 있다. 5만여 석의 관중석 뒤로 로키 산맥의 장관이 시원하게 펼쳐진다.

레드록 원형 극장 Red Rocks Amphitheatre
18300 West Alameda Parkway, Morrison
5~9월 8~19, 10~4월 9~16, 무료 입장
720-865-2494, www.redrocksonline.com

덴버 다운타운에서 서쪽으로 15마일 가량 가면 로키 산 끝자락에 위치한 모리슨Morrison이라는 작은 마을에 이른다. 이곳의 붉은 사암 절벽 및 봉우리로 둘러싸인 레드 락 공원Red Rocks Park에는 세계적으로 유명한 야외 원형 극장이 있다. 총 1만여 명을 수용할 수 있는 이 원형 극장은 자연의 지형을 그대로 살려내기 위해 건축 기간만 12년이 소요되었다.

식스 스트릿 몰 16th Street Mall

덴버 시내 북서쪽의 마켓 스트리트 역에서부터 동쪽의 시빅 센터 역까지 약 1마일에 이르는 다운타운 최대의 쇼핑 상가로 덴버의 멋과 맛을 제대로 느끼려면 반드시 들러야 한다. 덴버 파빌리온, ESPN존, 타보 센터 Tabor Center 등의 대형 쇼핑몰과 식당, 극장이 밀집해 있다. 자동차는 출입이 금지되는 지역이므로 무료로 운행되는 셔틀버스를 타고 인근 덴버 공연예술단지 Denver Performing Arts Complex, 콜로라도 컨벤션 센터Colorado Convention Center, 쿠어스 필드Coors Field 등지에서 내리면 된다.

볼더 Boulder www.bouldercoloradousa.com
콜로라도 대학University of Colorado이 있는 곳으로 광대한 캠퍼스가 도시를 형성하고 있다. 1858년 당시 광부와 농부들의 정착촌이자 상업 지역이었던 볼더는 보헤미안 문화와 정치적 자유, 첨단기술 산업의 허브로 널리 알려졌다. 이곳에 있는 콜로라도 대학은 빅토리아풍의 고전적인 캠퍼스와 활발한 첨단 과학기술 연구로 고전과 현대가 공존하는 곳이다. 학비에 비해 교육적 효과가 뛰어나다는 이유로 「프린스턴 리뷰」는 콜로라도 대학을 미국 공립대 순위 5위(2010년)로 선정하기도 했다.

2 스포츠 엘리트의 메카 Colorado Springs
콜로라도 스프링스

덴버에서 남쪽으로 약 1시간 정도 걸리는 지점에 위치한 콜로라도 스프링스는 고급 여름 휴양 도시다. 콜로라도 주에서 두 번째로 큰 도시인 이곳은 미국 올림픽 대표 선수들의 훈련장(U.S. Olympic Complex)이 있어 더욱 유명해졌다. 이와 관련해서 스포츠 산업이 발달하여 'Sports Leadership Capital' 로 불리기도 한다.

관광 정보
콜로라도스프링스 관광국
515 S. Cascade Ave. Colorado Springs
719-653-7506, 800-888-4748
www.coloradosprings-travel.com

기타 정보
콜로라도 스프링스 한인회
2566 Durango Dr, Colorado Springs, 719-392-6519
한인 식당
한마당 3845 E. Pikes Peak, 719-591-4467 **한라산** 1231 N. Academy Blvd, 719-622-9595 **푸드앤서치** 337 N. Circle Dr, 719-574-4054 **파파상식당** 315 E. Arvada Sl, 719-578-1555 **통통식당** 2036 S. Academy Blvd, 719-591-8385 **용굴** 430 S. Circle Dr, 719-473-3900 **에이원스시** 6552 S. Academy Blvd, 719-576-8855 **야끼도리다운타운** 16 E. Bijou, 719-578-0915 **야미** 4703 N. Academy Blvd, 719-266-9944 **아카사카일식** 4737 N. Academy Blvd, 719-272-7301 **후지** 28 S. Tejon Sl, 719-630-1167 **스시아이** 4655 Centennial Blvd, 719-266-5858 **서울뚝배기** 3322 E. Fountain Blvd, 719-574-2828 **산장** 3659 Austin Bluffs Pkwy, 719-598-1707 **모보스시** 5975 N. Academy Blvd, 719-593-8249 **만나** 2338 S. Academy Blvd, 719-390-3536 **도쿄테리야끼** 21 E. Kiowa Sl, 719-473-8105 **고나미식당** 3105 S. Academy Blvd, 719-328-9070

신들의 정원 Garden of the Gods

1805 N. 30th St, Colorado Springs
여름 8~22, 겨울 9~17
719-634-6666, www.gardenofgods.com

콜로라도 스프링스에서 가장 인기 있는 관광 명소로 '신들의 정원' 이라는 이름이 붙여질 정도로 아름답다. 기괴한 형상의 붉은 바위를 보기 위해 매년 관광객들의 발길이 끊이지 않는데, 그중 사람들이 가장 많이 찾는 바위는 Balanced Rock이다.

로열 조지 다리 Royal Gorge Bridge
4218 Fremont County Rd, 3A Canon City
719-275-7507, 888-333-5597
www.royalgorgebridge.com

콜로라도 스프링스에서 남쪽으로 1시간 거리에 있는 캐논 시티Canon City에는 세계에서 가장 높은 1,320피트 높이의 흔들다리가 있다. 아칸소 강Arkansas River 협곡을 가로지르는 이 다리는 바라보는 것만으로도 아찔하다. 공중 케이블카Aerial Tramway를 타고 아래를 내려다보거나 가파른 기어식 철도Incline Railway를 타고 협곡 아래로 내려가 위를 올려다볼 수 있다.

미국 공군사관학교 U.S. Air Force Academy
719-333-2025, www.usafa.af.mil

공군 장교 후보생을 양성하는 미국 공군 사관학교로 뉴욕주 웨스트 포인트West Point에 있는 육군사관학교와 메릴랜드 주 애나폴리스Annapolis에 있는 해군사관학교와 더불어 미국의 육, 해, 공군 장교 양성의 요람이다. 하늘을 향해 뾰족하게 솟아 있는 17개의 첨탑 아치가 있는 Cadet Chapel이 유명하다.

마니투 스프링스 Manitou Springs

354 Manitou Ave, Manitou Springs.
800-642-2567, 719-685-5089
www.manitousprings.org

콜로라도 스프링스 인근의 관광 도시. 1880년 초 이곳의 약수가 병을 고치는 효과가 있다는 사실을 발견한 영국인 의사 닥터 벨 윌리암스에 의해 널리 알려지기 시작했다. 루스벨트 대통령을 비롯해 매킨리 대통령, 발명왕 에디슨, 릴리 메이시스 백화점 회장, 제롬 휠러 등 명사들이 병을 치료하기 위해 이곳을 찾았다고 한다.

아메리칸 인디언들은 이곳의 물을 '성스러운 물'로 받들며 이곳에서 목욕을 하면 질병을 치료할 수 있다고 생각했다. 1884년 본격적으로 약수가 개발되기 시작한 이래 마니투 스프링스의 물이 각종 질병에 효험을 발휘한다는 소문이 끊이지 않았다. 유럽인들과 미국 동부 지방 출신의 유명인사들이 이곳을 찾아와 휴양하거나 온천장을 개발하면서 타운이 형성되기 시작했다.

27개의 광천수가 있으며 특히 관절염, 각종 피부병, 충치 예방, 당뇨, 천식 등에 효과가 있는 것으로 알려져 많은 사람들이 찾고 있다.

콜로라도 스프링스에서 자동차로 갈 때는 I-25를 타고 가다가 141번 출구로 나와 24번 하이웨이 웨스트 Cimarron St.로 들어서면 된다.

파이크스 피크 Pikes Peak

515 Ruxton Ave, Manitou Springs
산악 열차 $14.5~$27, 719-685-5401, www.cograilway.com

해발 14,110피트 높이의 파이크스 피크는 정상까지 차로 19마일 걸리는데, Pikes Peak Highway를 이용하여 오를 수 있다. 또는 마니투 스프링스Manitou Springs에서 13마일의 Barr Trail을 따라 산악 등반에 도전해 보는 것도 괜찮은 방법이다. 그러나 낭만적인 기분을 만끽하면서 콜로라도 스프링스의 절경을 감상하려면 Pikes Peak Cog Railway의 톱니바퀴식 철도 위를 달리는 산악 열차를 타보는 것이 가장 좋다. 사진은 신들의 정원에서 바라본 파이크스 피크.

놓칠 수 없다!

콜로라도의 유명 스키 리조트

콜로라도는 스키의 천국이다. 콜로라도에서 스키 산업이 시작된 것은 1935년경으로 덴버 북쪽 Berthoud Pass가 스키어들에게 각광받는 스키장이 된 때부터이다. 제2차 세계대전이 끝난 후 이곳에 있는 광산촌들이 대중적인 스키 리조트로 변모하기 시작했다. 오늘날 24개의 리조트가 있는 콜로라도는 과히 '스키 천국의 수도' 라고 할 수 있다. 최근에는 스노우 보딩과 같은 다른 겨울철 스포츠를 허용하여 더욱더 많은 스키어들이 몰려들고 있다.

아스펜 Aspen
12~4월 중순까지 오픈, 800-308-6935, www.aspensnowmass.com

세계 최고의 눈과 스키장 슬로프를 보유한 가장 고급스럽고 유명한 스키 리조트. 아스펜 산, 버터 밀크 등 4개의 스키 산에 20개의 코스가 있다. 콜로라도 산지의 폐광촌이 바뀌어 스키 리조트가 된 이곳은 빅토리아풍의 상점 등 거리마저 고급스러운 스키숍들로 즐비하다. 전 세계적으로 유명인사들이 즐겨 찾는 고급 스키장이다.

쿠퍼 Cooper Mountain
11월 중순~3월 말까지 오픈, 719-486-2277, www.skicooper.com

주변의 다른 스키장과는 비교가 안 될 정도로 작은 규모지만 미국 스키 역사의 산실이 된 유서 깊은 곳. 아직도 자연설만 사용해 시즌은 비교적 짧다. 1950~1960년대 미국의 스키장 건설의 주역인 미국 육군 제10 산악사단The Tenth Mountain Division의 스키부대 훈련장이었다고 한다.

윈터 팍 Winter Park
11~4월까지 오픈, 970-726-5514, www.skiwinterpark.com

콜로라도에서 가장 오래된 복합 리조트. 덴버 다운타운의 유니언 역과 이 리조트의 슬로프까지 67마일을 달리는 스키 트레인(겨울철 2일 승차비 $ 120 이상, 303-296-4754, www.skitrain.com)이 유명하다.

키스턴 Keyston
10~4월까지 오픈, 800-427-8308, www.ketstoneresort.com

콜로라도의 주도인 덴버에서 서쪽으로 90마일 정도 떨어진 거리에 있는 스키 리조트로 콜로라도에서는 유일하게 야간에도 오픈한다. 세 개의 스키 산이 있는 이곳은 1년에 8개월을 오픈하며, 스노우보딩, 아이스 스케이팅, 실내 테니스 등 다양한 겨울 스포츠를 즐길 수 있는 곳이다.

베일 Vail
11~4월까지 오픈, 800-404-3535, www.vail.snow.com

아름다운 휴양 도시 베일은 덴버 서쪽으로 75마일 정도 떨어진 글렌우드 스프링스와의 사이에 있다. 외곽의 블루베이신 슬로프까지 다녀오는데 꼬박 하루가 걸릴 정도로 규모가 큰 스키 리조트다. 무료 셔틀버스를 운행하는 이 일대는 지대가 높아서 고산병에 걸릴 위험이 있으므로 주의해야 한다.

Rocky Mountain National Park
로키 마운틴

로키 마운틴 국립공원
Rocky Mountain National Park

세 나라를 가로지르는 북미 대륙의 등뼈

로키 산맥은 캐나다에서 미국을 거쳐 멕시코에 이르는 북미 대륙의 등뼈로 서부와 동부를 가르는 분수령이다. 2,800여 마일에 이르는 거대한 산맥의 중간에 해당하는 콜로라도 주의 아름다운 자연환경을 보존하기 위해 1915년 로키 마운틴 국립공원으로 지정됐다.

공원의 넓이는 412스퀘어마일로서 그렇게 넓은 면적은 아니지만 제일 낮은 곳이 7,620피트이며, 최고 높이는 14,256피트. 공원 안 Alpine Visitor Center의 고도는 11,796피트로, 덴버의 기온보다 항상 화씨 30도 정도 낮다. 가장 높은 곳에는 만년설이 있어서 한여름에도 눈을 볼 수 있고, 그 부근의 툰드라 지대에는 북극권에서만 볼 수 있는 화초가 서식한다. 이곳은 한여름에도 기온이 낮고 바람이 강해 키가 작은 화초, 온도와 수분을 보호하기 위하여 솜털에 덮여 있는 식물이 많다. 150개나 되는 높고 낮은 지역의 호수에는 각종 어류와 조개류가 많다.

에스테스 파크 Estes Park

에스테크 파크Estes Park는 국립공원 지정 전인 1800년도 중반부터 사냥꾼들이 찾아들면서 마을이 형성된 후 맑은 공기와 뛰어난 자연 경관을 배경으로 관광과 휴양을 겸한 명소로 발전했다. 해발 7,522피트에 자리잡은 이곳은 관광객 숙소와 관광 케이블카 등 각종 서비스가 완비되어 있고 퍼레이드, 연극제 등의 연례 행사와 역사, 문화 박물관들이 많다.

롱스 피크 Longs Peak

하이킹을 좋아하면 더 높은 곳에 위치한 에메랄드 호수까지 올라가서 깨끗한 공기와 맑은 물, 그리고 높은 산이 만들어 내는 기막힌 분위기를 즐길 수 있다. 전문 하이커들은 Longs Peak 캠핑장에서 출발하여 최고봉인 Longs Peak의 14,256피트 정상까지 16마일의 산길을 하루 코스로 출발한다. 여름에는 매일 200명 안팎의 하이커들로 인해 산길이 붐빈다.

베어 레이크 Bear Lake
공원 중심부에 있는 베어 레이크까지 자기 차로 들어갈 수는 있으나 관광객이 많은 한여름철에는 호수 입구 넓은 주차장에 차를 세우고 매 15분마다 출발하는 셔틀버스로 가는 것이 편리하다. Bear Lake에 도착하면 눈앞에 로키 산맥의 정상부가 시야를 가린다. 여기서 유명한 하이킹 코스가 시작된다. 비교적 코스가 완만하고 도중에 여러 개의 호수가 있어서 가던 발길을 멈추고 훌륭한 경치를 즐길 수 있다.

트레일 리지 로드 Trail Ridge Road

자동차로 분수령을 넘어 서쪽으로 가려면 반드시 지나가는 길이 Trail Ridge Road. 이 길은 로키 산맥의 능선 부분에 있으며, 11,000피트의 고도가 11마일 이상이나 길게 뻗어 있다.

눈 때문에 10월 중순부터 다음 해 5월 말까지는 차단되므로 미리 알고 여정을 짜야 한다. 7월 말에도 섭씨 0도의 기온과 쌀쌀한 바람 때문에 갑작스런 추위로 몹시 애를 먹는다. 도중에 있는 전망대에 올라서면 눈에 덮인 분수령의 능선, 그 밑에 산재한 호수들과 밀림이 만들어내는 경치가 너무나 아름답고 웅대하다.

밀러 패스 Milner Pass

Trail Ridge Road를 따라 분수령을 넘으면서 만나는 Milner Pass(해발 10,758피트)를 얼마 앞둔 지점에 Alpine Visitor Center가 있다. 이곳에서는 필요한 정보와 안내 책자들을 얻는다.

Milner Pass를 넘어서면 산맥 분수령과 서쪽에 있는 Never Summer 산맥 사이 계곡을 따라 내려가는 길을 만난다. 콜로라도 강의 원천에서 내려오는 계류와 주변의 많은 화초에 덮인 목장 풍경이 앞서 돌아본 경치와 대조를 이뤄 무척 평화스럽다. 여기서부터 길은 비교적 평탄하게 Grand Lake로 곧장 내려가 국립공원을 벗어난다.

캠핑

국립공원 안에는 Grand Lake, Glacier Basin, Longs Peak 등지에 캠핑장(1일 $18)이 여러 군데 있어서 선착순으로 구할 수 있다. 여름철에는 무척 붐벼서 공원 본부에 미리 전화로 신청해 두면 좋다. 호수나 계류에서 낚시를 하려면 국립공원 사무실에 들러 자세한 규칙을 알아보고 콜로라도 주 라이선스를 구입해야 한다.

가는 길

동부나 서부 지역에서는 항공편을 이용해 덴버로 와서 렌트카를 빌려 인근 명소를 함께 돌아보는 것이 좋다. Fwy.70번 E.를 타고 덴버로 향할 때는 유타 주와 콜로라도 주 경계선에 있는 아치스 국립공원과 콜로라도 내셔널 모뉴먼트 등 주요 관광 명소를 여정에 포함시키면 좋다.

관광 정보

1000 Highway 36, Estes Park
차 1대당 $20 970-586-1206, www.nps.gov/room

그레이트 샌듄 내셔널 모뉴먼트
Great Sand Dunes National Monument & Preserve

바람과 모래가 만들어낸 걸작

지난 1932년에 준국립공원으로 지정된 그레이트 샌듄Great Sand Dunes 내셔널 모뉴먼트는 특이하면서 거대한 모래언덕으로 유명하다. 넓이 38,000에이커로, 모래언덕의 최고봉은 700피트이다.

이런 모래언덕이 생기게 된 것에는 두 가지 이유가 있다. 하나는 3천만 년 전 동쪽의 Sangre De Cristo 산맥과 서쪽의 San Juan 산맥 사이에 깊은 계곡이 있었으나 그 후 물과 바람과 기후에 의한 침식 작용으로 이 계곡이 토사로 메워져서 현재와 같은 평지를 형성했다.

다른 원인은 바람의 작용이다. 이 지역에는 자주 남서쪽으로부터 바람이 불어오는데, 서쪽의 높다란 샌 후안 산맥을 넘어온 바람이 평지에 있는 토사를 안고 날아가면서 해발 14,000피트의 상그레 데 크리스토 산맥에 부딪히게 된다. 바람은 이 산맥을 넘기 위해 위로 올라가지만 바람에 섞인 모래는 산맥을 넘지 못하고 밑으로 떨어지게 돼 결국 지금과 같은 샌듄이 형성된 것이다.

이 지역에 백인이 들어온 것은 16세기 초 정복자로 나타난 스페인 병사들이지만 1807년 미육군 대위 파이크Pike가 처음으로 이곳을 답사, 기록을 남기고 세상에 널리 알렸다. 그 전에는 주로 수렵을 하는 아파치, 코만치, 유트 등의 인디언 부족들이 살았다.

거대한 모래언덕의 고향

모래언덕에 뿌리내린 화초 중 대표적인 것이 야생 해바라기와 완두 종류. 모래언덕의 형태가 자주 바뀌기 때문에 깊은 곳에 오래 서식하지 못하고 짧은 기간에 꽃을 피우고 열매를 맺어 씨앗을 뿌려야 한다. 공원 내 '유령의 숲 Ghost Forest'은 일단 모래에 묻혀서 말라 죽은 수목들이 모래가 이동하면서 뼈대만 앙상하게 드러낸 모습을 볼 수 있는 곳이다.

이곳 모래언덕은 파란 하늘이나 뒤에 솟은 산맥와 봉우리를 배경으로 아무 때나 촬영해도 좋지만 가장 이상적인 시간은 아침이나 저녁 때 능선의 음양이 또렷한 순간이다.

준국립공원으로 지정된 후 관광객이 늘기 시작하여 현재는 매년 수만 명이 몰려들고 있는데, 비지터 센터에서는 하루 서너 차례 모래언덕의 역사와 특성을 설명해 주며 여름철에는 관광객들을 안내, 현지 답사를 하게 한다.

관광 정보
11999 Hwy. 150, Mosca, 입장료 16세 이상 $3, 719-378-6399, www.nps.gov/grsa

콜로라도 내셔널 모뉴먼트
Colorado National Monument

관광 요지에 자리한 국립공원

다이너소어 내셔널 모뉴먼트에서 남쪽으로 130마일, 유타 주의 아치스 국립공원에서 동쪽으로 80마일 거리에 있는 콜로라도 내셔널 모뉴먼트는 유타 주 솔트레이크 시티와 콜로라도 주 덴버를 연결하는 Fwy.70번 교통의 요지 그랜드 정션Grand Jct. 교외에 있다.

25,000에이커의 넓은 공원에는 23마일에 달하는 잘 포장된 관광도로가 있어서 짧은 시간에 공원 명소를 다 돌아볼 수 있고 시간 여유가 있는 사람들을 위한 하이킹 트레일 시설도 잘 돼 있다. 1911년 태프트Taft 대통령의 재가를 얻어 내셔널 모뉴먼트로 지정되기 전부터 공원 근처 마을에는 특수한 지세와 기후가 좋아 많은 사람들이 모여들었다고 한다.

Fruita에 있는 공원 서쪽 입구로 들어가서 23마일 도로를 지나 동쪽 입구로 빠져나오는 약 2시간 동안 변화무쌍한 경치에 계속 탄성을 자아내게 된다. 명소마다 길가에 주차할 수 있어서 수시로 차를 세우고 경치를 즐길 수 있다.

당당히 서 있는 독립 돌기둥의 장관

비지터 센터에서 얼마 가지 않아서 언덕 위에 올라서면 동쪽 밑으로 절벽과 절벽 사이에 우뚝 솟은 거대한 첨탑 형태의 돌기둥을 바라볼 수 있다. 멀리 Grand Valley의 목가적 정경을 배경으로 묵묵히 솟아 있는 '독립 돌기둥Independence Monument'은 콜로라도 내셔널 모뉴먼트의 상징. 높이 550피트의 첨탑이 절벽에 붙어

있지 않고 홀로 떨어져 솟아 있기 때문에 더욱 신기하게 눈에 띈다.

여기에서부터 올라갈수록 전망은 더 좋아지고 주변 바위와 언덕 모양도 인간의 상상을 초월한 가지각색인데, 이곳 주민들이 바위들에 붙인 '기도하는 손', '키스하는 부부', '오르간 파이프' 등의 이름만 들어도 그 아름다움을 쉽게 짐작할 수 있다.

Coke Ovens 전망대 부근에서 출발하는 하이킹 코스가 가장 인기가 높은데, 시간이 없는 사람들을 위해서 전망대 밑부분을 한 바퀴 돌고 올라오는 짧은 코스도 있다. 멀리 콜로라도 강의 평화로운 물줄기와 주변 농장 풍경이 가슴을 시원하게 해준다.

규모는 작지만 얼핏 캐년랜즈 국립공원을 많이 닮은 콜로라도 내셔널 모뉴먼트는 교통이 편리해서 많은 관광객들이 연중 모여든다.

숙소

콜로라도 내셔널 모뉴먼트 입구인 Fruita와 Fwy.70으로 11마일 떨어진 Grand Junction에는 모텔과 호텔이 많아 방을 구하는 데 불편이 없다.

캠핑

Saddlehorn
연중 오픈, 1일 $10, 방문객 안내소와 뮤지엄, 80개소, 스키와 자연 탐사 출발지, 340번 도로상의 Fruita에서 동남쪽으로 2.5마일 지점, 970-858-3617

가는 길

LA에서 콜로라도 주 입구이며 교통의 요충지인 Grand Junction까지는 804마일. 공원 서쪽 입구 도시인 Fruita는 이곳에서 11마일 전에 있다. 여기서 덴버까지는 260마일 더 간다.

LA에서 Fwy.15번 N.로 북상, 라스베이거스를 지나 Fwy.70번 E.로 갈아타면 이곳을 지난다.

동부와 서부에서 콜로라도 덴버까지는 항공 편으로 와서 차를 빌려 여러 국립공원들을 함께 돌아보는 것이 좋다.

관광 정보

입장료 차 1대당 $7
970-858-3617, www.nps.gov/colm

블랙 캐년 국립공원
Black Canyon of the Gunnison National Park

콜로라도 강의 지류 중 하나인 거너슨 강Gunnerson River은 콜로라도 중심부를 지난 몬트로즈 근처에 와서 양쪽으로 검은 바위들이 깎아지를 듯 서 있는 계곡 사이를 흐른다. 이곳이 바로 블랙 캐년Black Canyon이다. 그랜드 캐년처럼 남과 북이 양측으로 나뉘어져 있는데, 관광객이 연중 찾아가는 곳은 시설이 제대로 된 남쪽이다. 북쪽은 경치는 더 좋지만 겨울에는 눈 때문에 길이 막혀 오픈되지 않는 때가 많다.

면적은 20,766에이커이며 길이는 53마일, 약 12마일 정도의 깊고 좁은 계곡이 공원의 중심이다. 가장 깊은 곳이 2,700피트이며, 절벽 사이는 위가 1,000피트이고 물이 흐르는 밑부분의 폭이 40피트밖에 안 되는 곳도 있다. 단단한 차돌 같은 검은 편마암이 절벽을 이뤄 'Black Canyon'이라는 이름이 붙었다.

블랙 캐년에서 가장 깊은 워너 포인트Warner Point는 2,275피트 높이로 콜로라도 주에서 가장 높은 수직벽으로 많은 암벽 등산가들이 꿈을 이루기 위해 도전하는 곳이다. 그런가 하면 계곡 밑을 흐르는 강물에는 숭어가 많이 서식하고 있어서 전문적인 낚시광들이 찾는다. 계곡 아래로 내려가려면 공원 사무실에서 특별 허가를 얻어야 하며, 절벽을 오르내리는 전문적인 경험과 체력을 구비해야 한다.

노스 림 North Rim

크라우포드Crawford 서쪽 11마일 지점에 위치. CO Hwy.92와 비포장도로인 노스 림 로드North Rim Road를 통해서 갈 수 있다. 6곳의 전망대가 있으며 모두 보려면 약 2시간이 소요된다.

마치 칼로 두부 자른 듯 일직선으로 서 있는 바위의 저 아득한 계곡 바닥에 실오라기 같은 강물이 내려다보여서 아찔하다. 몇 군데 전망대에는 난간이 설치됐지만 한 번 내려다보고 난 뒤에는 난간에조차 기대지 못하는 사람들이 많다. 그러나 전망대마다 한 번씩 올라가 보면 처음에 느꼈던 공포는 사라지고 검고 직각으로 뻗은 절벽의 경이적인 모습에 계속 감탄하게 된다.

사우스 림 South Rim

몬트로즈Montrose 동쪽 15마일 지점에 위치 US.50과 CO Hwy.347를 통해 갈 수 있다. 노스 림에서 약 2시간 정도 걸리면 도착하는 비지터 센터에서 다시 시작, 북쪽에 있는 하이 포인트까지 이어지는 7마일 도로에 10개의 전망대가 있다. 이곳을 다 돌아보면 2시간 정도 소요된다. 계곡의 생성 과정과 주변 동식물에 대한 자세한 도표와 모형들이 전시돼 있어서 관심 있는 사람들에게 많은 도움을 준다. 여름철에는 캠프파이어 프로그램도 있어서 캠핑장은 늘 붐빈다.

북쪽에서는 너무나 깊은 계곡과 아찔한 직각의 절벽에 현기증을 느껴 바위 표면 자체를 세밀하게 관찰하지 못하지만, 남쪽에서 북쪽의 거대한 벽면 색깔과 무늬를 주의깊게 바라보면 같은 것이 하나도 없고 모두 각양각색으로 달라 마치 조물주의 위대한 조각 전시장에 들어선 것 같다. 전망대마다 계곡 풍경이 다르기 때문에 해가 떨어지기 전에 서둘러 돌아봐야 한다.

캠핑

공원 안 남쪽 절벽 South Rim에 4월 1일~10월 30일 오픈하는 캠프장 88개소와 North Rim에 13개소가 있다.
(1일 $15 이상, 877-425-3884)

가는 길

콜로라도 주의 콜로라도 내셔널 모뉴먼트가 있는 Grand Junction에서 이 공원의 North Rim까지는 71마일 거리. 141번과 Hwy. 50남쪽으로 내려와 Delta에서 92번 동쪽으로 31마일 가면 Crawford를 만나고 여기서 남쪽으로 20분 가면 블랙 캐년 북쪽 절벽이다.

관광 정보

102 Elk Creek, Gunnison
입장료 차 1대당 $15
970-641-2337, www.nps.gov/blca

메사 버디 국립공원
Mesa Verde National Park

고고학적 가치 풍성

북미대륙의 고고학적 가치를 지닌 소중한 메사 버디Mesa Verde 국립공원은 콜로라도 주 남서부에 있다. 공원 북쪽에서 남쪽의 Mancos River Canyon까지 서서히 고도가 낮아지면서 경사가 진 총면적 80스퀘어마일 규모로, 1906년에 국립공원으로 지정됐다.

'Mesa Verde' 는 스페인말로 '녹색 식탁' 이란 뜻. 식탁처럼 평평한 지형에 곱향나무와 잣나무가 푸르게 우거져 있어서 붙여진 이름이다. 메사버디 국립공원에는 여러 개의 협곡과 절벽이 있는데, 그 절벽에는 인디언들의 주거지 흔적들이 남아 있다. 이들 인디언들이 거주하던 당시에 사용했던 아름다운 대접, 국자, 컵, 주전자 모양의 도자기 조각들이 잿더미 속에서 발견됐다.

기후 변화로 인디언 원주민 이동

Mesa Verde의 초기 주민들은 Four Corners 지역 인디언의 후손이었던 Modified Basket maker로 알려졌다. 이들은 서기 500~750년 사이에 이곳에 땅을 파고 그 속(Pithouse)에서 살았다. 그러다 750~1100년에 이르러 이들은 인디언 집단 부락(Pueblos) 주위에 인디언 지하 기도실(Kiva)과 돌로 된 집을 짓는 등 건축 기술이 발전했다. 그러나 1200년대 이르러 인디언들은 그 이유가 아직도 수수께끼로 남아 있지만 이곳 절벽의 후미진 곳으로 옮겨 와 절벽 중턱에다 집단 거주지를 세웠다.

인디언들은 1276년부터 시작된 가뭄이 24년 동안 계속 되면서 가뭄으로 인한 흉작과 기타 환경 여건이 나빠져서 물이 많은 다른 지역으로 옮겨 간 것으로 추정된다. 뉴멕시코 북서쪽과 애리조나 주 북쪽 Hopi Mesa의 푸에블로 인디언들이 메사 버디 인디언들의 후손으로 알려져 있다.

드라이브 코스 12마일

공원 내 인디언 유적지 탐사 코스는 일년 내내 이용할 수 있다. 방문객들은 신비한 인디언 유적지 안을 안내원의 설명을 들으면서 직접 들어갈 수 있다. 6월 초부터 9월까지 방문객들은 12~13세기 절벽 중턱의 인디언 거주지와 7~12세기의 Mesa Top 인디언 부락이 있는 Wetheril Mesa까지 약 12마일의 드라이브 코스를 달리며 유적지를 돌아볼 수 있다.

고대 인디언 기록 영화

Mesa Verde에 살았던 '고대 인디언 아나사지ANASAZI'의 역사와 생활 양식을 묘사한 영화「ANASAZI」를 감상할 수 있다. 영화는 절벽 중턱 인디언 거주지를 발견한 스토리와 1891년에 찍은 이곳 사진들을 담고 있다.

발코니 하우스 Balcony House

Soda Canyon의 서쪽벽 높고 후미진 곳에 위치한 이 유적지는 32피트의 사다리를 타고 올라가야 만난다. Pueblo 건축물의 대표적 유적으로 40개의 방이 있다. 겨울에는 공개되지 않는다.

클리프 팔레스 Cliff Palace
클리프 팔레스Cliff Palace 동쪽 벽 후미진 곳에 위치하고 있으며 가장 크고, 가장 유명한 인디언 유적지. 150개의 방과 23개의 Kiva라고 불리는 종교 의식이 행해지던 원형 기도실이 있어 소위 '인디언 아파트'라 할 수 있다. 서쪽의 Sun Temple에서 관측하는 것이 가장 좋다.

오크 트리 하우스 Oak Tree House
협곡을 따라 조금 내려가면 아치형으로 깊게 파인 후미진 곳에 55개 거실과 7개의 Kiva가 있는 Oak Tree House가 있다 이 건물의 남쪽 Sun Temple 바로 아래에 미라 상태로 보존된 어린 아이의 시체가 발견된 Mummy House가 있다. 절벽 높은 곳에 잘 보존된 조그만 방 하나를 제외하고는 심하게 파손됐다.

루인스 로드 The Ruins Road
2개의 6마일 환형 코스. 협곡 가장자리 전망대에서 40여 개의 절벽 중턱 인디언 거주지를 볼 수 있다. 이곳에서는 두 개의 땅속집(Pithouse)과 6개의 인디언 부락을 보며 Mesa Verde의 건축 기술 발전 과정을 경험한다.

스프루스 트리 루인 Spruce Tree Ruin
가장 잘 보존된 절벽 중턱 인디언 거주지들 중의 하나로 130개의 방과 8개의 Kiva가 있어 클리프 팔레스와 롱 하우스 다음으로 큰 유적지다. 이곳에서 80여 명이 생활했을 것으로 추정된다. 공원 본부의 박물관 뒤쪽 Spruce Tree Canyon 후미진 곳에 위치하고 있다.

캠핑
A&A Campground RV park
Mesa Verde 국립공원 입구로부터 4분의 1마일 동쪽, 60개소, 1일 $22, 970-565-3517
모어필드 Morefield
공원 안에 위치, 4~10월까지 오픈, 435개소, 1일 $19, 800-449-2288

관광 정보
연중 오픈, 입장료 차 1대당 $10-15, 970-529-4465, 800-253-1616, www.nps.gov/meve

WYOMING
와이오밍

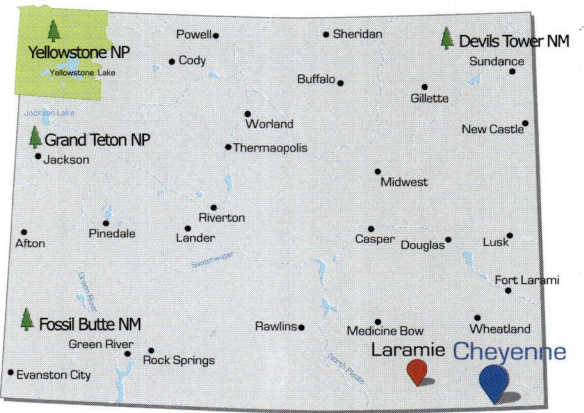

오레곤 주까지 서부 지역을 개척하기 위해서 지나가던 사냥꾼들과 개척자들의 흔적을 간직한 유서 깊은 마을이 많아 '카우보이의 주Cowboy State'로 불린다. 카우보이의 상징인 버팔로 빌이라고 불리는 코디Cody가 살던 곳으로 유명하다.

개척자, 사냥꾼 등 거친 남자들만 너무 많아 여성을 끌어들이기 위해서인지 1869년 미국 최초로 여성에게 참정권을 부여했으며, 세계 최초로 여성 치안판사가 된 에스더 호버트 모리스Esther Hobart Morris, 미국 최초의 여성 주지사인 넬리 테일러 로스Nellie Tayloe Ross 등이 나왔다. 이런 이유로 와이오밍 주는 '평등의 주Equality State'로 통한다.

또한 와이오밍 주는 유난히 '최초'라는 수식어가 많이 따라붙는 주다. 미국 최초의 국립공원인 옐로스톤 국립공원Yellowstone National Park, 미국 최초의 국립 사적지인 데블스 타워 내셔널 모뉴먼트Devils Tower National Monument, 미국 최초의 국유림인 쇼손 내셔널 포리스트Shoshone National Forest 등이 모두 이곳에 있다.

면적은 남한의 약 2.5배에 달하지만 인구 밀도는 전체 미국에서도 가장 희박한 곳이다. 로키 산맥을 중심으로 북쪽으로는 산악 지대가 형성되어 있고, 동쪽으로는 대평야가 펼쳐져 있다. 주요 국립공원 및 세계적인 스키 리조트가 있는 잭슨 홀 등은 북쪽에 위치하고 있는 반면, 주도 샤이엔과 와이오밍 대학University of Wyoming이 있는 래러미Laramie 등은 남동부에 몰려 있다.

주도 샤이엔
별칭 Cowboy State, Equality State
명물 옐로스톤, 목장, 아메리카 들소
와이오밍 주 관광청 307-777-7777, 800-225-5996, www.wyomingtourism.org

개척시대의 이야기가 담긴 도시 CHEYENNE
샤이엔 1

와이오밍 주의 남쪽 끝자락에 위치한 샤이엔은 남쪽으로는 콜로라도 주와 경계를 이루고, 동쪽으로는 네브라스카 주와 경계를 이룬다. 주에서는 가장 큰 도시 중 하나지만 인구는 약 5만 정도에 불과. 다운타운 Lincoln Way와 Capitol Ave.에서 출발하는 트롤리Cheyenne Street Railway Trolley(121 W. 15th St. CSZ Cheyenne, 월~금 10~6, 토 10~13:30, 일 13:30, 성인 $10, 12세 이상 $5, 800-426-5009/ www.cheyenne.org)를 타면 2시간 동안 샤이엔의 주요 명소 및 사적지를 돌면서 옛 서부 역사를 배울 수 있다.

샤이엔 관광국
121 West 15th St, Cheyenne 307-778-3133, 800-426-5009, www.cheyenne.org

주의회 의사당 Wyoming State Capitol
2001 Capitol Avenue, Cheyenne 307-777-7220
샤이엔에 위치한 와이오밍 주의회 의사당은 1917년 지어진 고풍스러운 대리석 건물로, 내부와 외부의 화려한 특징 때문에 한번 둘러볼 만한 건물이다. 내부의 천장은 미국 뉴욕의 유명 보석상 티파니Tiffany & Co.가 디자인한 아름다운 스테인드글라스로 장식됐으며, 외부의 지붕 꼭대기는 돔 형태로 24k 순금으로 도금돼 햇빛에 찬란하게 빛나는 모습이 장관이다.

와이오밍 주립 박물관 Wyoming State Museum
2301 Central Ave, Cheyenne
5~10월 월~토 9~16:30,
11~4월 월~금 9~16:30, 토 10~14, 무료 입장
307-777-7022, wyomuseum.state.wy.us
주의사당 건물 근방의 Barrett Building에 있는 와이오밍 주립 박물관. 와이오밍 주의 역사를 한눈에 엿볼 수 있다.

샤이엔 서부 개척사 박물관
Cheyenne Frontier Days Old West Museum
4610 N. arey Ave, Cheyenne
연중 오픈, 성인 $7, 12세 이하 무료
307-778-7290, www.oldwestmuseum.org
말 그대로 서부 개척시대의 물건들을 보여주는 곳으로 특히 각종 마차나 카우보이들의 물품들을 구경할 수 있다. 서부 개척사를 보여주는 이 박물관은 프런티어 공원Frontier Park 안에 있다.

넬슨 서부 박물관
The Nelson Museum of the West
1714 Carey Ave, Cheyenne
307-635-7670, www.nelsonmuseum.com
사냥꾼 출신 로버트 넬슨이 세운 개인 박물관으로 인디언 유적에서부터 옛 카우보이를 연상시키는 마차, 구식 권총 등에 이르기까지 진귀한 볼거리를 제공한다.

유니온 퍼시픽 빅 보이
The Union Pacific Big Boy
4004 970-221-6665,
www.steamlocomotive.com/bigboy
'빅 보이'는 서부 개척시대에 운행하였던 유니언 퍼시픽Union Pacific 증기 기관차들의 애칭이다. 샤이엔의 홀리데이 공원Holliday Park에 있는 '열차 번호 4004번'은 당시 세계에서 가장 덩치가 큰 기관차 중의 하나였다고 한다.

래러미 Laramie
샤이엔 서쪽 60킬로미터 지점, 해발 고도 2,184미터의 고지대 평원에 위치한 대학 도시. 여러 산맥으로 둘러싸여 경치가 아름답고 각종 스포츠를 즐길 수 있는 곳이라 사철 관광객이 끊이지 않는 곳이다. 많다. 주 유일의 4년제 대학인 와이오밍 주립대학교(www.uwyo.edu)가 있고, 그 외에도 몇 개의 단과대학이 있어 와이오밍 주의 교육, 학술 중심지라고 할 수 있다.

2 와이오밍 북부 & 서부

버펄로 빌 역사 센터 Buffalo Bill Historical Center
720 Sheridan Ave, Cody 11~4월 목~일 10~17,
5~9월 매일 8~18, 9~10월 매일 8~17, 성인 $15,
6~17세 $10, 307-578-4114, www.bbhc.org
'버펄로 빌'이라고 불린 윌리엄 프레드릭 코디를 기념하기 위해 만들어진 곳으로 '코디 총기 박물관Cody Firearms Museum' 등 다양한 박물관들이 모인 곳. 세계 각지의 구식 장총과 권총은 물론 미국 남북전쟁을 비롯한 서부시대의 총들을 전시해 놓은 박물관.

그랜드 타그히 리조트 Grand Targhee Resort
3300 E. Ski Hill Rd, Alta
307-353-2300, www.grandtarghee.com
Targhee National Forest에 있으며 거의 1,400피트에 달하는 그랜드 티턴 산 정상에서 내려다보는 경관이 일품이다.

스노우 킹 리조트 Snow King Resort
307-733-5200, 800-522-5464
www.snowking.com
와이오밍 주 최초의 스키 리조트로 스노킹 산Snow King Mountain 끝자락에 있다.

엘크 보호 구역 National Elk Refuge
307-733-9212, www.fws.gov/nationalelkrefuge
잭슨 홀에서 북동쪽으로 조금 올라간 위치. 줄어드는 엘크를 지키기 위해 1912년 보호 지역으로 지정됐다. 그랜드 티턴 국립공원, 브리저 티턴 국유림Bridger-Teton National Forest, 옐로스톤 국립공원 등지에서 여름을 보내다가 10월 말쯤 이동을 시작하여 이듬해 4월까지 겨울을 나는 7,500여 마리에 이르는 엘크들의 피한지이다. 한때 최대 25,000마리의 엘크가 보존되었으나 이후 이상 기후와 식량 부족으로 크게 감소하였다.

빅혼 캐년 Bighorn Canyon National Recreation Area
겨울 목~월 8:30~4:30, 봄 매일 8:30~4:30, 여름 8~5:30, 1일 입장료 $5
307-548-5406, www.nps.gov/bica
웅장한 절벽들 사이로 강물이 흐르는 침식 계곡 지역으로 연간 20만 명 이상이 다녀가는 곳이다. 수상스키, 레프팅 등 수상 레포츠를 즐기는 사람들이 모여드는 곳이다. 코디로부터 약 47마일 되는 지점에 위치한다. 야생마 보호구역Pryor Mountain Wild Horse Range에서 자연 상태로 방목되는 야생마들, 빅혼 양들과 수많은 종류의 새 등을 볼 수 있는 이곳은 생태학자들의 꿈의 동산이자 동식물들의 파라다이스라 불린다.

잭슨 홀 Jackson Hole
800-969-7159, www.jacksonholenet.com
와이오밍 주를 대표하는 스키 리조트가 있어 '스키 천국'으로 불린다. 북쪽으로 옐로스톤 국립공원Yellowstone National Park과 가깝고 그랜드 티턴 국립공원Grand Teton National Park에 인접한 이곳은 2층 안팎의 목조 건물이 많아 마치 서부 개척시대를 연상케 하면서도 잘 정돈된 와이오밍 주의 고급 휴양지다.
복잡한 일상을 벗어나 대자연 속에서 여유롭고 쾌적한 휴식을 취하고 싶은 관광객들이 즐겨 찾는 곳으로, 3대 스키 리조트인 Grand Targhee Resort, Jackson Hole Mountain Resort, Snow King Resort에서 알파인 및 노르딕 스키의 진수를 맛볼 수 있다. 스키 외에 스노모빌, 스노보드 등도 인기가 높다.
또한 잭슨 홀은 흔히 겨울철 휴양지로만 알려져 있지만, 야생화가 피어나는 봄부터 다채로운 예술 행사가 열리는 여름과 가을에는 산악 자전거, 승마, 하이킹, 급류타기, 낚시 등을 즐길 수 있어 사계절 풍성한 즐거움을 누릴 수 있는 곳이다.

잭슨 홀 마운틴 리조트
Jackson Hole Mountain Resort
307-739-2629, www.jacksonhole.com
잭슨 홀에서 북서쪽으로 12마일 가량 떨어진 Teton Village에 있다. 랑데부 산Rendezvous Mountain과 알프레스 산Alpres Vous Mountain을 따라 스키장이 펼쳐지는데, 거의 4,000피트에 이르는 경사면으로 된 설원에서 수직 낙하를 하는 짜릿한 기분을 만끽할 수 있다.

화석 뷰트 내셔널 모뉴먼트
Fossil Butte National Monument

와이오밍 남서부 지역으로 Kemmerer에서 Fwy.30을 이용하여 서쪽으로 14마일 가면 만난다. 세계에서 화석이 가장 잘 보존되어 있는 곳 중 하나로, 물고기, 동식물 등 20여 종의 화석을 볼 수 있는데, 특히 아열대 물고기들을 발견할 수 있다는 점이 이채롭다. 일정 비용을 지불하면 직접 화석 발굴을 해 볼 수도 있다.

관광 정보
연중 무휴, 무료 입장
307-877-4455, www.nps.gov/fobu

유네스코가 지정한 세계 유산 Yellowstone National Park
옐로스톤 국립공원

옐로스톤 국립공원
Yellowstone National Park

노란 바위의 전설, 미국 최초의 국립공원

미네랄이 풍부한 온천수가 석회암층을 흘러내리며 바위 표면을 노랗게 변색시켜 옐로스톤(노란 바위)이라는 이름이 붙여진 이곳은 1872년에 미국 최초의 국립공원으로 지정되었으며, 1978년 유네스코 자연유산으로 지정되었다.

뜨거운 지하수를 하늘 높이 내뿜는 간헐천을 비롯 여러 종류의 온천들이 1만여 개 있으며, 산정호수로는 북미대륙에서 가장 큰 136스퀘어마일 규모의 호수, 높이 300피트 내외의 거대한 폭포들, '옐로스톤의 그랜드 캐년'이라 불리는 깊고 아름다운 계곡, 만년설을 안고 있는 1만 피트가 넘는 산봉우리가 45개나 있다. 넓이는 3,472스퀘어마일 즉 200만 에이커로 그랜드 캐년 국립공원의 3배가 넘는 방대한 지역이다.

하늘로 치솟는 3백여 개 간헐천의 장관

옐로스톤 관광의 백미는 바로 하늘로 치솟는 간헐Geyer. 300개가 넘는 이 간헐천들은 그 크기와 모양과 내뿜는 형태가 각양각색이다. 진흙탕 속에서 팥죽이 끓는 것처럼 가스가 분출되는 곳도 있고, 조용히 솟아오르며 깊고 뜨거운 연못을 형성한 곳도 있다. 연못 가장자리에 서식하는 알지Algae 때문에 초록색과 오렌지 색으로 채색되어 거대한 한 폭의 꽃을 연상시킨다. 이러한 연못 중에는 모닝글로리(나팔꽃)라고 불리는 꽃이 있어서 많은 사람의 시선을 모은다.

옐로스톤은 핫 스팟 위에 있기 때문에 항상 크고 작은 지진이 일어나며, 매일 평균 17회의 지진이 일어난다. 지난 1959년 지진 때는 산이 무너지고 주요 도로가 매몰됐으며, 깊이 365피트의 옐로스톤 호수가 크게 출렁거렸다고 한다. 옐로스톤의 현재 모습은 약 60만 년 전 화산 때 함몰로 생긴 거대한 칼데라Caldera인데, 속도는 느리지만 지금도 그 변동은 계속되고 있다.

옐로스톤의 그랜드 캐년이 빚어내는 장관

옐로스톤에서 또 하나 빼놓을 수 없는 장관은 공원 북쪽에 있는 거대한 폭포와 계곡이다. '옐로스톤의 그랜드 캐년'이라고 불리는데, 빙하에 의해 현재의 모양으로 바뀌었고 지하에서 내뿜는 수증기와 가스로 인해 누런색으로 물들었다.

약 20마일에 달하는 이 계곡은 그 깊이가 1,500피트에서 4,000피트 사이이며, 높이 308피트와 109피트짜리 폭포가 두 개 있다. 300피트짜리 폭포에는 바로 옆과 건너편에 전망대가 설치되어 거세게 떨어지는 폭포수의 장관을 감상할 수 있다.

옐로스톤을 관광할 수 있는 시기는 5월부터 10월 사이로, 가장 좋은 시기는 6월 하순부터 9월 하순까지. 해발 3,000미터 안팎의 고지이기 때문에 한여름에도 밤에는 초겨울같이 춥다.

그랜드 루프 로드

옐로스톤 국립공원의 각 명소를 8자 코스로 돌면서 중요 포인트를 관람하게 하는 총 229킬로미터의 유명한 드라이브 코스다. 공원 서쪽 입구에서 메디슨 정션 Madison Junction을 지나면 매머드 온천을 지나고, 캐년 빌리지를 거쳐 그랜드 빌리지를 지나 남쪽 입구로 빠지는 필수 관람 코스.

올드 페이스풀 간헐천 Old Faithful Geyer

매년 300만 명 이상의 관광객이 옐로스톤을 방문하는데, 누구나 먼저 찾는 곳이 바로 올드 페이스풀Old Faithful이다. 1시간여 간격으로 한 차례씩 뜨거운 물을 내뿜는데, 1959년과 1983년 대지진 이후 분출 시간이 약간씩 바뀌어 현재는 보통 69분에서 76분 사이에 한 번씩, 2분 내지 5분 동안 끓는 물을 하늘 높이 내뿜는다. Old faithful이 내뿜는 뜨거운 물기둥 높이는 보통 100피트이며, 때로는 200피트를 넘는다. 한 번에 내뿜는 수량이 평균 8,400갤런이나 된다.

Norris 지역

Old faithful에서 잘 포장된 도로를 따라 북쪽으로 올라가면 거의 길목마다 간헐천, 가스 분출, 기타 신기한 현상들을 수없이 볼 수 있다. 특히 노리스Norris 지역과 북서쪽에 있는 매머드 핫스프링스Mammoth Hot Springs는 빼놓을 수 없는 곳이다. 뜨거운 여름에도 흰 눈을 안고 있는 1만 피트 이상의 연봉들을 배경으로 뜨거운 물기둥과 수증기를 내뿜고 있는 신기한 경관에 도취하게 된다.

옐로스톤 호수

여기서부터 도로는 다시 남쪽으로 방향이 바뀌어 공원 중남부의 옐로스톤 호수로 향하게 된다. 거대한 호수 주변에는 캠핑을 위한 시설이 잘 되어 있고, 허가만 얻으면 낚시를 할 수 있다. 최대 수심 320피트, 폭 14마일, 길이 114마일. 맑은 물에만 산다는 송어가 많이 잡힌다. 호수 가운데에는 조그만 수중 화산 분출구가 있어 뜨거운 유황과 온천물이 부글부글 끓어오르고 있어 또 하나의 장관을 연출한다.

맘모스 온천 Mammoth Hot Springs
공원 북쪽 입구 가까이에 있는 Mammoth Hot Springs 은 3천여 개 간헐천 중 대표적인 것으로 뜨거운 물이 계단식으로 흘러내리는 모양이 매우 이채롭다. 주변에는 수증기와 같이 내뿜어진 각종 광물질이 굳어서 언덕 전체가 화려한 색깔로 뒤덮여 신기한 자연 조각물이 있고, 동쪽의 Tower로 가는 길에서 얼마 안 떨어진 곳에는 화석이 된 나무 기둥들이 우뚝우뚝 서 있어 구경거리가 많은 지역이다.

숙소
옐로스톤 국립공원 안에 있는 숙박 시설의 예약은 모두 TW Recreational Service(307-344-7311/ www.yellowstonenationalparklodges.com)에서 일괄 접수한다.

Grant Village
옐로스톤 호수 남서쪽 언덕에 세워진 모텔로 300개의 룸이 있으며, 전용 식당과 가까운 곳에 Steakhouse가 있다.

Old Faithful Inn
문화재로 지정된 역사적인 목재 건축물로 고색창연하다. 적어도 1년 전에 예약을 해야 한다. 방의 수는 327개나 되지만 항상 붐비며, 가격은 60달러에서 200달러. 호텔 앞에 유명한 Old Faithful 간헐천이 있다.

Mammoth Hot Springs
1937년에 건립된 호텔. 고풍스런 멋이 있고 부속 식당은 음식 맛이 좋은 편이다. 룸은 212여 개.

Canyon Village
옐로스톤의 그랜드 캐년 근처에 있으며, 방은 605개인 대규모의 모텔. 하이킹을 좋아하는 사람들이 즐겨 찾는다.

Lake Lodge Cabins
옐로스톤 호수 옆에 있는 호텔로 방의 수는 215개. 근처에 'Lake Lodge'라고 불리는 약간 규모가 적은(룸은 186개) 또 하나의 모텔이 있다. 이 외에도 Tower Fall 근처에 방갈로 스타일의 Roosevelt Lodge Cabins가 있고, 공원 입구 밖에도 모텔이 여럿 있다.

캠핑

예약 307-344-7901,7311

Bridge Bay
Lake Village 3마일 남쪽, 5월 말~9월 중순 오픈, 420개소, 1일 $15, 그로서리 마켓 등 편의 시설 완벽

Canyon
Canyon Junction 동쪽 4분의 1마일, 6~9월 중순, 250개소, 선착순, 1일 $19, 편의 시설 완벽

Fishing Bridge
Fishing Bridge 동쪽 4분의 3마일 지점, 5~9월, 346개소, 1일 $35, 편의 시설 완벽

Grant Village
공원 내 Grant Village의 Thumb Junction에서 2마일 남쪽, 6~9월 오픈, 400개소, 1일 $15, 편의 시설, 선착순

Madison
Madison Junction 서쪽 4분의 1마일, 5~10월 중순, 277개소, 1일 $19, 샤워 시설 없음, 선착순

관광 정보

입장료 차 1대당 $25
307-344-7381, www.nps.gov/yell
Old Faithful Visitor Center 307-344-2750
Madison (공원 서쪽 입구) 307-344-2821
mammoth Hot Springs (북쪽 입구) 307-344-2263
Canyon Village (그랜드 티턴) 307-344-2550
West Thumb(호주) 307-344-2650
Fishing Bridge(동쪽 입구) 307-344-2450

그랜드 티턴 국립공원
Grand Teton National Park

알프스 산만큼 위험하고 아름다운 산

'거대한 유방' 이라는 뜻의 '그랜드 티턴Grand Teton'은 1800년대 초 프랑스계 모피사냥꾼들이 처음 이곳을 발견했을 때, 주축이 되는 두 개의 산봉우리가 마치 여성의 유방 같다고 해서 붙인 이름이다.

1929년에 국립공원으로 지정된 이곳은 로키 산맥의 원줄기에 속하지만 로키 산맥보다 5천만 년 늦게 생성된 것으로 추정된다. 900만 년 전 커다란 지각 변화에 의해 융기된 산맥은 시초에는 3만 피트의 높이였으나 오랜 세월 동안 침식과 풍화 작용에 의해 단단한 화강암만 남았고 거대한 빙하 작용 때문에 오늘날의 높이와 모습으로 변했다.

산과 호수 그리고 목장의 조화

해발 13,770피트의 등정 코스는 험준한 것으로 유명, 경험 많은 등산가들도 정복하기가 쉽지 않은 미국 굴지의 명산으로 그 위험도가 알프스 산과 같다.

공원 넓이는 485스퀘어마일로 옐로스톤의 7분의 1밖에 안 되지만 높은 산과 맑은 호수, 그리고 넓은 목장이 만들어내는 경관은 스위스의 알프스 산과 비교될 만큼 아름답고 화려해서 매년 500만 명 이상의 관광객들이 몰려든다.

그랜드 티턴은 심하게 눈이 내리는 경우를 제외하고는 연중 오픈한다. 그러나 시즌은 6월 초부터 9월 중순까지. 공원의 모든 시설도 이 기간에 열리며, 야생화가 만발하고 동물들의 활동이 두드러진다.

남쪽 입구

잭슨 홀Jackson Hole을 출발해 북쪽으로 약 10마일만 가면 나오는 지점이 무스Moose로, 이곳이 공원 남쪽 입구이다. 북쪽으로 좀 더 올라가면 주변 경관이 빼어나 사람들이 즐겨 찾는 제니 레이크가 나온다.

동쪽 입구

듀브와Dubois를 지나면 나오는 모란 스테이션Moran Entrance Station이 동쪽 방향에서 그랜드 티턴 공원으로 들어가는 관문이다.

록펠러 메모리얼 파크웨이
Rockefeller Memorial Parkway

공원을 지나 옐로스톤 국립공원으로 들어가는 도로로, 52스퀘어마일의 넓은 땅을 기증한 록펠러John D. Rockefeller를 기념하는 도로다.

시그널 마운틴 Signal Mountain

잭슨 레이크 동쪽 평지에 솟은 시그널 마운틴도 꼭 둘러볼 만하다. 높이는 불과 7,730피트 밖에 안 되지만 자동차 길을 따라 약 5마일 정도 올라가면 거대한 그랜드 티턴 산맥과 그림 같이 아름다운 호수와 목장을 한눈에 내려다볼 수 있다.

하이킹

이 공원이 다른 공원에 비해 특별한 점은 스네이크 강Snake River을 따라 내려가는 고무보트 타기Float Trips와 본격적인 등산을 즐길 수 있다는 점. 스위스의 알프스 산맥과 비슷한 높이의 유명 산봉우리들이 많아 여러 나라 등산가들이 몰려든다.

제니 레이크와 티턴 빌리지에는 등산훈련 학교가 있으며, 공원 가이드의 인솔하에 누구든지 산봉우리에 올라갈 수 있다. 일반 관광객은 6월 중순에서 9월 중순까지 여름철에 적합하다. 티턴의 주봉들에 오르려면 최소한 이틀이 필요한데, 제니 레이크에 있는 레인저 스테이션Ranger Station에 신고하고 등반 허가서를 받아야 한다.

래프팅 Float Trip

고무보트를 타고 강물을 따라 내려가는 Float Trip도 티턴에서 결코 빼놓을 수 없는 자랑거리. 급류 타는 쾌감도 그만이지만 강에서 만나는 그랜트 티턴의 경치가 일품이다. 보트의 운행 거리와 소요 시간에 따라 요금의 차이가 있다.

관광보트 여행

스피드를 즐기기 위한 모터보트도 임대가 가능하며, 조용한 분위기의 카누를 빌릴 수 도 있다. 이에 관한 자세한 정보는 제니 레이크 옆에 있는 레인저 스테이션에서도 친절하게 안내해 준다.

스키
잭슨 서북쪽의 티턴 빌리지에는 스키장도 있다. 이곳으로 올라가기 위한 25마일 길이의 케이블카를 이용해 10,450피트 높이의 산정에 올라가면 티턴 산맥의 계곡 풍경을 즐길 수 있다.

숙소
공원 안에는 숙박 시설이 많지 않다. 2인 1실 기준 최하 $80에서 $200 안팎까지 여러 등급이 있는데, 관광객이 가장 많이 몰리는 여름철에는 빨리 예약해야 한다. 그러나 공원의 외곽 도시 잭슨에는 숙박 시설이 많아 방을 구하는데 큰 어려움이 없다

캠핑
Colter Bay
89번 도로 Moose에서 북으로 25마일, 350개소, 5월 말~9월 말 오픈, 마켓, 낚시, 보트 시설, 1일 $19, 선착순

Gros Ventre
Jackson에서 북쪽 6마일, 350개소, 5월 초~10월 중순, 1일 $19, 선착순, 샤워 시설 없음.

Jenny Lake
Moose에서 북쪽 7마일, 51개소, 연중 오픈, 1일 $19, 선착순, 낚시, 보트 등 편의 시설

Signal Mountain
Moose에서 북쪽 8마일, 81개소, 1일 $20, 선착순, 5월 중순~10월 말 오픈, 마켓, 식당, 수영, 보트 시설

제니 레이크 Jenny Lake
잭슨 레이크보다 작지만 6만 년 전의 빙하가 녹아 만들어진 이 호수는 미국에서 가장 아름다운 호수다. 주변은 울창한 숲과 목장이 12,000피트 이상의 봉우리들이 모여 있어 대성당Cathedral이라고 불려지는데, 호수 이름 제니는 슬픈 사랑의 전설이 된 인디언 여인의 이름에서 따온 것으로 전해진다. 여름철 호수 남쪽 나루터에서는 매 30분마다 관광선이 출발한다.(5월 중순~9월 말 운행, 307-734-9227)

가는 길

LA에서 공원 입구 도시인 Jackson까지는 992마일로, 라스베이거스와 솔트레이크 시티를 거쳐 가는 길이 가장 빠르다. LA에서 솔트레이크 시티까지는 716마일. Fwy.15번 N.로 계속 북상하여 Salt Lake City를 지나면서 Hwy.89번 N.로 갈아타 250마일 정도 달리면 191번과 합쳐지며, Jackson Hole을 지나고 이어 공원 입구를 만난다. 다른 방법은 유타 주의 Salt Lake City나 콜로라도 주 Denver까지 항공 편을 이용하고, 이곳에서 렌터카를 이용해 Rocky Mt. 국립공원 일대와 Badlands 등 여러 국립공원이 있는 Rapid 일대를 경유하면서 옐로스톤까지 돌아보는 코스도 좋다.

관광 정보

입장료 차 1대당 $25, www.nps.gov/grte
Craig Thomas Discovery & Visitor Center
307-739-3399
Colter Bay Visitor Center & Indian Arts Museum
307-739-3594
Flagg Ranch Information Station 307-543-2327
Jenny Lake Visitor Center 307-739-3300
Laurance S. Rockefeller Preserve Center
307-739-3654
Jenny Lake Ranger Station 307-739-3343

잭슨 레이크 Jackson Lake

그랜드 티턴에 있는 8개 호수 중에서 가장 규모가 크다. 넓이 26,000에이커, 물가의 길이는 81마일. 호수에는 송어를 비롯한 각종 어류가 살고 있어서 낚시꾼들이 많이 찾는다. 방문객 안내소에 문의하면 낚시 허가증을 쉽게 구입할 수 있는데, 보통 5일간 유효하다. 배를 타고 나가거나 호수 기슭에서도 낚시를 즐긴다.

데블스 타워 내셔널 모뉴먼트
Devils Tower National Monument

거대한 용암 기둥
한없이 펼쳐진 대초원 한구석에 난데 없이 '악마의 탑 Devils Tower'이라 불리는 거대한 용암 기둥이 불쑥 솟아 있다. 높이 867피트, 직경 1천여 피트의 천연 석탑으로, 남북으로 300피트, 동서 180피트의 타원형인 정상의 총면적은 1.5에이커이다. 정상은 평평하지 않으며, 사막성 잡초들이 자라고 있고 다람쥐 종류와 뱀들이 서식하고 있다. 이곳이 악마의 탑, 데블스 타워 국립 기념지다.

헤어진 자들의 해우 장소
1906년 테오도어 루스벨트 대통령에 의해 미국 최초의 국립 기념지 National Monument로 지정된 이후 데블스 타워가 널리 알려지기 시작한 것은 1977년, 유명 영화감독 스티븐 스필버그가 인간과 외계인의 만남을 그린 영화 「Close Encounter of The Third Kind」가 상영되면서부터다. 영화 속에 등장한 데블스 타워의 신비한 모습은 이 탑에 무관심했던 많은 사람들의 호기심을 자극시키기에 충분했다.
그러나 데블스 타워는 백인들의 서부개척 시절부터 관심을 끌기 시작했다. 이곳은 네브래스카 평원을 지나 서부로 향하던 백인들이 인디언들과 치열한 전쟁을 벌였던 격전지였으며, 그 특이한 모양 때문에 헤어진 사람들이 다시 만남을 기약하는 해후의 장소가 되기도 했다.

6천만 년 동안 만들어진 특별한 탑
지질학자들은 데블스 타워의 형성 기간을 약 6천만 년 정도로 추산한다. 이곳의 지각을 뚫고 분출한 암장이 샌드스톤의 지층 위로 올라오지 못하고 굳어져 버렸다가, 그로부터 수천만 년의 장구한 시간이 흐르면서 바람과 비와 강물에 의해 용암 기둥을 덮었던 샌드스톤이 씻겨 내려 견고

한 돌탑만 그 모습을 드러내게 된 것이다. 그리고 지층의 온도가 내려감에 따라 용암은 여러 조각의 석주로 갈라져 오늘날 우리가 보는 4각, 5각, 6각의 길다란 다각형 돌기둥이 합쳐져 하나의 기둥을 형성하게 됐다.

현재 이곳을 찾아오는 관광객은 매년 50만 명. 대부분의 사람들은 이 탑의 신기한 모양을 보기 위하여 찾지만 이 고장에 서식하고 있는 야생 초목과 야생 동물을 관찰하며 데블스 타워에 얽힌 역사와 전설을 되새기기 위해 오는 사람들도 있다.

다람쥐와 노루의 평화로운 놀이터

데블스 타워 인근에는 다양한 다람쥐 종류와 토끼, 노루 등이 살고 있는데, 그중 가장 유명한 야생 동물은 Prairie Dog이라 불리는 다람쥐 종류이다.

데블스 타워의 등반자는 1년에 1,000여 명에 이르고 있는데, 여름철 주말에 특히 많으며 하루에 수십 명이 등반할 때도 있다. 현재 주로 이용되는 등반 루트는 80여 개, 그중 경사가 심하지 않은 남쪽의 쉬운 루트를 택하면 숙달된 등반가일 경우 1시간 내로 정상에 도달할 수 있다. 등반할 때는 올라가기 전과 내려온 뒤에 반드시 Ranger Station이나 비지터 센터에 보고하고 필요한 정보와 지시를 받아야 한다.

캠핑

방문객 안내소에서 그리 멀지 않은 곳에 설비가 잘 갖춰진 캠핑장이 있다.

Belle Fourche Campground
4월부터 10월까지, 50개소, 1일 $12, 선착순

Devils Tower KOA 캠프그라운드
공원 입구 근처, 성인 2인 $25, 56개소, RV 100개, 텐트 사이트 11개, 케빈은 5월부터 9월까지 오픈, 800-562-5785

숙소

공원 인근 Sundance는 교통의 요지이며 숙박 시설이 많다. 목장 지대로 유명한 Moorcro와 북쪽 입구 Hulett에서도 적당한 숙소를 구할 수 있다. 그리고 공원 밖 남쪽의 Devils Tower Junction에는 잡화상이 있다.

관광 정보

입장료 차 1대당 $10
307-467-5283, www.nps.gov/deto

IDAHO
아이다호

'보석의 주Gem State'라고 불리는 아이다호 주는 국립 산림지와 야생 보호 구역 규모에서 알래스카 주 다음으로 자연 상태를 많이 유지하고 있는 곳이다. 전체 면적의 60% 이상이 국유지로 보호되고 있으며, 아메리카에서 가장 깊은 협곡인 헬스 캐넌이 숨쉬는 곳도 아이다호이다. 중북부의 삼림 지역이 그 위용을 자랑하는가 하면 남부에 펼쳐진 대평야는 풍요로운 농업의 발달을 불러와서 남동부의 블랙푸트Blackfoot 지역에서 산출되는 감자 생산량은 미국 내 1위로 'Famous Potatoes'의 명성을 자랑한다. 그러나 오늘날 아이다호 경제의 근간이 되는 것은 바로 과학 및 기술 분야이다. 현재 주 예산의 25%를 차지하며, 수출액의 70% 이상을 차지하고 있는 것이 바로 이 첨단 기술 산업으로 미국 내에서 유일한 반도체 메모리 칩(DRAM) 제조사인 Micron Technology Inc.가 탄생했고, 레이저 젯 프린터 등을 생산하는 휴렛 패커드Hewlett-Packard, 델 컴퓨터 등 다수의 첨단 테크놀로지 전문 기업들이 아이다호에 자리잡고 있다.

주도 보이시
별칭 Gem State, Syringa (고광나무)
명물 감자, 야생 보호 지역, 사카자웨이
아이다호 주 관광청 208-334-2470, 800-842-5858 www.visitidaho.org

가장 멀리 떨어진 도심 BOISE
보이시 1

아이다호 주에서 가장 큰 도시이자 수도인 보이시는 남서쪽에 자리하고 있다. '보이시'라는 이름은 '삼림wooded'을 뜻하는 프랑스어에서 유래했다. 미국 도시들 중 '가장 멀리 떨어진 도심The Most Remote Urban Area' 지역으로 불릴 만큼 거친 서부의 자연미와 현대적 도시의 아름다움이 조화를 이루고 있는 곳으로, 근래 들어 최첨단 산업의 최적지로 부상하면서 젊은이들이 선호하는 도시 중 하나로 급부상하고 있다.

보이시 관광국
312 S. 9th, Suite 100, Boise
800-635-5240, 208-344-7777, www.boise.org

아이다호 주청사 Idaho State Capitol
700 W. Jefferson, Boise 208-332-1000, www.capitolcommission.idaho.gov
아이다호 주청사는 지은 지 15년 만인 1920년에 완공된 건물로 둥근 돔 형식의 아름다운 외관을 자랑한다. 겨울에는 전기나 가스 히터가 아니라 지열 발전수(geothermal water)를 사용하는 미국 내 유일한 주청사이다.

줄리아 데이비스 공원 Julia Davis Park
1104 Royal Blvd, Boise, 무료 입장
208-384-4060
다운타운에서 가장 가까운 곳에 위치하여 사람들이 즐겨 찾는다. 산책, 자전거, 인라인 스케이트 등을 즐길 수 있고, 인근에는 박물관과 동물원이 있다. 이곳에서 출발하는 보이시 투어트롤리Boise Tour Train(208-342-4796, www.boisetours.net)를 타면 1시간 안에 보이시의 주요 명소들을 다 돌아볼 수 있다.

아이다호 역사 박물관 Idaho Historical Museum
610 N.Julia Davis Dr, Boise
5~9월 화~토 9~17, 일 1~17, 10~4월 화~금 9~17, 토 11~17, 13세 이상 $5, 5~12세 $3
208-334-2120, www.idahohistory.net
줄리아 데이비스 공원에 있는 명소로 아이다호 주의 역사와 관련된 유적 및 골동품 등을 전시하고 있다.

바스크 뮤지엄 & 문화센터
Basque Museum & Cultural Center
611 Grove St, Boise
화~금 10~16, 토 11~15
성인 $4, 어린이 $2, 5세 이하 무료
208-343-2671, www.basquemuseum.com
아이다호에는 스페인에서 이주해 온 바스크 이민자들이 특히 많이 살고 있다. 이들이 간직해 온 바스크 전통 문화와 역사를 엿볼 수 있는 곳이다.

맹금류 세계 센터 World Center for Birds of Prey
5668 West Flying Hawk Lane, Boise
3〜10월 9〜17, 11〜2월 10〜16
성인 $7, 4〜16세 $5, 4세 이하 무료
208-362-3716
육식성 조류인 매, 독수리 등과 같은 맹금류를 볼 수 있는 곳. 세계에서 가장 큰 독수리와 희귀종 하피 독수리 (두 개의 관모를 가진 남미산 큰 독수리), 캘리포니아 콘돌, 열대우림 등을 직접 보고 체험할 수 있다. 1시간 정도면 전체를 둘러볼 수 있다.

아이다호 안네 프랑크 인권 기념관
Idaho Anne Frank Human Rights Memorial
800 S. 8th St, Boise, 무료 입장
208-345-0304, www.idaho-humanrights.org
'안네의 일기'로 유명한 안네 프랑크의 동상을 볼 수 있는 곳으로, 세계 인권 보호 관련 어록이 담장을 따라 새겨져 있다.

구 아이다호 교도소 Old Idaho State Penitentiary
2445 Old Penitentiary Rd, Boise
208-334-2844, www.idahohistory.net/oldpen.html
1870년에서 1970년까지 13,000여 명의 죄수들이 수감됐던 교도소로, 주청사에서 동쪽으로 2마일 지점에 위치.

아이다호 팬핸들 Idaho Panhandle
북쪽으로는 캐나다, 서쪽으로는 워싱턴 주, 동쪽으로는 몬태나 주를 경계로 좁고 길게 이어지는 아이다호 북부로 크고 작은 호수가 끝없이 이어진다. 대표적인 휴양지인 샌드 포인트Sandpoint, 코르드알렌Coeur d'Alene 등지에서 낚시, 스키 등 갖가지 수상 스포츠를 즐길 수 있고, 월리스Wallace에서는 은광촌의 색다른 운치를 맛볼 수 있다. 특히 코르드알렌 호수Lake Coeur d'Alene는 내셔널 지오그래픽National Geographic에 의해 세계 5대 호수로 선정될 정도로 경치가 뛰어난 곳으로 주변에 60여 개의 호수가 줄을 이어 있고, 야영장도 마련되어 제트스키나 래프팅, 트레킹 등 각종 아웃도어 스포츠를 만끽하기에 그만이다.

브루노 듄스 주립공원 Bruneau Dunes State Park
27608 Sand Dunes Road, Mountain Home
천문대는 금~토(10월까지) 밤에도 오픈
입장료 차 1대당 $5, 천문대 $3, 6세 이하 무료
208-366-7919,   www.idahoparks.org/parks/bruneaudunes.html
높이 솟아오른 500피트의 모래언덕을 볼 수 있는 곳으로 보이시에서 남동쪽으로 1시간 정도 내려가면 된다. 천문대가 있어 밤에는 별을 관측할 수 있다.

달 분화구 내셔널 모뉴먼트
Craters of the Moon National Monument and Preserve

화산 분출로 용암이 퇴적된 분화구가 펼쳐지는 곳으로 Arco에서 서쪽으로 18마일 정도 떨어진 곳에 있다. 마치 운석이 떨어져 생성된 달표면의 크레이터를 닮아 척박한 땅처럼 보이지만 500여 종이 넘는 동식물이 서식하고 있다. 크레이터 루프 도로를 따라 7마일 가량에 걸쳐 화산재와 용암들이 이어지며 화산 활동이 아직도 진행중인 분화구 주변이나 화산 터널, 용암 동굴 등을 볼 수 있는 트레일이 있다.

관광 정보
겨울 8~4:30, 여름 8~6, 입장료 차 1대당 $8, 208-527-3257, www.nps.gov/crmo

소투스 국립 휴양지
Sawtooth National Recreation Area

소투스 산, 스모키 산, 볼더 산, 샐몬 강 지역을 아우르는 광대한 휴양지로 수많은 고봉과 호수들이 즐비하다. 케첨Ketchum에서 Hwy. 75를 이용하여 올라가면 '돌아올 수 없는 강River of No Return' 으로 유명한 샐몬 강Salmon River이 빅우드 강Bigwood River, 파이에트 강Payette River 등과 합류하는 지점에 이른다. 레프팅, 카약, 스키 등을 즐길 수 있는 이곳에서 1800년대 탐험가 루이스와 클락은 일리노이 주에서 태평양까지를 연결시켜 주는 물길을 발견했다. 이곳은 이들 탐험대의 가이드인 사카자웨이Sacajawea의 고향이기도 하다. 바로 옆의 소투스 산맥을 중심으로 한 340평방마일 지역은 소투스 야생 보호 지역Sawtooth Wilderness Area 으로 지정되어 있다.

관광정보
여름 월~토 8:30~17:00, 겨울 월~금 8:30~17:00, 무료 입장
208-27-5013, 5 N. Fork Canyon Rd, Ketchum

헬스 캐년 국립 휴양지
Hells Canyon National Recreation Area

71마일의 Snake River를 따라 펼쳐진 헬스 캐년은 북미에서 가장 깊은 협곡으로 그랜드 캐년보다 깊다. 거의 8천 피트에 달하는 세븐 데블스 산맥Seven Devils Mountains 정상의 맑은 호수에서부터 사막처럼 이어지는 가파른 계곡에 이르기까지 변화무쌍한 풍광을 연출하고 있는 곳이다. 낚시, 수영, 야영을 즐길 수 있으며, 900마일 코스의 하이킹 트레일은 현무암 절벽이 그림 같은 강변과 협곡, 산봉우리를 아우르며 야생 동물이 서식하는 아름다운 초원 지대도 만날 수 있다. 스네이크 내셔널 와일드 & 시닉 리버Snake National Wild & Scenic River에서는 래프팅과 제트 보트를 즐기는 사람들로 늘 북적인다.

관광 정보
월~금 8~4:30, 무료 입장
208-628-3916, www.fs.fed.us/hellscanyon

MONTANA
몬태나

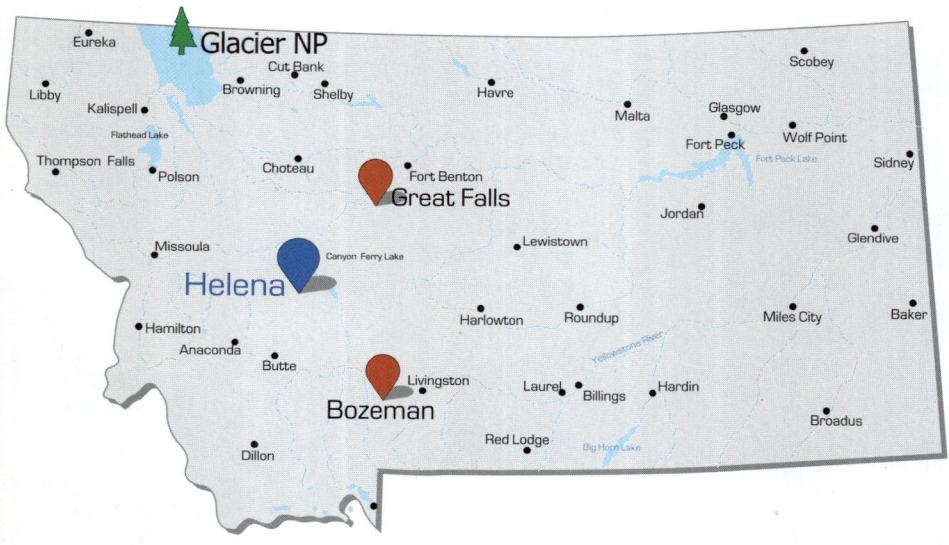

알래스카 주, 텍사스 주, 캘리포니아 주에 이어 미국에서 네 번째로 큰 주이지만 인구 밀도는 매우 낮다. 라틴어로 산악 지형을 뜻하는 'mountainous'에서 파생된 몬태나는 Treasure State라는 별칭처럼 푸른 하늘 아래 펼쳐진 드넓은 산과 평야, 울창한 숲 사이로 흐르는 계곡 등이 보석 같이 눈부신 풍광을 자랑한다.
1993년, 그림 같은 자연 풍광의 영상미로 아카데미 최우수 촬영상을 수상했던 영화 「흐르는 강물처럼」에서 흐르는 물살이 반짝이는 강가에서 플라이 낚시를 즐기는 장면을 한 폭의 수채화처럼 그려냈던 곳이 바로 몬태나의 리빙스턴 강이다.
몬태나 주 경제의 근간은 보리, 밀, 오트밀, 꿀, 체리 등을 기르는 농법과 가축과 양을 기르는 목축업, 금, 은, 석탄 등을 개발하는 광산업과 삼림업, 그리고 글레이셔 국립공원과 미주리 강, 아메리카 인디언들의 마지막 격전지 리틀 빅혼 전쟁터, 옐로스톤 국립공원 등 관광 수입이 주산업이다.

주도 헬레나
별칭 Treasure State
명물 로데오, 곰, 게리쿠퍼
몬태나 주 관광청 406-841-2870, www.visitmt.com

HELENA
헬레나 1

몬태나 주의 주도 헬레나는 캐나다 국경에 있는 글레이셔 국립공원으로 올라가는 Fwy .15번상에 있는 작은 도시다. 1860년대 골드러시 붐을 타고 동부에서 서부를 찾은 주민들이 정착했다. 해발 4,047피트의 고지대에 있으며 주위는 6,000피트가 넘는 산들이 감싸고 있다. Last Chance Tour Train(888-423-1023/ www.lctours.com)을 타면 헬레나의 역사가 담긴 주요 사적지를 1시간 동안 둘러볼 수 있다. 몬태나 역사학회 박물관 앞에서 출발한다.

헬레나 관광국
www.gohelena.com 800-743-5362

리틀 빅혼 전장 국립 기념지 Little Bighorn Battlefield National Monument
9~10월 8~18, 11~3월 8~16, 입장료 자동차 1대당 $10
406-638-2621, www.nps.gov/libi/index.htm
1876년 6월 25일 미 육군 제7 기병대가 몬태나 주 리틀 빅혼 강 유역에서 인디언 부족 연합 부대에게 전멸당한 전투를 기념하는 곳. 처음에는 제7 기병대를 이끈 '커스터 전장 국립 기념지|The Custer Battlefield National Monument'라 불렸으나 인디언협의회의 요구로 2003년 6월 25일 마침내 리틀 빅혼 전장 국립 기념지|The Little Bighorn Battlefield National Monument로 개명되었다. 이 싸움 중에 그 유명한 '운디드 학살' 사건도 발생했다.

몬태나 역사학회 박물관
Montana Historical Society Museum
225 N. Roberts St, Helena
월~토 9~17, 성인 $5, 아동 $1, 가족 $12
406-444-2694, www.montanahistoricalsociety.com
5만여 점에 이르는 방대한 문헌 및 고고학 자료를 소장하고 있는 몬태나 역사학회 박물관. 몬태나 주의 역사는 물론 북서부의 원시문화를 배울 수 있다.

그레이트 폴스 풍선 축제
Great Falls Balloon Festival
www.greatfallsballoonfestival.org
몬태나 중서부 캐스캐이드 카운티에 있는 그레이트 폴스Great Falls에서 열리는 풍선 축제. 1992년 시작된 행사로, 매해 8월경 수백, 수천 개의 풍선을 하늘에 띄워 보내며 즐기는 이 축제에는 연간 10여만 명의 방문객이 다녀간다.

러셀 박물관 C. M. Russell Museum
400 13th St, N. Great Falls
여름 9~18, 겨울 화~토 10~17
성인 $9, 학생 $4, 5세 이하 무료
406-727-8787, www.cmrussell.org
몬태나 주의 북동쪽에 위치한 그레이트 폴스에 가면 몬태나 주를 대표하는 화가 러셀Russell을 만날 수 있다. 카우보이에서 예술가로 변신한 그의 작품에는 사라져 가는 인디언 문화에 대한 향수와 삶의 애환이 담겨 있다.

플랫헤드 레이크 Flathead Lake

몬태나 최대의 관광 명소인 플랫헤드 호는 몬태나 주에서 가장 큰 담수호이다. 플랫헤드 강이 빙하로 인해 막히면서 만들어진 호수로 호수 남쪽 인디언 보호 구역에 살던 살리시 인디언 종족의 이름에서 유래했다. 128마일에 이르는 호수 주변을 도는 트레일이 마련되어 있으며, 감탄을 자아내는 풍경과 함께 신나는 탐험을 즐길 수 있다. 호수 주변에 야영장이 있고, 맞은편 끝에 있는 빅포크에서 라이브 공연과 함께 고급 레스토랑에서 멋진 식사를 즐길 수도 있다.

로키 산맥 박물관 Museum of the Rockies

600 W. Kagy Blvd, Bozeman
성인 $13, 5~18세 $9
406-994-2251, www.museumoftherockies.org

몬태나에서 가장 흥미로운 자연사 박물관으로 몬태나 주 남쪽 브리저 산맥 아래 쪽에 위치한 보즈맨Bozeman에 자리하고 있다. 몬태나 주립대학교 내에 소재하며 박물관에 부속된 천문관에서는 흥미진진한 레이저 쇼와 함께 인디언 예술과 공룡 전시물 등을 관람할 수 있다.

밥 마셜 야생 보호지

Bob Marshal Wildeness Complex

「포브스」지가 뽑은 미국에서 가장 아름다운 자연 관광지 밥 마셜 야생 보호지는 글레이셔 국립공원에서 로저스 패스까지를 잇는 몬태나 최대의 야생 동식물 집결지다. 로드 아일랜드보다 더 큰 규모의 광활한 지역이므로 지질이나 서식하는 동식물의 종류에 따라 그레이트 베어, 밥 마셜, 스케이프고트의 세 곳으로 구분되며, 숨막히도록 아름다운 트레일 코스를 모두 합하면 거리가 3,200여 마일에 이른다. 야생 회색곰이 자주 출몰하는 것으로도 유명하여 '회색곰 관광 코스'로 알려져 있다.

글레이셔 국립공원
Glacier National Park

야생 동식물과 송어들의 천국

공원은 미국에 있는 거의 모든 커다란 포유동물의 안식처지만 대부분은 사람의 발길이 닿지 않는 깊은 곳에 살고 있기 때문에 몇몇 흔히 볼 수 있는 동물들을 제외하고는 좀처럼 만나기 어렵다. 하지만 1,000여 종의 식물이 7월 초에 만개하는데 동쪽 계곡에는 엥겔만 가문비나무, 알프스 산록 지방의 잣나무, 그리고 북미 서부가 원산지인 라지폴 소나무들이 무성하게 자라고 있고, 서쪽 계곡에는 울창한 삼나무와 침엽수들이 펼쳐져 있다.

또 이곳에는 레인보우 및 컷스로트 송어들이 많은데, 레이크 송어들은 Lake McDonald, St. Mary와 Waterton Lake에서 잡을 수 있다. 관광 시즌은 6월 중순부터 9월 중순까지. 이 기간 중에 관광지와 호텔들 사이를 오가는 버스가 운행되어 여러 지역을 돌아볼 수 있다.

미국에서 가장 아름다운 곳

100만 에이커가 넘는 광대한 지역에 수없이 많은 산봉우리들과 50여 개의 빙하, 그리고 200여 개의 호수가 조화를 이루어 미국에서 가장 아름다운 지역 중 하나로 손꼽힌다. 미국이 관리하는 Glacier 국립공원과 캐나다 Alberta에 있는 Waterton Lakes 국립공원을 합쳐 Waterton-Glacier 국제평화공원이라고도 부른다.

지각의 단층 변화를 수없이 겪은 산들, 수백만 년 뒤에 만들어진 지층 위에 자리하고 있는 수천만 년 전에 만들어진 바위들, 그리고 U자 모양의 계곡들과 호수들은 마지막 빙하시대에 남겨진 작품들이다. 대부분의 빙하들은 하이킹 코스 끝에 가야 볼 수 있지만 가는 도중에 두 개의 빙하를 만날 수 있다.

Going-to-the-Sun Road

세계에서 가장 아름다운 경관을 자랑하는 도로 중의 하나로, 해발 6,664피트에 위치한 Logan Pass를 지나 Continental Divide를 가로질러 공원의 동서를 연결한다. 떠다니는 빙하를 만날 수도 있고 야생 염소나 산양들도 흔히 보게 된다. St. Mary에서 US 89번 Fwy.와 West Glacier에서 US 2번 Fwy.에 합류하는 51마일의 이 도로는 눈이 많은 10월 중순부터 6월 중순까지는 폐쇄되지만 주변 도로를 통해서 겨울 스포츠를 즐길 수 있는 트레일 코스에 진입할 수 있다.

로간 패스 Logan Pass

Logan Pass는 Logan과 Reynolds 수원지 사이에 위치. 해발 6,664피트의 Logan Pass는 Going-to-the-Sun Road 상의 St. Mary와 West Glacier를 연결하는 지역이다. 밤을 보내면서 머물 수 있는 곳은 없지만, 자동차로 쉽게 접근할 수 있는 곳으로, Hidden Lake Overlook으로 가는 길과 주변을 여행할 수 있는 산책로들의 출발점이라서 하이킹객의 발길이 끊이지 않는다. 이곳에 있는 비지터스 센터는 미 전역에 있는 비지터스 센터 중 전망이 가장 아름다운 곳으로 알려져 있다

세인트 메리 호수 St. Mary Lake

공원의 동쪽 입구로 들어서면 가장 먼저 만나게 되는 이 호수는 글레이셔 국립공원의 상징. 로키 산맥에서 뻗어 나간 루이스 산맥Lewis Range의 기슭에 위치하고 있으며, 호수 한가운데에는 와일드구즈Wildgoose 라는 작은 섬이 하나 있다. 호수 남쪽의 트레일을 이용해 가까운 거리에 있는 폭포들을 구경할 수 있다.

스페리 샬레 Sperry Chalet

글레이셔 공원 안에는 두 개의 산장이 있는데, Going-to-the-Sun Road를 기준으로 그래니트 파크에 있는 오래된 스위스풍의 숙소는 7월 초부터 9월 초까지만 한시적으로 문을 연다. 남쪽에 위치한 Sperry Chalet은 삼면이 깎아지른 듯한 봉우리로 둘러싸인 빙하의 침식으로 만들어진 곳. Lake McDonald에서 걸어서, 또는 말을 타고, 또는 Gun Sight와 Lincoln Passes를 거쳐 Sun Point에서 걸어서 갈 수 있다. 도보 여행과 Sperry Glacier 탐사 그리고 근처의 Lake Ellen Wilson에서 낚시를 즐길 수 있으며 등성이 벽을 따라 거닐고 있는 산양들을 구경할 수 있다.

Two Medicine Valley

East Glacier로부터 11마일, SR 49번 지방도로에서 7마일 정도 떨어진 곳에 있는 Two Medicine Valley에서는 장엄한 봉우리들에 둘러싸인 호수, 그리고 빙하의 침식으로 깊게 팬 계곡을 만날 수 있다. 근처에 하이킹 코스가 많은데 그중에 가장 인기 있는 코스는 러닝 이글 폭포Running Eagle Falls로 왕복 0.6마일 거리.

캐나다까지 30마일

Chief Mountain 지역을 지나 캐나다의 Waterton Lake 국립공원으로 가는 33마일의 도로는 대단히 아름답다.

US-89번 하이웨이에서 빠져 비포장도로로 가다가 만나는 Cut Bank는 원시림이 우거진 지역으로, 계곡 꼭대기에 해발 8,011피트의 Triple Divide Peak가 있다. Waterton Lake에는 6월 중순부터 9월 초까지 관광선이 운항하고 있는데 최소 2시간이 걸린다.

가는 길

로스엔젤레스에서는 Fwy. 15 N.를 타고 몬태나 주도 Helena를 지나 Hwy. 287 N. 그리고 89번 N. 로 갈아타거나 또는 Fwy. 15번상의 Conrad 를 지나 Shelby에서 Hwy. 2번 서쪽 도로를 달리면 공원 입구를 만난다. 약 1,600마일 거리. 워싱턴이나 아이다호 여행 코스에 추가하면 좋다.

맥도널드 호수
Lake McDonald

길이가 10마일, 폭이 1마일로 글레이셔 공원에서 가장 큰 호수. 호수에는 숲이 무성하고 바위산이 6천 피트 높이로 솟아 있다. Going-to-the-Sun Road가 호수의 동쪽을 끼고 돈다. 6월 중순부터 9월 초까지 관광선이 운항하며 보트, 말 등을 이용한 각종 프로그램에 관한 정보를 얻을 수 있다.

관광 정보

5~11월 오픈
입장료 자동차 1대당 $25, 12~4월 $15
406-888-7800, www.nps.gov/gla

색 인

[ㄱ]

게티 센터 … **72**
골든게이트 브리지 … **148**
과달루페 국립공원 … **366**
그랜드 캐년 국립공원 … **312**
그랜드 티턴 국립공원 … **415**
그레이트 베이슨 국립공원 … **271**
그레이트 샌듄 내셔널 모뉴먼트 … **392**
그로브몰 … **63**
그리피스 파크 … **65**
글레이셔 국립공원 … **432**
글렌 캐년 국립 휴양지 … **316**

[ㄴ]

나바호 내셔널 모뉴먼트 … **319**
나파밸리 … **160**
네바다 … **258**
노스 비치 … **143**
노스 시애틀 … **217**
노스 캐스케이즈 국립공원 … **228**
노츠 베리 팜 … **102**
뉴멕시코 … **324**
뉴포트 비치 … **106**

[ㄷ]

다이노소어 내셔널 모뉴먼트 … **294**
다저 스타디움 … **57**
달 분화구 내셔널 모뉴먼트 … **425**
댈러스 … **338**
데블스 타워 내셔널 모뉴먼 … **418**
데블스 포스트파일 내셔널 모뉴먼트 … **198**
데스 밸리 국립공원 … **172**
데스칸소 가든 … **79**
데저트 핫 스프링스 … **166**
덴버 … **375**
디즈니랜드 파크 … **101**

[ㄹ]

라구나 비치 … **107**
라돈도 비치 … **88**
라바 베즈 내셔널 모뉴먼트 … **182**
라스베이거스 … **260**
라플린 … **268**
라호야 … **116**
래슨 볼케닉 국립공원 … **184**
레고랜드 … **114**
레드우드 국립공원 … **164**
레이징 워터스 … **98**
레이크 미드 국립 휴양지 … **273**
레이크 타호 … **186**
레이크 파웰 … **317**
레이크 하바수 시티 … **308**
로스앤젤레스 … **48**
로즈 보울 … **78**
로키 마운틴 국립공원 … **388**
롱비치 … **89**
롱비치 반도 … **222**
루스벨트 호수 국립공원 … **221**
리노 … **269**
리버사이드 카운티 … **96**
리틀 도쿄 … **57**

[ㅁ]

마니투 스프링스 … **383**
마리나 델 레이 … **89**

마운트 레이니어 국립공원 ⋯ 234
마운트 후드 국유림 ⋯ 248
마운틴 휘트니 ⋯ 194
말리부 비치 ⋯ 87
맨해튼 비치 ⋯ 88
메사 버디 국립공원 ⋯ 398
모로베이 ⋯ 125
몬태나 ⋯ 428
몬테레이 ⋯ 131
몬테주마 캐슬 내셔널 모뉴먼트 ⋯ 303
미국 공군사관학교 ⋯ 383
미드 윌셔 ⋯ 62
미션 샌 게이브리얼 ⋯ 81
미첼 동굴 ⋯ 179

[ㅂ]
반델리어 내셔널 모뉴먼트 ⋯ 329
발보아 파크 ⋯ 113
밴 네스 워터가든 ⋯ 96
뱅크 원 볼파크 ⋯ 300
버지니아 시티 ⋯ 270
버클리 ⋯ 156
베벌리힐스 ⋯ 71
베어 호 ⋯ 279
보스케 델 아파치 국립 야생 보호 구역 ⋯ 334
보이시 ⋯ 421
브라이스 캐년 국립공원 ⋯ 286
블랙 캐년 국립공원 ⋯ 396
빅 벤드 국립공원 ⋯ 368
빙햄 캐년 광산 ⋯ 280

[ㅅ]
사구아로 국립공원 ⋯ 309
샌 하신토 트램웨이 ⋯ 167
샌디에이고 ⋯ 110
샌루이스 오비스포 ⋯ 124
샌미구엘 ⋯ 132
샌버나디노 ⋯ 96
샌시미언 ⋯ 128
샌안토니오 ⋯ 351
샌클레멘테 비치 ⋯ 106
샌타로사 ⋯ 132
샌타모니카 비치 ⋯ 86
샌타바버러 ⋯ 120
샌타크루즈 ⋯ 132
샌타페이 ⋯ 326
샌퍼낸도 밸리 ⋯ 76
샌프란시스코 ⋯ 136
샤이엔 ⋯ 403
선셋 내셔널 모뉴먼트 ⋯ 302
세도나 ⋯ 301
세인트 헬렌스 화산 준국립공원 ⋯ 236
세일럼 ⋯ 253
세쿼이아 국립공원 ⋯ 201
센트럴 코스트 ⋯ 118
소마 ⋯ 150
솔뱅 ⋯ 123
솔트레이크 시티 ⋯ 276
스턴 스워프 ⋯ 122
스페이스 센터 ⋯ 360
시빅 센터 ⋯ 55
시애틀 ⋯ 210
시에라 네바다 ⋯ 180
신들의 정원 ⋯ 381
실 비치 ⋯ 106
실리콘밸리 ⋯ 158

색 인

시월드 … **115**

[ㅇ]

아빌라 비치 … **126**
아이다호 … **420**
아치스 국립공원 … **292**
안자 보레고 주립공원 … **175**
알라모 … **355**
알카트래즈 섬 … **146**
애리조나 … **296**
엘 마타도어 비치 … **87**
엘 멜피스 내셔널 모뉴먼트 … **331**
엘 모로 내셔널 모뉴먼트 … **330**
엘 카미노 레알 … **124**
엘파소 … **362**
옐로스톤 국립공원 … **410**
오렌지 카운티 … **100**
오리건 … **238**
오리건 동굴 내셔널 모뉴먼트 … **251**
오션 쇼어 … **222**
오스틴 … **346**
오클랜드 … **154**
올림피아 … **225**
올림픽 국립공원 … **226**
와이오밍 … **402**
요세미티 국립공원 … **190**
우파트키 내셔널 모뉴먼트 … **302**
워싱턴 … **208**
워싱턴 공원 … **243**
웨스트사이드 … **70**
월넛 캐년 내셔널 모뉴먼트 … **302**
유니버설 스튜디오 … **76**
유니온 역 … **59**

유진 … **252**
유타 … **274**
이스트 모하비 국립 풍치지구 … **176**
인디언 캐년 … **166**
인요 국립 삼림지 … **194**
일본 정원 … **78**

[ㅈ]

자이언 국립공원 … **282**
잭 런던 스퀘어 … **155**
조슈아 트리 국립공원 … **170**
존 데이 화석층 내셔널 모뉴먼트 … **247**
주마 비치 … **86**
직 베어 레이크 … **96**

[ㅊ]

채널 아일랜드 국립공원 … **132**
천사들의 모후 대성당 … **56**

[ㅋ]

카멜 … **129**
카브리오 내셔널 모뉴먼트 … **113**
카슨 시티 … **270**
카탈리나 섬 … **94**
칼스배드 캐번스 국립공원 … **332**
캐년 드 첼리 내셔널 모뉴먼트 … **319**
캐년랜즈 국립공원 … **290**
캐논 비치 … **250**
캐피털 리프 국립공원 … **288**
캘리포니아 공과대학 … **78**
코로나도 섬 … **114**
코이트 타워 … **143**
코코니노 국유림 … **305**

콜로라도 … 374
콜로라도 내셔널 모뉴먼트 … 394
콜로라도 스프링스 … 380
퀸메리호 … 90
크레이터 레이크 국립공원 … 254
키즈스페이스 어린이 뮤지엄 … 81
킹스 캐년 국립공원 … 203

[ㅌ]

타코마 … 224
텍사스 … 336
텍사스 주립대학 … 347
톤토 내셔널 모뉴먼트 … 300
투산 … 306
투지구트 내셔널 모뉴먼트 … 302

[ㅍ]

파드레 섬 국립 해안 공원 … 360
파소 로블스 와이너리 … 135
파이크 플레이스 마켓 … 213
팜 스프링스 … 166
패서디나 … 72
팬핸들 평원 … 370
팰리세이드 글레이셔 … 204
퍼시픽 코스트 하이웨이 … 86
펫코 파크 … 112
포인트 레이즈 국립 해안 공원 … 152
포트워스 … 343
포틀랜드 … 240
프레시디오 힐 … 112
피너클스 내셔널 모뉴먼트 … 134
피닉스 … 298
피셔맨스 워프 … 144
피스모 비치 … 126

[ㅎ]

할리우드 … 68
할리우드 보울 … 69
허스트 캐슬 … 128
헬레나 … 429
헬스 캐년 국립공원 … 427
홀 인더월 … 178
홈디포 센터 … 91
화석 뷰트 내셔널 모뉴먼트 … 407
화석림 국립공원 … 322
화이트 마운틴 … 195
화이트 샌즈 내셔널 모뉴먼트 … 325
후버댐 … 272
휴스턴 … 356

[알파벳]

LA 카운티 뮤직 센터 … 54
UCLA … 71
UC버클리 … 156